图 1-7　试管溶液产生深蓝色沉淀（普鲁士蓝沉淀）（正文第 18 页）

图 1-9　茶水变色过程（正文第 20 页）

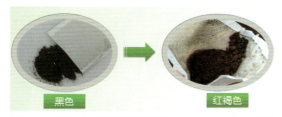

黑色　　　红褐色

图 1-12　暖宝宝使用前后固体颜色变化（正文第 29 页）

图 1-14　用硫氰化钾检验铁离子实验前后溶液颜色的变化（正文第 30 页）

图 1-15　用高锰酸钾检验亚铁离子实验前后溶液颜色的变化（正文第 31 页）

图 1-16　铁离子被铁粉还原实验前后溶液颜色的变化（正文第 32 页）

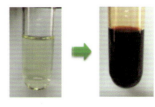

图 1-17　亚铁离子被 H_2O_2 氧化实验前后溶液颜色的变化（正文第 33 页）

图 2-7　水与铁粉反应的实验装置（正文第 48 页）

图 2-8　铁粉与明矾混合加热实验装置（正文第 48 页）

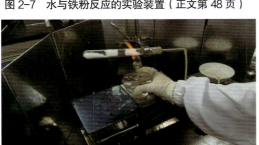

图 2-9　明矾与铁粉分开加热（正文第 49 页）

图 2-19　黑碳柱（正文第 65 页）

图 2-22　铁粉与水反应实验装置（正文第 70 页）

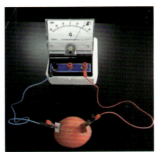

图 3-29　西红柿电池装置（正文第 108 页）

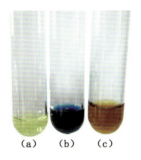

图 3-33　原电池正极电池反应
液反应前正极溶液的检验现象
（正文第 119 页）

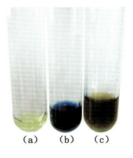

图 3-34　原电池正极电池反应
液反应后检验现象
（正文第 120 页）

图 3-35　原电池正极电池反应液反应前后滴
加 $FeCl_3$ 溶液现象对比（正文第 120 页）

图 3-42　测量双液电池电路中电流的装置
（正文第 127 页）

图 4-20　压强传感器（正文第 155 页）

图 4-23　氧气传感器的测量装置
（正文第 157 页）

图 4-28　钢铁析氢腐蚀实验装置
（正文第 165 页）

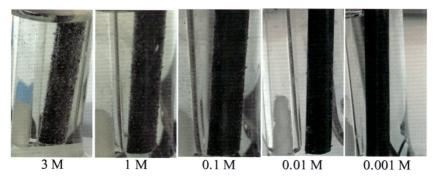

3 M　　　　1 M　　　　0.1 M　　　　0.01 M　　　　0.001 M

图 4-29　钢铁析氢腐蚀正极产生氢气的气泡量（正文第 166 页）

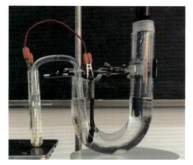

图 4-31　钢铁吸氧腐蚀实验装置
（正文第 167 页）

图 4-42　黄色的铁氰化钾溶液
（正文第 176 页）

图 4-43　铁氰化钾溶液遇亚铁离
子变蓝（正文第 176 页）

图 5-9　手指操作注射器针头注射液体的方式（正文第 200 页）

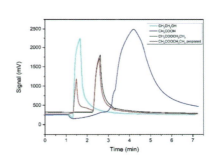

图 5-10　简易气相色谱仪传感器采集的乙酸乙酯
制备产物的色谱特征峰（正文第 202 页）

图 5-12　高温传感器（正文第 203 页）

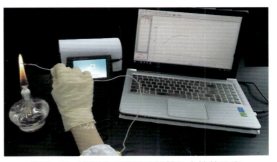

图 5-13　高温传感器测量酒精灯火焰的温度
（正文第 204 页）

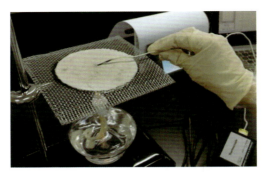

图 5-15　高温传感器测量隔着石棉网时的
酒精灯火焰的操作（正文第 206 页）

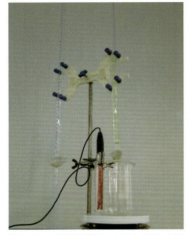

图 5-20　海带提取液中滴入氧化剂的
实验装置（正文第 212 页）

图 7-15（a）　浓磷酸作为催化剂的
反应中高锰酸钾溶液开始褪色
（正文第 262 页）

图 7-15（b）　浓磷酸作为催化
剂的反应结束时高锰酸钾溶液褪
为无色（正文第 262 页）

华东师范大学精品教材建设专项基金资助项目
华东师范大学教材出版基金资助出版

丁伟◎著

中学化学实验教学研究

微课版

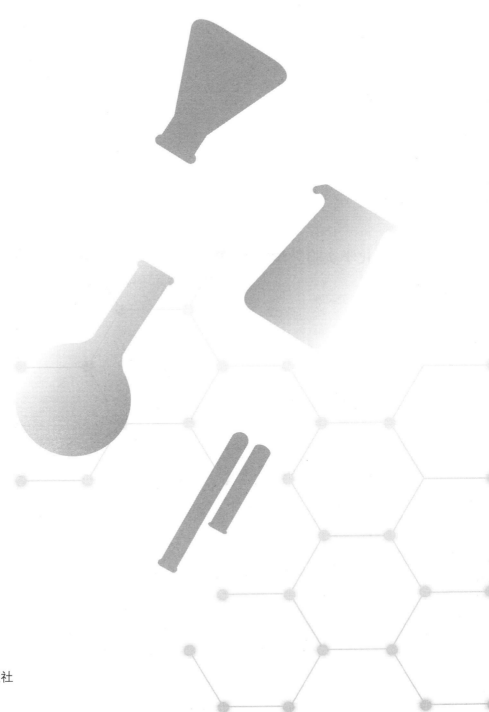

华东师范大学出版社

·上海·

图书在版编目(CIP)数据

中学化学实验教学研究/丁伟著. —上海:华东师范大学出版社,2021

ISBN 978 - 7 - 5760 - 1848 - 6

Ⅰ.①中… Ⅱ.①丁… Ⅲ.①化学实验—教学研究—中学 Ⅳ.①G633.82

中国版本图书馆 CIP 数据核字(2021)第 165637 号

中学化学实验教学研究

著　　者　丁　伟
责任编辑　范美琳
责任校对　方　佳　　时东明
装帧设计　俞　越

出版发行　华东师范大学出版社
社　　址　上海市中山北路 3663 号　邮编 200062
网　　址　www.ecnupress.com.cn
电　　话　021 - 60821666　行政传真 021 - 62572105
客服电话　021 - 62865537　门市(邮购)电话 021 - 62869887
地　　址　上海市中山北路 3663 号华东师范大学校内先锋路口
网　　店　http://hdsdcbs.tmall.com

印 刷 者　上海景条印刷有限公司
开　　本　787×1092　16 开
印　　张　19.75
插　　页　2
字　　数　430 千字
版　　次　2021 年 11 月第 1 版
印　　次　2022 年 12 月第 2 次
书　　号　ISBN 978 - 7 - 5760 - 1848 - 6
定　　价　49.00 元

出 版 人　王　焰

前　言

　　本教材旨在推进中学化学实验在课堂教学中落实"宏观辨识与微观探析""变化观念与平衡思想""证据推理与模型认知""科学探究与创新意识"和"科学精神与社会责任"等化学学科核心素养,发展可迁移的实验知识和实验技能。教材中讨论的许多内容旨在阐述这些关键的实验操作技术在化学教与学中的价值,帮助学生思考化学实验的教育意蕴,为中学化学教学实践和专业发展建构坚实基础。

　　中学化学实验能力是化学师范专业学生未来成为卓越教师的必备能力。基于实验的化学教学,不仅向学生传递化学知识,更重要的是培养学生在化学实验室中的实践能力,训练基本化学实验技能,创造性地解决学科专业问题,养成科学态度,形成科学素养。

　　本教材各章针对中学化学课程内容中不易操作成功的典型化学实验进行了深度解析,基于化学实验改进或创新设计的视角,从化学实验问题发现、原理阐释、影响因素分析和实验成功操作的关键技术等层面,结合科学研究前沿和实验探究,揭示化学实验的本体论知识,展示实验成功操作的技术方法,丰富课堂实验教学信息,拓展化学实验研究视野,发展可迁移的化学实验技能,解析化学实验的认知误区、厘清思考方向、指出研究路径,从而帮助中学化学教师有效解决新问题,应对新情境。

　　本教材从实验本体论和实验教学方法论等研究视角,分析探讨了中学化学实验成功操作的科学方法,以及如何将其应用于课堂实验教学实践,并在每章最后部分呈现了相关的中学化学实验研究案例或中学化学实验教学案例。

一、中学化学实验研究

　　中学化学实验研究,是指化学教师基于中学化学课程内容,依据科学研究方法,对中学化学实验中存在的问题或需要进一步探讨的问题展开有计划的探究、改进和创新研究。

　　中学化学实验能否成功达成预期实验结果,受到实验环境条件和实验本身设计不足的限制。教师在进行实验操作时,有时不能达到预期的实验现象和结果。为了更好地展示教学目标所期望的实验效果,教师需要对中学化学实验中的一些要素或条件进行调整、改进或创新。那么,该如何改进实验? 应该从实验的哪些方面切入?

　　中学化学实验的成功取决于影响该实验的各方面因素或条件。

　　化学反应的影响因素主要指能够改变化学反应结果的内因和外因,其中内因包含了参与反应的化学物质本身的物理性质(状态、形状、浓度)和化学性质;外因包含了物质所处的环境条件,例如溶液的酸碱度、反应温度、是否存在或使用了催化剂等。通常情况下,一般能够被认为控制和干预的实验条件指的是外界因素和反应物本身的物理性质。对于气体物质而言,压强是必须考虑的因素,不同催化剂的效果也会不同,反应物料的用量比例是影响反应效果的重要因素。当这些因素发生改变时,实验结果也会发生相应的改变。实验条件的选择和有效地控制是决定实验成败的关键。

另外,在影响实验效果的外因中,也包含了实验装置的物理特性这一重要因素。化学反应实验装置是化学实验的重要组成部分,实验反应装置的改进对实验效果的优化和实验价值的更好体现有很好的促进作用。实验反应装置的创新包括装置仪器的改进,简单装置的有机组合,模拟工业装置的运用以及源于日常生活的经济型装置的使用,实验室常用仪器和用具,以及日常用品都可以被改造成为化学实验用作发挥特定功能的实验装置。还有专门由工厂经过精心设计、组合加工成的实验仪器。简约化实验装置的创新一直是教育工作者提高实验的教学效果、启发学生思维的重要手段,同时这些创新对于简化实验步骤、创设安全的实验条件等方面也都起到了积极的作用,特别是在学生创新意识和创新思维的培养方面,更是起到了很好的启发和引导作用。例如滤纸可以作为还原氧化铁的载体,同时也是炭的原料;塑料针管不仅可以用作吸取所需要体积的液体量具,还可以作为发生反应的实验装置。

依据实验的影响因素的变化改进和创新实验,可以实现更加令人满意的实验效果。因此,为了使实验效果更加理想,实验者需要对实验的反应条件进行设计和研究,从而探究得出更科学、更合理、更具说服力的实验条件,改进创新实验。本书以氢氧化亚铁的制备、铁与水蒸气的反应、单液电池和双液电池、析氢腐蚀和吸氧腐蚀、乙酸乙酯制取、石蜡油的催化裂化、乙醇消去制乙烯和银镜反应8个典型中学化学实验为例,探讨化学实验的本体论问题,聚焦实验的相关影响因素并展开实验研究,从而改进和创新实验。

二、中学化学实验教学研究

中学化学实验教学研究是指把化学实验作为重要的课堂教学活动,展开实验教学方法论的研究。学生经历化学实验活动,见识化学实验现象,透过"宏观辨识",深入"微观探析",梳理"变化观念",形成"平衡思想",使用"证据推理",建构"模型认知",通过"科学探究",养成"创新意识",塑造"科学精神",担当"社会责任"。

课堂教学是按照时间轴线上发展的教与学的互动活动,化学实验活动是课堂教学中非常重要的活动形式,是课堂教学设计结构中不可忽视的重要元素。

中学化学实验教学方案中可以有多种设计方法或模板。中学化学实验教学可以展开直接教学的方式,如教学过程中教师关注基本技能的学习,教师做出所有的决策,使学生专注于学习任务,为其提供练习机会,并给予纠正反馈。还可以采用教师精心设计的小组合作学习、项目式学习等多种多样的教学组织形式。

除此之外,为了提高课堂教学效率,促进学生的有意义学习和自主学习,中学化学实验课堂教学结构的设计也可以通过多条相互对应的逻辑发展线索来刻画,精致设计课堂教学进程,描绘课堂教学的立体面貌,如可以设计教学进程(时间轴线)、情境任务(情境轴线)、问题驱动(问题思考轴线)、实验活动(活动轴线)、教学目标(目标轴线)和教育目标(教育思想/核心素养轴线)等多条线索下的任务,展开结构化教学,如表1所示。

表1　实验教学设计框架

教学进程	情境任务	问题驱动	实验活动	教学目标	教育目标
环节1	情境任务1	问题1	实验1	知识目标1	核心素养1
环节2	情境任务2	问题2	实验2	知识目标2	核心素养2
环节…	情境任务…	问题…	实验…	知识目标…	核心素养…
环节n	情境任务n	问题n	实验n	知识目标n	核心素养n
概括应用	理论知识⇆问题解决			知识图谱	育人

教学进程,是指用时间维度来描绘教学进程,整节课设计了不同教学阶段或教学环节来区分教学模块,把新知识分解成小的组块来呈现。一般按照时序把整节课分为教学阶段1、教学阶段2……以至教学阶段n,或称之为教学环节1、教学环节2……教学环节n等模块,按照不同的教学阶段或教学环节,围绕学习目标展开有意义的教学活动。

情境任务,是指一节课上可以设计若干个真实情境或实验室任务中的事件来触发学习和探究。情境任务设计的目的是通过学生生活情境、实验室任务激发兴趣和创建与学习内容的关联性,通过情境任务的创设来提出既具有挑战性又具有现实意义的问题,或者分派具有这样特征的任务来实现学科教学。情境或任务是课堂教学展开和推进的"轴心",因此,要注重任务的统摄和"牵引"作用,任务设计要突出任务驱动。任务是学生通过活动所要解决的基本问题和达成的基本目标,是学生活动最终要取得的成果。任务设置要注重情境的创设,要从学生的现实情况出发,选用合适的案例或材料创设情境,引发学生对所学内容的注意,激发他们的求知兴趣,引导他们积极主动地参与思考、对话与讨论;要充分发挥情境任务的组织导向作用,通过外部的情境任务设计牵引和促进学生内部的思维和情感体验活动,提高学生学习参与的内驱力。情境任务的设置是为了更好地提出针对性问题,驱动学生进行思维活动。

问题驱动,是指通过在真实情境和实验室任务中引发问题,促进学生进行思维活动。强调问题要具有挑战性,要么是因为其正确答案不是显而易见的,要么是因为其本身并没有正确答案,没有普遍公认的合适而有用的积极方案。这些问题驱动学生在学习过程中发生有意义的思考,挑战假设,揭示假设,旨在促进批判性和创新性思维的产生。教学活动设计要突出以问题为导向,充分把握学生在思想上和理论上的困惑,了解哪些问题是学生最关心和最想解决的,提高学生学习的兴趣。在此基础上,以学生关注的问题为切入点,用理论分析和解决学生存在的疑惑,使他们学有所悟,学有所获,切实提高教学目标的针对性。

实验活动是学生学习经验和经历的重要资本,是专业知识和技能的重要载体。由于不被注意的信息不会被学习,因此化学实验活动及各种化学现象也是吸引学生注意力的重要手段。实验活动是手脑并用的化学学习过程,学生不仅要动脑思考,还要动手操作,在探索有价值的问题的驱动下,收集证据,接触体验物质的物理现象和化学现象,从而多种感知觉通道并用,丰富认知,对探究结果进行分析反思,提升信息加工水平,选择应对策略,付诸行动实践,增强学习效果。实验活动设计要体现层次性,能为学生获得更多的活动经验提供广阔的探索空间。实验活动设计要围绕一个探究主题,环环相扣,层层递进,引导学生进行探索,实现实验活动的教育价值。

教学目标,是课堂教学最终给学生带来的收获,是在知识和方法上所学会的具体学科内容,聚焦于基础的学术性知识和技能,是具体的可观测、可测量的学生行为。教学目标与教学评价相对应,具有一致性,是评估学生学习状况和命制测验的依据。

教育目标,是指课堂教学中落实渗透给学生的学科思想和科学观,也是看待世界的方法,是国家、社会、时代所希望实现的培养人的目标,聚焦于培养学生的情感、态度和价值观。如通过化学学科教育,希望学生成为具有化学核心素养的人和符合社会发展需要的人。

这几条教学线索可以设计成以时间顺序线索上横向关联一致的纵向平行线索,在每条平行发展的纵向线索上,设计相应的横向密切相关的教学内容及其要达成落实的教育教学目标,从而呈现网格脉络化教学设计的立体结构。所有的课堂教学都围绕着教育教学目标,以落实化学学科核心素养的教育目标为根本,通过设计化学实验活动来组织学生参与到课堂学习当中,随着课堂教学的时间进程,设计具有挑战性的问题以驱动学生的科学思维,对问题进行深入思考,把学生吸引到符合学生认知发展逻辑的课堂实验探究活动当中,达成高效学习的目标。

其中,需要特别强调的是课堂教学中实验活动的精心设计。

实验活动是学习者在实验室环境中通过科学规范的实验操作,持续地反思,通过师生、学习者之间的对话来建构和确认意义的学习经验。实验探究的核心即强调了从经验和反思性思维中构建学习的认知活动,在该活动中,了解学科专业内容、学习专业技能和增长新知识。实验探究模型在实施进程中可以设计成四个阶段:①触发,即通过某一事件引发并确定需要探究的问题;②探究,即寻找相关信息,通过批判性反思、实验和对话探索问题;③应用,学习者在探索阶段形成概念意义和思想的建构;④解决,将在先前阶段学到的新技能和新知识应用到实际问题中。

实验探究活动始于一个"触发"事件,其形式可能是一个需要解决的议题、问题或困境,也可称之为认知冲突。总之,这一触发事件自然会导致"探究",即搜索所面对挑战的相关信息。把初步的想法提炼成概念或假设性理论，随着概念或假设的逐步成形，就必须去"应用"，即建立联系并寻求一个切实可行的证据，依据证据给出合理化的解释。最后，是对各种概念的选择和验证（通过直接体验化学实验或间接应用化学实验证据），并形成"解决"方案。这些环节所连接而成的实验探究活动是动态的连续的过程，不应该看作是离散的或线性的。

　　根据教学需要，实验探究模型在实施进程中也可以设计成三阶段的操作模型：触发阶段、研究阶段和推论阶段。其中，研究阶段，即设计实验并检验理论假设；推论阶段，即将所得到的结果解释为支持或拒绝理论假设的证据，并在必要时考虑备选解释。

　　在实际的课堂教学中，会因实际情况而由学生们推动形成生成性课堂教学，促发教师调整教学策略，综合临场经验，发挥教师驾驭课堂教学的实践智慧。但是作为教学设计者而言，从落实教育教学目标出发，基于实验活动，清晰策划课堂教学进程的多条发展线索，是教师实现游刃有余地驾驭课堂教学的重要能力。

　　本教材部分章节的最后部分呈现了基于化学实验活动的中学化学实验教学案例，其中，在教学设计上使用了上述 6 条课堂教学发展的逻辑线索，建构了化学课堂教学活动的整体框架，凸显了化学实验活动在课堂教学设计中的重要角色和作用。

作者

2021 年 5 月

目 录 ▶ 图标说明:扫码可观看本章微课视频

第一章　氢氧化亚铁的制备

扫码学习本章微课

·本章概述·

　　铁及其化合物的相关知识是中学化学课程中的重要内容,是介绍无机金属及其化合物性质的典型代表,其中,不同价态铁及其氢氧化物的性质是其核心知识之一。中学化学教材上通常将氢氧化亚铁描述为"白色的不易溶解于水的化合物",但实际在氢氧化亚铁制备实验过程中,观察到的实验现象是:亚铁离子遇到氢氧根离子后生成"灰绿色"沉淀,随后转化为"红褐色"的氢氧化铁沉淀。都没有出现过"白色"沉淀这一现象。该"灰绿色"沉淀是否是氢氧化亚铁呢? 白色氢氧化亚铁沉淀是否能够通过控制某些实验条件来制得呢? 本章内容分析了上述问题,并对实验室制备白色氢氧化亚铁的控制条件进行了探究。

·本章主要学习目标·

　　学习完本章后,你能知道如下问题的答案:

1. 灰绿色物质是氢氧化亚铁吗?
2. 物质的结构与其颜色存在何种联系?
3. 如何制备绿锈?
4. 白色氢氧化亚铁制备的影响因素有哪些? 如何制得白色氢氧化亚铁沉淀?
5. 如何通过实验来鉴别二价铁和三价铁化合物?
6. 如何设计铁元素及其化合物性质的实验教学?

·本章结构·

第一节
氢氧化亚铁的颜色

- 一、实验室制出了灰绿色的氢氧化亚铁
- 二、灰绿色氢氧化亚铁成分探究
- 实验1　灰绿色氢氧化亚铁沉淀的制备

实验2　灰绿色沉淀中 Fe^{2+} 和 $Fe(OH)_2$ 的检验

实验3　灰绿色沉淀中 Fe^{3+} 和 $Fe(OH)_3$ 的检验

实验4　灰绿色沉淀中 SO_4^{2-} 的检验

第二节　绿锈的结构

一、绿锈的结构

二、亚铁离子与铁离子的化学计量比值

三、绿锈的生成

四、绿锈的颜色

第三节　白色氢氧化亚铁的制备

一、影响氢氧化亚铁制备的实验条件

二、NaOH溶液浓度对制备白色氢氧化亚铁沉淀的影响

三、温度对制备白色氢氧化亚铁沉淀的影响

四、溶液中的溶解氧对制备白色氢氧化亚铁沉淀的影响

五、白色氢氧化亚铁沉淀制备条件

实验5　氢氧化亚铁白色沉淀的制取

第四节　二价铁和三价铁的鉴别和转化

实验6　用硫氰化钾溶液检验铁离子

实验7　用亚铁氰化钾检验铁离子

实验8　用铁氰化钾检验亚铁离子

实验9　铁离子与亚铁离子的相互转化

实验10　茶水变色实验

实验11　喷雾作画

实验12　利用氯化铁溶液与不同物质发生化学反应的性质进行作画

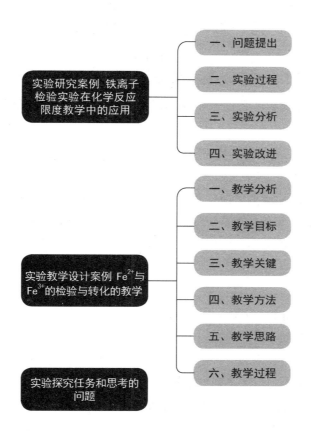

第一节　氢氧化亚铁的颜色

一、实验室制出了灰绿色的氢氧化亚铁

氢氧化亚铁是什么颜色? 普通高中化学教材中皆表达为"氢氧化亚铁是白色的不溶于水的沉淀"。

制备 $Fe(OH)_2$ 是中学化学课程中一个常见的实验,但要制备白色的氢氧化亚铁却很困难。因为在制备 $Fe(OH)_2$ 的实验过程中,实际上几乎观察不到反应产物中有 $Fe(OH)_2$ 的白色沉淀,只是观察到"灰绿色"沉淀,而且这个"灰绿色"还不稳定,很快会转变成红褐色的 $Fe(OH)_3$ 沉淀。若想让氢氧化亚铁沉淀的"白色"长时间保持,则是稀罕之事。

在制备 $Fe(OH)_2$ 的实验过程中生成了灰绿色沉淀,这个"灰绿色"物质是什么呢?

曾经有两种较为普遍的说法:

(1) 灰绿色物质不是 $Fe(OH)_2$ 被空气氧化所致,是水化生成的 $Fe(OH)_2 \cdot nH_2O$[①];

(2) 灰绿色物质是由 $Fe(OH)_2$ 和 $Fe(OH)_3$ 以一定比例混合具有特定组成[$Fe(OH)_2 \cdot 2Fe(OH)_3$]的一种特殊物质[②]。

但通过深入研究可以发现,这些观点都存在不当之处,主要表现在:

(1) 没有考虑溶液中其他离子和 pH 条件的影响。

(2) 对其结构或组成缺乏理论证据和必要的实验支持。

近年来随着相关理论和科技手段的更新,人们对于制备 $Fe(OH)_2$ 过程中灰绿色物质的组成也有了新的认识。有研究讨论了不同 pH 条件下、不同阴离子(SO_4^{2-}、Cl^-)影响下铁离子的状态和氧化产物的组成[③],提供了许多理论参考与数据支持,提出灰绿色物质可能为"绿锈",其化学组成大致是 $[Fe_4^{2+}Fe_2^{3+}(OH)_{12}]^{2+} \cdot [SO_4 \cdot 2H_2O]^{2-}$。但仍然缺乏实验验证,也没有明确解释沉淀颜色变化的原因。

本节内容将利用中学的一些常见试剂和仪器,对制备氢氧化亚铁过程中出现的灰绿色沉淀的成分进行实验探究,并结合晶体场理论对其颜色的变化进行解释。

二、灰绿色氢氧化亚铁成分探究

实验室制备灰绿色的氢氧化亚铁的方案,普通高中化学教材给出了大致相同的描述。

(一) 灰绿色沉淀的制取实验

1. 教材中相关内容描述

对制取氢氧化亚铁的实验操作,教材是这样描述的:在两支试管里分别加入少量 $FeCl_2$

---

① 刘炎昭,潘益民,陈鹏.灰绿色 $Fe(OH)_2$ 成因的实验探析[J].中学化学教学参考,2014(09):51—52.
② 伊慧澄,张平安,曹葵.制备氢氧化亚铁演示实验的改进研究[J].教育与装备研究,2017,33(07):61—63.
③ 张英锋,马子川,李顺军.也谈灰绿色物质——绿锈的组成[J].化学教育,2009,30(01):71—72+77.

和 $FeSO_4$ 溶液,然后滴入 NaOH 溶液。生成的白色絮状沉淀迅速变为灰绿色,最后变成红褐色。

该过程的化学反应原理:

$$FeCl_2 + 2NaOH = Fe(OH)_2\downarrow + 2NaCl$$
$$FeSO_4 + 2NaOH = Fe(OH)_2\downarrow + Na_2SO_4$$
$$4Fe(OH)_2 + O_2 + 2H_2O = 4Fe(OH)_3$$

也有教材这样描述制取氢氧化亚铁的实验操作:向试管中加入 3 mL 的 6 mol·L^{-1} 的 NaOH 溶液,用长而细的塑料滴管吸取新制的 0.5 mol·L^{-1} 的 $FeSO_4$ 溶液,伸入 NaOH 溶液液面下,轻轻挤压滴管,此时从滴管口处冒出白色絮状物,得到白色新制 $Fe(OH)_2$ 沉淀,一段时间后,白色沉淀变成灰绿色。

2. 灰绿色氢氧化亚铁沉淀实验制备

实验室制取氢氧化亚铁,按照各种普通高中化学教材呈现的大致相同的步骤操作,得到的大多是灰绿色氢氧化亚铁。

实验 1 灰绿色氢氧化亚铁沉淀的制备

实验器材:

试管、长滴管、试管架

实验试剂:

0.1 mol·L^{-1} 的硫酸亚铁溶液、2.5 mol·L^{-1} 氢氧化钠溶液

实验操作:

(1) 取 2.5 mol·L^{-1} 的氢氧化钠溶液于试管中。

(2) 用滴管吸取少量 0.1 mol·L^{-1} 的硫酸亚铁溶液,缓缓地将滴管伸入盛有 2.5 mol·L^{-1} 的氢氧化钠试管的液面以下,挤出硫酸亚铁溶液。

实验现象:

试管液面下冒出灰绿色絮状沉淀。

（二）灰绿色沉淀的离子成分的探究

为了检验制备氢氧化亚铁的实验中得到的灰绿色沉淀到底是哪些物质,需要进一步对该产物进行实验探究。

实验 2 灰绿色沉淀中 Fe^{2+} 和 $Fe(OH)_2$ 的检验

实验操作和现象:

(1) 取少量灰绿色沉淀,滴加 0.0001 mol·L^{-1} 的 $KMnO_4$ 溶液(未酸化),灰绿色沉淀不

溶解,上层清液紫红色逐渐褪去。

(2) 继续加入 $KMnO_4$(未酸化),灰绿色沉淀不溶解,滴加至上层清液呈紫红色,确保去除沉淀表面的 Fe^{2+}。滴加 $3\ mol\cdot L^{-1}$ 的 H_2SO_4,灰绿色沉淀溶解,上层清液紫红色褪去,最终溶液呈黄色。

实验推论:

实验步骤(1)的现象是"灰绿色沉淀不溶解,上层清液紫红色逐渐褪去",根据这一现象,分析推断认为:可能是由于沉淀表面吸附有 Fe^{2+},将 $KMnO_4$ 还原。其中发生的化学反应可以用离子反应方程式来表达:

在碱性环境中: $Fe^{2+} + MnO_4^- + 3OH^- \Longrightarrow Fe(OH)_3 \downarrow + MnO_4^{2-}$

实验结论:沉淀表面吸附有 Fe^{2+}。

实验步骤(2)的现象是"灰绿色沉淀溶解,上层清液紫红色褪去,最终溶液呈黄色",根据这一现象,分析推断认为:可以推断灰绿色沉淀可能是 $Fe(OH)_2$,加稀硫酸溶解后的 Fe^{2+} 将 $KMnO_4$(酸化)还原,其中发生的化学反应可以用离子反应方程式来表达:

在酸性环境中:

$Fe(OH)_2 + 2H^+ \Longrightarrow Fe^{2+} + 2H_2O$,

$MnO_4^- + 5Fe^{2+} + 8H^+ \Longrightarrow 5Fe^{3+} + Mn^{2+} + 4H_2O$

实验结论:绿色沉淀可能是 $Fe(OH)_2$。

实验 3　灰绿色沉淀中 Fe^{3+} 和 $Fe(OH)_3$ 的检验

实验步骤:

取少量灰绿色沉淀,加入 $0.1\ mol\cdot L^{-1}$ 的稀 KSCN(未酸化)溶液,沉淀不溶解,溶液无明显现象;再滴加几滴 $2\ mol\cdot L^{-1}$ 的 H_2SO_4,沉淀溶解,溶液最终呈血红色。

实验推论:

实验现象是"遇到未酸化的稀 KSCN 溶液,灰绿色沉淀不溶解,溶液无明显现象;加入稀 H_2SO_4 后沉淀溶解,溶液最终呈血红色",根据这一现象,分析推断认为:

沉淀中含有 Fe^{3+},可能是 $Fe(OH)_3$,加稀硫酸溶解后的 Fe^{3+} 与 KSCN 反应,生成血红色的 $[Fe(SCN)_n]^{(3-n)}$,化学反应方程式是:

$Fe(OH)_3 + 3H^+ \Longrightarrow Fe^{3+} + 3H_2O$

$Fe^{3+} + nSCN^- \Longrightarrow [Fe(SCN)_n]^{(3-n)}$,其中 $n = 1 - 6$

实验结论:灰绿色沉淀中含有 Fe^{3+}。

实验 4　灰绿色沉淀中 SO_4^{2-} 的检验

实验步骤和现象:

取少量灰绿色沉淀,加入 $0.1\,mol\cdot L^{-1}$ 的 $BaCl_2$ 溶液,有白色沉淀生成;滴加几滴 $3\,mol\cdot L^{-1}$ 的 HCl 溶液,无明显现象。

实验原理:

实验现象是"有白色沉淀生成,且白色沉淀不溶于稀盐酸",根据这一现象,分析推断认为:

说明沉淀中含有 SO_4^{2-},离子反应方程式:$SO_4^{2-}+Ba^{2+}\Longrightarrow BaSO_4\downarrow$。

实验结论:灰绿色沉淀中含有 SO_4^{2-}。

综上,通过实验 2、实验 3 和实验 4 的研究结果,初步确定灰绿色沉淀中含有 Fe^{2+}、Fe^{3+}、OH^-、SO_4^{2-},但具体组成的配比和结构,以及白色沉淀转变成灰绿色的原因,需借助文献研究进一步分析论证。

第二节　绿锈的结构

铁元素是地壳中含量第四高的元素,是含量第二高的金属元素,仅次于铝。铁元素几乎存在于所有的水生和陆生环境中,Fe 往往与氧元素或者氢氧根一起形成氧化物、氢氧化物或者氧化物—氢氧化物,可统称为铁氧化物。铁氧化物可以根据铁的氧化态的不同分为三类。

(1) 仅含三价态 Fe^{3+} 的三氧化二铁,包括针铁矿、赤铁矿、褐铁矿等。

(2) 仅含二价态 Fe^{2+} 的非常稀有的氧化亚铁,如 FeO 和 $Fe(OH)_2$。

(3) 在结构上同时含有 Fe^{3+} 和 Fe^{2+} 的混合价态铁氧化物,包括磁铁矿和绿锈。

这里主要探究第三类中的化合物绿锈的结构特征。

灰绿色沉淀是否是 $Fe(OH)_2$ 和 $Fe(OH)_3$ 的混合物?

首先,有试验研究表明,如果将白色的 $Fe(OH)_2$ 和红褐色 $Fe(OH)_3$ 以任意比例混合,都得不到灰绿色的沉淀[1],灰绿色沉淀并不只是 $Fe(OH)_2$ 和 $Fe(OH)_3$ 的简单混合物。其次,SO_4^{2-} 对灰绿色沉淀的生成具有一定的影响,即如果将 $FeSO_4$ 和 $Fe_2(SO_4)_3$ 以不同的比例混合后滴加 NaOH,可得灰绿色沉淀[2]。

灰绿色沉淀的组成和结构到底是怎样的?

查阅铁氧化物相关文献得知,在制备 $Fe(OH)_2$ 的实验过程中所得的灰绿色沉淀是一种不稳定的中间产物——绿锈(Green Rust,简称 GR),它在近年来发展起来的铁氧体处理被污染的水、土壤的各种修复策略和新工艺中发挥着重要作用,绿锈的表面积、粒度和化学计量比等特性对其催化氧化有机污染物的效率具有巨大影响。

---

① 刘炎昭,潘益民,陈鹏.灰绿色 $Fe(OH)_2$ 成因的实验探析[J].中学化学教学参考,2014(09):51—52.
② 李俊生.对灰绿色物质组成及形成规律的再分析[J].化学教育,2005(09):59—61.

一、绿锈的结构

最新研究表明,绿锈是一类含有 Fe^{2+} 和 Fe^{3+} 的不稳定化合物,因颜色为蓝绿色而被称为绿锈。绿锈最早发现于铁、低碳钢和不锈钢的腐蚀产物中[1],接触空气或其他氧化剂时会立即氧化成磁铁矿、针铁矿、褐铁矿或水铁矿。

绿锈的空间结构是怎样的?

绿锈是层状的双金属氢氧化物,晶体结构为带正电荷的氢氧化物层 $[Fe^{2+}_{1-x}Fe^{3+}_x(OH)_2]^{x+}$ 与带负电荷的阴离子 A^{n-} 及水分子相互交替,如图 1-1 所示。

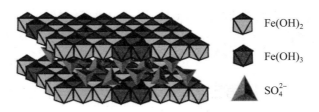

$$Fe(OH)_2$$
$$Fe(OH)_3$$
$$SO_4^{2-}$$

图 1-1　绿锈（GR-SO_4^{2-}）的层状氢氧化物结构

绿锈的结构式为:

$$[Fe^{2+}_{1-x}Fe^{3+}_x(OH)_2]^{x+}\cdot[(x/n)A^{n-}\cdot(mx/n)H_2O]^{x-}$$

其中,A^{n-} 是夹层阴离子,如 Cl^-、SO_4^{2-}、CO_3^{2-},主要是为了补偿 Fe^{2+} 氧化成 Fe^{3+} 的电荷缺陷,维持材料的电荷平衡。

绿锈是基于 Fe^{2+} 和 Fe^{3+} 阳离子的层状氢氧化合物（layered doubled hydroxide,简称 LDH）[2]。绿锈的氢氧化亚铁层状结构中,正负电荷层相互交错,堆积成晶体。金属氢氧化物层中的八面体中心是 Fe^{2+},八面体顶点是 OH^-,在绿锈中所有 Fe^{2+} 均在氧（来自于硫酸根或水分子）的周围,而空位可由不同的阴离子和水分子来补充,从而形成不同的绿锈,空位上的电荷由氢氧根层中的 Fe^{2+} 来平衡,因层间含有较多的水分子,层与层之间以氢键相连。

绿锈的金属氢氧化物层带有正电荷,这个正电荷是由于部分的二价铁离子被三价铁离子取代所形成的。在氢氧化物的夹层中夹有不同种类的阴离子,简单的一价阴离子,如 Br^-、Cl^-、F^- 等;二价的含氧阴离子,如 CO_3^{2-} 和 SO_4^{2-};不同尺寸的有机阴离子,比如 $HCOO^-$、$C_2O_4^{2-}$、$CH_3(CH_2)_{10}COO^-$,还有一部分是表面活性剂。不同阴离子如 SO_4^{2-}、CO_3^{2-}、Cl^- 夹心的化学式、空间群、晶胞参数和层间距离如表 1-1 所示。

---

① 张英锋,马子川,李顺军.也谈灰绿色物质——绿锈的组成[J].化学教育,2009,30(01):71—72+77.
② Christiansen B C, Baliczunic T, Dideriksen K, et al. Identification of Green Rust in Groundwater [J]. Environmental Science & Technology, 2009,43(10):3436—3441.

表 1-1　三种不同的绿锈（GR）的晶体参数

绿锈类型	GR(SO_4^{2-})	GR(CO_3^{2-})	GR(Cl^-)
化学式	$Fe(II)_4Fe(III)_2$ $(OH)_{12}SO_4 \cdot 8H_2O$	$Fe(II)_4Fe(III)_2$ $(OH)_{12}CO_3 \cdot 3H_2O$	$Fe(II)_3Fe(III)$ $(OH)_8Cl \cdot \sim 1.5H_2O$
空间群	$P\bar{3}ml$	$R\bar{3}m$	$R\bar{3}m$
a(Å)	5.5524	3.1759	3.19
c(Å)	11.011	22.7123	23.85
d_0(Å)	11.011	7.57	7.95

　　绿锈的结构和组成主要取决于插入的阴离子的性质，根据 X 射线衍射的数据，可以将绿锈分为两类，具有菱方晶胞的绿锈—Ⅰ，以及具有六方晶胞的绿锈—Ⅱ。平面型或者球形的阴离子 CO_3^{2-}、Br^-、Cl^- 主要形成绿锈—Ⅰ，其由三个重复单元组成，如图 1-2(a)所示；而三维的阴离子（SO_4^{2-}，SeO_4^{2-}）则形成绿锈—Ⅱ，其由 2 个重复单位组成，如图 1-2(b)所示。

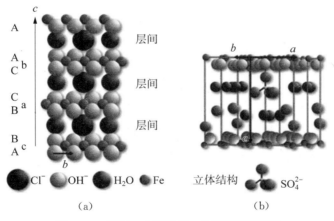

图 1-2　绿锈—Ⅰ和绿锈—Ⅱ的空间结构[①]

　　由图 1-2 可知，这两种类型表示沿着 c 轴的堆叠序列的平面间距很不相同，绿锈—Ⅰ和绿锈—Ⅱ分别为 $d_0=7.6-8$Å 和 10.9Å。与绿锈—Ⅰ相比，在绿锈—Ⅱ中的氢氧化物片层被相邻的阴离子和水分子平面组成的中间层隔开。绿锈—Ⅱ的堆积形式为 AcBij，其中 A 和 B 代表 OH^- 离子的平面，c 代表着铁的阳离子的平面，i 和 j 代表中间层的平面。在该层中，i 和 j 平面的分子分别靠近 A 和 B 的位置，从而产生了一种氧原子的六方密堆积（AcB）的形式。而在绿锈—Ⅰ中，主要为 AcBiBaCjCbAkA 的堆积形式，其中 A-C，a-c，i-k 代表

① Simon，L.；Franco,is，M.；Refait，P.；Renaudin，G.；Lelaurain，M.；Gen in，J.-M. R. Structure of the Fe(Ⅱ-Ⅲ) Layered Double Hydroxysulphate Green Rust Two from Rietveld Analysis[J]. Solid State Sci. 2003，5(2)，327—334.

OH⁻离子的平面、金属阳离子平面和中间的插入层。

二、亚铁离子与铁离子的化学计量比值

混合价态的铁矿物的氧化态的取值范围取决于结构中 Fe^{2+} 的量，可以通过化学计量的形式进行定量讨论。

$x = Fe^{2+}/Fe^{3+}$，当 $x = 0.5$ 时，即为理想的磁铁矿。经化学计量的绿锈中，$Fe^{2+} : Fe^{3+}$ 的比值 x 的取值范围为 2—3，其所含的 Fe^{2+} 至少为化学计量的磁铁矿的两倍。

当发生部分氧化时，x 的值会随之下降，绿锈中 x 的值会下降到小于 2。也有一种化学计量的定义方法，$R = Fe^{3+}/(Fe^{2+} + Fe^{3+})$，如用这种方法，绿锈的值大概在 0.25—0.33 范围内。

三、绿锈的生成

自然形成的绿锈中，层间离子具有一定的相互取代的优先顺序，即 $CO_3^{2-} > SO_4^{2-} > Cl^-$。有研究者提出，在富有碳酸根离子的淡水中，将有利于绿锈 $GR - CO_3^{2-}$ 的生成；但是当 SO_4^{2-}/CO_3^{2-} 的比值较高时，SO_4^{2-} 离子在置换顺序中占据主导地位，因此在 SO_4^{2-} 离子含量较高的盐水中，所生成的绿锈 $GR - SO_4^{2-}$ 占主导地位。[①]

目前绿锈的合成方法如图 1 - 3 所示。

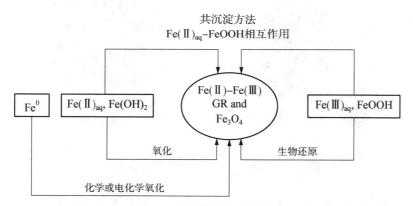

图 1 - 3　绿锈的合成方法[②]

（一）溶解的 Fe²⁺ 和 Fe³⁺ 离子的共沉淀

在合成混合价态的铁矿物质的多种方法中，共沉淀方法由于简单、没有任何有毒中间体

① Christiansen, B. C., Balic-Zunic, T., Dideriksen, K., Stipp, S. L. S. Identification of green rust in groundwater[M]. Environmental Sciences, 2009.

② Usman M, Byrne J M, Chaudhary A, Orsetti S, Hanna K, Ruby C, Kappler A, Haderlein S B. Magnetite and Green Rust: Synthesis, Properties, and Environmental Applications of Mixed-Valent Iron Minerals [J]. Chemical reviews, 2018,118(7): 3251—3304.

的优点而被公认为是一种较为便捷的方法。这种方法主要是在室温下将碱溶液与溶解 Fe^{2+} 和 Fe^{3+} 的溶液混合。为了防止 Fe^{2+} 在环境的 pH 值[①]下被快速氧化，这一实验必须在一个惰性的气体中进行。生成的产物形式会根据 Fe^{2+}/Fe^{3+} 的比值、总的铁离子的浓度、pH、离子强度和阴离子的种类（如 CO_3^{2-}、SO_4^{2-}、Cl^-）而不同。绿锈 $GR-SO_4^{2-}$ 和绿锈 $GR-CO_3^{2-}$ 悬浮液在强碱性条件下（pH>10）不稳定，都容易转化为 $[Fe_3O_4，Fe(OH)_2]$ 和 $[Fe_3O_4，FeCO_3]$ 混合物。

（二） 羟基化溶解的 Fe^{2+} 和 $[Fe^{2+}$ aq， $Fe(OH)_2]$ 混合物的部分氧化

研究表明，水溶液中 Fe^{2+} 被空气中氧气所氧化，受溶液的酸碱性即 pH 值的影响，在 pH=7—8 之间的狭窄范围中，将 pH 值增加一个单位，Fe^{2+} 被氧化的动力学将被加快 100 倍，其在酸性条件下比较稳定。在亚铁盐溶液中通入部分空气，用 NaOH 进行沉淀时，绿锈可能会结合各种类型的阴离子（Cl^-、Br^-、F^- 和 SO_4^{2-}），也可能插入如亚硒酸盐、甲磺酸根、C_9—C_{14} 直链烷基羧酸根和草酸等。

也有研究得出，当 OH^- 和 Fe^{2+} 的比值为 5∶3 时，可以将初始的 $[Fe(OH)_2，Fe^{2+}]$ 混合物完全转化为单相的绿锈 $GR-SO_4^{2-}$[②]。化学反应方程式为：

$$5Fe(OH)_2 + Fe(II)_{aq} + (1/2)O_2 + 9H_2O + SO_4^{2-} === Fe(II)_4Fe(III)_2(OH)_{12}SO_4 \cdot 8H_2O$$

四、绿锈的颜色

为什么实验室制备 $Fe(OH)_2$ 沉淀时会生成灰绿色的绿锈呢？这是因为物质的颜色与其微观结构之间存在密切联系，物质的结构和组成决定了物质的性质[③]。

（一） 晶体场理论对物质颜色的解释

为什么二价铁离子溶液是浅绿色？为什么三价铁离子溶液是黄色？

晶体场理论认为，金属中心原子或离子在配位场中的分裂能 Δ 若恰好在可见光能谱的范围内，即它们可吸收某一波长的可见光而使电子由低能级的 t_{2g} 轨道跃迁至高能级的 e_g 轨道。白色光减去该特定波长的光后所呈现的颜色为被吸收光的补色光。吸收光色与补色的对应关系如表 1-2 所示。

---

① Jolivet, J. P.; Belleville, P.; Tronc, E.; Livage, J. Influence of Fe(II) on the Formation of the Spinel Iron Oxide in Alkaline Medium[J]. Clays and Clay Minerals. 1992,40(5),531—539.

② Christiansen, B. C.; Balic-Zunic, T.; Petit, P. O.; Frandsen, C.; Mørup, S.; Geckeis, H.; Katerinopoulou, A.; Stipp, S. L. S. Composition and Structure of an Iron-earing, Layered Double Hydroxide (LDH)-Green Rust Sodium Sulphate. Geochim. Cosmochim. Acta 2009,73,3579—3592.

③ 陈嘉文,丁伟.揭开灰绿色沉淀的神秘面纱[J].教育与装备研究,2018,34(10)：61—64.

表1-2   物质吸收光色与补色光对应表

吸收光色	红	橙	黄	绿	蓝	紫
（波长范围：nm）	800—650	650—580	580—560	560—490	490—430	430—380
呈现光色（补色）	绿	蓝	紫	红	橙	黄

Fe^{2+} 和 Fe^{3+} 在水溶液中是以水合离子 $[Fe(H_2O)_6]^{2+}$ 和 $[Fe(H_2O)_6]^{3+}$ 的形式存在的，这是典型的过渡金属六配位八面体络合物，它们的颜色主要是由于价轨道电子 d-d 跃迁引起的。d-d 跃迁的能级大小取决于六配位晶体场的轨道分裂能，晶体场分裂能与中心金属种类、价态和配体的种类有关，一般而言，中心离子价态越高，分裂能越大；配体的作用越强，分裂能越大。

在八面体 H_2O 配体场的作用下，Fe^{2+} 和 Fe^{3+} 的五个 d 轨道都会发生分裂，形成两组，其中 d_{xy}、d_{xz}、d_{yz} 为低能组，t_{2g}，$d_{x^2-y^2}$、d_{z^2} 为高能组 e_g，这二者之间的能量差为晶体场分裂能，如图 1-4 所示。

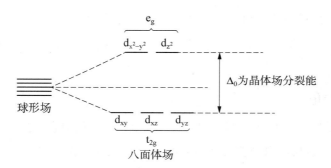

图 1-4   八面体结构的能级分裂

由于水是弱配体，故金属离子的电子排布采用高自旋，其中 Fe^{2+} 价态较低，晶体场分裂能较小，吸收的光子能量相对较低（$\Delta_1 = 10\,400\ cm^{-1}$），对应红光区，故看到 $[Fe(H_2O)_6]^{2+}$ 为浅绿色，如图 1-5(a) 所示；而 Fe^{3+} 分裂能相对稍大（$\Delta_2 = 13\,700\ cm^{-1}$），吸收光的波长会向短波方向移动，应该对应橙光或黄光，故看到 $[Fe(H_2O)_6]^{3+}$ 为浅紫色，如图 1-5(b) 所示。

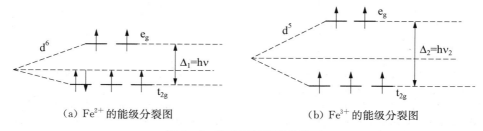

（a）Fe^{2+} 的能级分裂图　　　　　　　（b）Fe^{3+} 的能级分裂图

图 1-5   铁离子的能级分裂图

（二）物质颜色变化的原因

浅绿色的 $FeSO_4$ 与 $NaOH$ 反应生成白色 $Fe(OH)_2$ 沉淀，这是由于配体的光谱序列中 OH^- 的作用小于 H_2O，故当 $[Fe(H_2O)_6]^{2+}$ 变成 $Fe(OH)_2(H_2O)_4$ 时，晶体场分裂能减小，吸收光的波长向长波方向移动，直至移出了可见光区域，d 处于红外光区，没有对应的补色，故看到的沉淀为白色。

当白色的 $Fe(OH)_2$ 沉淀遇空气时迅速被氧化成中间产物绿锈，即 $[Fe_4^{2+}Fe_2^{3+}(OH)_{12}]^{2+} \cdot [SO_4 \cdot 2H_2O]^{2-}$。

Fe^{2+} 和 Fe^{3+} 存在于一个体系，不同价态之间常发生电荷的迁移，就会以羟基做桥联，电荷在 Fe^{2+} 和 Fe^{3+} 之间移动，发生荷移跃迁，需要吸收较大能量，故吸收波长向短波方向移动，从红外光区又移回了可见光区，吸收波长约在红光区，对应沉淀颜色为灰绿色。

最终 $Fe(OH)_2$ 充分氧化生成 $Fe(OH)_3$，Fe^{3+} 的价态大于 Fe^{2+}，晶体场分裂能继续变大，吸收波长继续向短波方向移动，约在蓝绿光区，故对应沉淀颜色为红褐色。

第三节　白色氢氧化亚铁的制备

一、影响氢氧化亚铁制备的实验条件

前述文献表明了灰绿色沉淀为绿锈的相关理论。针对制取白色的氢氧化亚铁的实验研究，也有文献研究表明[①]，溶液中碱的浓度、Fe^{2+} 和 OH^- 的比值、温度等条件很容易影响制备氢氧化亚铁产物的颜色。

有文献提出了一种理论，解释制取氢氧化亚铁实验时观察到浅绿色沉淀，是由于氢氧化亚铁是白色胶状沉淀，具有吸附性，吸附了溶液中过量的呈浅绿色的亚铁离子，[②]因而使白色沉淀变成浅绿色。

$Fe(OH)_2$ 沉淀是如何吸附 Fe^{2+} 的呢？

（一）胶体的形成过程与特点

氢氧化亚铁溶胶是由许多 $Fe(OH)_2$ 分子构成的，其中心部分叫胶核，胶核的外边是阴阳离子所形成的吸附层，胶核和吸附层统称为胶粒，整个胶团的结构可用图 1 - 6 来描述。以 $FeCl_2$ 溶液制备 $Fe(OH)_2$ 胶体为例。

一般认为，与晶体的组成离子形成不溶物的离子将

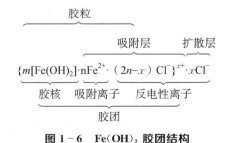

图 1 - 6　$Fe(OH)_2$ 胶团结构

① Génin J M R, Ruby C. Composition and anion ordering in some Fe（Ⅱ-Ⅲ）hydroxysalt green rusts（carbonate, oxalate, methanoate）：the fougerite mineral [J]. Solid State Sciences, 2008,10(3)：244—259.
② 徐建飞，张平，杜淑贤. 制备氢氧化亚铁实验方案再探究[J]. 化学教学,2015(07)：54—57.

优先被吸附,优先吸附与沉淀或晶体具有相同成分的离子,根据法扬斯(Fajans)规则,胶核到底吸附带何种性质电荷的离子取决于体系的环境,因此某胶核带电的符号取决于被吸附离子的符号,而带电的程度取决于胶粒表面积的大小、胶核之间的紧密程度以及吸附时间的长短,当胶核表面吸附离子而带电后,在它周围的溶液中,带相反电性的离子会扩散到胶核附近,并与胶核表面电荷形成扩散"双电层"结构。对$[Fe(OH)_2]_m$胶核来说,其吸附的离子可以是Fe^{2+},也可以是OH^-离子,其最终吸附何种离子,则取决于反应体系的离子环境,若溶液中Fe^{2+}离子浓度明显大于OH^-离子,则胶粒带正电,胶核吸附的是Fe^{2+}。$Fe(OH)_2$沉淀过程的探讨:$Fe(OH)_2$的形成过程实际上是分步进行的,体系中实际存在各种形式的离子和分子,在 pH 值不是很低的情况下,其含量都不高,其过程如下:

$$Fe^{2+}(aq) + OH^-(aq) \Longrightarrow Fe(OH)^+(aq) \qquad K_3 = \frac{1}{2.5 \times 10^{-6}}$$

$$Fe(OH)(aq) + OH^-(aq) \Longrightarrow Fe(OH)_2(aq) \qquad K_2 = \frac{1}{1.0 \times 10^{-4}}$$

$$Fe(OH)_2(aq) \Longrightarrow Fe(OH)_2(s) \qquad K_1 = \frac{1}{7.2 \times 10^{-6}}$$

总反应:$Fe^{2+}(aq) + 2OH^-(aq) \Longrightarrow Fe(OH)_2(s)$

$K = K_3 \times K_2 \times K_1 = 5.5 \times 10^{14}$

(引自 Mortimer, Chemistry, A Concept Approach, 1967)

当许多个 $Fe(OH)_2$ 分子形成以后,就可能聚集在一起,形成胶核$[Fe(OH)_2]_m$,而一旦形成胶核后,就能吸附环境中与胶核组成类似的阴阳离子,即 Fe^{2+} 或 OH^- 等离子,而后形成胶体。值得注意的是,得到胶体不一定能稳定存在,因为当胶体所处环境电解质浓度比较高时,胶体就会发生聚沉现象,因此当浓度较高的 $FeSO_4$ 溶液与 $NaOH$ 溶液混合后,无法得到纯粹的 $Fe(OH)_2$ 胶体,而是得到 $Fe(OH)_2$ 沉淀,沉淀发生得如此迅速,以致先前被吸附的离子夹杂在沉淀物中,若胶核$[Fe(OH)_2]_m$吸附 Fe^{2+},就容易得到绿色沉淀。

无论是胶体形成过程,还是一般的沉淀物,都具有吸附离子的行为。实际上,存在 $Fe(OH)_2$ 沉淀的水溶液环境中,一定同时存在 $Fe(OH)_2$ 胶体。应该关注的是,吸附过程并非瞬间完成,同其他的化学过程一样,都有一个达到"吸附—解离"的平衡过程,即需要一定的时间才能保证沉淀物吸附量达到最大值。吸附量的大小不但与溶液中的离子浓度有关,也与胶核的表面积有关,表面积越大,吸附离子浓度越高,则吸附量越大。

(二) Fe(OH)₂ 沉淀的吸附行为

在 $NaOH$ 溶液中滴加 $FeSO_4$ 溶液来制备 $Fe(OH)_2$ 的情况下,体系中 Fe^{2+} 浓度比较低,$[Fe(OH)_2]_m$ 胶核或沉淀主要吸附的是 OH^- 离子,实际上都是为了降低体系中的 Fe^{2+} 离子浓度,减少$[Fe(OH)_2]_m$ 胶核或沉淀对 Fe^{2+} 的吸附量。

采用低浓度的 $NaOH$ 溶液来制备 $Fe(OH)_2$ 沉淀时,反应后体系 pH 值小,由于存在

$Fe(OH)_2(s) \Longrightarrow Fe^{2+}(aq) + 2OH^-(aq)$ 沉淀溶解平衡,体系中的 Fe^{2+} 浓度较大,Fe^{2+} 容易被吸附在 $[Fe(OH)_2]_m$ 胶核或沉淀表面而呈绿色。

而使用高浓度的 NaOH 溶液,反应环境 pH 值较大,促进化学反应平衡向 Fe^{2+} 浓度减少的方向移动,使得体系中 Fe^{2+} 浓度更小,Fe^{2+} 不易被吸附在 $[Fe(OH)_2]_m$ 胶核或沉淀表面。

$Fe(OH)_2$ 形成沉淀越慢,则吸附的 Fe^{2+} 就会越多,这是因为此时 $Fe(OH)_2$ 周围的 Fe^{2+} 浓度相对更高,沉淀形成速率慢,更易吸附 Fe^{2+}。

由此可以预测:

(1) 快速加入 NaOH 溶液,$Fe(OH)_2$ 吸附 Fe^{2+} 更少。

(2) 滴入 NaOH 溶液浓度越大,pH 值越大,Fe^{2+} 浓度越小,$Fe(OH)_2$ 变为灰绿色也就越难。

这也是许多研究者建议采用高浓度 NaOH 溶液来制备 $Fe(OH)_2$ 的原因所在。沉淀形成晶体(沉淀)时一般存在着自范性规律,即当晶体(沉淀)形成时,若得到的晶体(沉淀)单一,晶体(沉淀)结构越均匀,也越紧密;若有杂质固体存在时,如 $Fe(OH)_2$ 沉淀物中存在 $Fe(OH)_3$ 时,得到的沉淀便不够紧密,与溶液的接触面积会更大。快速沉淀将无法得到大晶体,沉淀之间空隙增多,晶体缺陷明显。

而且非常重要的是,同浓度下,Fe^{3+} 优先于 Fe^{2+} 形成 $Fe(OH)_3$ 分子,形成胶核,但在实验中,Fe^{3+} 浓度往往远小于 Fe^{2+} 浓度,因此,在一定浓度范围内,$Fe(OH)_3$ 与 $Fe(OH)_2$ 分子可以同时形成,使得到的沉淀物不纯净。沉淀物越不纯净,得到的沉淀越不紧密,沉淀的表面积就越大,则沉淀吸附离子也越多、越快。因此,当溶液中存在 Fe^{3+} 时,得到的 $Fe(OH)_2$ 沉淀更容易吸附 Fe^{2+} 而发生颜色的变化。同理,氧气的存在显然也会使形成的 $Fe(OH)_2$ 沉淀不纯净,沉淀表面积越大,更容易吸附 Fe^{2+} 而使沉淀颜色变化。

对于胶核 $[Fe(OH)_2]_m$ 而言,其吸附的离子可以是 Fe^{2+},也可以是 OH^-,其最终吸附何种离子,则取决于反应体系的离子环境,若溶液中 Fe^{2+} 离子浓度明显大于 OH^- 离子,则胶粒带正电,胶核吸附的是 Fe^{2+}。

由于绿锈在空气中易氧化、存在的 pH 值范围较窄等因素,制备时需严格控制反应条件。经研究发现,形成灰绿色绿锈的最佳 pH 值为 6.9[①],pH<7 将不会出现沉淀,pH>12 将不存在灰绿色的绿锈。

二、NaOH 溶液浓度对制备白色氢氧化亚铁沉淀的影响

若取 5 g 硫酸亚铁晶体配制 20 mL 溶液,进行 $Fe(OH)_2$ 和 $Fe(OH)_3$ 沉淀生成的 pH 范围计算,硫酸亚铁晶体的纯度为 99%—100%,三价铁以硫酸铁的形式存在,其含量 ≤

---

① Refait P, Géhin A, Abdelmoula M, Génin J M R. Coprecipitation thermodynamics of iron(Ⅱ-Ⅲ) hydroxysulphate green rust from Fe(Ⅱ) and Fe(Ⅲ) salts [J]. Corrosion Science, 2003,45(4): 659—676.

0.02％,选取硫酸亚铁纯度为 99％,硫酸铁的含量为 0.02％进行计算,查其溶解度常数可知:

$$K_{sp[Fe(OH)_2]} = 4.87 \times 10^{-17}, \quad K_{sp[Fe(OH)_3]} = 2.79 \times 10^{-39}。$$

计算得到 $Fe(OH)_2$ 开始沉淀的 $[OH^-]_{始} = 7.40 \times 10^{-9}$ mol·L^{-1},即 pH$=5.87$

$Fe(OH)_2$ 完全沉淀的 $[OH^-]_{终} = 2.21 \times 10^{-6}$ mol·L^{-1},即 pH$=8.34$

则 $Fe(OH)_2$ 生成沉淀的 pH 范围是 5.87—8.34

同理可算出:$Fe(OH)_3$ 开始沉淀的 $[OH^-]_{始} = 2.8 \times 10^{-12}$ mol·L^{-1},即 pH$=2.45$

$Fe(OH)_3$ 完全沉淀 $[OH^-]_{终} = 6.5 \times 10^{-12}$ mol·L^{-1},即 pH$=2.81$

则 $Fe(OH)_3$ 生成沉淀的 pH 范围是 2.45—2.81

由以上计算可看出,所用硫酸亚铁试剂中所含的 Fe^{3+} 的量足以对氢氧化亚铁的生成产生较大影响。另外,由于 Fe^{3+} 开始沉淀的 pH 远远小于 Fe^{2+},因此氢氧化亚铁制备所用的碱的浓度可能会对实验结果产生一定影响,如果所加入的碱的浓度过小,溶液中微量 Fe^{3+} 会优先反应,从而影响发生的实验现象。[1]

三、温度对制备白色氢氧化亚铁沉淀的影响

相关文献研究表明,氢氧化钠与硫酸亚铁反应有白色沉淀或绿色沉淀生成,原因是氢氧化亚铁是白色沉淀,因吸附溶液中的亚铁离子而显绿色。

也有相关文献研究表明,常温下的氢氧化亚铁沉淀,经水浴加热后由绿变白,并有片状白色沉淀下沉。分析其原因,可能是硫酸亚铁是由强酸弱碱组成的盐,由于盐的水解是吸热反应,加热后会促进亚铁离子水解,而使氢氧化亚铁沉淀表面吸附的亚铁离子转化为氢氧化亚铁沉淀,从而使沉淀颜色由绿变白,同时由于沉淀量的增多,产生片状白色沉淀下沉的现象。

四、溶液中的溶解氧对制备白色氢氧化亚铁沉淀的影响

由于离子的水合作用,溶液中无机离子的浓度对氧气的溶解度也有很大影响。在大多数情况下,温度和压力不变时,溶解氧含量随着盐浓度的增加而降低,产生"盐析"现象。

在 1889 年,俄罗斯生理学家谢切诺夫(Ivan M. Sechenov)就用下式描述了盐浓度对气体溶解度的影响规律:

$$\log(c_0/c) = Kc_S$$

其中,c 为盐溶液中气体的实际浓度,c_0 为纯水中气体的浓度,c_S 为盐溶液浓度,K 为比例常数(也称为 Sechenov 常数)。在混合电解质溶液中,顺佩(Schumpe)将该关系式修正为:

---

① 姜言霞,阮宝玲,毕华林,李晓林.适合中学课堂教学的氢氧化亚铁制备实验方案的研究[J].化学教育,2014,35(23):47—49.

$$\log(c_0/c) = (h_i + h_G)c_i$$

式中，h_i 和 h_G 分别为离子和气体的特性参数，c 为离子浓度。由此可估算，当 NaCl 浓度为 $4\ mol \cdot L^{-1}$（约 19%）时，氧气的溶解度大约将降低 75%。据此推断，如果以 NaCl 浓溶液代替纯水用于配制反应原料 $FeSO_4$ 溶液和 NaOH 溶液，将大大降低溶解氧浓度。同理，在碱溶液中，氧气的溶解度随着 NaOH 浓度的增加也迅速降低，当 NaOH 浓度增加到 $6\ mol \cdot L^{-1}$ 时，氧气的溶解度可以降低 90%，并且溶解时的放热效应可以进一步驱赶溶液中的氧气。[①]

五、白色氢氧化亚铁沉淀制备条件

碱的浓度、Fe^{2+}/OH^- 比值影响氢氧化亚铁的沉淀颜色，经过实验研究得出的相关结论表明，碱液浓度越大，二价铁离子浓度越小，越容易制得白色的氢氧化亚铁沉淀。

实验 5　氢氧化亚铁白色沉淀的制取

实验用品：

使用 $50℃—60℃$ 的蒸馏水配置饱和氢氧化钠溶液、$0.1\ mol \cdot L^{-1}$ 的硫酸亚铁溶液、石蜡油

实验操作：

强调液体滴加顺序：

（1）在试管中加入 $5\ mL$ 饱和氢氧化钠热溶液。

（2）滴入一层石蜡油，用于隔绝空气进入，起到封闭液体环境的作用。

（3）用长毛细滴管吸取 $0.1\ mol \cdot L^{-1}$ 硫酸亚铁溶液，滴管尖端插入液面下，慢慢挤出 $2—3$ 滴硫酸亚铁溶液。

实验现象：

观察到有白色的氢氧化亚铁沉淀生成，白色沉淀通常能够保持 10 分钟以上。

实验分析：

当加入的硫酸亚铁溶液量变多后，白色沉淀慢慢变成浅绿色。

分析其中原因，认为硫酸亚铁量变多后，氢氧化亚铁沉淀吸附了过量的亚铁离子而显示绿色。

加热会促进亚铁离子水解，而使氢氧化亚铁沉淀表面吸附的亚铁离子转化为氢氧化亚铁沉淀，从而使沉淀颜色由绿变白，同时由于沉淀量的增多，产生片状白色沉淀下沉的现象。

① 陈杨展，吴双，蔡双莲.氢氧化亚铁制备实验中减缓氧化的一种简便方法[J].化学教育，2017，38(11)：61—63.

第四节　二价铁和三价铁的鉴别和转化

铁离子的检验试剂有氢氧化钠、硫氰化钾、亚铁氰化钾等,分别会出现红褐色沉淀、血红色溶液、深蓝色沉淀等有特征性颜色的物质。

实验 6　用硫氰化钾溶液检验铁离子

实验药品:

硫酸铁、硫氰化钾

实验仪器:

若干支试管、试管架、滴管

实验操作:

(1) 先取两支试管,取适量硫酸铁溶液于一支试管中,将试管内的溶液一分为二,一半倒入另一支用作对照实验现象的试管。

(2) 滴加几滴硫氰化钾溶液于其中一支试管,振荡。

实验现象:

观察到该试管溶液由浅黄色变成血红色,证明有铁离子存在。

实验原理:

$$Fe^{3+} + SCN^- = [Fe(SCN)]^{2+}（血红色）$$

实验 7　用亚铁氰化钾检验铁离子

实验药品:

硫酸铁、亚铁氰化钾

实验仪器:

若干支试管、试管架、滴管

图 1-7　试管溶液产生深蓝色沉淀（普鲁士蓝沉淀）（见本书彩页）

实验操作:

(1) 先取两支试管,取适量硫酸铁溶液于一支试管中,将试管内溶液的一半倒入另一支试管作为对照。

(2) 滴加几滴亚铁氰化钾溶液于其中一支试管,振荡。

实验现象:

观察到该试管溶液产生深蓝色沉淀（普鲁士蓝沉淀）,证明有铁离子存在。

实验原理:

$$4Fe^{3+} + 3[Fe(CN)_6]^{4-} = Fe_4[Fe(CN)_6]_3^{4-}（深蓝色）$$

实验 8 用铁氰化钾检验亚铁离子

实验药品：

氯化亚铁溶液、铁氰化钾溶液

实验用品：

若干支试管、试管架、滴管

实验步骤：

先取两支试管，取适量氯化亚铁溶液于一支试管中，将试管内的溶液的一半倒入另一支试管作为对照，滴加几滴铁氰化钾溶液于其中一支试管，振荡。

实验现象：

观察到该试管溶液产生深蓝色沉淀（滕氏蓝沉淀），证明有亚铁离子存在。

实验原理：

图 1-8 试管溶液产生深蓝色沉淀（滕氏蓝沉淀）

$$3Fe^{2+} + 2[Fe(CN)_3] == Fe_3[Fe(CN)_6]_2（深蓝色）$$

实验 9 铁离子与亚铁离子的相互转化

铁离子与亚铁离子可以与合适的还原剂和氧化剂发生氧化还原反应来实现相互转化。

实验用品：

氯化亚铁溶液、氯水、铁粉、硫氰化钾溶液、若干支试管、试管架、滴管

实验步骤：

取适量氯化亚铁溶液于试管中，先滴加 2 滴硫氰化钾溶液，无明显现象；再滴加适量新制氯水，观察到溶液颜色变成血红色，再加入过量铁粉，溶液红色褪去，变成无色。

实验原理：

$$2Fe^{2+} + Cl_2 == 2Fe^{3+} + 2Cl^-$$

$$FeCl_3 + KSCN == [Fe(SCN)]Cl_2（血红色）+ KCl$$

$$2Fe^{3+} + Fe == 3Fe^{2+}$$

实验 10 茶水变色实验

实验用品：

浅棕色的茶水、氯化亚铁晶体、草酸、烧杯、玻璃棒

实验过程：

在半杯浅棕色的茶水中，投入一小粒氯化亚铁晶体，用玻璃棒搅拌。观察到茶水的颜色

呈黑色。此时在黑色的茶水中再加入一小粒草酸固体,用玻璃棒搅拌,观察到茶水又变浅,最后茶水恢复为原来的色泽。实验过程中茶水颜色变化如图1-9所示。

（a）浅棕色　　　　　（b）黑色　　　　　（c）浅棕色

图1-9　茶水变色过程（见本书彩页）

实验原理:

亚铁盐在茶水溶液中很容易被氧化成三价铁盐,茶水中含有鞣酸,鞣酸与三价铁能结合生成黑色的鞣酸铁。而加入草酸茶水颜色变浅,是因为草酸是有机酸,具有还原性,能把鞣酸铁中的三价铁还原成二价铁,从而使鞣酸铁的黑色完全褪去变成浅棕色。

氧化性较强的物质遇到还原性较强的物质时,有可能发生氧化还原反应。Fe^{3+}遇到较强的还原剂时,会被还原成Fe^{2+};Fe^{2+}在较强的氧化剂的作用下会被氧化成Fe^{3+}。Fe^{2+}与Fe^{3+}在一定条件下是可以相互转化的。

实验11　喷雾作画

图1-10　喷雾瓶

实验准备:

取一张有一定吸水性的白纸,用毛笔蘸取5%—10%无色透明的硫氰化钾（KSCN）溶液,在白纸上画几朵花朵。再用另一支毛笔蘸取5%—10%无色透明的亚铁氰化钾$[K_4Fe(CN)_6]$溶液,在白纸绘有花朵的周围画上一些花枝花叶,将纸晾干或晒干。纸干燥后看不出有什么笔墨痕迹。再配制约100 mL 5%的三氯化铁溶液,装入一个手握式喷雾瓶中,如图1-10所示。

实验原理:

硫氰化钾和三氯化铁反应会产生血红色的$Fe(SCN)^{2+}$;

而亚铁氰化钾和三氯化铁反应会产生深蓝色的$Fe_4[Fe(CN)_6]_3$沉淀,即普鲁士蓝。

这两个反应在化学实验中常用于三价铁离子的检验。

说明:如果想使上述图画的颜色再丰富一些,可以再增配一些能与三氯化铁发生显色反应的试剂,例如可配制5%的鞣酸溶液、5%的氢氧化钠溶液、5%的醋酸溶液、2%的苯酚溶液等,这些溶液配好后,其余的准备工作和操作方法与上述相同。其中鞣酸遇三氯化铁后会反应生成黑色的鞣酸铁、氢氧化钠遇三氯化铁后会反应生成红褐色的氢氧化铁、醋酸遇三氯化铁后会反应生成褐色的碱式醋酸铁、苯酚遇三氯化铁后会反应生成一种紫色的有机物($H_3[Fe(C_6H_5O)_6]$)。

实验12 利用氯化铁溶液与不同物质发生化学反应的性质进行作画

利用氯化铁溶液与不同物质发生化学反应的原理在白纸上作画。其中,氯化铁溶液与不同物质发生化学反应的相关化学反应式为:

① $FeCl_3 + KSCN = [Fe(SCN)]Cl_2$(红色)$+ KCl$

② $FeCl_3 + 3AgNO_3 = 3AgCl\downarrow$(乳白色)$+ Fe(NO_3)_3$

③ $FeCl_3 + 6C_6H_5OH = H_3[Fe(C_6H_5O)_6]$(紫色)$+ 3HCl$

④ $FeCl_3 + 3CH_3COONa = Fe(CH_3COO)_3$(褐色)$+ 3NaCl$

⑤ $2FeCl_3 + Na_2S = 2FeCl_2 + 2NaCl + S\downarrow$(乳黄色)

⑥ $4FeCl_3 + 3K_4[Fe(CN)_6] = Fe_4[Fe(CN)_6]_3$(蓝色)$+ 12KCl$

⑦ $FeCl_3 + 3NaOH = Fe(OH)_3\downarrow$(红褐色)$+ 3NaCl$

实验研究案例 铁离子检验实验在化学反应限度教学中的应用

一、问题提出

江苏教育出版社出版的(以下简称"苏教版")普通高中化学教材必修《化学2》第一单元"化学反应的速率与反应限度"一节中,以$FeCl_3$溶液与KI溶液反应实验来证明化学反应存在一定的限度,教材中实验的具体操作步骤如下:取5 mL 0.1 mol·L^{-1}的KI溶液,滴加0.1 mol·L^{-1}的$FeCl_3$溶液5—6滴,继续加入2 mL CCl_4溶液,充分振荡,静置后观察到什么现象?取上层溶液,用KSCN溶液检测是否还存在Fe^{3+}[①]。

按上述方案进行实验后发现,当加入CCl_4并充分振荡后,得到的上层清液呈棕色,取上层清液并加入KSCN溶液后,溶液颜色并没有发生明显的变化,无法反映溶液体系中仍存在Fe^{3+},通过此实验得出化学反应具有一定限度的结论略显牵强。如何改进该实验?是否有切实可行的实验方法来论证"化学反应具有一定限度"?

二、实验过程

取一支试管,加入5 mL 0.1 mol·L^{-1}的KI溶液,滴加0.1 mol·L^{-1}的$FeCl_3$溶液5—

---

① 王祖浩.普通高中化学课程标准实验教科书《化学2》(必修)[M].南京:江苏教育出版社,2008.

6 滴,充分振荡后静置,观察发现溶液的颜色变深,呈棕黄色,继续加入 2 mL CCl$_4$ 溶液,充分振荡后静置,观察到溶液分层,下层呈紫色,上层呈棕色,取上层棕色清液于另一支试管中,滴加 3 滴 KSCN 溶液,观察溶液仍呈浅棕色。

三、实验分析

1. Fe^{3+} 将 I$^-$ 离子氧化得到 I$_2$ 溶液呈现棕黄色

向 5 mL 0.1 mol·L^{-1} 的 KI 溶液中滴加 0.1 mol·L^{-1} 的 FeCl$_3$ 溶液 5—6 滴,溶液颜色加深,呈棕黄色,这里加深的棕黄色主要为 Fe^{3+} 将 I$^-$ 离子氧化得到 I$_2$ 所显示的颜色。查阅资料可知,在 25℃ 时,碘单质在水溶液中的溶解度很小,仅仅为 0.0013 mol·L^{-1},其饱和溶液呈棕黄色。由于在本实验中 KI 显然过量,因此在反应结束后的溶液体系中存在大量的 I$^-$ 离子,由于 I$_2$ 会与 I$^-$ 结合成水溶性更好的 I$_3^-$ 离子:I$_2$＋I$^-$ $\rightleftharpoons$ I$_3^-$,该反应的平衡常数在 25℃ 的条件下为 710,由于生成的 I$_3^-$ 呈较深的棕色,因此此时溶液颜色加深,呈较深的棕黄色[①]。再加入 2 mL CCl$_4$ 溶液充分振荡后,溶液分层,下层由于产生了 I$_2$,故显紫色,但上层未完全褪色,振荡多次充分后仍显现一定的浅棕色,这主要是由于 I$_2$ 在 CCl$_4$ 中的分配系数远远大于 I$_2$ 在水中的分配系数(约 86 倍),然而 I$_2$ 在 KI 中的分配系数又远大于 I$_2$ 在 CCl$_4$ 中的分配系数,因此在用 CCl$_4$ 萃取溶解在 KI 溶液中的碘单质的时候,即使是使用 CCl$_4$ 多次萃取后的水层溶液也不可能完全褪色,仍会显示一定的棕色。

2. Fe^{3+} 的离子浓度过低时加入的 KSCN 呈现浅棕色

取上层棕色清液于另一支试管中,滴加 3 滴 KSCN 溶液,观察溶液仍呈浅棕色。猜想可能是由于 Fe^{3+} 离子浓度过低,导致加入的 KSCN 与其反应现象不够明显,故仍呈现浅棕色。查阅相关文献[②]发现,要使得滴加 KSCN 溶液中出现变血红色的明显现象,需要溶液中 Fe^{3+} 浓度在 1.0×10^{-3} mol·L^{-1} 以上,在溶液中 Fe^{3+} 含量低于该浓度的时候用 KSCN,显色就会偏浅棕色,正好与 I$_3^-$ 离子的溶液颜色相近,当浓度更低时甚至不变色。因此,如果对苏教版教材实验中本身就呈棕色的上层清液进行研究,必然会对与 KSCN 的络合显色现象的观察产生一定的干扰。进一步查阅资料得知,化学反应 2Fe^{3+}＋2I$^-$ $\rightleftharpoons$ 2Fe^{2+}＋I$_2$ 在 25℃ 时的平衡常数 K 约为 1.02×10^9,远大于 10^7,可见该反应是一个可逆程度极小的反应,根据教材中反应物的用量,可以近似求出充分反应后的清液中 Fe^{3+} 浓度仅为 6.5×10^{-6} mol·L^{-1},这么小的三价铁离子浓度与 KSCN 溶液最低的显色要求相差甚远,不可能使溶液显血红色。

3. Fe^{3+} 检验灵敏度的分析

观察分析苏教版的高中化学教材,有关 Fe^{3+} 的定性检验方法只介绍了以下两种:

① 北京师范大学,华中师范大学,南京师范大学无机化学教研室编.无机化学(第四版)下册[M].北京:高等教育出版社,2003.

② 陆燕海.审视 KSCN、K$_4$[Fe(CN)$_6$]溶液检验 Fe^{3+} 实验[J].化学教学,2011(07):52＋70.

（1）硫氰化钾法（《化学 1》苏教版第 75 页）：含有 Fe^{3+} 的溶液中加入 KSCN 溶液，溶液变成血红色。

（2）亚铁氰化钾法（《实验化学》苏教版第 11 页）：取 $K_4[Fe(CN)_6]$ 稀溶液 2 mL，滴加含有 Fe^{3+} 的溶液，可出现蓝色沉淀。这是由于 Fe^{3+} 与 $K_4[Fe(CN)_6]$ 反应能够生成普鲁士蓝沉淀，$[Fe(CN)_6]^{4-} + Fe^{3+} + K^+ \rightleftharpoons KFe[Fe(CN)_6] \downarrow$。

苏教版教材中涉及使用含有 Fe^{3+} 溶液的相关实验，归纳整理得出共有 14 处，如表 1-3 所示。

表 1-3 苏教版教材实验中含 Fe^{3+} 溶液的使用统计情况

序号	教材名称	页码	实验名称	试剂	溶液浓度
1	《化学 1》	20	蒸馏实验	含 Fe^{3+} 溶液	未知
2		75	探究 Fe^{2+} 和 Fe^{3+} 的转化条件	$FeCl_3$	$0.1\,mol \cdot L^{-1}$
3		76	制作印刷电路板	$FeCl_3$	30%
4	《化学 2》	31	过氧化氢催化分解实验	$FeCl_3$	$0.2\,mol \cdot L^{-1}$
5		32	探究 $FeCl_3$ 和 KI 溶液反应限度	$FeCl_3$	$0.1\,mol \cdot L^{-1}$
6	《有机化学基础》	74	含酚废水的处理	$FeCl_3$	$0.1\,mol \cdot L^{-1}$
7	《化学反应原理》	38	催化剂对过氧化氢分解速率的影响	$FeCl_3$	未知
8		83	$FeCl_3$ 的水解	$FeCl_3$	$0.1\,mol \cdot L^{-1}$
9		83	$Fe_2(SO_4)_3$ 水解	$Fe_2(SO_4)_3$	$0.1\,mol \cdot L^{-1}$
10	《实验化学》	9	用纸层析分离 Fe^{3+} 和 Cu^{2+}	$FeCl_3$	饱和溶液
11		28	苯酚的化学性质	$FeCl_3$	$0.1\,mol \cdot L^{-1}$
12	《化学与生活》	58	维生素 C 的检验	$FeCl_3$	$0.1\,mol \cdot L^{-1}$
13	《化学与技术》	70	电路板的制作	$FeCl_3$	浓溶液
14	《物质结构与性质》	72	配合物的应用实验	$FeCl_3$	2%
				$Fe_2(SO_4)_3$	5%

由上表实验内容可知，教材考虑到试剂配制的简便，一般实验所选试剂 Fe^{3+} 的浓度都控制在 $0.1\,mol \cdot L^{-1}$ 左右，但实际上，如果用这种浓度的溶液进行 Fe^{3+} 的检验实验，实验结果往往不太令人满意，当 Fe^{3+} 浓度为 $0.1\,mol \cdot L^{-1}$ 时，如果分别用 $0.1\,mol \cdot L^{-1}$ 的 KSCN 和 $K_4[Fe(CN)_6]$ 溶液进行定性检验，实验结果显示前者检验溶液为暗红色，而后者出现蓝黑色沉淀，产物颜色过深，与所期望的血红色和蓝色尚有一定的差距，表明 $0.1\,mol \cdot L^{-1}$ 的 Fe^{3+} 浓度明显偏大。当 Fe^{3+} 浓度低到何种范围时，Fe^{3+} 可以与 KSCN 和 $K_4[Fe(CN)_6]$ 试剂达到理想的颜色效果呢？换句话说，就是 KSCN 和 $K_4[Fe(CN)_6]$ 溶液与 Fe^{3+} 的反应很灵敏，可

以检测到很低浓度的 Fe^{3+}。探究 KSCN 和 $K_4[Fe(CN)_6]$ 两种试剂对识别低浓度的 Fe^{3+} 检验的灵敏性具有重要意义。

4. KSCN 溶液对 Fe^{3+} 的灵敏度探究

含 Fe^{3+} 的溶液加入 KSCN 溶液能变红的原因是 Fe^{3+} 与配位体 SCN^- 通过配位键结合形成血红色配合物 $[Fe(SCN)_3]$ 或者配离子 $[Fe(SCN)_n]^{(3-n)+}$（$n=1$—6）。表 1-4 给出了不同浓度的 Fe^{3+} 对 $0.1\,mol \cdot L^{-1}$ 的 KSCN 溶液的显色效应。

表 1-4   KSCN 溶液检验不同浓度的 Fe^{3+} 的实验对比

$c(Fe^{3+})mol \cdot L^{-1}$	溶液颜色	滴加 KSCN 后颜色
5.0×10^{-2}	浅黄色	深血红色
1.0×10^{-2}	米黄色	血红色
5.0×10^{-3}	无色	血红色
1.0×10^{-3}	无色	红棕色
5.0×10^{-4}	无色	棕黄色
1.0×10^{-4}	无色	浅棕色
5.0×10^{-5}	无色	浅粉色
1.0×10^{-5}	无色	几乎无色

由表 1-4 可知，只要 Fe^{3+} 的浓度不低于 $1.0 \times 10^{-3}\,mol \cdot L^{-1}$，滴加 KSCN 后溶液变为血红色的现象就很明显，浓度在 $1.0 \times 10^{-2}\,mol \cdot L^{-1}$ 时实验效果最为明显，即在课堂演示实验中，若直接取用 $0.1\,mol \cdot L^{-1}$ 的 Fe^{3+} 溶液，往往效果不佳且浪费试剂，可以先向盛有 $2\,mL$ 蒸馏水的小试管中滴加 2 滴 $0.1\,mol \cdot L^{-1}$ 的 $FeCl_3$ 溶液，稀释后再进行实验。

据此，用 KSCN 溶液检验通常浓度的 Fe^{3+} 时比较灵敏，但并不适宜检测更低浓度的 Fe^{3+}。

5. $K_4[Fe(CN)_6]$ 溶液对 Fe^{3+} 的灵敏度探究

亚铁氰化钾与 Fe^{3+} 反应生成普鲁士蓝沉淀。事实上，普鲁士蓝是一系列化合物的总称，其最常见的形式主要有两种，一种是 $KFe[Fe(CN)_6]$（亚铁氰化铁钾），另一种为 $Fe_4[Fe(CN)_6]_3$（亚铁氰化铁），这两种化合物的晶格结构相同，只不过晶格孔穴中填充的金属离子种类不同。生成哪一种化合物往往由 $K_4[Fe(CN)_6]$ 和 Fe^{3+} 的配比决定，当 $K_4[Fe(CN)_6]$ 用量较多时，往往生成 $KFe[Fe(CN)_6]$，其有较好的水溶性，振荡后能够完全溶解为蓝色溶液；而当 Fe^{3+} 用量较多时，产物则是 $Fe_4[Fe(CN)_6]_3$，其在水中难溶。

在低于 $1.0 \times 10^{-5}\,mol \cdot L^{-1}$ 浓度的 Fe^{3+} 溶液中，$K_4[Fe(CN)_6]$ 仍能够很好地被检验，$K_4[Fe(CN)_6]$ 检验方法在不同浓度阶段都有明显现象，且在低浓度的 Fe^{3+} 检验中更具优势，如表 1-5 所示。

表 1-5 $K_4[Fe(CN)_6]$ 溶液检验不同浓度的 Fe^{3+} 的实验对比

$c(Fe^{3+})mol \cdot L^{-1}$	溶液颜色	滴加 $K_4[Fe(CN)_6]$ 后颜色
5.0×10^{-2}	浅黄色	深蓝色浊液,久置试管底有墨绿色沉淀
1.0×10^{-2}	米黄色	蓝色浊液,久置试管底有少量墨绿色沉淀
5.0×10^{-3}	无色	绛蓝色溶液
1.0×10^{-3}	无色	深蓝色溶液
5.0×10^{-4}	无色	蓝色溶液
1.0×10^{-4}	无色	蓝绿色溶液
5.0×10^{-5}	无色	蓝绿色溶液
1.0×10^{-5}	无色	淡蓝绿色溶液

四、实验改进

通过对检验三价铁离子存在的方法进行筛选,高中阶段出现的方法主要有 NaOH 沉淀法、苯酚溶液显色法、亚铁氰化钾法等,经过实验的验证分析,得到亚铁氰化钾溶液对低浓度 Fe^{3+} 的显色反应最为灵敏。

取一支试管,加入 5 mL 0.1 $mol \cdot L^{-1}$ 的 KI 溶液,滴加 5—6 滴的 0.1 $mol \cdot L^{-1}$ 的 $FeCl_3$ 溶液,充分振荡后静置,观察发现溶液的颜色变深,呈棕黄色;继续加入 2 mL CCl_4 溶液,充分振荡后静置,观察到溶液分层,下层呈紫色,上层呈棕色;取上层棕色清液于另一支试管中,滴加 3 滴亚铁氰化钾溶液,观察溶液立即生成蓝绿色沉淀。

该实验现象说明上层溶液中仍存在 Fe^{3+},该反应非常灵敏。查阅资料可知,用此种方法检测出三价铁离子的最低限浓度为 1 ppm(1×10^{-6} $mol \cdot L^{-1}$)。可见使用亚铁氰化钾溶液对 Fe^{3+} 的显色反应非常灵敏,而且该反应最后得到的蓝绿色不会受到 I_3^- 棕黄色的干扰,现象非常明显,不会发生掩盖干扰,由此就可以充分说明这一化学反应存在一定的反应限度。据此实验事实,能够使学生更容易地理解化学反应的限度,而且实验可操作性较强,完全可以满足教学中相关内容实验检验的要求。

实验教学设计案例 Fe^{2+} 与 Fe^{3+} 的检验与转化的教学

一、教学分析

1. 教材分析

本节课的内容选自人民教育出版社出版的(以下简称"人教版")高中化学必修《化学 1》

第三章第二节"几种重要的金属化合物",2017 年颁布的《普通高中化学课程标准(2017 年版)》指出,高中化学新课程关于铁与钠金属及其化合物应当"结合真实情境中的应用实例或通过实验探究,了解钠、铁及其重要化合物的主要性质,了解它们在生产、生活中的应用"。并且"铁及其化合物的性质"是《普通高中化学课程标准(2017 年版)》中 18 个必做实验之一,铁元素是继氧化还原反应和离子反应之后设置的第一个具有不同化合价态的变价金属元素,为从元素价态和物质类别两个视角认识物质及其变化提供了事实依据,在教材知识体系上具有非常重要的地位。初中阶段已经学习过铁单质的性质,知道铁在氧气中燃烧,产生火星四射的现象,生成四氧化三铁。本节课是学生在前几节课中已经学习了铁的三种氧化物的性质,氢氧化铁和氢氧化亚铁的制备,因此本节课承接以前的知识,从氧化还原反应的视角认识 Fe^{2+}、Fe^{3+} 的性质,是对氧化还原反应的进一步认识,在教材中具有承上启下的作用。

2. 学情分析

学生在初中对铁元素有一定的了解,知道铁单质的金属活动性以及铁在氧气中燃烧生成四氧化三铁,并且已经学习了铁的三种氧化物、氢氧化铁和氢氧化亚铁的制备,对铁元素的知识已经有较为深入的了解。而且已经学习过氧化还原反应以及离子反应的基本知识,知道铁元素的三种价态,已经处于高价态具有氧化性、最低价态一般只具有还原性,中间价态一般既有氧化性又有还原性,能够书写相关的离子反应方程式。

二、教学目标

1. 深入认识氧化还原反应原理——结合宏观现象理解化学变化的微观本质

通过宏观辨识实验探究铁离子——亚铁离子——铁单质的转化过程,微观探析铁单质被氧化为亚铁离子,进一步氧化为铁离子,以及铁离子被还原为亚铁离子,进一步被还原为铁单质的氧化还原反应的化学变化本质。

2. 从实验探究中深化物质守恒原理——建立化学变化中的物质守恒思想

认识对氯水氧化碘离子的处理方法中,碘元素发生氧化还原反应的化学变化过程中的物质守恒思想。

3. 学会依据实验现象表征的证据论证——形成证据推理思想

结合铁离子检验和鉴别的性质现象,获取其存在证据,并展开科学推理,得出科学结论。

4. 升华氧化还原反应原理的认知——提炼化学原理的认知模型

依据不同化合价态铁及其化合物转化的化学反应,依据氧化剂或者还原剂的氧化性强弱来选择氧化剂或者还原剂,展开推理论证,建构物质氧化性和还原性强弱之思想模型。

5. 基于化学实验学习科学探究的一般方法——深化科学探究，形成创新意识

认识"暖宝宝"发热过程中铁被氧化为亚铁离子的电化学腐蚀原理，实施科学探究的研究方法。

6. 认识化学在社会可持续发展中的重要价值——形成科学态度，陶冶科学精神

认识从铁元素的重要价值和应用方法，提高参与化学工业和科技活动的热情，催发将化学知识应用于生产、生活实践的意识，及其对人类社会、生态环境产生的影响展开评估，形成科学价值观，提升学生的绿色环保的科学态度和社会责任。

三、教学关键

1. 教学重点

知识上，掌握铁离子和亚铁离子的检验方法，掌握并应用铁单质、铁离子和亚铁离子的转化过程中氧化剂和还原剂的选择，理解该过程中发生的化学反应本质，能够书写该过程的化学反应方程式。

方法上，应用铁离子和亚铁离子的性质来检验鉴别其的方法。应用铁单质、铁离子和亚铁离子的性质来进行相互转化。

2. 教学难点

掌握并应用不同价态铁的化合物间的相互转化规律。"不同价态铁的化合物间相互转化"过程中氧化剂和还原剂的选择原理；运用"暖宝宝"呈现铁的电化学腐蚀过程及其化学反应微观本质；辨析铁及其化合物的化学变化在生产生活中的价值；比较氧化剂的氧化性强弱顺序。

四、教学方法

本节内容采用科学探究的实验活动教学。氧化还原反应中氧化剂强弱是较为生涩抽象的学科专业概念，学生较难理解掌握。将科学探究引入课堂教学，通过问题创设，让师生、生生之间围绕引人入胜的问题展开实验活动，学生投入到对问题的探讨和思考中，在教师的引导下，应用实验现象和事实作为实验证据，寻求支持证据，从而培养学生科学的思维方式，探究科学本质，深入领悟科学内容。

五、教学思路

围绕本节内容的教学目标，落实化学核心素养的教育目标，突出以化学实验探究为学生课堂活动的主要特征，通过在课堂教学进程时间轴线上设计对应的情境任务、问题驱动和实验活动等发展线索，展开本节内容的课堂教学。教学思路如表 1-6 所示。

表 1 - 6　教学思路

教学程序	情境任务	问题驱动	实验活动	教学目标	教育目标
环节 1 触发问题	认识暖宝宝	暖宝宝的主要成分有什么？	认识感知：暖宝宝	回顾铁元素的性质	宏观辨识微观探析
	探究暖宝宝的成分和发热原理	暖宝宝使用前后发生了什么变化？铁元素的价态发生了什么变化？	探究成分：暖宝宝中有 Fe、Fe^{2+}、Fe^{3+}？	进一步认识氧化反应	氧化还原反应原理变化守恒
环节 2 科学探究	探究鉴别铁单质、亚铁离子与铁离子的方法	如何检验铁单质、铁离子、亚铁离子？	设计实验检验方案：用磁铁与稀硫酸检验铁单质的存在；提出检验铁离子与亚铁离子的实验方案，并进行实验探究	认识性质鉴别的科学方法	科学探究
	探究铁离子与亚铁离子的相互转化	如何回收利用暖宝宝中的铁元素？	理解化学原理：如何实现铁离子与亚铁离子的相互转化方法？比较硫酸铁与硫酸亚铁的生产应用价值	认识转化过程的化学本质	实验探究证据推理
环节 3 证据推理	预测分析亚铁离子、铁离子性质，分析选择氧化剂、还原剂	亚铁离子如何转化为铁离子？铁离子如何转化为亚铁离子？	分析判断：用氧化还原反应预测亚铁离子的性质，并用不同的氧化剂进行实验探究，分析选择最优的氧化剂、还原剂进行暖宝宝铁元素的回收利用	氧化还原反应、氧化剂、还原剂强弱	化学原理模型认知
环节 4 概括升华	内化铁单质、亚铁离子与铁离子相互转化的化学本质	不同价态铁及其化合物的转化本质及其氧化剂、还原剂的选择？	建构知识体系模型：铁单质、亚铁离子与铁离子相互转化	掌握化学原理，认识铁在生产生活中的应用	模型建构科学态度社会责任价值追求

六、教学过程

环节 1：触发问题——暖宝宝成分

【设计意图】　认识暖宝宝的活动让学生直观感受暖宝宝使用前后的物理变化的宏观事实，包括温度、固体颜色等，引发学生的兴趣，思考探究其微观本质，渗透其中蕴含的科学精神与社会责任。

【教学活动】　观察感知暖宝宝使用前后的物理变化，探究成分及其化学工程的本质。

创设情境：教师通过展示暖宝宝的成分，引导学生思考，暖宝宝的主要成分铁单质发生了怎样的变化？

图 1－11 暖宝宝成分

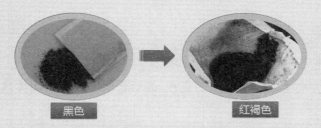

图 1－12 暖宝宝使用前后固体颜色变化（见本书彩页）

环节 2：科学探究——铁离子与亚铁离子的性质

【设计意图】 遵循科学探究的一般过程，设计实验探究检验铁单质的存在，Fe^{2+} 与 Fe^{3+} 的存在，结合宏观证据进行科学推理，得出溶液中存在 Fe^{2+} 与 Fe^{3+}，渗透"证据推理与模型认知"的教学思想。

【教学活动】 探究暖宝宝的工作原理。猜想铁元素存在的价态有哪些？设计实验方案，依据实验现象和实施为证据，推理出实验结论，验证猜想。

问题 1： 使用后的暖宝宝中铁元素存在的价态有哪些？

做出猜想：引导学生做出猜想：Fe、Fe^{2+}、Fe^{3+}。

检验铁单质的实验设计方案：

铁单质的检验。

利用铁的性质，引导学生对检验铁单质的存在提出实验方案：

方案 1：用磁铁

方案 2：稀硫酸，产生气泡证明存在铁单质

学生探究实验活动方案：

试剂： $FeSO_4$ 溶液、H_2O_2 溶液、KSCN 溶液、$KMnO_4（H^+）$ 溶液、新制氯水溶液。

方案 1：取一支洁净的试管，加入少量 $FeSO_4$ 溶液，然后滴加 1—2 滴 KSCN 溶液，溶液无明显变化。再滴加几滴 H_2O_2 溶液，溶液变为血红色。

方案 2：取一支洁净的试管，加入少量 $FeSO_4$ 溶液，然后滴加 1—2 滴 KSCN 溶

液,溶液无明显变化。再滴加几滴 $KMnO_4(H^+)$/新制氯水溶液,溶液变为血红色。

方案3：取一支洁净的试管,加入少量 $FeSO_4$ 溶液,先滴加几滴 H_2O_2 溶液,然后滴加 1—2 滴 KSCN 溶液,溶液变为血红色。

✎**实验探究1**

教师演示实验,将稀硫酸滴加到盛有暖宝宝成分的试管中,发现有气泡产生。

得出结论：引导学生从现象推导出实验结论：使用后的暖宝宝仍然存在未反应完全的铁单质。

- -

问题2：如何检验 Fe^{2+}、Fe^{3+} 的存在?

设计方案：为检验 Fe^{2+}、Fe^{3+} 的存在,需要将暖宝宝中的固体溶解,如何设计这一工业流程?

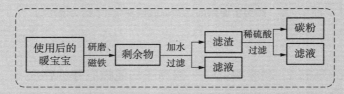

图1-13　暖宝宝固体溶解流程

设问：如何检验溶液中的铁离子和亚铁离子的存在?

根据学过的知识,引导学生提出几种检验铁离子与亚铁离子的方法。

(1) 沉淀法：氢氧化钠

分析：引导学生对实验方案进行评价：氢氧化钠与铁离子反应生成红褐色的沉淀,会掩盖住氢氧化亚铁的颜色,无法检验是否存在亚铁离子。

(2) KSCN 溶液 (Fe^{3+}),$KMnO_4$ (Fe^{2+})

分析：用硫氰化钾溶液检验铁离子,溶液变红,证明有铁离子存在,用高锰酸钾检验亚铁离子的存在,高锰酸钾溶液褪色,亚铁离子与它发生了氧化还原反应而使之褪色。

✎**实验探究2**

滴加几滴硫氰化钾溶液到待检测溶液中,观察到溶液颜色变成血红色。

图1-14　用硫氰化钾检验铁离子实验前后溶液颜色的变化（见本书彩页）

证据推理：引导学生根据实验现象推断得出溶液中含有铁离子。

图1-15 用高锰酸钾检验亚铁离子实验前后溶液颜色的变化（见本书彩页）

🖊**实验探究3**

将几滴待测液滴加到酸性高锰酸钾溶液中，溶液褪色。

证据推理：引导学生根据溶液褪色的实验现象，推断溶液中含有亚铁离子。

归纳总结：使用后的暖宝宝存在三种价态的铁元素，结合化学反应方程式介绍暖宝宝发热的原理，并解释铁离子来源于氧化铁，而亚铁离子可能是没有完全除去的铁单质与酸反应产生的。

$$2Fe + O_2 + 2H_2O = 2Fe(OH)_2$$

$$4Fe(OH)_2 + 2H_2O + O_2 = 4Fe(OH)_3$$

$$2Fe(OH)_3 \xrightarrow{\triangle} Fe_2O_3 + 3H_2O$$

环节3：证据推理——应用 Fe²⁺ 与 Fe³⁺ 的相互转化模型解决问题

【设计意图】 结合工业生产情境引入 Fe^{2+} 与 Fe^{3+} 如何相互转化的问题,从回收利用物质的价值出发,渗透科学价值观、科学精神与社会责任的教学思想。

【教学活动】 思考如何回收利用暖宝宝中的铁元素？体会工业流程中的价值追求,从哪些角度分析回收利用的物质。从经济、效率、环保、是否引入杂质等角度选择最佳的氧化剂用于回收暖宝宝中的铁元素。

问题3： 如何回收利用暖宝宝中的铁元素？

教师通过问题引导学生思考回收利用暖宝宝中铁元素的方法,工业中都是将固体溶解,在溶液中进行各种操作。

提出回收硫酸铁和硫酸亚铁的具体方案,通过表格展示硫酸铁与硫酸亚铁的回收利用价值。

表1-7 硫酸铁与硫酸亚铁的回收利用价值

物质		用途
硫酸铁		用于银的分析、糖的定量测定,用作染料、墨水、净水、消毒、聚合催化剂、媒染剂等
硫酸亚铁		可用于色谱分析试剂、作为还原剂、制造铁氧体、净水、聚合催化剂、照相制版等

性质预测 Fe^{2+} 转化成 Fe^{3+}：从氧化还原的角度，根据价态规律，铁离子有氧化性，可以加入还原剂将铁离子转变成亚铁离子。

实验验证：取一支洁净的试管，加入少量 $Fe_2(SO_4)_3$ 溶液，滴入 1 滴 KSCN 溶液，溶液变为红色，再加入铁粉（或 Cu 粉、KI 溶液）。

图 1-16　铁离子被铁粉还原实验前后溶液颜色的变化（见本书彩页）

证据推理：引导学生根据实验现象推导出铁粉或者铜单质等可以将铁离子氧化成亚铁离子。

总结规律：常见的还原剂有 Fe、Cu、I^-。

还原剂选择：从经济成本、工作效率、绿色环保、是否引入杂质等角度，引导学生思考如何回收暖宝宝中的铁元素，若以硫酸亚铁的形式回收，应选取哪些还原剂。

表 1-8　不同还原剂对应的效果

	环保与杂质	经济	效率
铁粉	$2Fe^{3+}+Fe \xrightarrow{\quad} 3Fe^{2+}$	便宜	稍慢
铜粉	$2Fe^{3+}+Cu \xrightarrow{\quad} 2Fe^{2+}+Cu^{2+}$	稍贵	稍慢
KI	$2Fe^{3+}+2I^- \xrightarrow{\quad} 2Fe^{2+}+I_2$	稍贵	快

分析：铜单质会生成铜离子，引入杂质，价格偏贵，碘化钾也会引入杂质，价格偏贵，也不妥当，只有铁粉既环保、经济，又不引入杂质，应该选择铁粉作为还原剂。

性质预测：从氧化还原的角度，根据价态规律，引导学生思考铁离子和亚铁离子是否具有氧化性与还原性，亚铁离子处于中间价态，既有氧化性又有还原性，铁离子有氧化性。

实验验证：指导学生进行演示实验，取一支洁净的试管，加入少量 $FeSO_4$ 溶液，然后滴入 1 滴 KSCN 溶液，溶液无明显变化，再滴加几滴 H_2O_2 溶液。

图 1 - 17　亚铁离子被 H_2O_2 氧化实验前后溶液颜色的变化（见本书彩页）

证据推理： 说明过氧化氢可以将亚铁离子氧化成铁离子，亚铁离子具有还原性。

书写离子反应方程式： 引导学生书写相关的离子反应方程式。

规律总结： 归纳常见的氧化剂：O_2、Cl_2、Br_2、H_2O_2、$KMnO_4$，都可以将亚铁离子氧化成铁离子。

氧化剂选择： 在工业生产回收物料的过程中，需要考虑的条件非常多，包括经济成本、工作效率、绿色环保、是否引入杂质等问题，引导学生思考在回收利用硫酸铁时氧化剂的选择。

表 1 - 9　氧化剂的选择条件

	环保与杂质	经济	效率
氯水	$2Fe^{2+}+Cl_2 \rightleftharpoons 2Fe^{3+}+2Cl^-$	？	？
$H_2O_2(H^+)$	$2Fe^{2+}+H_2O_2+2H^+ \rightleftharpoons 2Fe^{3+}+2H_2O$	？	？
$KMnO_4(H^+)$	$5Fe^{2+}+MnO_4^-+8H^+ \rightleftharpoons 5Fe^{3+}+Mn^{2+}+4H_2O$	？	？

分析： 引导学生分析氯水、过氧化氢、高锰酸钾三种氧化剂的优缺点，根据"环保、经济、不引入杂质"等价值判断，最终可以选择过氧化氢作为氧化剂。

问题 4： 如何保存硫酸亚铁？

环节 4：概括升华

【设计意图】 梳理概括，形成清晰的知识脉络。

【教学活动】 概括内容要点。

概括： 认识了生活中常见的暖宝宝，探究使用后暖宝宝的铁有三种价态，学会了用高锰酸钾检验亚铁离子,用硫氰化钾检验铁离子,还学习了铁离子与亚铁离子的相互转化,当一个元素处于最低价态时(Fe),只具有还原性;当一个元素处于最高价态时(Fe^{3+}),只具有氧化性;当一个元素处于中间价态时(Fe^{2+}),说明它既具有氧化性又具有还原性。学习常见的氧化剂与还原剂。

学生画出不同价态铁元素的知识关系图谱,解决相关习题。

实验探究任务和思考的问题

(1) 请设计探究实验方案,检验"常温下的氢氧化亚铁沉淀,经水浴加热后由绿变白,并有片状白色沉淀下沉"实验现象的存在,阐释其中的化学反应机理,论证"反应过程中溶液温度越高,生成氢氧化亚铁白色沉淀的可能性越大"。

(2) 请设计实验,探究使用 $0.1\ mol \cdot L^{-1}$ 的硫酸亚铁与 $5\ mol \cdot L^{-1}$ 的碳酸钠溶液发生反应时,溶液温度处于多少摄氏度的温度范围,才能够产生白色的氢氧化亚铁沉淀,且探究白色沉淀颜色保持不变的时间。

(3) 请设计探究实验,研究不同的碱性物质(如氢氧化钠、碳酸钠、碳酸氢钠)及其溶液浓度、反应过程中溶液温度对制取白色氢氧化亚铁沉淀的影响,确定制取氢氧化亚铁白色沉淀保持 30 分钟左右的实验条件。

(4) 请设计探究 Fe^{2+} 和 Fe^{3+} 相互转化的实验方案。提供如下试剂:酸性 $KMnO_4$ 溶液,酸性 H_2O_2 溶液,Cl_2 水,Br_2 水,I_2 水,KI 溶液,Na_2S 溶液,Zn、Fe、Cu 等金属,氯化铁溶液,分析并从中选出认为可行的试剂来设计实验方案,并实施检验亚铁盐和铁盐相互转化的实验方案的效果。

(5) 请借助情境故事:"一位病人的化验单上显示为缺铁性贫血。医生给他的药方中开了 $FeSO_4$ 药片与维生素 C 药片。"

① 请解释医生给病人开补铁药片时,为什么还开了维生素 C 药片?

② 请结合有关"铁盐和亚铁盐"实验,设计该主题内容的实验教学案例。

第二章 铁与水蒸气的反应

扫码学习本章微课

· 本章概述 ·

有些金属与水在一定条件下能够发生氧化还原反应,置换出 H_2O 中的 H,反应产物中有氢气生成。例如,通常情况下,非常活泼的金属钠遇到水就会发生剧烈反应,可以观察到有大量气泡产生,检验可知该气泡是氢气,同时生成氢氧化钠;金属镁与常温下的水反应,能够看到有明显的气泡生成,即有氢气放出,同时生成氢氧化镁;通常情况下的金属铁遇到水时,则观察不到任何化学反应现象,铁的容器可以盛放水。但是向被加热的盛放铁粉的玻璃管中通入水蒸气,则可以观察并检验到有氢气产生,铁转化生成了四氧化三铁。教师按照中学化学教材中的实验说明来操作铁与水蒸气反应的演示实验,往往很难检测到反应产物中有氢气的生成,实验操作不易成功。本章分析探讨了这个问题,同时针对保证固体反应物与气体反应物在加热条件下的化学反应能够成功发生的实验操作问题展开探究,提出了有关"固体+气体"反应类型的适切实验装置及其恰当操作方法。

· 本章主要学习目标 ·

学习完本章后,你应当能够知道如下问题的答案:

1. 铁粉与水蒸气反应的实验操作容易成功吗? 为什么? 存在哪些困难?

2. 影响铁粉与水蒸气反应实验成功的因素有哪些?

3. 铁粉与水蒸气反应中,提供水的物质有哪些? 该种物质的加热分解的温度是多少?

4. 气体和固体加热反应的实验装置有何特点? 如何设计铁粉与水蒸气反应的实验装置?

5. 铁粉与水蒸气反应的实验产物如何检验? 可以通过哪种手段来表征?

6. 氨的催化氧化制取硝酸的实验是否容易成功? 操作难点是什么?

7. 在氨的催化氧化制取硝酸实验中,作为催化剂的氧化铬该如何制备? 实验装置该如何设计? 反应产物又该如何检验?

·本章结构·

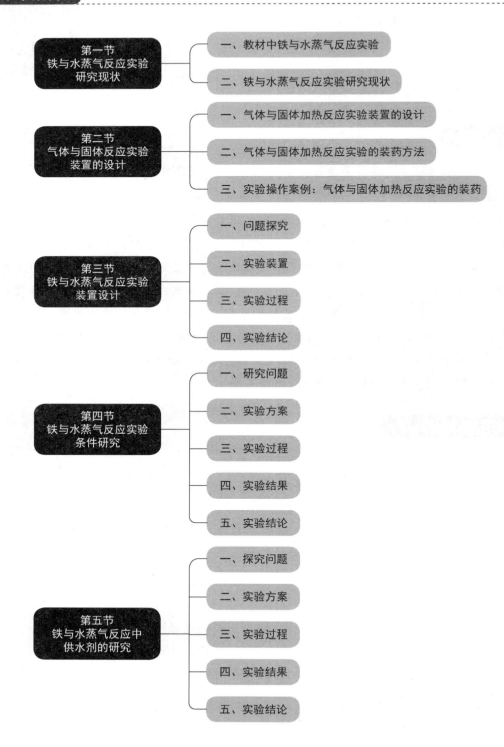

第一节
铁与水蒸气反应实验研究现状
一、教材中铁与水蒸气反应实验
二、铁与水蒸气反应实验研究现状

第二节
气体与固体反应实验装置的设计
一、气体与固体加热反应实验装置的设计
二、气体与固体加热反应实验的装药方法
三、实验操作案例：气体与固体加热反应实验的装药

第三节
铁与水蒸气反应实验装置设计
一、问题探究
二、实验装置
三、实验过程
四、实验结论

第四节
铁与水蒸气反应实验条件研究
一、研究问题
二、实验方案
三、实验过程
四、实验结果
五、实验结论

第五节
铁与水蒸气反应中供水剂的研究
一、探究问题
二、实验方案
三、实验过程
四、实验结果
五、实验结论

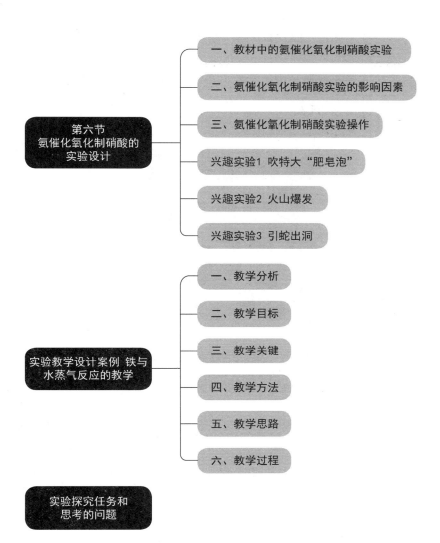

第一节　铁与水蒸气反应实验研究现状

铁与水蒸气反应实验是普通高中化学教材必修《化学 1》中的重要内容之一,铁与水蒸气的化学反应方程式是 $3Fe + 4H_2O \xrightarrow{\triangle} Fe_3O_4 + 4H_2 \uparrow$。

图 2-1　四氧化三铁晶胞的球棍模型
(注:八面体的亚铁离子为绿色,四面体的
铁离子为蓝色,氧离子为红色)

教学实际和文献研究反映,课堂演示铁与水蒸气反应的实验时,实验现象不明显,实验的成功率极低。

铁与水蒸气反应的演示实验为什么会失败呢? 教材对铁与水蒸气反应的演示实验给出了哪些建议呢?

一、教材中铁与水蒸气反应实验

铁与水蒸气反应的相关内容,人教版普通高中化学教材必修《化学 1》第三章第一节,上海科技出版社出版的(以下简称"沪科版")教材中高二第一学期第八章第一节[①]都有重点介绍。但是只有人教版对铁与水蒸气反应的实验有所说明,其他版本的教材都只提及化学反应方程式,并未给出具体实验的介绍。

人教版普通高中化学教材必修《化学 1》第三章第一节的科学探究栏目下,对铁与水蒸气反应实验的描述如下。

---

① 上海市中小学(幼儿园)课程改革委员会编著.化学高中二年级第一学期(试用本)[M].上海:上海世纪出版股份有限公司,上海科学技术出版社,2004:8—8.

教材示例 1

问题提出：

铁不能与冷、热水反应，但能否与水蒸气反应？

实验过程：

请设计一套简单的实验装置，使还原铁粉与水蒸气反应。这套装置应包括水蒸气发生、水蒸气与铁粉反应、检验产生的气体等部分。（也可用干净的细铁丝代替还原铁粉进行实验）

1. 如果提供给你 3 支试管、水槽、蒸发皿、胶塞、导管、酒精喷灯及其他必要的仪器和物品，画出你设计的装置简图。

2. 有人设计了如下图所示的装置，用一支稍大一些的试管代替 3 支试管就能完成实验，想想其中的原理，你愿不愿意试一试？

3. 任选一种方案进行实验。

4. 在下表中记录实验现象。

现象	化 学 方 程 式
	$3Fe + 4H_2O(g) \xrightarrow{\triangle} Fe_3O_4 + 4H_2 \uparrow$

5. 小结并交流探究活动的收获。

实验装置：

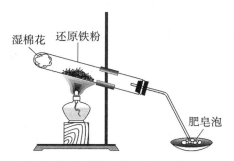

湿棉花　　还原铁粉　　肥皂泡

图 2－2　铁与水蒸气反应的实验装置示意图

选自：宋心琦.普通高中课程标准实验教科书化学必修 1[M].北京：人民教育出版社，2004：42—43.

二、铁与水蒸气反应实验研究现状

铁与水蒸气反应的实验经常性地失败,难道这个反应不能够自发进行吗?

依据相关热力学数据计算,铁与水反应的 $\Delta_r G_m(298\,\text{K}) = -101.48\,\text{kJ/mol} < 0$,即在常温下就能自发反应。热力学是研究反应的可行性,但是反应的真实情况还受制于动力学,对于该反应,加热可以提高反应速率,但又使得反应的 ΔG 值增大,即降低了反应发生的趋势,因此,体系温度是保证反应快速发生的重要条件。

在实际教学过程中发现,按照人教版教材中给出的实验装置示意图进行铁与水蒸气反应的实验,很难检测到产生的氢气,预期的实验现象不明显,实验难以成功。分析该实验失败的主要原因有:

(1) 脱脂棉着火点低,易燃烧,易焦化。

(2) 水蒸气产生的速度慢。

(3) 湿脱脂棉提供的水蒸气不均匀。

(4) 脱脂棉吸水量过少,导致水蒸气不足,无法顺利反应。

(5) 脱脂棉吸水量过多,水蒸气太多会冲走铁粉。

(6) 湿脱脂棉在加热过程中产生的水蒸气温度低,遇温度高的试管,会炸裂试管等。

(7) 氢气的量较少,难以检验。

该实验装置采用浸湿的脱脂棉作为水的载体,但实验表明,脱脂棉容易烧焦,易使试管炸裂。

第二节　气体与固体反应实验装置的设计

从铁与水蒸气反应理论上的影响因素分析,反应物中水蒸气和铁粉的来源、状态等物理性质,设计实验装置的技术,产物检验装置的设计技术等方面都会影响铁粉与水蒸气反应的效果。其中,该实验成功与否的重要影响因素是实验装置中的固体药品的装药方式。该化学反应是固体铁粉与气态水蒸气的"气体+固体"的异相反应,它们能够发生化学反应的必要条件之一就是固体和气体充分接触。若反应物之间接触程度不密切,则实验难以成功。

什么样的实验装置或实验技术操作能够满足固体铁粉与气态水蒸气的充分接触呢? 为了保证这类"固体+气体"异相加热反应成功,实验装置在技术上要有哪些共同特点?

一、气体与固体加热反应实验装置的设计

请比较图 2-3(a)、(b)、(c)中的实验装置示意图,分析判断哪个实验装置能使铁与水蒸气反应的实验成功发生?

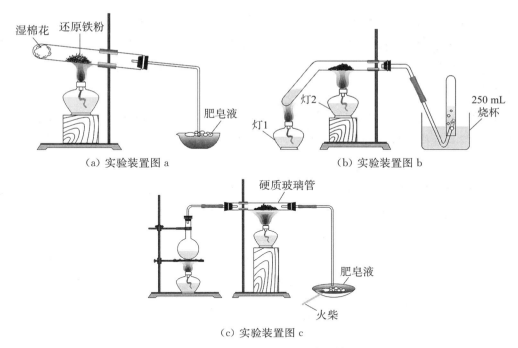

图 2 - 3　气体与固体加热反应实验装置图

　　按照图 2 - 3 中所示的实验装置示意图进行药品装放,都会导致实验失败。因为这些示意图中固体药品形态的画法会导致教师和学生在实际操作时发生错误,会让师生错误地认为可以把固体药品"摊在"试管壁上,若按照如图 2 - 3 中的实验装置图 a 所示方式来操作,就会导致应该参与反应的大部分水蒸气直接从玻璃管上部空间"溜走了",很少甚至没有接触到"摊在"试管壁上的固体反应物,"有效碰撞"没机会发生,实验失败。

　　若按照与图 2 - 3(a)固体药品"摊"在双通玻璃管壁上的实验装置类似的图 2 - 3(b)、图 2 - 3(c)所示方式搭建"气体和固体加热反应"的实验装置,在装药方式上,建议在试管加热部位所装的固体药品应该充满试管的横截面,从而保证在使用上述实验装置下铁与水蒸气反应实验的成功。

　　图 2 - 3 实验装置图 b 中,仅用一支弯试管就能完成整个实验药品的装放,又能作为反应容器,简化了实验装置。但在装药方式上,建议在水平方向的试管加热部位所装的固体药品应该充满试管的横截面,这样操作时,实验才能成功。

二、气体与固体加热反应实验的装药方法

　　气体与固体反应物在加热条件下发生化学反应,其前提条件是反应物的充分接触。

　　如何设计气体和固体加热反应的实验才能满足该特点? 需要从装药方式和装置设计的视角来解决。

　　气体和固体反应的装置,一般采用双通玻璃管或硬质大试管来盛放固体反应物,参与反

应的气体必须"经过"该固体反应物，并"充分接触"到固体反应物，化学反应才能发生。否则，气体仅仅只是经过或接触到固体的表层，甚至没有发生接触，这类气体和固体反应是无论如何都不会发生的。因此气体与固体反应这类实验，正确的装药操作方式是保证实验成功的关键。

正确的装药操作方式就是必须让固体反应物填充满双通玻璃管或硬质大试管的横截面，从而让参与反应的气体在此处通过时，能够完全充分地接触到该固体物质。而不应该把固体药品"摊"放在气体穿过的玻璃管通道里，让玻璃管中药品的上方空间"空着"，这样气体会原模原样地溜过去，不会与固体物质发生化学变化，如图2-4(a)所示，水蒸气大部分甚至完全没有接触固体反应物，而是直接通过了，这样反应物之间就不会发生化学反应，实验失败是必然的。

参照实验装置图2-4(b)所示，让固体物质"站立"在玻璃管中，充满玻璃管道横截面，让气态反应物与其充分接触后发生有效的化学反应，这样的实验装置就满足了"气体和固体反应"实验装置的技术要求。

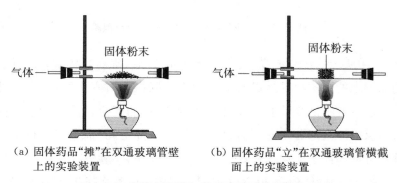

（a）固体药品"摊"在双通玻璃管壁上的实验装置　　（b）固体药品"立"在双通玻璃管横截面上的实验装置

图2-4　气体与固体加热反应实验的装药方法

三、实验操作案例：气体与固体加热反应实验的装药

按照图2-4(b)固体药品"站立"在双通玻璃管横截面上的实验装置，如何装药才能让固体药品"站立"在气体的玻璃管通道上呢？

实验药品：还原铁粉

实验器材：硬质试管、镊子、药匙、石棉绒

实验操作：

（1）做"试管底"。取一支双通玻璃管或大试管，用镊子夹取一团夯实过的石棉绒塞入试管中间的三分之一处，铺成一个"试管底"。

（2）装固体药品。使用称量纸作为取用固体药品的纸槽，把盛放在纸槽上称量好的固体药品沿着管壁送入铺有"试管底"的玻璃管中。

注意：固体药品无需夯实，越疏松越好，让气流顺畅通过，以防止气流吹动喷料。

（3）做"试管盖"。把玻璃管直立起，再用镊子夹取另一团夯实过的石棉绒塞入盛放固体物质的上方，抵住固体物质，防止其滑落坍塌，这样就给玻璃管铺成了一个"上盖"。

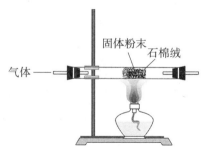

如图实验装置 2-5 所示。实际上，这是用两团石棉绒作为支撑固体药品的"支架"，使固体药品"站立"起来，并充满了双通玻璃管横截面，而不是"摊"在管壁上。这样的药品放置方法，使得固体药品在双通玻璃管中与参与反应的气体充分接触，发生有效碰撞。

图 2-5　石棉绒夹住固体药品，使其"站立着"充满玻璃管横截面的实验装置

你问我答

石棉绒是什么？

石棉绒，也称为玻璃丝绵，是天然纤维状的硅质矿物的泛称，是一种被广泛应用于建材防火板的硅酸盐类矿物纤维，也是唯一的天然矿物纤维，它具有良好的抗拉强度、良好的隔热性与防腐蚀性，不易燃烧，故被广泛应用。亦称"石棉纤维"，是可分裂成富有弹性纤维丝的某些硅酸盐矿物的总称。其化学式为 $3MgO \cdot 2SiO_2 \cdot 2H_2O$，呈纤维状，绿黄色或白色，分裂成絮时呈白色，丝绢光泽，纤维富有弹性，石棉具耐酸、耐碱和耐热性能，又是热和电的不良导体。纤维较长的石棉绒用于制造防火纺织物，如石棉绳、石棉带、石棉布等；纤维较短的则用于制造石棉水泥制品、石棉隔音材料、石棉保温材料(如石棉碳酸镁保温粉)和低电压电器的绝缘材料等。石棉在开采和使用过程中产生大量的粉尘对人体有多方面的损害，应注意加强防护。

石棉绒的外表看起来很像麻，表面带有丝绢一般的光泽。它可以用来搓绳、织布。早在 2000 多年前，我国就开始用石棉绒织布。质纯、纤维长的石棉可以做防火、隔热的石棉布。把石棉放到烈火中，要到 700℃—800℃才开始呈现脆弱现象，1500℃才开始熔解。

传说中有一种不怕火烧的衣服，而且如果衣服上染上了污渍，把它放在火里一烧，它还会像一般的衣服在水里清洗过一样干净靓丽。现在一般认为其就是火浣布制成的。

我国古籍《山海经》中对此已有相关记载。由于具有不燃性，在火中能去污垢，穿上这种布制的衣服真可以是"入火不焚"，所以中国早期史书中常称之为"火浣布"。

第三节　铁与水蒸气反应实验装置设计

一、问题探究

教材上铁与水蒸气反应的实验装置中,没有用玻璃丝绵固定铁粉,铁粉摊在作为反应器的试管内,固体药品上方预留空间较大,使得水蒸气未与铁粉充分接触,来不及发生化学反应就"溜走"了。另外,因作为反应器的玻璃管与桌面相平或管口稍微向下倾斜,被脱脂棉吸附的水容易流向铁粉,使铁粉难以达到反应温度,致使因检测不到氢气而导致铁与水蒸气反应失败。

如何设计铁与水蒸气反应的实验装置,才能使"气体和固体"加热反应成功实现呢?

二、实验装置

铁与水蒸气反应的实验,属于"气体和固体"加热反应实验类型,影响该类型化学反应的必要条件就是参与反应的气体反应物应充分接触或全部穿过固体反应物,只有这样,不同物质微粒相互之间才能发生有效碰撞,从而切实地发生化学反应。从实验装置设计的视角,就固体药品在作为反应器的玻璃管道中的存在形态而言,只有它"占据全部玻璃管通道的空间"的状态,流经它的气体才能与之充分接触,从而发生化学反应。因此,固体反应物的装药方式需要"站立"地或"堵塞"在作为反应器的玻璃管道中。

在铁与水蒸气反应的实验中,可以采用液态的水作为反应物,通过加热转化为水蒸气,水蒸气再穿过处于加热状态的铁粉,这样操作,可以使该反应顺利发生。

设计铁与水蒸气反应的实验装置,如图 2 - 6 所示。实验操作时,可以用酒精灯轮换着对2 个位置(固体药品处、液体盛放处)进行加热,或者采用双酒精灯加热的方法,同时加热 2 个位置(固体药品处、液体盛放处)。直接使用"水"作为反应物,加热后的水汽化成水蒸气蒸出,同时用玻璃丝绵固定铁粉,使得水蒸气能与铁粉充分接触,试管口向上倾斜 30°左右,这样水不会流出,也不会阻碍水蒸气溢出,实验效果令人满意。

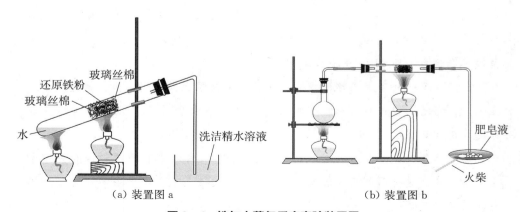

（a）装置图 a　　　　　　　　　　　（b）装置图 b

图 2 - 6　铁与水蒸气反应实验装置图

三、实验过程

1. 实验用品

还原铁粉、蒸馏水、肥皂水、实验器材、硬质试管、带导管的橡胶塞、酒精灯 2 盏、铁架台（带铁夹）、玻璃丝棉。

2. 实验操作

（1）实验装置搭建。按照如图 2-6a 或图 2-6b 所示的铁与水蒸气反应的实验装置示意图搭建实验装置，向硬质试管中加入约 2 cm 高的自来水。

（2）反应器中固体药品的盛放操作。

首先，搭建固体粉末的第一层夹板。用镊子夹取一团石棉绒，在大试管中部搭建一个用作支撑药品的石棉绒"夹板"。

其次，将铁粉倒入大试管中部的石棉绒"夹板"上，约 2 cm 的厚度。

最后，搭建固体粉末的第二层"夹板"。再用一团石棉绒夯实地覆盖在试管里铁粉的上部，搭建成另一个可以支撑铁粉的石棉绒"夹板"。这样，就用双层石棉绒"夹板"使铁粉"站立"在试管的横截面上了。

（3）套上带导管的橡胶塞，导管末端接一段橡胶管。

（4）点燃酒精灯，预热铁粉所在位置的反应器，然后对铁粉集中加热 2 分钟，加热一段时间后，将用作导出气体产物的橡胶管插入盛装起泡剂的蒸发皿中。起泡剂使用的是加了 3 滴甘油的洗洁精水。

（5）约 1 分钟后，移动酒精灯在铁粉和盛放水的试管底部之间来回加热。

（6）加热过程中可观察到蒸发皿中有大量气泡产生，待气泡产生较多时，移开用作导出气体产物的橡胶管，用火柴或一头缠有被酒精浸润的脱脂棉的玻璃棒做成的一个"小火炬"，去点燃肥皂泡，可以听到清脆的爆鸣声，说明实验成功。

（7）后续尝试用排水集气法收集产生的气体，试管收集满之后用大拇指堵住试管口，小心地靠近酒精灯火焰，放开拇指，听见轻微的"噗"的一声，说明该反应产生了氢气。

------ 你问我答 ------

如何从声音上辨别氢气的纯度？

氢气纯度的检验方法之一是判断氢气被点燃时的声音特征，氢气的纯与不纯，与其燃烧时声音的低沉还是尖锐一一对应。氢气被点燃时发出低沉的声音则是纯净的氢气；氢气被点燃时发出尖锐的爆鸣声则是不纯净的氢气。

用排水法收集化学反应生成的一小试管气体，用大拇指堵住试管口接近燃着的酒精灯火焰，移开大拇指点燃气体，听到尖锐的爆鸣声，说明所收集的氢气不纯。若听到轻微的低沉的"噗"声，说明氢气已足够纯净。

四、实验结论

使用本实验设计的实验装置如图 2-6(a)或图 2-6(b)铁与水蒸气反应的实验装置图，能够满足"气体和固体加热反应"的条件，成功实现了铁与水蒸气的反应，实验现象明显，短时间内实现了氢气的成功生成并得以有效验证。

第四节　铁与水蒸气反应实验条件研究

一、研究问题

铁与水蒸气反应实验是高中化学课程的重要内容之一，由于教材中该实验使用脱脂棉作为水的载体，导致实验安全性低、实验现象不明显、失败率高等问题。固态铁粉与气态水蒸气的气固异相反应，本身反应难度也较大。

针对上述问题，本节通过改进实验装置和改进供水载体来探究铁与水蒸气反应实验的效果。改进实验装置，按照教材使用试管作为反应器，但改变药品的装药方式。改进供水载体，即按照教材使用脱脂棉作为承载水的物质的思路，也可以使用其他承载水的物质或能够产生水的物质如明矾等来代替脱脂棉。

二、实验方案

1. 化学原理

铁与水蒸气的化学反应方程式 $3Fe + 4H_2O \stackrel{\triangle}{=\!=\!=} Fe_3O_4 + 4H_2 \uparrow$。

2. 实验用品

还原铁粉、明矾、丙三醇、蒸馏水、洗洁精；

铁架台(带铁夹)、天平、药匙、酒精灯、3 支试管、单孔胶塞、2 根玻璃导管、胶皮管、橡皮筋、蒸发皿、火柴。

3. 实验装置

改进的实验装置如图 2-6(a)所示。其特点有：(1)以水为反应物，通过加热直接汽化为水蒸气参与反应；(2)为使反应顺利进行，增大铁粉的横截面积，使得水蒸气经过铁粉，与其充分接触，发生反应；(3)将产生水蒸气的固体与铁粉分开加热，减少水蒸气的浪费，提高其利用率。

铁粉与水蒸气反应是放热反应，还需要加热吗？温度对铁粉与水蒸气反应有什么影响？

依据相关热力学数据计算，铁与水反应的 $\Delta_r G_m(298\ \text{K}) = -101.48\ \text{kJ/mol} < 0$，即在常

温下就能自发反应,是放热反应,降低温度有利于反应向生成氢气的方向进行。热力学是研究反应的可行性,但是反应的真实情况还受制于动力学影响因素,对于该反应,加热可以提高反应速率,体系温度也是保证反应快速发生的重要条件。实验时可以选用带有金属灯罩的酒精灯进行加热,提高反应温度。

4. 供水载体种类和放置方式

供水载体可以被替换吗?

教材中铁粉与水蒸气反应实验中采用浸湿的脱脂棉作为水的载体,但实验表明,脱脂棉容易烧焦,易使试管炸裂,在此处设计采用直接加热水的方式来提供水蒸气。经查阅文献得知,含有结晶水的固体被加热后可以产生水,可以作为水的载体,来替换教材所用的载水剂脱脂棉。因此,本次实验将探究铁粉与含有结晶水固体的反应效果,比较药品混合加热与分开加热方式的实验效果。

三、实验过程

1. 直接用水为反应物的实验

(1)制作发泡剂。用洗洁精、丙三醇和蒸馏水按照体积比为 $1:2:3$ 调制成发泡剂,置于蒸发皿中。

(2)检查试管气密性。在试管口处塞上带导管的橡胶塞,将导管的导出气体一端伸入水中,用手捂热试管,若出现气泡,则证明气密性良好。

(3)搭建实验装置。按照"从左到右,从下到上"的顺序进行搭建。

(4)向试管中加入高度约为 $2\,cm$ 的自来水,在距离水面约 $2\,cm$ 左右处塞入石棉绒,再加入厚度约为 $1—2\,cm$ 的铁粉,使得铁粉占据整个试管的横截面,最后再塞入石棉绒固定铁粉。试管口向上倾斜 $30°$ 左右,在试管口处塞上带导管的橡胶塞,将导管的导出气体一端伸入肥皂液中。

(5)用酒精灯先对试管铁粉所处部位预热,再在盛放铁粉和水的部位分别轮流加热;当试管里有水蒸气生成时,集中加热铁粉。

(6)观察实验现象

当肥皂液中有大量连续气泡产生时,移开导气管。用燃着的火柴靠近气泡,仔细倾听点燃气泡时是发出尖锐的爆鸣声还是沉闷的"噗"的一声,判断所生成氢气的纯度。从反应开始即水蒸气开始通过被加热的铁粉时开始计时 t_0,到肥皂液中集满气泡为止,记下所耗时间 t_1。

(7)实验结束时,先从肥皂液中撤出导气管,移除燃烧的酒精灯,熄灭酒精灯,同时等试管冷却后取下。

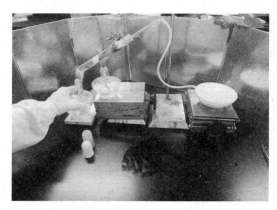

图 2 - 7   水与铁粉反应的实验装置（见本书彩页）

2. 用供水载体为反应物的实验

（1）铁粉与明矾混合加热。

在距离试管底部 2 cm 处塞入一团石棉绒，称取 12 g 铁粉平铺在试管中间，长度约为 2 cm。称取 4 g 明矾，用纸槽运入试管，平铺在铁粉上层，再塞入一团石棉绒以固定铁粉与明矾，最后在试管口处塞上带导管的橡胶塞，将导管的导出气体一端伸入肥皂液中。

点燃酒精灯，先使试管均匀受热，再集中加热铁粉和明矾。

观察实验现象，检验氢气。

图 2 - 8   铁粉与明矾混合加热实验装置（见本书彩页）

（2）铁粉与明矾分开加热。

向试管底部加入 5 g 明矾固体，约为 2 cm 高，然后塞入石棉绒，距离明矾固体约 1.5 cm，再加入约 10 g 的铁粉，使得铁粉疏松地充满整个试管的横截面，再塞入石棉绒以固定铁粉，最后在试管口处塞上带导管的橡胶塞，将导管的导出气体一端伸入肥皂液中。

点燃酒精灯，先对试管预热，再同时加热铁粉和明矾；当观察到试管上有小水珠生成时，集中加热铁粉。

观察实验现象，检验氢气。

图 2 - 9 明矾与铁粉分开加热（见本书彩页）

四、实验结果

1. 实验结果

铁粉与水反应的实验现象记录如表 2 - 1 所示。

表 2 - 1 实验现象记录

实验操作方法	实验时间及其对应的实验现象
实验 1 水与铁粉分开加热	13:36 开始加热 13:37 肥皂水中开始有气泡冒出,此时应为试管中的空气 13:41 液面上方的试管壁出现小水滴,肥皂水中出现气泡 13:42 用火柴检验气泡,有低沉的爆鸣声 实验进行时间：6 分钟
实验 2 铁粉与明矾混合加热	13:57 开始加热 13:58 肥皂水中有气泡冒出,30 秒后,明矾分解,固体中有气泡出现 13:59 第一次检验,爆鸣声较为尖锐 14:01 肥皂水中气泡产生速率变慢 14:02 第二次检验,有较为低沉的爆鸣声 实验进行时间：5 分钟
实验 3 铁粉与明矾分开加热	14:10 开始加热,45 秒后,肥皂水中开始产生气泡 14:11 固体明矾开始分解,有水产生 30 秒后,明矾与水的混合物沸腾,同时肥皂水中的气泡快速稳定地冒出 14:12 第一次检验,有较为低沉的爆鸣声 14:14 第二次检验,有声音较为尖锐的爆鸣声,肥皂水中气泡仍在稳定地冒出 实验进行时间：4 分钟

2. 实验分析

实验 1 是改进实验装置之后进行的初步实验,此次实验证明,如此改进实验装置使得水蒸气与铁粉能够成功反应,可以观察和检测到产生的氢气。

实验 2 与实验 3 是探究水的载体的放置方式对于反应的影响,根据实验结果可以看出,将铁粉与明矾分开加热,产生气泡的速度较为迅速,生成的氢气更多。同时对比实验 3 与实验 1 可表明,用含有结晶水的固体作为水的载体比直接加热水的实验效果更佳,因为结晶水的失水温度低,较易产生水蒸气,使得反应发生。

分析认为,混合加热反应现象不够明显主要有两个原因。其一,由于铁粉受到酒精灯外焰(约600℃)直接加热,快速红热,达到反应温度。同时水蒸气的流动会带走反应体系热量,可能使得部分铁粉难以快速达到高温,且产生的水蒸气会使铁粉表面板结,并发生副反应,如生成FeO等,进而影响实验效果。其二,晶体失水温度较低,产生水蒸气过多未能充分反应,另考虑到这种实验中混合装药的方式,不能确定是否只是水蒸气与铁粉发生反应,还是也有可能是明矾固体与铁粉发生反应。

根据实验结果,反应物的分开加热和混合加热的方式对实验效果影响较大,且铁粉与明矾分开加热较好。

五、实验结论

综上实验结果可知,利用含有结晶水的固体与铁粉分开加热反应,实验效果更佳,反应速率较快。直接加热水产生水蒸气所用时间较久,加热水的时间较长,故产生氢气所需时间相对较久。

利用含有结晶水的固体作为水的载体能够使反应更为快速,此时又有两种水的载体放置方式,与铁粉混合或与铁粉分开,对这两种实验方案进行探究,最终得出结论,含有结晶水的固体与铁粉分开放置加热的反应效果更佳。

采用石棉绒来固定铁粉,有利于水蒸气与铁粉发生反应。

第五节　铁与水蒸气反应中供水剂的研究

高中化学教材中有使用湿棉花作为铁与水蒸气反应实验中的供水剂,在使用酒精灯进行加热时容易出现脱脂棉燃烧、焦化的现象,且棉花的吸水量有限等问题会导致实验失败,故脱脂棉不合适作供水剂。

在有关铁与水蒸气反应实验中供水剂的文献研究中,一般存在两类供水剂,分为能吸附水的材料和能自身分解释放水的无机材料。

(1) 能吸附水的材料有湿粉笔、湿沙子、石棉绒、水晶泥、SAP材料等。

湿粉笔的优点:耐高温、廉价易得,粉笔颗粒作为吸水载体提供水蒸气源,摆脱了脱脂棉易碳化、易燃和无法直接加热的限制。且粉笔颗粒蓄水量多,使反应更具有持续性,表面积大,铁粉与水能充分接触,氢气产生量足。另外粉笔不易燃,能够直接对其加热,反应速率快,效果显著。

湿粉笔的缺点:吸水量太少,且实验后发现吸水的粉笔使试管底部受热不均,刚刚开始加热,试管底部就发生炸裂。

不同实验的实验现象及实验效果不同,所以湿粉笔可能适合作为铁与水蒸气反应的供水剂。

　　湿沙子的优点：导热性比脱脂棉好，升温快，能够提供更高温度的水蒸气。沙子长时间加热后不会焦化，既不会污染环境，又可重复使用。

　　湿沙子的缺点：若湿沙子量少，则产生的水蒸气量少，导致反应生成的氢气量少，用点燃的火柴靠近尖嘴导管处很难点燃生成的气体。

　　不同实验的实验现象及实验效果不同，所以湿沙子可能适合作为铁与水蒸气反应的供水剂。但作为供水剂时，需要较多的湿沙子以提供充足的水蒸气。

　　石棉绒的优点：耐高温、不易焦化。

　　石棉绒的缺点：蓄水量较低，较长时间才能收集一试管的氢气。

　　不同实验的实验现象及实验效果不同，所以石棉绒可能适合作为铁与水蒸气反应的供水剂。

　　水晶泥，用于种植植物和作为装饰品观赏。吸水性强，充分吸水后重量可达自身重量的40—80倍，而体积可以达到自身的200倍甚至600倍。保水性能较好，耐高温、高吸水，可以储存足够反应所需的水分，省去水蒸气的发生装置。只要稍微加热，就能非常快地产生水蒸气，可重复利用。

图 2 - 10　水晶泥

　　SAP材料，它具有吸收比自身重几百到几千倍水的高吸水功能，并且保水性能优良，一旦吸水膨胀成为水凝胶时，即使加压也很难把水分离出来。主要用于制作卫生巾、婴儿尿布、餐巾、医用冰袋和调节环境气氛的胶状日用芳香材料。用作软膏、霜剂、擦剂、巴布剂等的基质医用材料时，具有保湿、增稠、皮肤浸润、胶凝的作用。还可以制作成为控制药物释放量、释放时间、释放空间的智能载体。

　　SAP材料的优点：吸水和蓄水量大，在反应过程中湿润的SAP材料只失水不碳化，且试管口处无冷凝水聚集。

　　SAP材料适合作为铁与水蒸气反应的供水剂。并建议SAP材料与加入水的质量比在1：15—1：20的范围内较好。

图 2-11 SAP 材料

（2）能自身分解释放水的无机材料，有 $Mg(OH)_2$ 粉末、$Ca(OH)_2$ 粉末、$CuSO_4 \cdot 5H_2O$（胆矾）晶体。

$Mg(OH)_2$ 粉末的优点：在 350℃时即可产生水蒸气，操作简便。

$Mg(OH)_2$ 粉末的缺点：至少需要 10 g $Mg(OH)_2$ 才能提供足够的水蒸气参加反应，药品消耗量较大且加热时间长。

$Mg(OH)_2$ 粉末适合作为铁与水蒸气反应的供水剂，但需要的量较大。

$Ca(OH)_2$ 粉末的优点：580℃时即可产生水蒸气，实验操作简洁，节约实验准备的时间。整个实验过程安全，因为 $Ca(OH)_2$ 的分解温度较高，避免了冷凝水使试管炸裂的危险，反应十分平缓。

$Ca(OH)_2$ 粉末的缺点：至少需要 10 g $Ca(OH)_2$ 才能提供足够的水蒸气参加反应，药品消耗量较大且加热时间长。

$CuSO_4 \cdot 5H_2O$（胆矾）晶体的优点：结晶水的逸出温度为 102℃—220℃，产生水蒸气的温度比较高，有利于反应的进行，同时分解后的五水硫酸铜还能继续循环使用，既做到了实验的绿色化，又方便学生开展实验探究。

$CuSO_4 \cdot 5H_2O$（胆矾）晶体的缺点：随着加热的进行，尖嘴导管口逸出的水蒸气的量比氢气多，影响氢气的检验，现象不明显。

胆矾适合作为铁与水蒸气反应的供水剂，且当胆矾质量是铁粉质量的 2 倍时，效果最好。

$CuSO_4 \cdot 5H_2O$（胆矾）和 $KAl(SO_4)_2 \cdot 12H_2O$ 晶体加热分解释放水蒸气的温度相近，而 $KAl(SO_4)_2 \cdot 12H_2O$ 晶体作为水蒸气载体时，铁与水蒸气反应产生纯净氢气所用的时间小于 $CuSO_4 \cdot 5H_2O$ 作载体所用的时间。因此可以认为，结晶水合物加热分解释放水蒸气的温度相近时，所含的结晶水越多，反应产生纯净氢气所用的时间越短。这可以从 $CuSO_4 \cdot 5H_2O$ 和 $KAl(SO_4)_2 \cdot 12H_2O$ 的晶体结构来分析。

如图 2-12 所示，$CuSO_4 \cdot 5H_2O$ 的晶体结构中的中心离子是 Cu^{2+}，Cu^{2+} 周围配位着 4 个水分子和 2 个硫酸根离子，第 5 个水分子通过它的 2 个氢原子分别与 2 个硫酸根离子的氧原子以氢键形式结合；又以氧原子上的 2 个孤对电子和配位水分子上的氢原子形成氢键而结合，从而最后形成 $CuSO_4 \cdot 5H_2O$ 晶体的稳定结构。由于 5 个水分子在晶体中结合方式不同，因此加热失水所需要的温度也不同,只与铜离子以配位键结合的 2 个水分子先失去,与铜离子以配位键结合又以氢键与第 5 个水分子结合的 2 个水分子在更高一些的温度下失去,最后失去的是以 4 个氢键与硫酸根离子、配位水结合的第 5 个结晶水。

如图 2 - 13 所示,$KAl(SO_4)_2 \cdot 12H_2O$ 的晶体结构,每一个金属离子都具有八面体位置对称性,分别有 6 个水分子排列在它们周围[①]。12 个水分子在晶体中的结合方式不同,因此加热失水温度不同。综上,相同条件下,$KAl(SO_4)_2 \cdot 12H_2O$ 比 $CuSO_4 \cdot 5H_2O$ 失水更多。

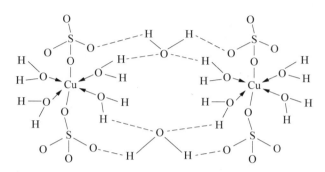

图 2 - 12　$CuSO_4 \cdot 5H_2O$ 的晶体结构

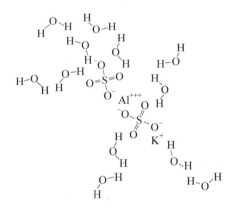

图 2 - 13　$KAl(SO_4)_2 \cdot 12H_2O$ 的晶体结构

一、探究问题

本次实验探究的是不同类型的提供水蒸气的载体(包括直接使用水)对铁与水蒸气反应的影响,以从加热开始时 t_0 计时,到产生的氢气能够被检测到的时间 t_1 为衡量实验效果的指标。

---

① Created by Erica Gunn,Simmons College（erica. gunn@simmons. edu）and posted on VIPEr（www. ionicviper. org）on 7/21/2014.

二、实验方案

1. 实验原理

还原性铁粉在高温下与水蒸气发生反应,化学反应方程式如下:

$$反应1 \quad 3Fe(s) + 4H_2O(g) \underset{}{\overset{900℃}{\rightleftharpoons}} Fe_3O_4(s) + 4H_2(g)$$

$$反应2 \quad Fe(s) + H_2O(g) \underset{}{\overset{570℃}{\rightleftharpoons}} FeO(s) + H_2(g)$$

由上述化学反应方程式可知,两个化学反应都有氢气产生,只是在不同温度下生成的铁的氧化产物不同,900℃时为 Fe_3O_4,而570℃时生成FeO,并没有 Fe_2O_3 生成。

通过热力学计算,常温(25℃)下,反应1有自发进行的趋势,且自发进行的趋势非常大。热力学只研究反应的可行性,至于反应的真实进行情况,还受制于反应动力学因素的影响。即使化学反应发生的趋势很大,由于反应速率非常缓慢,也可认为该反应不能发生,反应1即如此。加热可以提高化学反应速率,但对于该反应,加热在提高化学反应速率的同时又使得反应的 ΔG 值增大,即降低了反应向生成产物的方向发生的趋势。故反应1需在适宜的温度下进行[①]。

检验氢气纯度的操作方法是:将导管通入肥皂水中,点燃肥皂泡,若听到轻微的响声即氢气较纯,若听到尖锐的声音则氢气不纯。

2. 实验仪器

硬质大试管若干、煤气灯、酒精灯、蒸发皿、坩埚钳、橡胶管、玻璃管、铁架台、铁夹、脱脂棉、玻璃丝棉、单孔橡胶塞、火柴、秒表。

3. 实验药品

铁粉(s)、氢氧化钙(s)、胆矾(s)、甘油、洗洁精。

4. 实验装置

本实验装置如图 2-6(a)所示。

5. 实验流程

按照体积比洗洁精:甘油:水=1:2:3配制发泡剂,盛入蒸发皿中备用 ➡ 在试管底部加入提供水蒸气的载体 ➡ 在试管中部填装玻璃丝棉(能够将铁粉托住)和铁粉

实验时,先用煤气灯对铁粉处加热,待导管中出现倒吸现象后,用酒精灯加热试管底部,并开始计时 ➡ 用坩埚钳夹取浸润过酒精的脱脂棉,点燃后接触蒸发皿中的肥皂泡,检验氢气纯度 ➡ 观察实验现象,做好记录

---

① 王文林.关于铁与水蒸气反应的说明[J].化学教育,2007(10):51.

三、实验过程

1. 操作步骤

按照体积比洗洁精：甘油：水 = 1：2：3 配制发泡剂，取洗洁精 10 mL，甘油（丙三醇）20 mL，水 30 mL 配制发泡剂，盛入蒸发皿中备用。

表 2 - 2　实验操作步骤

实验	供水载体	操 作 步 骤
1	水	取自来水于硬质试管底部，在试管中部填装玻璃丝棉和铁粉，实验时，先用煤气灯对铁粉处加热，待导管处出现倒吸现象，加热试管底部，并开始计时记为 t_0，检测到氢气计时为 t_1，观察实验现象，做好记录。
2	氢氧化钙	取氢氧化钙于硬质试管底部，在试管中部填装玻璃丝棉和铁粉，实验时，先用煤气灯对铁粉处加热，待导管处出现倒吸现象，加热试管底部，并开始计时记为 t_0，检测到氢气计时为 t_1，观察实验现象，做好记录。
3	五水硫酸铜	取五水硫酸铜于硬质试管底部，在试管中部填装玻璃丝棉和铁粉，实验时，先用煤气灯对铁粉处加热，待导管处出现倒吸现象，加热试管底部，并开始计时记为 t_0，检测到氢气计时为 t_1，观察实验现象，做好记录。
4	吸水硅胶	取吸水硅胶于硬质试管底部，在试管中部填装玻璃丝棉和铁粉，实验时，先用煤气灯对铁粉处加热，待导管处出现倒吸现象，加热试管底部，并开始计时记为 t_0，检测到氢气计时为 t_1，观察实验现象，做好记录。

在检验氢气的过程中，若响声很小，几乎听不到，则视为氢气较纯，停止计时。

2. 注意事项

（1）在硬质试管底部加入水，水在试管内的高度不超过 2 cm。

（2）在 2 层玻璃丝绵中间加入的铁粉量，厚度不少于 2 cm。

（3）硅胶在加入硬质试管前需先浸没在水中，待其颜色变为粉红色，再放入硬质试管中。

四、实验结果

1. 实验数据

表 2 - 3　实验中不同载水剂加热与铁粉反应产生氢气的时间

实　　验	1	2	3	4
提供水蒸气载体	水	氢氧化钙	五水硫酸铜	吸水硅胶
产生纯净氢气（验纯成功）的时间 t_1	30 ″	1 ′47 ″	1 ′15 ″	48 ″

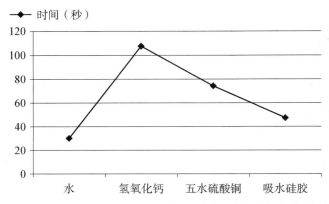

图 2 - 14　实验中不同载水剂加热与铁粉反应产生氢气的时间

2. 实验现象

表 2 - 4　实验中不同载水剂加热与铁粉反应实验现象与分析

实验编号	实 验 现 象	结 果 分 析
1	加热铁粉后,蒸发皿中出现气泡,一段时间后,导管内液面上升,出现倒吸现象;此时,加热试管底部,水逐渐沸腾,肥皂水中产生大量无色气泡,试管中部铁粉变成黑色;点燃气泡,发出沉闷响声,产生内焰为蓝色、外焰为黄色的火焰	开始先加热铁粉,试管内空气受热膨胀,使得蒸发皿中有气泡出现;铁粉与氧气发生反应,导管内出现倒吸现象后,加热试管底部,水受热变为水蒸气后与铁粉反应,生成黑色的四氧化三铁与氢气;当氢气较纯时,点燃氢气,发出沉闷的响声
2	加热铁粉后,蒸发皿中出现气泡,一段时间后,导管内液面上升,出现倒吸现象;此时,加热试管底部,肥皂水中产生大量无色气泡,试管中部铁粉变成黑色;试管底部原白色粉末固体变块状;点燃气泡,发出沉闷响声,产生内焰为蓝色、外焰为黄色的火焰	开始先加热铁粉,试管内空气受热膨胀,使得蒸发皿中有气泡出现;铁粉与氧气发生反应,导管内出现倒吸现象后,加热试管底部,氢氧化钙受热分解,生成水蒸气与铁粉反应,生成黑色的四氧化三铁与氢气;当氢气较纯时,点燃氢气,发出沉闷的响声
3	加热铁粉后,蒸发皿中出现气泡,一段时间后,导管内液面上升,出现倒吸现象;此时,加热试管底部,肥皂水中产生大量无色气泡,试管中部铁粉变成黑色;点燃气泡,发出沉闷响声,产生内焰为蓝色、外焰为黄色的火焰	开始先加热铁粉,试管内空气受热膨胀,使得蒸发皿中有气泡出现;铁粉与氧气发生反应,导管内出现倒吸现象后,加热试管底部,五水硫酸铜受热分解,脱水产生水蒸气与铁粉反应,生成黑色的四氧化三铁与氢气;当氢气较纯时,点燃氢气,发出沉闷的响声
4	加热铁粉后,蒸发皿中出现气泡,一段时间后,导管内液面上升,出现倒吸现象;此时,加热试管底部,肥皂水中产生大量无色气泡,试管中部铁粉变成黑色;点燃气泡,发出沉闷响声,产生内焰为蓝色、外焰为黄色的火焰	开始先加热铁粉,试管内空气受热膨胀,使得蒸发皿中有气泡出现;铁粉与氧气发生反应,导管内出现倒吸现象后,加热试管底部,吸水硅胶脱水产生水蒸气与铁粉反应,生成黑色的四氧化三铁与氢气;当氢气较纯时,点燃氢气,发出沉闷的响声

3. 实验结果

（1）液态水作为提供水蒸气的载体,反应速率最快,因为水沸腾的过程相较其他载体分解过程用时较短,且同等条件下产生的水蒸气最多。但使用液态水容易出现试管爆裂、橡胶塞被冲出等情况。

（2）变色硅胶的组成为 $m\,SiO_2 \cdot n\,H_2O$，是一种颗粒大小不同的固体多孔性物质，对空气中的湿气和尘粒有很强的吸附力。实验结果表明，在通常情况下，硅胶的吸水率可达 31％—37％以上[1]。硅胶加热后可脱水再生，但因多孔吸附水分子能力较强，内部水分难以挥发，故反应速率稍逊于液态水，但现象明显，适合作为课堂演示实验。

（3）胆矾反应速率较快，现象明显。分析其中原因，认为胆矾所含结晶水多，受热脱水能力较强，产生的氢气较纯。

（4）本实验用氢氧化钙做水蒸气的载体，反应速率较慢。分析其中原因，认为氢氧化钙的分解温度较高，采用酒精灯加热，氢氧化钙分解产生水蒸气的速度较慢。

进一步改进的方法，可以选用分解温度接近 Fe 与水蒸气反应的温度的氢氧化镁；或者将酒精灯加外罩或选用煤气灯，并选择耐热且能承受高温的玻璃管。

五、实验结论

本实验主要探究的是不同类型的供水剂（包括直接使用水）对铁与水蒸气反应的影响，其中水直接被加热提供水蒸气的反应速率最快，得到的氢气较纯，且用时最短，其次为吸水硅胶、五水硫酸铜，氢氧化钙可得到较纯的氢气，但用时最长。

------ 你问我答 --

（1）为什么需要铁粉过量？

因为铁粉一开始会和氧气反应，所以铁粉要过量，保证反应充分、迅速。

（2）用玻璃丝棉承载铁粉有哪些好处？

防止铁粉遇水后结块，利用玻璃丝棉作为支撑物，可使铁粉黏附在玻璃丝棉上，与水有更大的接触面积，反应更充分。　取用玻璃丝棉时需戴手套。

（3）为什么合适的操作是要先排除导管的气体？

一开始肥皂水中收集的气泡，其中主要是空气。　加热水蒸气的来源时，先出现的气泡是排出的空气和水蒸气，之后才是氢气。

（4）导气管中为什么会出现倒吸现象？

加热反应器时，会导致空气热胀冷缩。　反应一段时间后出现倒吸是因为铁和氧气反应，消耗空气，使得压强减小，导致导管内液面上升。

（4）为什么先加热铁粉，再加热水蒸气？

先加热铁粉，待接近反应温度时再加热湿脱脂棉，使铁粉可以迅速与溢出的水蒸气充分反应，避免了水蒸气过早溢出或迟迟不溢出的情况。

---

[1] 熊德琴，李春晖，林培喜. 吸水硅胶快速再生[J]. 无机硅化合物：天津，2006(001)：37—38.

（5）有哪些物质可以作为水蒸气载体？

$CuSO_4 \cdot 5H_2O$：102℃ 时产生水蒸气，340℃ 生成 SO_3

$ZnSO_4 \cdot 7H_2O$：280℃ 时产生水蒸气，740℃ 生成 SO_3

$CaSO_4 \cdot 5H_2O$：150℃ 时产生水蒸气

$Na_2SO_4 \cdot 10H_2O$：32.4℃ 时产生水蒸气

$Zn(OH)_2$：125℃ 时产生水蒸气

$Al(OH)_3$：200℃ 产生水蒸气

$Mg(OH)_2$：350℃ 时产生水蒸气

$Ca(OH)_2$：580℃ 时产生水蒸气

$Ca(OH)_2$ 或 $Mg(OH)_2$：加热时产生水蒸气的温度较高，易和铁粉反应产生氢气。

（6）采用胆矾做水蒸气来源时，胆矾事先为什么要进行研磨？

增大反应接触面积，使其更利于散发出水蒸气，使得反应更加充分。

第六节　氨催化氧化制硝酸的实验设计

氨的催化氧化制硝酸实验，在实际教学中，教师们普遍反映这是一个不易成功的实验，按照教材的实验说明来展开实验，很难出现预期的实验现象，如观察不到该反应产物一氧化氮遇到空气变成二氧化氮出现的红色气体，二氧化氮遇水转化成硝酸使得紫色石蕊试剂变成红色等。教材中是如何描述氨的催化氧化制硝酸实验的？哪些因素会导致该实验失败？如何操作该实验，才能成功出现预期的实验现象呢？

一、教材中的氨催化氧化制硝酸实验

氨的催化氧化制硝酸反应过程，具体可由下面几个化学反应方程式来说明：

$$4NH_3 + 5O_2 === 4NO + 6H_2O$$
$$2NO + O_2 === 2NO_2$$
$$3NO_2 + H_2O === 2HNO_3 + NO$$

上海教育出版社出版的化学拓展型课程给出了如图 2-15 所示的氨的催化氧化制硝酸的实验装置示意图。

查看该实验装置示意图，发现其中一个关键问题是实验装置示意图中所示"催化剂坍塌式的放药方式"的画法，可能误导了教师和学生对实验装药方式的认识，若操作实验时这样

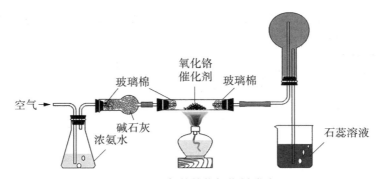

图 2‐15　氨的催化氧化制硝酸
（上海科学教育出版社化学拓展型课程 P100）

来装药,会使氨气和氧气的混合气体不能很好地接触催化剂表面而没有参与反应。

本实验装置可以稍加调整,选择之前所述的"气体和固体"反应实验的正确装药方式来改进,能够实现预期效果。

二、氨催化氧化制硝酸实验的影响因素

氨的催化氧化制硝酸实验的影响因素有：催化剂的选择及制备、反应容器及催化剂的装填、反应温度、接收容器与接收时间、氨水浓度等。

1. 催化剂

氨的催化氧化制硝酸反应是一个很复杂的反应过程。研究表明,根据不同的反应条件可以生成不同的氧化产物,这可由下面几个化学反应方程式来说明：

$$4NH_3 + 5O_2 \rightleftharpoons 4NO + 6H_2O$$

$$4NH_3 + 4O_2 \rightleftharpoons 2N_2O + 6H_2O$$

$$4NH_3 + 3O_2 \rightleftharpoons 2N_2 + 6H_2O$$

上述几个反应都是不可逆反应,所以实际上不可能用改变化学平衡的方法使氨的氧化反应只生成 NO,而只能选择相适宜的反应条件,改变可能发生的各化学反应的速度,即提高主反应的速度,使其他副反应受到抑制。

催化剂的选择是本实验成功的关键之一。事实证明,选用选择性强的催化剂是唯一能相对阻止其他副反应发生的切实可行的办法。

众所周知,铂是本实验最佳的催化剂,在本实验中其催化氨氧化的速度比常用的非铂类催化剂的速度要快 100 倍左右。但由于铂的价格昂贵,所以中学教学中常选用三氧化二铬、氧化钴、铜等作为本实验的催化剂。

氧化钴也是本实验较好的催化剂之一,它可以不用载体,直接用作催化剂,也可以制成氧化钴石棉用于催化。

还可选用的催化剂有 Cr_2O_3、MnO_2、CuO、Fe_2O_3、V_2O_5,钴石棉、银石棉和铂石棉等

金属氧化物,铜丝等金属铜,都可以作为本实验的催化剂,其中尤以价格低廉而又易得的 Cr_2O_3、MnO_2、CuO 的效果最佳。

三氧化二铬是最常用的催化剂,简易的制取方法是取 1—2 克重铬酸铵放在新的石棉网上,用煤气灯加热使之分解。分解时桔红色的重铬酸铵变为绿色的三氧化二铬,体积也膨胀多倍。其反应式为:

$$(NH_4)_2Cr_2O_7 \stackrel{\triangle}{=\!=\!=} N_2 \uparrow + 4H_2O + Cr_2O_3$$

氨的催化氧化反应中,用重铬酸铵制备催化剂的具体操作方法如下:

(1)将重铬酸铵固体放在石棉网上,点燃酒精灯,置于石棉网下,一段时间后,固体中有火花喷出,固体由橙红色变成绿色。

(2)继续加热,固体上的火花消失,固体完全转化为绿色,并把水分蒸发掉,撤开酒精灯,催化剂氧化铬生成,结束实验。

催化剂制取操作的注意事项:

(1)上述反应有水生成,所以分解反应结束后,还应继续加热片刻,使三氧化二铬充分干燥,以提高其催化的活性。

(2)三氧化二铬可不用载体,直接作催化剂,也可将它研磨成粉状与石棉相混,使之载于石棉上用于催化。另外还可将砖瓦砸成赤豆粒大小的碎块,浸入饱和的重铬酸铵溶液中,数小时后进行干燥,再经灼烧,使重铬酸铵分解成三氧化二铬,用作催化剂。

2. 催化剂的装药方式

大量的实验研究表明,本实验成功的关键是氨、氧混合气体与热的催化剂充分接触。由于催化剂大多数是粉末状,如果催化剂填充得太紧,反应混合气体难以通过,致使实验现象不明显;如果填充太松,特别是有较大空隙时,将有一部分氨、氧混合气体未和催化剂接触,而导致反应没有切实发生。所以盛放催化剂的玻璃管内横截面上应充满疏松的催化剂固体粉末。

可以选择细玻璃管,如内径为 5 mm 左右较为适宜,如图 2 – 16 所示。催化剂填进去之后可以塞满玻璃管内径,反应混合气体可以从中完全接触后穿过。

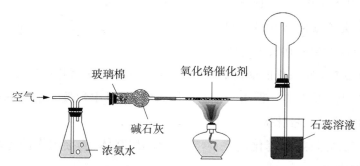

图 2 – 16　催化剂塞满细玻璃管横截面处的氨催化氧化制硝酸实验装置

也可以选择双通玻璃管，在双通玻璃管中部装入催化剂固体粉末，两端用玻璃丝棉固定夹住，使得催化剂固体粉末立在双通玻璃管横截面上，如图 2-17 所示，氨催化氧化制硝酸实验装置使用玻璃丝棉把催化剂支撑在双通玻璃管横截面处。实验药品的装药具体操作方法是，用镊子向双通试管中部先加入一层玻璃丝棉，以此作为支撑催化剂的夹层，然后竖立双通试管，向双通玻璃管加入固体催化剂药品如氧化铬，然后再加入一层玻璃丝棉加固催化剂，两层玻璃丝棉共同支撑催化剂，使其保持竖立姿态。

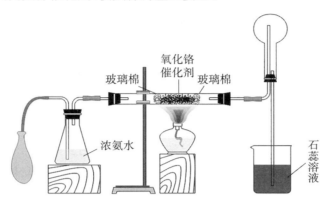

图 2-17　用玻璃丝棉把催化剂支撑在双通玻璃管横截面处的氨催化氧化制硝酸实验装置

3. 反应温度

氨的催化氧化反应为强放热反应，但体系起始温度过低，导致反应速度太慢。所以本实验还是要在反应前对催化剂作预先加热处理。根据不同催化剂适宜的反应温度，如不同的温度对 NO 的产率也有影响，用铂、铑作催化剂时，最佳的反应温度为 $700℃—800℃$。

4. 接受容器与接受时间

承接反应产物一氧化氮的接收容器是表现反应产物是否存在的重要视觉指标，其视觉效应的显著与否直接影响观察效果。实验出现红棕色的二氧化氮与接收容器的大小和形状也有关。一般小口大肚的烧瓶或锥形瓶比试管等小径玻璃容器的效果好。反应生成的气体产物一氧化氮导入充满空气的大肚瓶中，与空气中的氧气立刻生成红棕色二氧化氮，具有"厚度"的大肚瓶中充满红棕色气体现象的视觉效果显著，易于观察到作为检测实验成功的指标即红棕色二氧化氮气体。

接收时间和鼓气速度是实验操作过程中两点重要的操作技术要求。氨氧化产物导入接收容器的时间要控制好。如果在实验前先开始鼓气或大量鼓入空气，则容易出现白烟。只有当催化剂吸收足够的热量时，氨的催化氧化能维持催化剂发红时，再鼓入空气，这样导出的混合气体含氨少，一氧化氮较多，效果好。

5. 氨水的浓度

氨水浓度要适宜，浓了氧化不完全，会产生白烟；稀了由于氧化产物少，催化剂红热现象不明显,红棕色的现象不易观察到。氨水浓度要根据室温高低加以调节,当氨水浓度和室温接近如表 2-5 所示的关系时,可使实验获得满意的效果。

表 2-5　氨水浓度选择和室温的关系

室温(℃)	0	5	10	15	20	25	30
氨水(%)	27	24	21	18	15	12	9

如氨水的浓度控制不好,有时只有白烟产生,有时只能观察到冷凝后形成的水珠,烧杯中的石蕊试液也不变红。有时实验时间拖得很长也只能产生淡淡的黄色。由此可见本实验中氨气在混合气体中的浓度等是重要关键因素之一,不可忽视。

6. 氧气的浓度

采用纯氧直接参与反应,相当于增加了反应物浓度,这样当然有利于 NO 的生成,但纯氧和氨混合后极易爆炸,而且选用氧气后会导致装置及操作的复杂化。所以本实验一般都选用空气和氨气相混合进行反应,氨气在混合气体中的浓度往往由室温、氨水的浓度及用量等有关因素决定。

7. 干燥剂和除氨剂

干燥剂和除氨剂对反应有影响吗?

该实验的不少设计使用了干燥剂和除氨剂,如图 2-15 和图 2-18 所示的催化前或后使用干燥剂的氨催化氧化制硝酸实验装置示意图,用来吸除水气和反应后多余的氨。然而这些并非是实验成败的关键,有些装置不用干燥剂、除氨剂等,实验仍可确保成功。而氨水的浓度、反应温度、鼓入反应气体的速度等因素是至关紧要的。

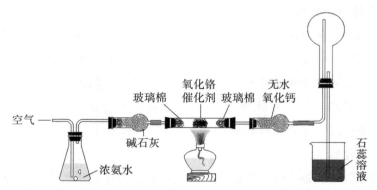

图 2-18　催化前后都使用干燥剂的氨催化氧化制硝酸实验装置

三、氨催化氧化制硝酸实验操作

1. 实验用品

氧化铬、1:1氨水、稀释的石蕊溶液。双通试管、250 mL 锥形瓶、250 mL 烧杯、250 mL 圆底烧瓶、酒精灯、气唧、双孔橡胶塞2个、单孔橡胶塞2个、导管4根、铁架台(带铁夹)2台、升降台、玻璃丝棉。

2. 实验装置

本实验采用的实验装置如图2-17所示。

3. 实验步骤

(1) 催化剂的制备。用重铬酸铵自制三氧化二铬催化剂。重铬酸铵取蚕豆般大小即可,太多会造成浪费和喷料。

(2) 把催化剂转入反应管。取一支双通玻璃管,用镊子夹取一团石棉绒,塞入双通硬质玻璃管中间部位,做成一个"试管底";倾斜双通硬质玻璃管,"试管底"在下方,用纸槽盛放刚制备并冷却至室温的三氧化二铬催化剂,用纸槽把催化剂送入双通玻璃管;再用镊子夹取另一团石棉绒,塞入双通硬质玻璃管催化剂上方部位,抵住催化剂即可,起到固定催化剂的作用。

(3) 实验装置气密性检验。根据实验装置示意图2-17,按照"从下到上、从左到右"的顺序搭建装置,并检查装置气密性。

(4) 在锥形瓶中注入100毫升1:1的氨水,即在锥形瓶中注入50毫升蒸馏水和50毫升浓氨水。

(5) 在小烧杯中注入半杯水,并滴加1—2毫升石蕊试剂。

(6) 点燃酒精灯或煤气灯,对准催化剂氧化铬加热。

(7) 一段时间后用气唧慢慢鼓入空气,注意观察催化剂是否有发红(放热)现象。

(8) 催化剂如现象(红热)正常,则可加快鼓入空气,注意观察到圆底烧瓶中有红棕色气体生成,为二氧化氮气体,烧杯中的石蕊溶液由紫色变为红色。

(9) 撤开酒精灯,停止鼓气。另取一支盛放石蕊原溶液的试管与烧杯中的溶液对比,若观察到烧杯中的石蕊溶液为红色,则说明生成了硝酸,结束实验。

兴趣实验1　吹特大"肥皂泡"

1. 实验目的

制备能吹出大泡泡的发泡剂。

可以用于检验实验室制备或生成的氢气。若生成的气体能够在发泡剂中鼓起大气泡并能够在空气中飘浮起来(氢气密度小于空气)。若产生的气体经验纯后,可以点燃该气泡。检验氢气纯净的标准是当点燃气体时发出"噗"的沉闷声音时,则可以验证反应产生的气体是氢气。

2. 实验药品

十二醇硫酸钠(商业中俗名K12)、聚乙烯醇(相对分子量8000—10000)、氯化铵。

3. 实验用具

直径 3—5 mm 左右、长约 80 cm 的硬质电线,弯曲成一个直径为 15—20 cm 带柄的圆环、水槽。

4. 实验步骤

(1) 称取 3 g 聚乙烯醇(相对分子量 8000—10 000)放入 250 mL 烧杯中,加入 180 ml 水,加热搅拌至完全溶解,冷却至室温。

(2) 称取 20 g 十二醇硫酸钠(商业中俗名 K12)放入 500 mL 烧杯中,加入 200 ml 水,加热至沸腾,再加入 8 g 氯化铵,搅拌均匀。

(3) 将聚乙烯醇溶液加入 K12 和氯化铵的混合液中,搅拌均匀即成高效发泡剂,装瓶备用。

(4) 把发泡剂倒入水槽中,将电线做成的环浸入,略加搅动,轻轻拉出后即可在空中抛出一个个比西瓜还要大的"肥皂泡"。也可以在对化学反应中生成的氢气验纯之后将其通入到该发泡液中,制作大"氢气泡",飘向空中。

兴趣实验 2   火山爆发

1. 实验原理

高锰酸钾与甘油混合,剧烈反应放出大量热,使重铬酸铵分解生成的固体残渣随生成的气体喷出。其中橙黄色的重铬酸铵分解生成氮气、水和蓬松的墨绿色三氧化二铬粉末。

$$(NH_4)_2Cr_2O_7 \xrightarrow{\triangle} N_2 \uparrow + 4H_2O + Cr_2O_3$$

2. 实验用品

泥土、高锰酸钾、硝酸钾、重铬酸铵粉末、甘油。

3. 实验操作

在木板中央堆起一方泥土,上面放一坩埚,坩埚周围用泥围堆成一小"山丘",丘顶坩埚上方为"火山口"。向埋在山丘内的坩埚中央堆放 5 g 高锰酸钾和 1 g 硝酸钾的混合物,在此混合物周围堆放 10 g 研细了的重铬酸铵粉末。用长滴管滴加数滴甘油在高锰酸钾上,之后人走开,离其远一点的距离。片刻后可见有紫红色火焰喷出,紧接着就有绿色的"火山灰"喷出。

兴趣实验 3   引蛇出洞

1. 实验原理

香烟灰催化蔗糖燃烧,蔗糖与香烟灰(催化剂)混合点燃,剧烈反应放出大量热,使小苏打受热分解,使得蔗糖燃烧生成的固体残渣随小苏打受热分解生成的二氧化碳气体膨胀,产生多孔蓬松的黑碳柱,类似蛇形物质蔓延展开。

$$2NaHCO_3 \xlongequal{\triangle} Na_2CO_3 + H_2O + CO_2 \uparrow$$

2. 实验用品

香烟灰(或草木灰、奢糠灰)、酒精、蔗糖、小苏打、石棉网。

3. 实验操作

图 2-19　黑碳柱（见本书彩页）

在石棉网上放约 3 药匙香烟灰,用药匙将香烟灰摊开似"盘子"形状,在香烟灰四周滴加 5 ml 左右的酒精,润湿香烟灰。称取 2 g 干燥的蔗糖研磨成细末,加入 0.25 g 小苏打混合均匀,然后取一药匙该混合物,小心地慢慢堆在"盘子"中间成圆锥体形状,然后用火点燃。注意不要用手去碰,观察锥状物尖端有疏松弯曲的褐色蛇状物质慢慢伸出来,像蛇爬出洞穴一样。

实验教学设计案例　铁与水蒸气反应的教学

一、教学分析

1. 教材分析

《普通高中化学课程标准(2017 年版)》指出高中化学课程对"金属元素"这一内容的具体要求,其教学价值是让学生知道生活中金属元素铁发生的化学变化原理,并且利用日常生活知识来设计实验。这不仅对学生形成系统化的化学知识十分重要,也是帮助学生将化学和生活相联系起来的一条重要纽带。

本节课内容选自人教版高中必修《化学 1》中第三章"金属及其化合物"第一节金属的化学性质中科学探究的内容。铁与水的反应是铁的化学性质中的一个重要反应。教材在学习了活泼金属钠与水的反应后提出了铁是否与水蒸气反应的疑问,目的在于让同学们通过本节课的学习,在获得结论的同时体验科学探究的过程,了解科学探究的方法。人教版必修《化学 1》前两章首先带领学生学习了基本的实验技能和基础性化学知识(分类、离子反应、氧化还原反应),接着展开对元素化合物知识的学习。金属一章的编排为"金属的化学性质""几种重要的金属化合物""用途广泛的金属材料",视角从单质到化合物,从学科知识到社会应用。这一章的学习不仅有利于巩固前面的技能基础和知识基础,对于了解金属材料的社会价值也有重要意义。

2. 学情分析

教学对象为高一年级的学生,在本章之前,学生已经接触并学习了离子反应(第二章),氧化还原反应(第二章)等内容,在进入金属化合物之前,也了解了金属的性质及反应。

学生在初中学过了金属活动性顺序表,知道位置越靠前的金属越活泼,具体体现在金属的置换反应和与盐酸反应的剧烈程度,然而学生还无法从物质分类的角度对金属的化学反应做出预测。经过前面氧化还原反应的学习,学生了解了金属是常见还原剂,但还无法从氧化还原的角度去分析金属还能与其他哪些氧化剂反应。本节课以金属与水的反应为挖掘点,让学生学会从"氧化还原理论""物质的分类"的视角去认识化学反应。

在学生的生活中,经常可以接触到金属铁,比如厨房里的厨具等,这些经验能够唤醒学习者认知结构中与新知识学习有关的旧观念,增强旧知识的可利用性和稳定性,说明新旧知识之间的本质区别,增强新旧知识之间的可辨别性。

本节的核心内容旨在从铁元素化学性质的角度出发,联系生活实际,体现了学以致用的教育思想。

二、教学目标

1. 认识掌握 Fe 和水蒸气反应的原理——结合宏观现象理解化学变化的微观本质

通过宏观辨识实验探究铁与水蒸气反应过程,微观探析铁单质在高温条件下被水蒸气氧化为四氧化三铁,进一步认识氧化还原反应的化学变化本质。

2. 从实验探究中掌握 Fe 和水蒸气反应的实验装置——塑造科学探究的思想

认识水蒸气氧化铁单质的实验处理方法中,发生氧化还原反应的化学变化过程中的科学探究思想。

3. 学会依据实验现象表征的证据论证——形成证据推理思想

结合铁与水反应的性质现象,获取其实验证据,并展开科学推理,得出科学结论。

4. 升华金属性顺序的认知——提炼化学原理的认知模型

依据铁与水的化学反应,以及不同金属与水反应的条件,比较金属性,展开推理论证,建构元素周期律之思想模型。

5. 基于化学实验学习科学探究的一般方法——深化科学探究,形成创新意识

认识改进实验技术,应用载水剂于 Fe 和水蒸气反应实验,实施科学探究的研究方法。

三、教学关键

1. 教学重点

知识上，掌握铁与水反应的化学本质，掌握不同金属化学性质的活动性顺序及其反应条件，能够书写该过程的化学反应方程式。

方法上，应用铁与水的性质来拓展实验方法和实验技术。

2. 教学难点

比较金属性强弱顺序。通过掌握不同金属的化学反应活动性顺序来认识元素周期律。

四、教学方法

本节内容采用基于科学实验探究的问题驱动的教学。将科学探究引入课堂教学，通过问题创设，探究 Fe 和水蒸气反应的发生及其产物，以及不同载水剂对 Fe 和水蒸气反应的影响，在研究思考问题的同时，让学生体验科学探究的过程，了解科学探究的方法。通过师生、生生之间围绕引人入胜的问题展开实验活动，引领学生投入到对问题的探讨和思考中，在教师的引导下，应用实验现象和事实作为实验证据，寻求支持证据，从而培养学生科学的思维方式，探究科学本质，深入领悟科学内容。

五、教学思路

通过设计情境任务、问题驱动和学生活动等线索展开本节内容的课堂教学，旨在落实教学目标和教学思想。教学思路如表 2-6 内容所示。

表 2-6　教学思路

教学程序	情境任务	问题驱动	实验活动	教学目标	教学思想
环节 1 问题驱动	铁与水会发生化学反应吗？	铁锅烧水时会发生化学反应吗？	观看视频：刀具打造淬火	金属性	宏观辨识微观探析
环节 2 科学探究	实验探究铁单质与水的反应	如何实验证明铁单质会与水反应？	设计实验方案并进行实验探究	认识铁与水反应的化学性质、金属递变的周期律	科学探究
环节 3 实验论证	探究改进铁与水反应的实验方案	如何解决实验中出现的试管炸裂的问题？	设计改进实验方案	实验技术的学习	实验探究工具应用证据推理
环节 4 概括升华	内化铁单质与水反应的化学本质和实验操作	铁与水反应的本质？实验室铁与水反应的实验方法？	建模：铁与水反应的化学反应方程式、金属活动性顺序、实验装置。解决典型问题。	掌握铁与水反应性质、金属性的元素周期律；学会实验操作。	模型建构

六、教学过程

环节 1: 问题驱动——铁锅烧水时会发生化学反应吗?

【设计意图】 通过生活情境中铁锅烧水过程中呈现的物理变化的宏观事实,引发学生探究思考其微观本质的兴趣。

【教学活动】 思考生活情境中的物理变化,结合已有知识,推断探究其化学性质。

问题 1: 大家见过铁锅盛水、煮饭、炒菜,铁与水发生化学反应了吗? 铁与水是否能够发生化学反应呢? 若能够发生化学反应,其条件是怎样的?

讲解: 回顾之前学过的金属与水反应的性质。金属钠遇冷水会发生剧烈的反应,而金属性稍差的镁和铝则只能与热水反应,且反应的产物都是金属氧化物和氢气。金属性越强的金属越容易与水反应。

表 2 - 7　金属活动性顺序及其与水反应情况

	Na	Mg	Al	Fe
金属活动性	强 ⟶ 弱			
与水反应	与冷水剧烈反应	只能与热水反应		?
化学反应方程式	$m\mathrm{M} + n\mathrm{H_2O} \longrightarrow \mathrm{M}_m\mathrm{O}_n + n\mathrm{H_2}\uparrow$			

思考: 金属性顺序表中排序靠后的铁,可以与水发生反应吗?

环节 2: 科学探究——探究铁与水是否可以发生反应

【设计意图】 遵循科学探究的一般过程,设计实验探究检验铁单质与水的反应,结合宏观证据,进行科学推理,渗透"证据推理与模型认知"教学思想。

【教学活动】 探究铁与水的反应条件。设计实验方案,依据实验现象和实施为证据,推理出实验结论,验证猜想。

讲述: 大家知道铁可以用来制作炊具,比如铁锅,所以铁单质肯定不能和冷水以及热水反应。现在提出猜想 A:铁不能和水反应。与之相对的猜想 B:铁可以和水反应。

同学们看到过锻造刀剑的过程吗? 在锻造刀剑的时候有一道工序叫作淬火,也就是把金属刀剑加热到一定温度,然后突然浸在水中使其冷却,以增加硬度。大家知道钢的主要成分是铁,请看一段对钢刀淬火的视频,思考铁与水是否可以发生化学反应。

播放视频：

图 2 - 20　钢刀淬火

讲述：通过视频，可以观察到被烧至红热的钢刀浸在冷水中产生大量气泡。刀具会形成一层漂亮的蓝黑色。这种工艺叫作"烤蓝"，目的是防止钢铁腐蚀，类似致密氧化铝膜的防腐蚀作用。"烤蓝"的原理是在钢铁表面形成致密的氧化膜。

演示实验：砂纸打磨光亮的铁丝，在酒精灯上烧至红热，然后迅速插入盛有冷水的烧杯，浸入水中的部分立刻镀上了一层蓝黑色烤蓝。这说明铁和水能在高温条件下反应。实际上，在高温条件下与铁反应的是水蒸气。

问题 2：请思考：铁与水蒸气在高温条件下反应的产物是什么？

铁和水蒸气反应是和其他金属与水反应一样产生氢气和金属氧化物吗？这种铁的氧化物究竟是什么呢？

讲解：先看看铁与水反应的实验装置。

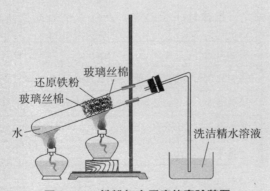

图 2 - 21　铁粉与水反应的实验装置

在铁架台上固定有一支大试管，试管底部有水，用于加热产生水蒸气。试管中部有用玻璃丝棉固定的铁粉。因为水的沸点为 $100℃$，故试管底部用酒精灯加热即可，而铁与水蒸气反应的条件高达 $600℃$，所以要用煤气灯对铁加热。然后单孔橡皮塞连的导管通入盛有肥皂水的蒸发皿，用于收集肥皂泡以检验气体产物。为了检验反应是否产生氢气，可以点燃肥皂泡以检验。

✐实验探究 1

取一支硬质大试管，在试管底部装入 2 cm 水，在试管中部以玻璃丝棉为支撑装入稍过量的铁粉约 2 cm，再在试管口用一根带导管的单孔橡皮塞塞住。 将试管如图所示固定在铁架台上，使试管口向上倾斜 30° 左右。 另取一只蒸发皿，放入洗洁精：甘油：水 = 1∶2∶3 配制而成的肥皂水，将导管插入肥皂水中备用；用煤气灯先加热试管中部铁粉堆积的位置，当玻璃导管端口处液体稍有倒吸，再用酒精灯加热试管底部用水浸湿的脱脂棉部位，观察到肥皂水中不断有肥皂泡产生。 用一头缠有被酒精浸润的脱脂棉的"小火炬"点燃肥皂泡，听到轻微的爆鸣声，说明有氢气产生。

图 2-22　铁粉与水反应实验装置（见本书彩页）

讲解： 由于同学们还没有学习过铁及其化合物的具体知识，现在尚不对产物中铁的氧化物进行实验探究，根据进一步验证，产物中铁的氧化物为四氧化三铁。

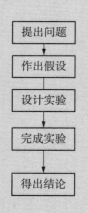

实验目的	探究 Fe 与 $H_2O(g)$ 反应产物——检验氢气
实验用品	蒸发皿、玻璃棒、脱脂棉
操作步骤	用一头缠有被酒精浸润的脱脂棉的"小火炬"点燃肥皂泡
现象	有轻微爆鸣声
结果	反应产生氢气

产物中铁的氧化物为 Fe_3O_4

$$3Fe + 4H_2O(g) \xrightarrow{\text{高温}} Fe_3O_4 + 4H_2 \uparrow$$

环节 3：实验论证——改进铁与水蒸气反应的实验方案

【设计意图】 结合铁粉与水蒸气反应的具体实验问题，为了解决实验装置中反应容器易炸裂的问题，引发实验改进的思想和方法，渗透科学价值观、科学精神、科学创新的教学思想。

【教学活动】 思考如何解决实验装置中反应容器易炸裂的问题，从哪些方面对该实验进行改进。通过载水剂的选择，进一步学习实验操作技术。

问题 3： 在铁粉与水蒸气反应的实验中，又发现了新的问题：反应过程中，试管非常容易发生破裂的情况。这是为什么呢？

讨论： 试管底部由于存在液态水，温度不超过水的沸点 100℃，而试管中部用煤气灯加热铁粉的温度可达 900℃，试管受热不均，所以容易发生破裂。

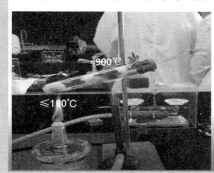

图 2–23 问题 3

问题 4： 如何优化实验方案防止试管破裂？

讨论： 优化方案的关键是如何在试管底部直接产生高温的水蒸气。猜想可以用氢氧化钙(s)、胆矾(s)、吸水后的变色硅胶(粉色)这些载水剂替代用水进行实验。因为这些载水剂不存在液态水，所以加热条件下试管温度可达 500—600℃，解决试管受热不均的问题。

实验探究： 实验探究不同载水剂对铁与水蒸气反应的影响。分别用 $Ca(OH)_2(s)$、胆矾(s)、吸水后的变色硅胶(粉色)替代水进行实验。

用实验点燃肥皂泡的爆鸣声以及自加热水至点燃肥皂泡爆鸣声较为低沉(生成较纯的 H_2)所用的时间这两个指标来衡量比较不同载水剂对反应的影响。

实验结果： 实验表明液态水、五水硫酸铜、氢氧化钙和变色硅胶爆鸣声低沉的时间分别为两分半、两分钟、两分钟和一分半。用液态水作为原料的反应产生的氢气的爆鸣声较响,利用无水硫酸铜和氢氧化钙为原料的反应产生的氢气的爆鸣声较低沉,而以变色硅胶为载水剂时爆鸣声非常低沉。

实验结论: 基于以上实验证据,可以得出结论:

(1) 使用载水剂可克服试管易炸裂,过量 $H_2O(g)$ 使产生 H_2 浓度下降的弊端。

(2) 四组实验中,吸水后的变色硅胶作为水蒸气载体一组的实验效果最好,产生氢气的时间短、纯度高。

环节 4: 概括升华

【设计意图】 梳理概括形成清晰的知识脉络。

【教学活动】 概括内容要点,应用于问题解决。

概括: 回顾本节课的内容,围绕铁与水的反应以三个问题和一个探究展开。第一个问题为铁与水是否能够反应,通过观看钢的淬火视频,发现两者可以发生反应。于是提出第二个问题:铁与水反应的产物。通过检验氢气和确认铁的氧化物,得出化学反应方程式为铁与水蒸气反应生成四氧化三铁和氢气。根据实验中试管易炸裂的问题,分析原因,提出了使用载水剂代替液态水的优化实验方案。通过探究不同载水剂对实验结果的影响,学会了对原材料进行替换的实验改进的方法。金属性顺序表是以金属的还原性为显性特征构成的知识系统,可以在此基础上形成对物质间的反应行为的推测,不论是金属与酸反应还是金属与水反应,实际上都是金属与氢离子的反应,金属与盐酸中的氢离子反应生成金属氯化物和氢气,金属与水中的氢离子反应生成金属氢氧化物和氢气。

实验探究任务和思考的问题

1. 实验探究

请选择下列实验探究任务中的一个选题,设计氨的催化氧化制硝酸影响因素的探究实验方案,并实施该实验方案,记录相关实验现象和数据,撰写形成一篇实验报告或研究论文。

实验探究任务 1:不同种类催化剂对氨的催化氧化制硝酸实验效果的影响

如果需要对各种催化剂的催化效果进行研究、比较,则可在选择好各种催化剂后再选并固定一种实验装置,进行多次平行实验并记录所选择的衡量各种催化剂所产生的实验效果指标,如:产生 NO_2 的量(通过颜色的比较)、催化剂的状态(是否发红等)、完成反应的时间等。

表 2 - 8　不同种类催化剂对氨的催化氧化制硝酸实验效果的影响

催化剂	NO$_2$颜色	催化剂现象	实验所用时间
氧化铬			
氧化铁			
二氧化锰			
氧化铜			
氧化钴			

实验探究任务 2：不同氨水浓度对氨的催化氧化制硝酸实验效果的影响

探索氨水浓度对本实验的影响，固定某种实验反应装置、温度和其他反应条件，选择几种不同浓度的氨水进行对照试验，探索氨水浓度对本实验的影响。把各种试验结果整理成表，便于实验结果分析。下面的表格供参考选用。

表 2 - 9　探究不同氨水浓度对氨的催化氧化制硝酸实验效果的影响

浓氨水：水（体积比）	催化剂现象	反应器中的现象	实验所用时间
1：0			
2：1			
1.5：1			
1：1			
0.5：1			

实验探究任务 3：不同实验装置对氨的催化氧化制硝酸实验效果的影响

如果要对各实验装置进行比较、研究，则可相对固定其他各反应条件，选用不同的仪器、装置进行对比实验，同样作观察和记录，并可把各项记录整理成表，最后经分析给出结论。

请分析和讨论如下问题：

（1）你认为影响本实验成功率的关键因素有哪些？该如何解决？

（2）比较多个不同的适合本实验的装置，试分别评估分析每种实验装置的优缺点，选择确定并说明哪一个实验效果更好？

2. 设计实验教学方案

请结合"氨的催化氧化制硝酸"实验，精心设计一堂化学新课，有效达成教学目标，突破教学重点、难点，在化学课堂实验教学中切实落实化学核心素养。

第三章 单液电池和双液电池

扫码学习本章微课

·本章概要·

　　氧化还原反应原理是中学化学课程中的核心内容,原电池是应用和表征该原理的具体实物形态。既可以通过原电池实验来理解氧化还原反应原理,也可以应用氧化还原反应原理来制作化学能转化为电能的实验装置,即原电池。当稀硫酸作为电解液的铜锌原电池实验时,如何通过实验现象表达化学能高效地转化为电能?是否可以通过正极上有大量气泡逸出而负极上少有甚至没有气泡逸出,来表现作为负极的金属锌上电子大多转移到了作为正极的金属铜上?想要成功演示原电池实验,则需要了解相关实验技术。本章分析探讨了有关单液电池和双液电池实验需要注意的事项,对成功演示原电池实验给出了实验操作和教学建议。

·本章主要学习目标·

　　学习完本章后,你应当能够知道如下问题的答案:

1. 单液电池的实验现象是怎样的?

2. 单液电池的实验现象表达了怎样的化学反应过程的微观实质?

3. 如何设计原电池的兴趣实验?

4. 双液电池的实验装置应如何设计?

5. 电池的实验现象可以通过何种技术手段来表征?

6. 电池中的电子移动的动力和移动的路径是怎样的?

7. 如何设计原电池的实验教学方案?

·本章结构·

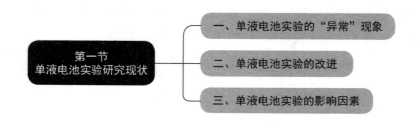

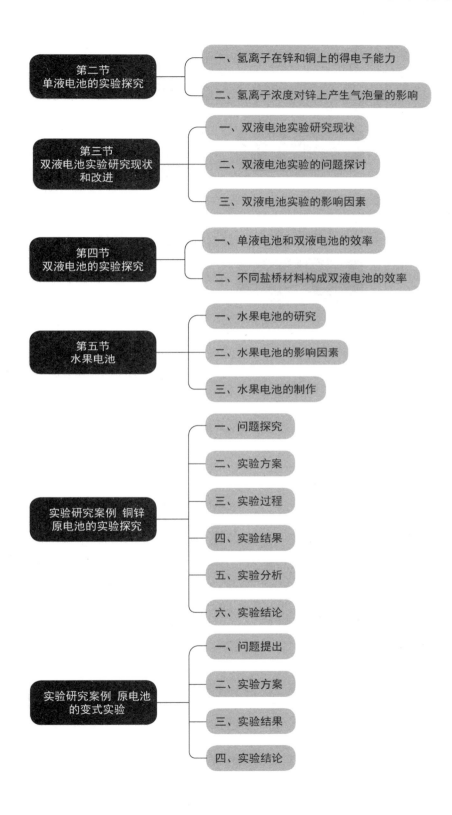

第二节
单液电池的实验探究

一、氢离子在锌和铜上的得电子能力

二、氢离子浓度对锌上产生气泡量的影响

第三节
双液电池实验研究现状
和改进

一、双液电池实验研究现状

二、双液电池实验的问题探讨

三、双液电池实验的影响因素

第四节
双液电池的实验探究

一、单液电池和双液电池的效率

二、不同盐桥材料构成双液电池的效率

第五节
水果电池

一、水果电池的研究

二、水果电池的影响因素

三、水果电池的制作

实验研究案例 铜锌
原电池的实验探究

一、问题探究

二、实验方案

三、实验过程

四、实验结果

五、实验分析

六、实验结论

实验研究案例 原电池
的变式实验

一、问题提出

二、实验方案

三、实验结果

四、实验结论

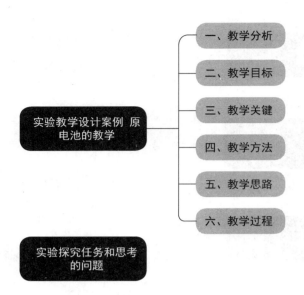

实验教学设计案例 原电池的教学

- 一、教学分析
- 二、教学目标
- 三、教学关键
- 四、教学方法
- 五、教学思路
- 六、教学过程

实验探究任务和思考的问题

第一节　单液电池实验研究现状

原电池是将化学能转变成电能的装置。原电池反应是氧化还原反应,但区别于一般的氧化还原反应的是,电子转移不是通过氧化剂和还原剂之间的有效碰撞完成的,而是还原剂在负极上失电子发生氧化反应,电子通过外电路转移到正极上,氧化剂在正极上得电子发生还原反应。两极之间溶液中离子的定向移动和外部导线中电子的定向移动构成了闭合回路,使两个电极反应不断进行,发生有序的电子转移过程,产生电流,实现化学能向电能的转化。从能量转化的角度看,原电池是将化学能转化为电能的装置;从化学反应的角度看,原电池的原理是氧化还原反应中的还原剂失去的电子经外接导线传递给氧化剂,使氧化反应和还原反应分别在两个电极上进行。

当两个电极化学性质不同时,电池的总变化是物质发生了化学反应,这类电池称为化学原电池。

构成化学原电池的四个必要条件包括:

① 活动性不同的两个金属(或一种为非金属)电极;

② 两电极插入电解质溶液中;

③ 构成一个闭合的回路;

④ 自发的氧化还原反应。

铜锌原电池,负极为金属 Zn,锌失电子变成锌离子出现在负极表面,使负极周围带了大量正电,从而吸引溶液中的阴离子,排斥溶液中的阳离子,所以作为阳离子的 Cu^{2+} 不易在负极处得电子。而导线电阻小,大量电子通过导线自发迁移到电场电势高的作为正极的铜电极,使铜电极富集电子,带负电,吸引溶液中的 Cu^{2+},让 Cu^{2+} 在铜电极表面发生还原反应。这样,负极金属 Zn 失去电子发生氧化反应,出现溶解的现象,失去的电子从锌电极经导线流向铜电极,溶液中的 Cu^{2+} 在正极铜上得电子,被还原成金属 Cu。

一、单液电池实验的"异常"现象

对于 Cu、Zn、稀硫酸构成的单液电池实验,为了表现出化学能转化为电能,预期的实验现象是,锌片逐渐溶解,电子全部转移到铜电极上,锌片上则无气泡产生,使得铜片周围的电解质溶液中的氢离子获得电子,形成氢气逸出,铜电极上表现出有气泡产生,同时电流计指针偏转[1]。

但是实际在 Cu、Zn、稀硫酸构成的单液电池实验中,会出现与预期的实验现象不同的"异常"现象:锌片上依然有大量的气泡产生,铜片上气泡则产生得很少。学生难以观察到铜片上产生的气泡,现象不明显,学生会对原电池概念的理解产生误解,不利于通过演示实验

---

[1] 王祖浩.高中化学教学参考书：化学 2(必修)[M].南京：江苏教育出版社,2007：40.

进行原电池概念的理解。另外单液电池产生的电流不稳定,随着时间延长会逐渐衰减,并且电解质溶液的温度不断上升,单液电池化学能有一大部分又不断转变成热能,转变成电能的效率较低。

二、单液电池实验的改进

如果两个得到(或失去)电子能力不同的电极插在同一个电解质溶液中,同时构成闭合电路,该装置则成为单液电池。使用锌和铜分别作电极,插入稀硫酸作为电解液,构成闭合电路的装置,称之为铜锌单液电池。

为了改进铜锌单液电池中锌电极会出现气泡以及电流不稳定的不足,可以从实验装置上改进。有研究者利用吸收了电解质溶液的脱脂棉作为电解质溶液载体,制成简易的原电池,即将 $CuSO_4$ 溶液滴在脱脂棉上,形成 $CuSO_4$ 液带,然后将锌片和铜片分别放在脱脂棉的两端,再用导线将灵敏电流表以及锌片铜片连接起来,形成闭合回路,从而可以观察到有电流产生[1]。

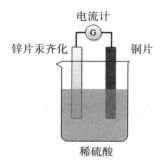

电流计

锌片汞齐化　　　铜片

稀硫酸

图 3-1　单液电池中锌片汞齐化的改进装置

理论上应该在铜锌单液电池的铜电极上出现大量气泡,可为什么在锌电极上会出现大量气泡,而铜电极上气泡量却很少呢?分析认为,原因之一是单液电池实验中锌跟稀硫酸直接接触,会发生化学反应产生大量气泡;原因之二是锌不纯时,自身能够构成大量微小原电池而发生原电池反应,产生氢气。有研究指出,为了避免锌片与稀硫酸直接反应产生气泡,可以将锌片放入氯化汞溶液中,让锌片表面覆盖有一层锌汞合金(简称锌汞齐),再将此锌汞齐用作原电池的负极,如图 3-1 所示,其他不变,这时会发现锌汞齐上无气泡产生,原因是氢离子在金属锌、铜、汞表面析氢时存在着超电极电位,25℃时,电流密度 1 毫安/厘米^2 时,氢气超电极电位依次为 0.72 V、0.48 V、0.85 V,氢离子在汞表面有较高的超电极电位,所以氢气析出更困难[2]。也有研究利用半汞齐化锌片的方法,以电极自身的两端作对照实验,测量计算电流、电压损失的百分比,并以此方法判断锌极产生的气泡量。探索了用砂纸打磨铜片,用仿制麂皮打磨或胶粘的方法修复旧锌片,选择浓度为 0.08 mol·L^{-1} 或者 0.10 mol·L^{-1} 的硫酸溶液作为电解质进行实验,可以明显观察到铜片上有气泡产生,而锌片上气泡较少,可达到较好的演示实验效果[3]。

① 张艳. 铜锌原电池演示实验装置改进[J]. 化学教育,2013,34(08):63.

② Creighton H J M. Principles and applications of electrochemistry[M]. J. Wiley & Sons, New York: London: 1997: 248.

③ 周佳伟,丁伟. 从定量的角度探究单液铜-锌原电池实验的改进方案[J]. 化学教育(中英文),2017,38(19):64—67.

三、单液电池实验的影响因素

单液电池锌片上产生气泡的原因,有实验证明与作为负极材料锌片的纯度、锌片表面的粗糙程度、外电路存在电阻、电极极化作用、硫酸的浓度等因素有关[1][2][3]。

1. 电极材料的影响

影响锌片产生气泡多少的主要因素有锌片的纯度,锌片纯度越高,产生的气泡则越少。有实验研究了三种纯度不同的锌片:薄锌片、锌电极、镀锌的锌电极、镀铜的锌片。薄锌片比锌电极的纯度要高,而锌电极又比附有少量铜的锌电极纯度高。在相同的条件下,当它们作原电池的负极时,负极上产生气泡较多的是附有少量铜的镀铜的锌片电极,产生气泡较少的是薄锌片。分析其原因认为,附有铜的锌电极含杂质更多,表面上产生的微电池更多。锌电极作负极时,镀锌的锌电极上产生的气泡明显要多。分析认为,在简单条件下,锌电极表面镀上的锌层比较疏松,表面不平整、粗糙,表面积大[4]。

用纯锌作负极的原电池,锌片上有少量气泡产生。用不纯的锌作负极的原电池,锌片上有较多气泡产生,锌片不纯,锌片自身就形成了许多微小的原电池,的确是锌片上发生副反应的原因。但在实验过程中也观察到,即使是用纯锌作原电池的负极,负极上仍然有气泡产生,这也反映了锌片不纯不是原电池负极上发生副反应的唯一原因。

2. 电解液及其浓度的影响

在其他条件相同的情况下,随着作为电解液的硫酸浓度的增大,电流强度增大,两电极上产生气泡的速度趋向加快。当浓度过低时,产生的电流较小,当浓度过大时,锌片产生的气泡数量非常多,一般将采用1%—5%的稀硫酸溶液,铜片上产生的气泡量比锌片上的要多。

3. 其他条件的影响

(1) 外电路的电阻

原电池的外电路存在电阻,电子的流动就受到阻碍,即电子不容易由负极流动到正极,这样,溶液中的微粒要在正极上得电子就有一定难度,于是,有些微粒就会直接在负极上得电子。在 Cu—Zn 原电池中,在外电路连接一个可变电阻,如图 3-2 所示,首先,将滑动臂拨到最左端,此时外电路电阻很小,结果看到锌片上只有很少的气泡产生,铜片上产生大量气泡。然后,将可变电阻的滑动臂向右拨动,以增大外电路的电阻。这时,可以明显看到随着外电路电阻的增大,锌片上气泡产生的速率也增加,铜片上的

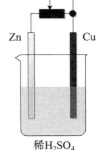

稀H_2SO_4

图 3-2　滑动变阻器作为电阻的原电池实验装置

① 汪富初. 原电池负极上的副反应探析[J]. 化学教育,2003(04):46—48.

② 刘东彪. 对原电池实验现象与原理的再探究[J]. 化学教学,2014(10):57—59.

③ 谭小林,唐伟宪. 影响锌铜硫酸原电池负极产生气泡因素的探究[J]. 化学教育,2009,30(09):55—56.

④ 谭小林,唐伟宪. 影响锌铜硫酸原电池负极产生气泡因素的探究[J]. 化学教育,2009,30(09):55—56.

气泡逐渐减少。如果断开外电路,即外电路电阻为无穷大,则可看到铜片上不再有气泡出现,只有锌片上产生很多气泡。所以锌片上产生气泡与外电路存在电阻有关,电阻越小,锌片上产生的气泡越少,电阻越大,锌片上产生的气泡越多[①]。

(2) 电极的极化作用

将纯锌片与铜片用导线连接起来,或者将锌片和铜片直接焊接在一起,这样,锌片与铜片间的电阻很小,可以忽略不计,然后,将它们浸到稀 H_2SO_4 中形成原电池,如图 3-3 所示。结果,开始时锌片上没有气泡产生,但不久后锌片上也慢慢有少量的气泡生成。这是因为,开始反应后,铜片上产生气泡,这些气泡先附着在铜片上,当反应持续进行,气泡逐渐变大后才离开铜片上升。这样,铜片上始终有很多微小气泡覆盖,影响了氢离子在铜片上得电子,锌片上的电子也就不能顺畅地输送到铜片上,还有些氢离子在锌片上直接夺取电子生成氢气。这就是电极的极化作用。这个实验中,如果将铜片上的气泡不断除去,例如将铜片不断震动,则锌片上就几乎看不到有气泡生成。

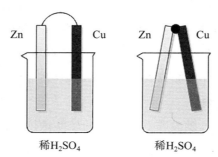

图 3-3   锌片和铜片直接焊接在一起构成电阻很小的原电池

另外,溶液中离子的迁移速率、溶液温度、负极材料的活泼性、溶液中电解质的性质等因素对锌片上产生气泡也有影响。

4. 改进措施

适当降低锌铜硫酸原电池中硫酸的浓度,采用 1%—10% 的稀硫酸作电解质溶液,用纯度高、表面光滑的锌片作负极,可以减少负极锌片上的气泡。如果对原电池作进一步处理,用酸清洗锌片表面,再把锌片浸入硝酸汞稀溶液中,使之汞齐化(时间不要过长),然后将汞齐化的锌片作为原电池负极,则会观察到在负极锌片上产生的气泡很少。原因是氢在金属汞上的超电势特别高(0.85 V),氢离子难以在汞齐化的锌极上获得电子被还原。

第二节 单液电池的实验探究

一、氢离子在锌和铜上的得电子能力

1. 电极电势

通过查阅相关物理化学资料可得如图 3-4 所示的 φ-pH 关系图，以电势 E 为纵坐标，pH 为横坐标描绘元素—水系中各种反应的平衡条件图，即电势—pH 图是表示体系的电极电势与 pH 关系的图。

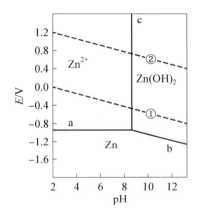

图 3-4 φ-pH 关系图[1]

表 3-1 一些电极的标准还原电势

氧化态的氧化能力	还原态的还原能力	氧化态/还原态	电极反应	电极电势/V
		Na^+/Na	Na^+（氧化态）$+ e^- \longrightarrow Na$（还原态）	-2.713
		Zn^{2+}/Zn	Zn^{2+}（氧化态）$+ 2e^- \longrightarrow Zn$（还原态）	-0.763
		Fe^{2+}/Fe	Fe^{2+}（氧化态）$+ 2e^- \longrightarrow Fe$（还原态）	-0.440
		$H^+/H_2(Pt)$	H^+（氧化态）$+ e^- \longrightarrow 1/2H_2$（还原态）	0
		Cu^{2+}/Cu	Cu^{2+}（氧化态）$+ 2e^- \longrightarrow Cu$（还原态）	$+0.337$
		Ag^+/Ag	Ag^+（氧化态）$+ e^- \longrightarrow Ag$（还原态）	$+0.799$
		Cl_2/Cl^-	Cl_2（氧化态）$+ 2e^- \longrightarrow 2Cl^-$（还原态）	$+1.359$

最简单的电位—pH 图只涉及一种元素不同氧化态的形态与水构成的体系，用它可以预测在特定电位（氧还态）和 pH（酸度）的水溶液体系中，某种元素稳定存在的形态和 pH 条件。

---

① Zoubov D，Nina. Atlas d'equilibres electrochimiques［CIc［M］. Gauthier-Villars，1963.

元素—水系中发生的化学反应可分为两种反应类型：①一种是有电子得失的氧化还原反应，②另一种没有电子得失的非氧化还原反应。

① 有电子得失的氧化还原反应可表示为

$$p \, Ox + nH^+ + ze^- \Longrightarrow q Red + c H_2O \tag{1}$$

式中 Ox 和 Red 分别代表物质的氧化态和还原态；p、q、n、c 为化学计量系数；z 为电子 e^- 的迁移数。

式(1)所示半电池反应的平衡电极电势 E，可按能斯特(Nernst)公式计算，即对于任一电极反应：

$$a A + b B \Longrightarrow c C + d D$$

$$E = E^\ominus - \frac{RT}{nF} \ln \frac{[C]^c [D]^d}{[A]^a [B]^b}$$

式中 $E^\ominus$ 称为标准电极电势，可由参与反应的各物质的标准化学势计算，其值与温度及压力有关；a_{Ox} 和 a_{Red} 分别为物质氧化态和还原态的活度，a_{H_2O} 照例取为 1；R 为气体常数，其数值是 8.314 焦/(摩·开)；F 为法拉第常数 96 490(库仑/摩)。反应(1)的平衡条件描绘在电势—pH 图上时，可得到斜率为 $\frac{-2.303nRT}{zF}$ 的一条直线，但此直线的位置只有在已知压力、温度以及 a_{Ox} 和 a_{Red} 的条件下才能够确定。所以，任何电势—pH 图的绘制都以指定的压力、温度以及除 H^+ 以外的其他物质的活度条件为前提。

如果没有 H^+ 参与半电池反应，则还原—氧化反应可写成

$$p \, Ox + ze^- \Longrightarrow q Red \tag{2}$$

这是反应(1)在 n 和 c 皆为零时的特例。此半电池反应的平衡电极电势为

$$E = E^\ominus + \frac{2.303RT}{zF} \lg \frac{a_{Ox}^p}{a_{Red}^q}$$

即反应(2)的平衡条件在指定压力、温度以及 a_{Ox} 和 a_{Red} 条件下，仅决定于电势，而与 pH 无关，从而描绘在电势—pH 图上为一条水平线。

② 没有电子得失的非氧化还原反应可表示为

$$a A + nH^+ \Longrightarrow b B + c H_2O \tag{3}$$

式中 A、B 分别为反应物与生成物；a、b、c、n 均为化学计量系数。

此反应的自由焓变量 ΔG_T 可按下式计算：

$$\Delta G_T = \Delta G_T^\ominus + 2.303RT \lg \frac{a_B^b \cdot a_{H_2O}^c}{a_A^a \cdot a_{H^+}^n}$$

化学反应平衡时 $\Delta G_T = 0$，水的活度 $a_{H_2O} = 1$，于是

$$pH = -\frac{\Delta G^{\ominus}}{2.303nRT} - \frac{1}{n}\lg\frac{a_B^b}{a_A^a}$$

因为 ΔG 是化学反应的标准自由熵变量，在压力和温度恒定下为常数，所以在指定压力、温度以及物质 A 和物质 B 活度的 a_A 和 a_B 情况下，反应(3)的平衡条件决定于 pH，描绘在电势—pH 图上是一条垂直线。

将上述两类共三种反应的平衡条件直线绘于一个图上，便是电势—pH 图。对反应(1)与(2)而言，若电势高于其平衡电极电势，则反应的平衡被破坏，反应向生成氧化态物质的方向移动，有利于氧化态物质的稳定存在。相反，若电势低于反应的平衡电极电势，则有利于物质还原态的稳定存在。也就是说，电势—pH 图中斜线与水平线的上方为物质氧化态的稳定区(或优势区)，而下方为物质还原态的稳定区。同理，对反应(3)而言，若溶液的 pH 低于反应平衡 pH，将有利于 B 的稳定存在；相反，若溶液的 pH 高于反应平衡 pH，则有利于 A 的稳定存在。因而，电势—pH 图中垂直线以左的区域为 B 的稳定区，而以右的区域则为 A 的稳定区。可见，电势—pH 图不仅以三种不同的线段反映了三种反应的平衡条件，而且由这些线段围成的区域也反映了物质各种形态稳定存在或相对优势的条件范围。从这个意义上，有些文献又称此图为物质优势范围图或优势区图。

作为水溶液反应热力学分析的一种图解法，电势—pH 图有着重要的意义，已广泛应用于金属腐蚀与防腐、分析化学、地球化学以及湿法冶金等领域。可根据 25℃下 Zn—H_2O 系电势—pH 图来说明它在湿法冶金中的应用。

图 3-4 中标示了离子 Zn^{2+} 和 ZnO 的活度变化时，与这些离子有关的化学反应平衡条件的变动情况。图中 a、b 两条直线表示了下列两种反应的平衡条件：

反应 a　　　$O_2 + 4H^+ + 4e^- \rightleftharpoons 2H_2O$

$$E = 1.229 - 0.0591pH + 0.0148\lg p_{O_2}$$

反应 b　　　$2H^+ + 2e^- \rightleftharpoons H_2$

$$或\ 2H_2O + 2e^- \rightleftharpoons H_2 + 2OH^-$$
$$E = 0 - 0.0591pH - 0.0295\lg p_{H_2}$$

图中以 a 和 b 两条直线为界的区域是水的热力学稳定区，因为若电势与 pH 高于 a 线时水分解析出氧气，而若电势与 pH 低于 b 线时则水分解析出氢气。此图还说明，锌元素既可在酸性溶液中以 Zn^{2+} 的形态存在，也可在碱性溶液中以 ZnO 的形态存在。从湿法冶金的角度来看，说明了既可用酸也可用碱从含锌物料中浸取锌。图中 Zn^{2+} 稳定区相当大，Zn^{2+} 可以在接近中性的含酸溶液中稳定存在；这对锌的湿法冶金也很有意义，说明锌的浸取可在接近中性的溶液介质中进行，从而使某些易发生水解沉淀的杂质(例如 Fe^{3+})在锌浸取过程中不

会随着锌一起进入溶液而留在浸取渣中。从图中还可以看到,若用电解法从含 Zn^{2+} 溶液中提取金属锌,阴极电极电势必须低于 Zn^{2+} 稳定区与 Zn 稳定区的分界线,而在这样低的电极电势下,H_2 的析出在热力学上是完全可能的;为了避免析出 H_2,以使锌电解有效而经济地进行,必须从动力学方面设法提高 H_2 析出的超电势。由于 b 线远高于 Zn^{2+} 与 Zn 的分界线,因而可以肯定,不可能用 H_2 从硫酸锌溶液中将 Zn^{2+} 还原成金属锌。

2. 氧化还原反应原理

(1) 稀硫酸作电解质溶液,锌铜原电池的电极反应方程式

正极：$2H^+ + 2e^- \Longrightarrow H_2 \uparrow$

负极：$Zn - 2e^- \Longrightarrow Zn^{2+}$

总反应：$2H^+ + Zn \Longrightarrow H_2 \uparrow + Zn^{2+}$

(2) 电流产生的原因

原电池是将化学能转化成电能的装置,其本质是氧化还原反应。

电势,也被称为电位,是描述静电场的一种标量场。静电场的基本性质是它对放于其中的电荷有作用力,电势差能在闭合电路中产生电流。和重力场中的地势一样,河水会从地势高的地方流向地势低的地方。电势也具有相对意义,在具体应用中,常取标准位置的电势为零,电势只不过是和标准位置相比较得出的结果。

电极电势是电极极板与溶液之间的电势差。为了获得各种电极的电势数值,通常以某种电极的电势作标准与其他各待测电极组成电池,通过测定电池的电动势,来确定各种不同电极的相对电极电势(electrode potential)E 值。1953 年,国际纯粹化学与应用化学联合会(IUPAC)建议采用标准氢电极作为标准电极,并规定标准氢电极的电极电势为零。

原电池中有电流产生,说明两个电极之间存在电势差,正极的电势较高,负极电势较低,所以电流从电势高的正极流向电势低的负极,而在外电路中,电子的定向移动与电流方向相反。一般来说,稀硫酸作电解质溶液的单液锌铜原电池能自发发生,根据能斯特公式,可以算出：

$$\Delta E = E(H^+/H_2) - E(Zn^{2+}/Zn) = 0 - (-0.76) = 0.76 \, V$$

(3) 电极电势的产生原因—双电层理论

从大学化学的角度来解释电极电势产生的原因,可以用"双电层"理论以及沉淀溶解平衡进行解释。

德国化学家能斯特(H. W. Nernst)提出了双电层理论(electrical double layers theory)用来解释电极电势产生的原因。当金属放入溶液中时,一方面,金属晶体中处于热运动的金属离子在极性水分子的作用下,离开金属表面进入溶液。金属性质愈活泼,这种趋势就愈大;另一方面,溶液中的金属离子,由于受到金属表面电子的吸引,而在金属表面沉积,溶液

表 3 – 2　电极电势

	还原半反应		$E^\circ(V)$
强氧化剂	$F_2(g)+2e^-$	$\longrightarrow 2F(aq)$	2.87
	$H_2O_2(aq)+2H^+(aq)+2e^-$	$\longrightarrow 2H_2O(l)$	1.78
	$MnO_4^-(aq)+8H^+(aq)+5e^-$	$\longrightarrow Mn^{2+}(aq)+4H_2O(l)$	1.51
	$Cl_2(g)+2e^-$	$\longrightarrow 2Cl^-(aq)$	1.36
	$Cr_2O_7^{2-}(aq)+14H^+(aq)+6e^-$	$\longrightarrow 2Cl^{3+}(aq)+7H_2O(l)$	1.33
	$O_2(g)+4H^+(aq)+4e^-$	$\longrightarrow 2H_2O(l)$	1.23
	$Br_2(l)+2e^-$	$\longrightarrow 2Br^-(aq)$	1.09
	$Ag^+(aq)+e^-$	$\longrightarrow Ag(s)$	0.80
	$Fe^{3+}(aq)+e^-$	$\longrightarrow Fe^{2+}(aq)$	0.77
	$O_2(g)+2H^+(aq)+2e^-$	$\longrightarrow H_2O_2(aq)$	0.70
	$I_2(s)+2e^-$	$\longrightarrow 2I^-(aq)$	0.54
	$O_2(g)+2H_2O(l)+4e^-$	$\longrightarrow 4OH^-(aq)$	0.40
	$Cu^{2+}(aq)+2e^-$	$\longrightarrow Cu(s)$	0.34
	$Sn^{4+}(aq)+2e^-$	$\longrightarrow Sn^{2+}(aq)$	0.15
	$2H^+(aq)+2e^-$	$\longrightarrow H_2(g)$	0
	$Pb^{2+}(aq)+2e^-$	$\longrightarrow Pb(s)$	−0.13
	$Ni^{2+}(aq)+2e^-$	$\longrightarrow Ni(s)$	−0.26
	$Cd^{2+}(aq)+2e^-$	$\longrightarrow Cd(s)$	−0.40
	$Fe^{2+}(aq)+2e^-$	$\longrightarrow Fe(s)$	−0.45
	$Zn^{2+}(aq)+2e^-$	$\longrightarrow Zn(s)$	−0.76
	$2H_2O(l)+2e^-$	$\longrightarrow H_2(g)+2OH^-(aq)$	−0.83
	$Al^{3+}(aq)+3e^-$	$\longrightarrow Al(s)$	−1.66
	$Mg^{2+}(aq)+2e^-$	$\longrightarrow Mg(s)$	−2.37
弱氧化剂	$Na^+(aq)+e^-$	$\longrightarrow Na(s)$	−2.71
	$Li^+(aq)+e^-$	$\longrightarrow Li(s)$	−3.04

左侧纵向箭头：强氧化剂 ↑ 弱氧化剂
右侧纵向箭头：弱还原剂 ↓ 强还原剂

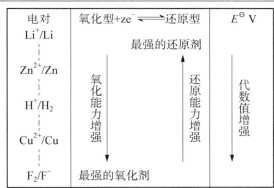

图 3 – 5　电极电势变化与氧化还原能力的关系

中金属离子的浓度愈大，这种趋势也愈大。在一定浓度的溶液中达到平衡后，在金属和溶液两相界面上形成了一个带相反电荷的双电层，双电层的厚度虽然很小，约为 10^{-8} 厘米数量级，但却在金属和溶液之间产生了电势差。通常人们把产生在金属和盐溶液之间的双电层间的电势差称为金属的电极电势（electrode potential），并以此描述电极得失电子能力的相对强弱。电极电势以符号 $E(M^{n+}/M)$ 表示，单位为 V（伏）。如锌的电极电势以 $E(Zn^{2+}/Zn)$ 表示，铜的电极电势以 $E(Cu^{2+}/Cu)$ 表示。

双电层理论指的是电极和溶液界面带有的电荷符号相反，故电极/溶液界面上的带电荷

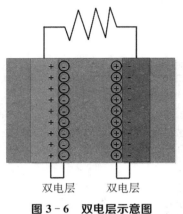

图 3 - 6 双电层示意图

的物质能部分地定向排列在界面两侧[①]。金属在水溶液中会存在着金属"溶解—沉积"的过程。当金属浸入盐溶液时,会出现两种倾向:一种是金属表面的原子因热运动和受极性水分子的影响,以离子的形式进入溶液,即金属的溶解;另一种是溶液中的金属离子因受到金属表面电子的吸引沉积在金属表面,即金属的沉积倾向。当溶解和沉积的速率相等时,达到动态平衡,金属表面的电荷层与溶液中相反电荷离子形成一个厚度约 10^{-10} m 的稳定双电层,如图 3 - 6 所示,即产生电势差。金属越活泼,溶液中金属离子的浓度越小,金属的溶解趋势大于沉积趋势,达到平衡时金属表面带负电荷,附近的溶液带正电荷,如图 3 - 7(a)所示。金属越不活泼,溶液中离子浓度越大,金属的溶解趋势小于沉积趋势,达到平衡时金属表面带正电荷,附近的溶液带负电荷,如图 3 - 7(b)所示。金属与其盐溶液之间存在电势差,成为电极电势[②]。

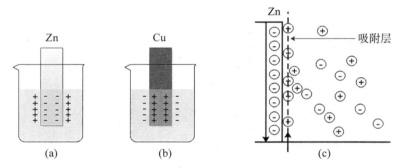

图 3 - 7　双电层结构示意图[③]

以 Cu、Zn、$CuSO_4$ 溶液构成的原电池为例,由于 Zn 电极的电势低,Cu 电极的电势高,当形成闭合回路时,在电场作用下,电子从 Zn 电极上流出,经过导线流向 Cu 电极。Zn 电极上电子减少,Cu 电极上电子增多,两电极离子的溶解和沉积动态平衡均被破坏,两电极表面附近的双电层也随之被破坏。为了维持原有的双电层结构,Zn 电极重新析出 Zn^{2+} 到溶液中,同时溶液中又有 Cu^{2+} 沉积到 Cu 表面。这样两极之间又产生电势差,使电子再由 Zn 电极流到 Cu 电极。这样的过程不断重复,使 Zn 的溶解和 Cu^{2+} 沉积的过程持续进行,在电路中产生持续的电流[④]。

① 傅献彩,沈文霞,姚天扬,等. 物理化学(下册)[M]. 北京:高等教育出版社,2005.
② 冯辉霞. 无机及分析化学[M]. 武汉:华中科技大学出版社,2008.
③ 吴文中. 品味化学电源发展史　螺旋式认识原电池原理[J]. 化学教学,2016(12):85—89.
④ 周庆华,王仲如. 对原电池工作原理的探讨[J]. 化学教育,2016,37(01):38—39.

（4）电解质溶液离子移动原因解释

对于电解质溶液中离子移动的解释,是因为存在电场和化学势[1]。在反应的过程中,正极附近的溶液正电荷减少,负极附近的溶液正电荷增多,两边正电荷的化学势不同,所以正电荷向化学势小的正极移动,反之也可以解释负电荷向负极移动。

能自发发生的氧化还原反应可以构成原电池,但是不能自发发生的氧化还原反应也能构成原电池。对于不能自发进行的置换反应,当电极插入水或电解质中时,也能形成原电池。例如正极反应是空气中的氧气被还原,生成了 OH^- 离子。正极主要发生 $2H_2O + O_2 + 4e^- \Longrightarrow 4OH^-$ 反应[2]。

二、氢离子浓度对锌上产生气泡量的影响

本实验通过 pH 传感器技术探究不同氢离子浓度对单液电池的锌片产生的气泡量以及单液电池的电能转化效率的影响。

1. 实验用品

手持技术装置（包括温度传感器、电流传感器）、锌片、铜片、导线、烧杯、10％的稀硫酸。

2. 实验装置

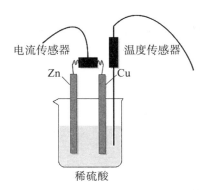

图 3 - 8 温度、电流等传感器测量原电池参数

3. 实验步骤

首先将锌片插入 1％的稀硫酸中,产生大量气泡。铜片插入 1％的稀硫酸,无气泡产生。将锌片铜片用导线与手持技术装置连接,然后将锌片与铜片同时插入 1％的稀硫酸中,组成原电池装置,用电流传感器测量电流变化,用温度传感器测量电解质溶液温度变化。观察到铜片上有气泡产生,锌片上无气泡产生,观察电流与温度示数,开始录制,采集电流以及电解质溶液随温度变化的数据。

---

[1] 周庆华,王仲如.对原电池工作原理的探讨[J].化学教育,2016,37(01)：38—39.
[2] 高改玲,张道京,党双彩.原电池实验[J].中学化学教学参考,1997(06)：22.

接着按照上述步骤,探究 5％、10％、15％的稀硫酸对单液电池效率的影响。

4. 实验结果的数据图像

（1）1％的稀硫酸

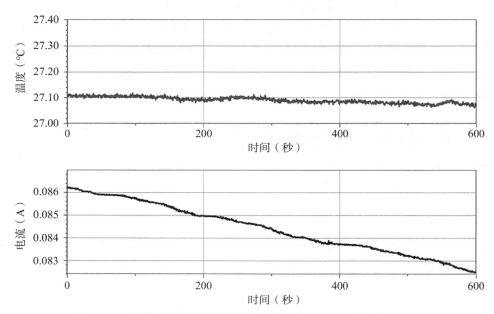

图 3-9　1％稀硫酸做电解液的单液电池的电流及电解液温度变化图

（2）5％的稀硫酸

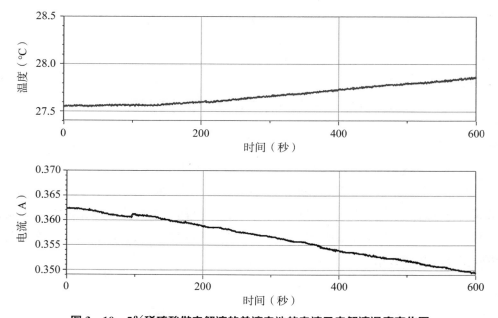

图 3-10　5％稀硫酸做电解液的单液电池的电流及电解液温度变化图

（3）10％的稀硫酸

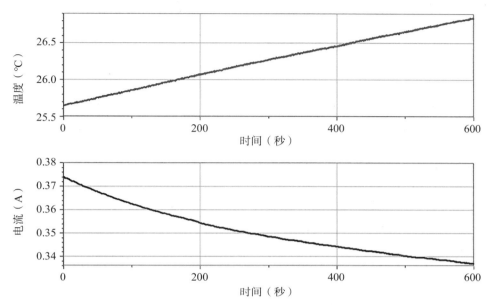

图 3-11　10％稀硫酸做电解液的单液电池的电流及电解液温度变化图

（4）15％的稀硫酸

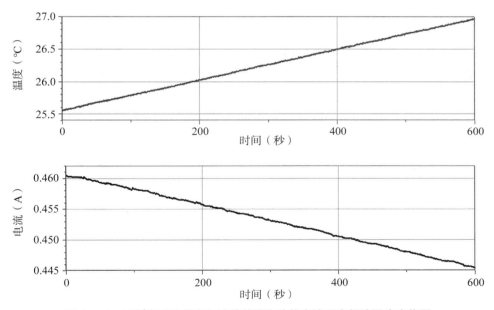

图 3-12　15％稀硫酸做电解液的单液电池的电流及电解液温度变化图

（5）数据表

不同浓度的稀硫酸作电解液时，单液电池温度和电流变化的数据如表 3-3 所示。

表 3 - 3　不同浓度的稀硫酸作电解液原电池温度和电流的变化

稀硫酸浓度	电解液起始温度/℃	10 min 后温度/℃	温度变化/℃	起始电流/A	10 min 后电流/A	变化电流/A
1%	27.1	27.1	0	0.0863	0.0825	−0.0038
5%	27.6	27.9	0.3	0.3623	0.3496	−0.0127
10%	25.7	26.8	1.1	0.3741	0.3371	−0.037
15%	25.5	27.0	1.5	0.4604	0.4454	−0.015

5. 实验结论

在单液电池中,锌片和铜片上都有气泡产生,并且电流随时间的增加而衰减,电解质溶液的温度在逐渐升高,说明单液电池的效率比较低。

随着稀硫酸的浓度增大,产生的电流也越大,经过 10 min 后,电流衰减幅度也越来越大,电解液温度升高幅度越来越大,原电池中化学能转变成电能的效率越低。

另外,随着硫酸浓度的增大,锌片上产生的气泡越多,铜片上产生的气泡也越多,当用 5% 的稀硫酸时,铜片上产生的气泡较明显,锌片上的气泡相对而言比较少。

第三节　双液电池实验研究现状和改进

由于 Zn 可能含杂质,而且它直接和硫酸铜接触,所以锌的表面也会有铜出现,真正效率好的原电池是不让锌和硫酸铜接触的,它把锌放在硫酸锌溶液中,把铜放在硫酸铜中,再用盐桥(可利用里面的 K^+、Cl^- 导电)连接正极和负极所在的电解液,形成闭合回路。

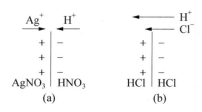

图 3 - 13　"液接电势"示意图

"液接电势"是什么？ 当成分不同或浓度不同的两种电解质溶液接触时,在浓度梯度的驱动下,两种电解质溶液中的离子发生扩散,由于离子扩散速率的不同而形成的电势差即为液接电势。图 3 - 13(a) 的两种电解液具有相同的浓度和阴离子,左侧的 Ag^+ 将向右侧扩散,而右侧的 H^+ 离子则向左侧扩散。由于 H^+ 具有较高的扩散速率,导致界面左侧阳离子过剩,而右侧的阴离子过剩,从而建立界面电势差。同样,浓度不同的相同电解质接触时,如图 3 - 13(b),高浓度一侧的阴、阳离子将向低浓度一侧扩散,由于阴、阳离子的扩散速率不同,也将形成上述界面电势差。

盐桥的作用是什么？

作为负极的金属锌失去电子成为锌离子进入溶液中,使硫酸锌溶液中锌离子过多,带正电荷。铜离子获得电子沉积为铜,溶液中铜离子过少,硫酸根过多,溶液带负电荷。当溶液不能保持电中性,将阻止放电作用的继续进行。盐桥的存在,其中氯离子向硫酸锌溶液迁移,钾离子向硫酸铜溶液迁移,分别中和过剩的电荷,使溶液保持电中性,反应可以继续进行。盐桥中离子的定向迁移构成了电流通路,盐桥既可以沟通两方溶液,又能阻止反应物的直接接触。

盐桥可以消除液接电势吗? 盐桥是充满正、负离子迁移数十分接近的高浓度电解质的通道,是有效减小液接电势的一种方法,盐桥的两端分别插入两种电解质溶液,并形成两个相同的“液—液”界面。盐桥中的高浓度电解质是界面扩散的主要物质,且承担主要的离子迁移任务。盐桥电解质具有十分接近的正负离子迁移数,加之两边对称的“液—液”接界面,盐桥跨接的两个电解质溶液的液接电势降至最小以致接近消除。

盐桥起到了使整个装置构成通路、保持电中性的作用,又不使两边溶液混合。

一、双液电池实验研究现状

如果将两个电极插在不同的电解质溶液中,则成为双液电池。

双液电池是指用盐桥连接两个电解质溶液组成的原电池,盐桥的作用是沟通内路,减小液接电位。但是琼脂做的盐桥一般会存在内阻过大、更换频繁、移动不便等缺点。

1. 装置、盐桥连接形式改进

为了提高原电池产生的电流,减小电阻,可以通过改进盐桥的长度以及与电解液的接触面积来改进。蔡行雯[1]设计了如图 3-14 所示的锌铜原电池装置图,先是在烧杯中用琼脂凝胶制备盐桥,接着用药匙挖两个凹槽,分别加入饱和硫酸锌溶液和较高浓度的硫酸溶液,这样可大大降低盐桥的长度,并增大盐桥的横截面积,同时便于使用较大的锌片、铜片,使得电阻降低,电流增大,演示实验效果明显。也有实验利用软管制备盐桥,并截取多段等长的软管扎成束状,组成多组盐桥装置[2][3],可以明显增加电流的强度。

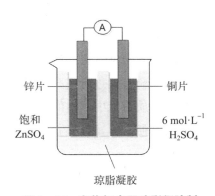

图 3-14　在烧杯中用琼脂凝胶制备的盐桥的原电池实验装置改进示意图

教材上呈现的双液电池是使用两个烧杯盛放两种电解质溶液,并用盐桥连接起来,这样的装置比较复杂,缺乏美观性,魏崇启[4]首先使用了较大的 U 型管,将盐桥趁热滴加到 U 型管中,待冷却后在两边各加入电解质溶液,再连接成闭合回路,装置图如图 3-15 所示。这种改进降低了盐桥的电阻,比较美观,现象明显。而且导线上附有开关,上课演示实验时只需闭合开关即可观察到实验现象,节约课堂时间,提高了课堂的效率。

① 蔡行雯.谁动了我的气泡——影响原电池产生气体快慢的因素探究[J].中学化学教学参考,2015(07)：57—58.

② 陆燕海,计丽.介绍一种盐桥制作的新方法[J].化学教学,2010(02)：11.

③ 徐惠.利用琼脂创新中学化学实验几例[J].化学教育,2012,33(06)：60—61.

④ 魏崇启.巧做原电池实验[J].中学化学教学参考,2013(04)：55.

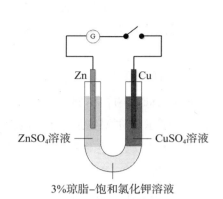

图 3-15 U 型管底部充满饱和氯化
钾琼脂作盐桥的铜锌原电
池实验装置

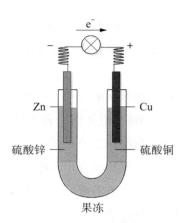

图 3-16 果冻铜锌原电池实验
U 型管装置

在此基础上,王金龙等[1]利用上述改进装置,用果冻来制作盐桥,取得了比较好的效果。如图 3-16 所示,将适量果冻和 2 mL 饱和氯化钾溶液放入 U 型管中,用沸水浴加热 1 min 后,冷却,果冻凝聚成型。在 U 型管的两端分别放入饱和硫酸锌溶液、锌片与饱和硫酸铜溶液、铜片。然后将铜片与锌片用导线连接,并连接上电流表。盐桥制备方法简易,材料易得,而且电阻小,使得产生的电流较大。

另外有研究者也是利用果冻与硫酸铜煮沸混合,冷却后制成固体"盐桥",并连接了以下简易的实验装置进行实验,并与普通双液电池的电压、电流比较,发现果冻"盐桥"在不同浓度的电解质溶液中产生的电压比普通双液电池的要大,还能使得蜂鸣器鸣叫[2]。这种改进使得盐桥方便易得,测得的电压更大,说明果冻"盐桥"的电阻更小,演示效果比较好。

2. 用滤纸代替琼脂盐桥

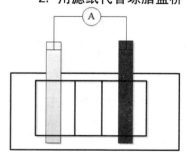

图 3-17 "滤纸"包住的锌
片和铜片并列平放在培养皿中
的滤纸上连接成闭合回路的简
易原电池示意图

对于盐桥制备程序繁琐这一问题,研究人员想到利用滤纸、纱布等代替琼脂盐桥,这样实验非常简便,而且可以随意更换"盐桥"。

有研究将充分润湿 $ZnSO_4$ 溶液的脱脂棉覆盖在锌片上,用充分润湿 $CuSO_4$ 溶液的脱脂棉覆盖在铜片上,再用充分润湿饱和 KCl 溶液的第三片脱脂棉与前两片脱脂棉相连,就形成了简易的盐桥[3]。该实验比较简便,盐桥易于制备和更换,但是对于电流大小以及稳定性难以保证。另外,也可以利用滤纸搭建一个简单的实验装置图,如下图 3-17 所示,在玻璃

① 王金龙,鞠东胜.有关铜锌原电池的问题讨论[J].化学教育,2016,37(21):75—77.
② 过文学,俞斯敏.化学能与电能转化实验设计——"果冻"电池[J].中学化学教学参考,2014(09):55.
③ 张艳.铜锌原电池演示实验装置改进[J].化学教育,2013,34(08):63.

片上放上三张部分重叠的滤纸,两端平行地放上锌片(左)和铜片(右),并用导线连接到灵敏电流计或发光二极管上,按照以下的步骤进行实验:安装仪器、弄好投影→滴加稀硫酸于右边滤纸条至湿润→滴加稀硫酸于左边滤纸条至湿润→滴加稀硫酸于中间滤纸条至湿润(电流表指针偏转)→更换左边和中间的滤纸,再滴加硫酸锌溶液(电流表指针偏转)→更换滤纸条上溶液的种类和浓度,发现离子浓度越大,溶液导电性越强,电流表指针偏转越大。该实验装置比较简便,而且实验步骤层次分明,使得学生能更好地理解原电池的组成和原理,也可证明原电池内电路中是靠离子定向移动来导电的。该装置也可以用于吸氧腐蚀[①]。也有用滤纸来代替盐桥的另外一种实验改进装置,将一张用饱和 KCl 溶液润湿的滤纸置于培养皿中,另取 2 张分别用 $ZnSO_4$ 溶液、$CuSO_4$ 溶液润湿的滤纸包住锌片、铜片,然后并列平放在培养皿中的滤纸上,再连接成闭合回路[②]。

　　如图 3-18 所示,在玻璃片左右两片滤纸上分别滴加硫酸锌溶液以及硫酸铜溶液,中间滤纸滴加氯化钾溶液即可构成简单的原电池[③]。在原电池实验装置改进中,大多数改进装置只有一对电极,关于电极的改进则很少。基于此,刘玲设计了一个具有多对电极的原电池,如图 3-19 所示,选用铜、锌、锡、铅四种金属片作电极,用滤纸作为载体,实验装置趋向于微型化。[④] 按照下图的装置,测定原电池的电极电动势,并与标准电极电动势进行比较,从而检验了该装置的有效性。

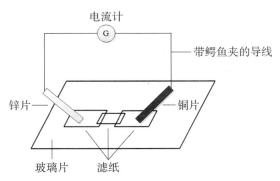

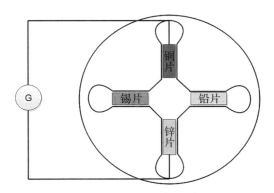

图 3-18　玻璃片上左右两片滤纸分别滴加硫酸锌溶液以及硫酸铜溶液,中间滤纸滴加饱和氯化钾溶液即可构成简单的原电池装置示意图

图 3-19　利用滤纸吸收电解液代替盐桥的多电极滤纸原电池装置示意图

　　总的来说,利用滤纸吸溶液的性质来代替盐桥,避免了制备盐桥的繁琐步骤,而且可以随时更换滤纸,提高了实验效率。

① 吴武军.原电池原理演示实验的改进[J].化学教学,2003(04):9.
② 郑晓红.几则电化学实验的改进与创新[J].化学教育,2015,36(03):69—72.
③ 许国霞,常季春,姚建军.原电池的微型化演示实验[J].化学教育,2013,34(08):62+80.
④ 刘玲,丁伟.基于滤纸的多电极原电池实验设计[J].化学教学,2016(09):49—51.

二、双液电池实验的问题探讨

双液电池中使用了盐桥,保持了两溶液的电中性,实际将两个电极分隔开来,避免锌电极直接与硫酸铜接触,从而能产生稳定的电流。但是铜锌双液电池装置所用到的盐桥,制作过程比较繁琐复杂,而且盐桥最好现制现用,间隔时间不能过长,凝固后的盐桥电阻大,离子在其中迁移受阻,将 KCl 琼脂液放进 U 形管中比较容易产生裂隙。每次更换电极及溶液时,就需更换一根盐桥,实验操作繁琐,盐桥使用量大[①]。另外还存在电解质溶液消耗较多且转移不方便等缺点。最后按照人教版教材中的实验方法,只能观察到电流表指针有偏转,产生的气泡现象并不明显,说明盐桥的内阻比较大,其他条件相同的情况下,双液电池产生的电流比单液电池小很多。

三、双液电池实验的影响因素

文献研究表明,盐桥材料、电解液种类及其浓度等都会影响双液电池的效率。由于氯化钾溶液在琼脂中溶解度比较小,琼脂盐桥电阻过大,可以从盐桥制备的方面来改进原电池实验,用土豆、香蕉、蒸熟的米饭制作的盐桥电流表指针偏转,比用琼脂制作的盐桥要大,说明该种盐桥效果比较好,而且制作方便[②]。也有实验发现,利用价格低廉的淀粉凝胶制备盐桥,能有效改善因为盐桥吸附能力不足而造成内阻过大、电流强度不够的缺点,使得原电池的电流明显增大[③]。

1. 盐桥材料

对于用琼脂和氯化钾制备的琼脂盐桥来说,琼脂浓度越小、KCl 浓度越大,则双液电池产生的电流越大,铜片上产生的气泡越多,另外盐桥长度越短、盐桥横截面积越大,双液电池产生的电流越大。

但是琼脂与氯化钾制备的琼脂盐桥,制备过程比较麻烦,使用氯化钾的量非常多,而且很容易失效,因此可以用滤纸、脱脂棉、棉绳等浸泡在饱和氯化钾溶液中,充当简易盐桥,也可以组合形成双液电池,有电流产生。

2. 电解液及其浓度

$ZnSO_4$ 浓度越大、H_2SO_4 浓度越大(但不可使用浓硫酸),能使电池电阻减小,电流增大,产生气泡速率增大,现象明显。

3. 其他因素

蔡行雯[④]通过探究琼脂浓度、电解液浓度、盐桥的长度以及横截面积、电极面积等因素,得到的实验数据如下表所示:发现琼脂浓度越小、KCl 浓度越大、$ZnSO_4$ 浓度越大、H_2SO_4

① 张艳.铜锌原电池演示实验装置改进[J].化学教育,2013,34(08):63.
② 王继璋,马文哲.盐桥制作探究[J].化学教育,2013,34(08):64.
③ 李嘉.原电池实验的微型化和高效化改进[J].化学教育,2013,34(05):63+66.
④ 蔡行雯.谁动了我的气泡——影响原电池产生气体快慢的因素探究[J].中学化学教学参考,2015(07):57—58.

浓度越大(但不可使用浓硫酸)、盐桥长度越短、盐桥横截面积越大、电极表面积越大、电极到盐桥间的距离越短,都分别能使电池电阻减小,电流增大,产生气泡速率增大,现象明显。王春通过手持技术探究了铜锌原电池在工作时电流强度的变化情况以及影响电流强度大小的因素,得出结果:电极材料间距越小,电极的正对面积越大,电解质溶液浓度越大,产生的电流强度越大,反之越小[①]。

表 3 - 4　探究影响双液锌铜原电池电流大小的影响因素数据

琼脂浓度/(g/100 mL)	KCl 浓度/(g/100 mL)	$ZnSO_4$ 浓度/(mol·L^{-1})	H_2SO_4 浓度/(mol·L^{-1})	盐桥长度/cm	盐桥横截面直径/cm	电极面积/(cm×cm)	电极与盐桥间的距离	电流/mA
0.5	5	3	3	32	2	1.5×3	紧挨	2.8
2	5	3	3	32	2	1.5×3	紧挨	2
4	5	3	3	32	2	1.5×3	紧挨	1.4
0.5	20	3	3	32	2	1.5×3	紧挨	3.8
0.5	30	3	3	32	2	1.5×3	紧挨	5.6
0.5	40	3	3	32	2	1.5×3	紧挨	4.6
0.5	30	3	6	32	2	1.5×3	紧挨	6.4
0.5	30	1	3	32	2	1.5×3	紧挨	3
0.5	30	3	3	10	2	1.5×3	紧挨	15
0.5	30	3	3	10	3.2	1.5×3	紧挨	22
0.5	30	3	3	10	2	1.5×1	紧挨	10
0.5	30	3	3	10	2	1.5×3	10 cm	5.2

注:当 KCl 浓度为 40 g/100 mL 时,冷却形成的盐桥琼脂凝胶中有部分 KCl 晶体析出。

第四节　双液电池的实验探究

一、单液电池和双液电池的效率

通过电流传感器和温度传感器分别测量单液电池和双液电池的电流和电解质溶液温度,随时间变化,探究比较单液电池和双液电池的效率。

1. 实验用品

手持技术装置(包括温度传感器、电流传感器)、锌片、铜片、导线、烧杯、10%的稀硫酸溶液、1 mol·L^{-1}硫酸锌溶液。

[①] 王春.运用手持技术探究铜锌原电池电流强度的影响因素[J].中学化学教学参考,2013(06):49—50.

2. 实验装置

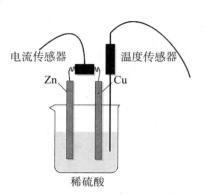
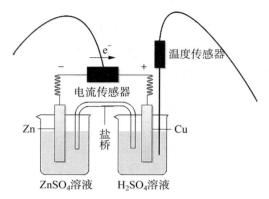

图3－20　温度、电流等传感器测量原电池相应参数的实验装置

图3－21　温度、电流等传感器测量双液电池相应参数的实验装置

3. 实验步骤

（1）单液电池

首先将锌片插入10％的稀硫酸中，产生大量气泡。铜片插入10％的稀硫酸，无气泡产生。将锌片铜片用导线与手持技术装置连接，然后将锌片与铜片同时插入10％的稀硫酸中，组成原电池装置，用电流传感器测量电流变化，用温度传感器测量电解质溶液温度变化。观察到铜片上有气泡产生，锌片上无气泡产生。观察电流与温度示数，电脑开始录制，采集电流以及电解质溶液随温度变化的数据。

（2）双液电池

连接好外电路，将锌片和铜片分别插入$1\,mol \cdot L^{-1}$硫酸锌和10％的稀硫酸溶液，用电流传感器测量电流变化，用温度传感器测量电解质溶液温度变化。因为电路是断路，此时无电流产生，再加入盐桥沟通整个电路，锌片上无气泡产生，铜片有少量气泡产生。观察电流与温度示数，此时有电流产生，开始录制，采集电流以及电解质溶液随温度变化的数据。

观察到电流非常平稳，但是比较小，电解质溶液温度也没有发生变化。

4. 实验结果

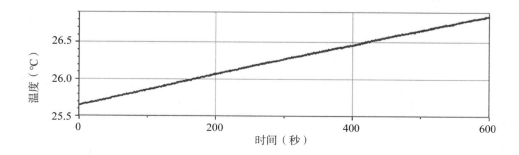

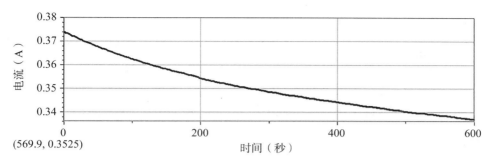

图 3-22　10%稀硫酸作电解液的单液电池的电流及电解液温度变化

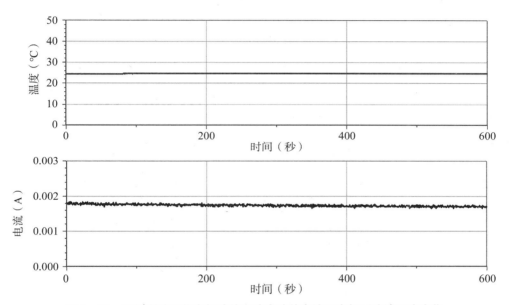

图 3-23　10%稀硫酸作电解液的双液电池的电流及电解质溶液温度变化

5. 实验结论

在单液电池中,锌片和铜片上都有气泡产生,并且电流随时间的增加而衰减,电解质溶液的温度在逐渐升高,说明单液电池的效率比较低。在双液电池中,产生的电流比较平稳,电解质溶液的温度也没有发生很大的变化,说明双液电池能够将化学能转变成电能,并且转化效率比单液电池高。另外,双液电池由于增加了盐桥,以及两个电极间的距离增加,电阻增大,使得产生的电流比单液电池的电流小很多。

在锌铜单液电池模型中,锌作负极,失去电子发生氧化反应,电子从负极流向正极,铜作正极,铜离子得到电子发生还原反应。锌片失去的电子有一部分不经过外电路,从还原剂直接移向氧化剂,直接给了铜离子生成铜单质覆盖在锌片表面,阻止锌片与电解质溶液直接接触。锌片上附着的铜单质与锌片又构成了无数个小的原电池,相当于短路,放出大量的热,化学能大部分转变成热能,同时外电路电子越来越少,电流逐渐变小,说明这个原电池化学能转变成电能的效率非常低。

　　在双液电池中,正极和负极发生的反应跟单液电池是一样的,负极锌失去电子发生氧化反应生成锌离子进入电解质溶液,正电荷增多,电子从外电路流向正极,电解质溶液中的铜离子得到电子变成铜单质,负电荷增多,溶液电荷不守恒,会阻止反应进行,这时盐桥里的氯离子移向负极、钾离子移向正极电解液,两边电荷平衡了,所以盐桥在这里的第一个作用是保持溶液的电中性,这个过程离子在盐桥中定向移动,沟通电路,盐桥的第二个作用是构成通路。琼脂在这里的作用是允许离子移动,阻止液体流动,把氧化剂与还原剂分开来。

知识拓展

盐桥原理

　　将两种不同的电解质溶液或者同一种电解质溶液但浓度不同的溶液相接触时,由于溶液中离子的迁移速率不同,会在界面两侧形成双电层而产生电势差,即液接电势或者扩散电势。两种含有不同溶质或溶质相同而浓度不同的溶液直接接触时所产生的相间电势,简称之为液接电势。

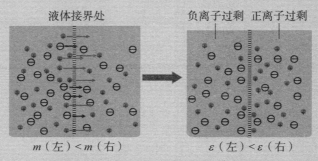

图3-24　液接电势

　　例如,硫酸铜与硫酸锌溶液相接触,因为铜离子的迁移速率大于锌离子,而使得硫酸锌溶液一侧带正电荷,硫酸铜溶液一侧带负电荷,形成双电层,进而产生电势差。消除液接电势的方法有两个,一个是使用单液电池,另一个是使用盐桥。

　　若两个半电池的电极反应所涉及的反应离子不能由同一种电解质提供,而需要用到两种电解质溶液时,需要将两种电解质溶液隔开,这种电池称为双液电池。双液电池若不使用盐桥,则有液接电势。

　　盐桥是充满正、负离子迁移数量十分接近的高浓度电解质的通道,是有效减小液接电势的一种方法。盐桥的两端分别插入两种电解质溶液,并形成两个相同的“液—液”界面。盐桥中的高浓度电解质是界面扩散的主要物质,且承担主要的离子迁移任务。盐桥电解质具有十分接近的正负离子迁移数,加之两边对称的"液—液"接界面,盐桥跨接的两个电解质溶液的液接电势降至最小以致接近消除。1%—2% 琼脂的饱和 KCl 盐桥可以消除液接电势,其原因是:K^+ 和 Cl^- 的迁移数十分接近,而且 KCl 的浓度远较其他电解质大,扩散和迁移主要由 K^+ 和 Cl^- 完成,这样,液接电势的数值可降低到 1—2mV,在一般的电动势测量中,这一微小数值可略去不计。若电解质溶液遇 Cl^- 产生沉淀,则可用 NH_4NO_3 代替 KCl 作盐桥,因 NH_4^+ 和 NO_3^- 迁移数也颇为接近。

盐桥通常是指利用琼脂和饱和氯化钾或者硝酸钾溶液制备成的装在 U 型管的物质。盐桥能够消除液接电势的原因如下:一是氯化钾浓度非常大,其扩散占主导,钾离子与氯离子的迁移速率非常接近,故盐桥两端界面上过剩电荷量很小;另外,盐桥两端界面上双电层的电势差方向相反,互相抵消,随意使用盐桥后可以使液接电势降低到很小,几乎可以忽略。盐桥中离子的迁移使得整个电路保持通路。

二、不同盐桥材料构成双液电池的效率

相同条件下,双液电池的电流比单液电池的要小,说明盐桥有一定的电阻,如何设计盐桥才能降低盐桥的电阻? 可以缩短盐桥的长度,增加盐桥与电解液的接触面积,使盐桥的离子迁移数更多,来提高电流。但是制备盐桥比较麻烦,盐桥容易失效。哪些物质可以代替琼脂作为离子移动的载体,让钾离子和氯离子通过呢? 浸润过电解液的滤纸、脱脂棉、棉绳等是否可以代替琼脂作盐桥呢? 下面用滤纸、脱脂棉、棉绳代替盐桥,探究它们能否作为盐桥使原电池产生电流。

1. 琼脂盐桥

(1)实验用品

灵敏电流计、锌片、铜片、琼脂盐桥、稀硫酸、硫酸锌溶液、烧杯。

(2)实验装置

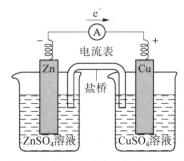

图 3-25 用饱和氯化钾琼脂作盐桥的双液电池实验装置

（3）实验步骤

连接好实验装置,将锌片与铜片分别插入硫酸锌和稀硫酸溶液中,此时灵敏电流计指针不偏转,没有电流产生,插入琼脂盐桥,沟通整个电路,观察灵敏电流计是否有电流产生。

（4）实验现象

使用琼脂作盐桥的实验,灵敏电流计指针发生偏转,有电流产生。

（5）实验结果分析

琼脂盐桥可以沟通整个电路,可以观察到灵敏电流计发生偏转,说明有电流产生。

2. 滤纸盐桥

（1）实验药品和用品

稀硫酸、硫酸锌溶液、灵敏电流计、锌片、铜片、滤纸、烧杯。

（2）实验装置

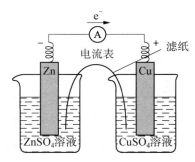

图 3 - 26   用滤纸做盐桥的实验装置示意图

（3）实验步骤

连接好实验装置,将锌片与铜片分别插入硫酸锌和稀硫酸溶液中,此时灵敏电流计不偏转,没有电流产生,插入浸泡在饱和氯化钾溶液的滤纸当作盐桥,沟通整个电路,观察灵敏电流计是否有电流产生。

（4）实验现象

用滤纸作盐桥的实验,灵敏电流计指针发生偏转,有电流产生。

（5）实验结果分析

将滤纸浸泡在饱和氯化钾溶液中,并用作盐桥,可以观察到灵敏电流计发生偏转,说明有电流产生,滤纸能够充当简易盐桥进行实验,氯离子和钾离子能够在滤纸上定向移动。

3. 脱脂棉盐桥

（1）实验药品和用品

稀硫酸、硫酸锌溶液、灵敏电流计、锌片、铜片、脱脂棉、烧杯。

（2）实验装置

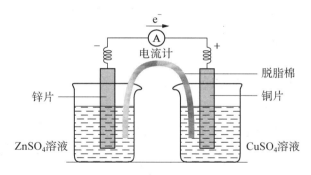

图 3-27 用脱脂棉做盐桥的实验装置示意图

（3）实验步骤

连接好实验装置,将锌片与铜片分别插入硫酸锌和稀硫酸溶液中,此时灵敏电流计不偏转,没有电流产生,插入浸泡在饱和氯化钾溶液的脱脂棉当作盐桥,沟通整个电路,观察灵敏电流计是否有电流产生。

（4）实验现象

用脱脂棉作盐桥的实验,灵敏电流计指针发生偏转,有电流产生。

（5）实验结果分析

将脱脂棉浸泡在饱和氯化钾溶液中,并用作盐桥,可以观察到灵敏电流计发生偏转,说明有电流产生,脱脂棉能够充当简易盐桥进行实验,氯离子和钾离子能够在脱脂棉上定向移动。

4. 棉绳盐桥

（1）实验药品和用品

稀硫酸、硫酸锌溶液、灵敏电流计、锌片、铜片、棉绳、烧杯。

（2）实验装置

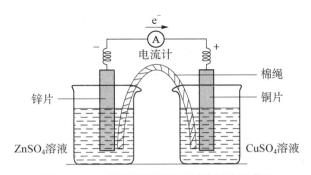

图 3-28 用棉绳做盐桥的双液电池实验装置

（3）实验步骤

连接好实验装置,将锌片与铜片分别插入硫酸锌和稀硫酸溶液中,此时灵敏电流计不偏转,没有电流产生,插入浸泡在饱和氯化钾溶液的棉绳当作盐桥,沟通整个电路,观察灵敏电流计是否有电流产生。

（4）实验现象

用棉绳作盐桥的实验,灵敏电流计指针发生偏转,有电流产生。

（5）实验结果分析

将棉绳浸泡在饱和氯化钾溶液中,并用作盐桥,可以观察到灵敏电流计发生偏转,说明有电流产生,棉绳能够充当简易盐桥进行实验,氯离子和钾离子能够在棉绳上定向移动。

第五节　水果电池

一、水果电池的研究

水果电池的发电原理是当存在电化学活性不一样的两种金属片,其中更活泼的那边的金属片能置换出水果中的酸性物质的氢离子,由此产生了电荷转移。水果中含有大量糖类、蛋白质、生物酸等物质,其中的生物酸起到电解质的作用。往水果中插入不同金属电极并用导线连接起来,会有电子转移,产生电流,形成水果电池。

1998 年有研究提出,让二至四年级的学生通过水果电池实验对电化学知识进行启蒙学习。首先将铁、铜组成的电极插在香蕉里,通过导线进行连接,在电压表上会有数值显示,这对于孩子产生了很大的冲击。随后将由苹果香蕉组成的水果电池串联起来,观察实验电压表上的读数变化。通过实验,小孩子们能够根据经验更熟悉地了解化学电池、串联、电压等概念。大孩子及成人会加深对于化学物质的了解,同时也会更深刻地了解普遍的化学反应规律,知道即使是吃的东西也可以进行电能的转换[1]。

1988 年有研究提出对于本科生开展电化学演示实验——用土豆电池工作的电子钟。这个土豆电池是由一组土豆组成的,每组土豆上连接铁、铜电极。由于这个实验引起了许多学生的疑问,所以又运用了不同组的电极、不同的水果、蔬菜设计了一组实验[2]。

表 3-5　不同种类水果蔬菜电池效率

电极	水果种类	电压（V）	电势 E^0（V）	电流（mA）
Zn, Cu	土豆	0.94	1.10	0.58
	橘子	0.99		0.15

[1] Gary G. Stroebel and Stephanie A. Myers. Introductory Electrochemistry for Kids — Food for Thought, and Human Potential [J]. Journal of Chemical Education, 1998, 75(2): 178—180.

[2] Robert Ensman, Thomas R. Hacker, and R. A. D. Wentworth. Vegetable Voltage and Fruit "Juice": An Electrochemical Demonstration [J]. Journal of Chemical Education, 1988, 65(8): 727.

续　表

电极	水果种类	电压(V)	电势 E^0(V)	电流(mA)
	苹果	1.02		0.27
	柠檬	0.96		0.21
	洋葱	0.83		0.42
	西红柿	0.96		0.51
Zn，Pb	橘子	0.55	0.63	
Pb，Cu	橘子	0.43	0.47	

实验结果表明,铜锌电极在不同的水果蔬菜中测出来的电动势大约在 1 左右,电极材料不同,测试出的电动势也不同。另外实验结果也表明,当使用两个或三个橙子组成水果电池时,会产生更多的电动势。电容器内储藏的能量通过镁光灯释放出来,产生了令人吃惊的实验效果。

美国高中教材《化学:概念与应用》第 620 页第 17 章第二节迷你实验 17.2"具有电势的柠檬"也对水果电池开展了研究。首先在柠檬两端各切一个深为 1 厘米的裂缝,在里面分别插入金属锌条和铅条,用导线连接后用电压表测数值,随后用铅条和铝条再次进行实验。完成实验后,讨论锌条和铅条产生电势差的原因、将锌条替换成铝条后电势差增大的原因、先用锌条和镁条进行实验再用锌条和铅条进行实验在锌条上的反应是否相同。

教材上给出了具体的实验探究步骤,分别使用锌和铅、铝和铅等金属材料做对比实验,进而引入分析与讨论。这里可以启发学生思维,让学生思考,产生电势差的原因是什么? 不同的电极电势差是否相同? 同一种金属在不同电极组合中的反应是不一样的,可见,这一实验可行性很强,以实验、拓展巩固为主线,帮助学生理解和掌握化学能可以转化为电能。实验设计步骤明确,简便易行,现象明显,便于学生操作和观察。实验现象增强学生对能量转化的感性认识,有利于培养学生的观察、分析能力,提高学生的科学探究能力,实验很容易操作,有利于培养学生的学习兴趣。

人教版高中必修《化学 2》41 页第二章第二节化学能与电能"科学探究"上对水果电池也设计了实验研究,根据已具备的氧化还原反应知识和电学知识,利用提供的实验用品,设计一套电池装置。实验器材有:镁条、铜片、铁片、导线、金属夹、手电筒用小灯泡(或发光二极管)、果汁(橙汁、苹果汁、柠檬汁等)、500 mL 烧杯。完成实验和探究后,试说明化学电池应由哪几部分构成,说明各起什么作用? 另外给予学生思考作业,利用水果如苹果、柑橘、柠檬或番茄等制作原电池。

通过给予学生实验药品,让学生结合自己先前学习的关于原电池的知识进行实验设计,在一定程度上给予了学生选择的余地,也给予了学生探究的空间。在完成实验后,通过自主探究水果如苹果、柑橘、柠檬、番茄等制作原电池来进一步巩固原电池的知识,也能让学生在探究中找到乐趣。有利于学生通过已学新知识,在新情境下分析问题、解决问题,有效地提高创新意识和探究能力。

二、水果电池的影响因素

水果电池主要是由水果、电极、导线组成,要分析影响水果电池实验效果的原因,可以从它的结构着手,分析水果的影响、电极的影响、电极间的距离。同时也可以分析外部因素,在进行原电池实验的时候,会通过盐桥连接电池的两个部分。盐桥不仅能起到连接的作用,而且也可以起到改进实验效果的作用,所以也可以将盐桥作为一个研究的要素。

1. 水果的种类

水果中含有大量糖类、蛋白质、生物酸等物质,其中的生物酸起电解质的作用。往水果中插入不同金属电极并用导线连接起来,会有电子的转移,产生电流,形成水果电池。所以说,水果中酸性物质的含量会影响实验结果。

实验结果表明,常见的橙子、橘子、番茄以及柠檬等含有丰富酸性汁液的水果作为探究材料的实验效果较好,而选用苹果做实验时,效果相对较差。

另外不同的水果的剖面紧贴在一起组成的电池的实验结果也不同,相比较而言,西红柿和杏的水果电池电流较大。而不同水果组成的电池电流有的偏大,如:柠檬和西红柿等;有的介于两种水果之间,如:柠檬和苹果等;有的甚至偏小,如:苹果和桃。

表 3-6　不同水果电池产生的电流

水果	西红柿	柠檬	苹果	杏	桃
电流(μA)	72.5	37.3	27.2	82.7	62.8
水果	西红柿—柠檬	西红柿—苹果	西红柿—杏	西红柿—桃	柠檬—苹果
电流(μA)	126.3	32.7	138.4	76.8	32.9
水果	柠檬—杏	柠檬—桃	苹果—杏	苹果—桃	杏—桃
电流(μA)	124.1	75.2	24.7	21.5	58.6

2. 水果的状态

表 3-7　不同状态水果所产生的电流和电压

	外加电阻/Ω	电压/V	电流/mA	电动势/V	内阻/Ω
西红柿固态	90 000	0.88	29	0.93	140
	99 999	0.95	28.5		
西红柿果汁	90 000	0.9	29	0.95	100
	99 999	1	30		

续　表

	外加电阻/Ω	电压/V	电流/mA	电动势/V	内阻/Ω
柠檬固态	90 000	0.9	29	0.9	100
	99 999	1	30		
柠檬果汁	90 000	1	28	0.955	16.67
	99 999	0.8	30		

除了水果本身的影响之外,水果的状态对于实验结果也有影响。为了探究同一种类的水果在不同的状态下产生的电流的影响,均选用铜片、锌片作电极,电极间距离设定为0.5 cm,选取西红柿、柠檬,在同一水果间用导线连接电极和微安计,测量同种水果在不同状态下产生电流和电压的变化。产生的实验数据如表3-7所示。

分析数据可知:同种水果在果汁和固态两种状态下都可以产生电流,但是在果汁状态下与在水果本身(固态)状态下差距不大。

3. 电极的种类

水果电池的反应实际上是一个原电池反应,其两电极应存在金属活动性上的差异。理论上而言,可以选择活动性差异较大的电极作为电池的正、负极。金属活动性差异越大的电极对,产生的电流越大。

表3-8　不同电极的水果电池的电流（μA）

水果＼电极	Cu—C	Cu—Zn	Cu—Al	Cu—Fe	Fe—C
西红柿	16.3	72.5	30.6	6.9	42.6

水果＼电极	Fe—Al	Fe—Zn	Al—C	Al—Zn	Zn—C
西红柿	18.7	12.6	28.4	18.6	46.3

采用相同的水果西红柿,用铜片、锌片、铝片、铁钉及碳棒等组合成不同的电极,电极间的距离皆为2 cm,插入到同一种水果中,用导线将它们与微安计连接起来,测量水果电池所产生的电流。通过实验研究表明,不同电极产生的实验效果是不同的。在常见的电极中,铜与锌组成的电极实验效果最好,铁碳和锌碳组成的电极实验效果也不同。

4. 电极间的距离

除了电极种类不同可能对实验结果产生影响之外,电极间的距离也会对实验结果产生影响。选用西红柿,用 Cu—Zn 作电极,将其按照不同的电极距离插入到西红柿中,用导线将它们与电流计连接起来,测量水果电池的电流。实验结果表示,同样的电解质,相同的电极情况下,电极之间距离越大,电流越小。这是由于电极之间的距离越大,电流在回路中运行的距离越长,电路所产生的电阻也会越大。由于水果电池产生的电压较小,所以两个电极之间的距离会对实验结果产生较为明显的效果。但同时也需要注意,两个电极之间的距离不能太近,否则会引起电路的短路。

表 3 - 9　不同电极距离的水果电池的电流

电极距离(cm)	0.5	1.0	1.5	2.0	2.5	3.0
电流(μA)	113.7	98.7	84.3	72.5	68.9	64.3
电极距离(cm)	3.5	4.0	4.5	5.0	5.5	6.0
电流(μA)	57.6	48.2	35.7	22.6	10.9	5.3

5. 电极插入的深度

表 3 - 10　电极插入不同深度时的电压和电流

深度/cm	外加电阻/Ω	电压/V	电流/mA	电动势/V	内阻/Ω
1	90 000	0.8	21.5	0.795	20
	99 999	0.79	22		
2	90 000	0.82	22.1	0.81	28.57
	99 999	0.8	22.8		
3	90 000	0.78	23	0.76	400
	99 999	0.74	23.1		
4	90 000	0.85	26.1	0.845	100
	99 999	0.84	26.2		

在以往的研究中,探究电极间的距离对实验结果影响的文献较多,但对于电极插入电解质深度的研究较少。为了探究电极插入深度的影响,选用铜片、锌片作电极,电极间距设定为 0.5 cm,选取柠檬果汁为电解质,同一果汁间用导线连接电极和微安计,测量电极插入不同深度时产生的电压及电流。研究数据表明,电极插入的深度对水果电池的效果有影响,电极插入的深度越大,产生的电动势越大,产生的电流和电压越大。

6. 盐桥

在原电池的制作过程中,往往会使用盐桥作为连接装置。为了探究盐桥的实验影响,运用食盐、脱脂棉和普通吸管制成盐桥。在制作吸管盐桥时,要保证吸管内的溶液没有气泡,否则会对实验现象产生干扰,同时吸管盐桥要尽量深入到水果的果肉中,这样有助于实验成功。实验结果表明,盐桥能够在一定条件下改进实验结果。

7．不同的连接方式

在制作水果电池时，除了测定一个水果电池实验结果的影响因素之外，也可以测定多个水果电池的不同连接方式的影响。可以选用铜片、锌片作电极，电极间距离设定为 0.5 cm，选取柠檬果汁为电解质，测量不同连接方式产生的电压及电流。实验结果表明，同种果汁同种电极组成的水果电池，其电流和电压会受到连接方式的影响。串联电路主要影响电路的电压，并联电路主要影响电路的电流。

表 3－11　不同连接方式产生的电压和电流

电池数		电阻/Ω	电压/V	电流/mA	电动势/V	内阻/Ω
串联	2	99 999	1	30		
		90 000	0.99	>30		
	3	99 999	1.55	>30		
		90 000	1.57	>30		
并联	2	99 999	0.71	23	0.725	33.33
		90 000	0.74	22.1		
	3	99 999	0.7	21.9	0.705	20
		90 000	0.71	21.4		

水果电池是一个简易的原电池实验，利用两个电极之间的电势差产生电流的转移。由于其取材容易、操作较为简单，在中小学的教学中都有所涉及。在进行水果电池的实验探究过程中，水果的种类、电极的种类、电极间的距离、电极插入的深度、盐桥的使用、电池的连接方式都会影响实验结果。含有较多酸性物质的水果、使用铜锌电极、使电极间的距离较近、电极插入较深、使用盐桥、改变电池的连接方式都能够增强水果电池的实验效果。

三、水果电池的制作

1．实验用品

导线、灵敏电流计、番茄、锌片、铜片。

2．实验装置

（图见下页）

3．实验步骤

取 1 个半熟的番茄，在番茄两边插入锌片和铜片，用导线将番茄上的锌片和铜片连接起来，锌片做负极，铜片做正极，并与灵敏电流计相连，观察实验灵敏电流计现象。

4．实验结论

在番茄电池中，活泼金属锌片作负极，不活泼金属单质铜片作正极，番茄内的汁液充当

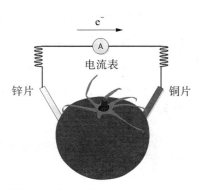

图 3 - 29　西红柿电池装置（见本书彩页）

电解质溶液,当用导线连接成原电池装置时,电流计发生偏转,有电流产生,说明番茄电池组装成功。

实验研究案例　铜锌原电池的实验探究

一、问题探究

本实验主要探究如下问题:

(1) 铜锌电池中电极材料表面的光滑度,即锌片是否打磨光滑对原电池中电流大小的影响。

(2) 电解质溶液的浓度对原电池中电流大小的影响。

(3) 双液电池中盐桥类型对原电池中电流大小的影响。

二、实验方案

1. 实验原理

构成原电池的三个条件分别是:存在金属活泼性不同的两种电极;两电极处于电解质溶液中;形成闭合回路。

对于铜锌原电池,其电池半反应式及原电池反应式如下:

负极:$Zn - 2e^- \!\!=\!\!= Zn^{2+}$

正极:$2H^+ + 2e^- \!\!=\!\!= H_2 \uparrow$

总反应:$Zn + 2H^+ \!\!=\!\!= Zn^{2+} + H_2 \uparrow$

2. 实验仪器

锌电极、铜电极、万能表、U 型管、脱脂棉、棉绳、滤纸、玻璃杯、量筒(50 mL、10 mL 各一个)、烧杯(50 mL、100 mL、250 mL、400 mL 若干)

3. 实验药品

$2 \, mol \cdot L^{-1}$ 的稀硫酸，$0.5 \, mol \cdot L^{-1}$ 的 $ZnSO_4$ 溶液，重铬酸铵固体，琼脂粉，氯化钾固体，$1 \, mol \cdot L^{-1}$、$0.1 \, mol \cdot L^{-1}$、$0.05 \, mol \cdot L^{-1}$ 的稀硫酸。

4. 实验装置

单液电池：两个电极反应在同一区域进行。

双液电池：两个电极反应在不同区域进行，中间用盐桥连接。

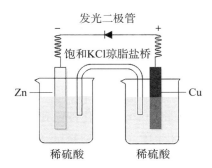 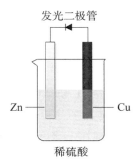

图 3-30 (a)　发光二极管作用电器的单液铜锌原电池实验装置

图 3-30 (b)　发光二极管作用电器的双液铜锌原电池实验装置

5. 实验流程

（1）单液铜锌原电池实验流程

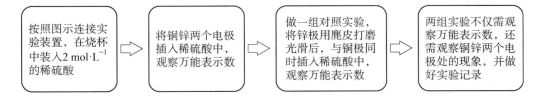

（2）双液铜锌原电池实验装置

6. 实验说明

理想的实验现象应为锌片上无气泡，可以采用以下方法：

（1）使用纯锌电极；

（2）使用稀硫酸；

（3）导线尽量短；

（4）用麂皮将锌片打磨光滑。

本实验采用 2 mol·L^{-1} 的稀硫酸,并用麂皮将锌片打磨光滑。

简易盐桥的制备:

方法一:称取 1.5 g 琼脂粉,溶于 100 mL 饱和氯化钾溶液中,加热煮沸,待稍微冷却后注入 U 型管中,尽量装满 U 型管,完全冷却至室温即可。

方法二:使用浸透了饱和氯化钾溶液的滤纸代替。

方法三[①]:用淀粉替代琼脂,制作固态盐桥。

在 250 mL 烧杯中配置 100 mL 氯化钾饱和溶液,加入 4—5 g 淀粉,搅拌均匀。用酒精灯边加热边搅拌至淀粉成熟为缓慢流动状态的淀粉糊。趁热将成熟的淀粉糊较快地倒入 U 型管并滴过管口,冷却即可使用。

方法四[②]:直接用氯化钾饱和溶液制作液态盐桥。

250 mL 烧杯中配置 100 mL 氯化钾饱和溶液。将 100 mL 氯化钾饱和溶液加入 U 型管,灌满至管口,再分别在 U 型管两端塞入两小团用氯化钾饱和溶液浸透的棉花,起封闭溶液的作用,封闭完成即可使用。

本实验中采用四种盐桥:

a 按照方法一制作的 U 型管;

b 浸透饱和氯化钾溶液的滤纸;

c 灯芯棉(浸透灯芯棉之前用蒸馏水仔细冲洗掉棉表面的蜡,使得氯化钾溶液能够更好地浸透);

d 直接用氯化钾饱和溶液制作的液态盐桥。

三、实验过程

1. 操作步骤

（1）单液电池中电极表面光滑程度对电流的影响比较

烧杯中加入 2 mol·L^{-1} 的稀硫酸,按照图 3-30(a)连接好实验装置后进行以下操作。

表 3-12   单液电池实验操作步骤

实验	Zn 片	操 作 步 骤
1	未打磨	将锌片和铜片用导线连接(导线中间接入一个万能表,量程选用 20 mA),平行插入盛有 2 mol·L^{-1} 的 H$_2$SO$_4$ 溶液的烧杯中(如图 3-1),观察现象。
2	已打磨	将用麂皮打磨过后的锌片和铜片用导线连接(导线中间接入一个万能表,量程选用 20 mA),平行插入盛有 2 mol·L^{-1} 的 H$_2$SO$_4$ 溶液的烧杯中(如图 3-1),观察现象。

---

①② 朱贤妃.两种简易盐桥的制备[J].实验教学与仪器,2010(S2):66.

（2）电解质溶液的浓度（不同浓度稀硫酸）的实验比较

分别配制 150 mL 的 1 mol·L^{-1}、0.1 mol·L^{-1}、0.05 mol·L^{-1} 的稀硫酸倒入烧杯中，插入用麂皮打磨过的锌片和铜片，然后用导线将锌片和铜片连接起来，形成闭合回路，观察锌片、铜片的现象。

（3）盐桥的比较

表 3‑13　双液电池不同材料盐桥的比较及实验操作步骤

实验	盐桥类型	操 作 步 骤
3	浸透饱和氯化钾的滤纸	装置如图 3‑30(b)所示，用盐桥将放置有锌片的 $ZnSO_4$ 溶液和放置有铜片的 H_2SO_4 溶液连接起来，然后将锌片和铜片用导线连接，并在中间串联一个万能表，观察现象；取出盐桥，观察现象。
4	浸透饱和氯化钾的棉绳	装置如图 3‑30(b)所示，用盐桥将放置有锌片的 $ZnSO_4$ 溶液和放置有铜片的 H_2SO_4 溶液连接起来，然后将锌片和铜片用导线连接，并在中间串联一个万能表，观察现象；取出盐桥，观察现象。
5	装满饱和氯化钾溶液的 U 形管，两端用氯化钾饱和溶液浸透的棉花封闭	装置如图 3‑30(b)所示，用盐桥将放置有锌片的 $ZnSO_4$ 溶液和放置有铜片的 H_2SO_4 溶液连接起来，然后将锌片和铜片用导线连接，并在中间串联一个万能表，观察现象；取出盐桥，观察现象。
6	琼脂与饱和氯化钾溶液	装置如图 3‑30(b)所示，用盐桥将放置有锌片的 $ZnSO_4$ 溶液和放置有铜片的 H_2SO_4 溶液连接起来，然后将锌片和铜片用导线连接，并在中间串联一个万能表，观察现象；取出盐桥，观察现象。
7	琼脂与饱和氯化钾溶液	装置如图 3‑30(b)所示，用盐桥将放置有锌片的 $ZnSO_4$ 溶液和放置有铜片的 H_2SO_4 溶液连接起来，并向 H_2SO_4 溶液中加入 0.5 g 重铬酸铵，然后将锌片和铜片用导线连接，并在中间串联一个万能表，观察现象；取出盐桥，观察现象。

取第 6 组实验装置，将万能表拆除，改为发光二极管，观察二极管是否发光。

2. 注意事项

（1）制作琼脂与饱和氯化钾溶液组成的盐桥时需注意：

➢ 配制氯化钾饱和溶液时，溶液中有不溶的氯化钾晶体，确保氯化钾溶液饱和。

➢ 加热过程中注意搅拌，以免琼脂粉黏在烧杯底部。

➢ 整支 U 型管中不要留有气泡，以保证电路通畅。

（2）使用万能表时需注意：红表笔接高电位处，黑表笔接低电位处，即电流从红表笔流入，从黑表笔流出。

四、实验结果

表 3-14   实验 1-2 数据

实验	Zn 片是否打磨	电解质溶液	电流大小/mA	电极处现象
1	是	$2\,mol \cdot L^{-1}$ 的 H_2SO_4 溶液	0.4	Zn 片处大量气泡，Cu 片处少量气泡
2	否	$2\,mol \cdot L^{-1}$ 的 H_2SO_4 溶液	0.1	Zn 片处较多气泡，Cu 片处较多气泡

表 3-15   实验 3-7 数据记录

实验	盐桥类型	电解质溶液	电流大小/mA
3	浸透饱和氯化钾的滤纸	$0.5\,mol \cdot L^{-1}$ 的 $ZnSO_4$ 溶液和 $2\,mol \cdot L^{-1}$ 的 H_2SO_4 溶液	2.77
4	浸透饱和氯化钾的棉绳	$0.5\,mol \cdot L^{-1}$ 的 $ZnSO_4$ 溶液和 $2\,mol \cdot L^{-1}$ 的 H_2SO_4 溶液	0.22
5	装满饱和氯化钾溶液的 U 形管，两端用氯化钾饱和溶液浸透的棉花封闭	$0.5\,mol \cdot L^{-1}$ 的 $ZnSO_4$ 溶液和 $2\,mol \cdot L^{-1}$ 的 H_2SO_4 溶液	9.65
6	琼脂与饱和氯化钾溶液	$0.5\,mol \cdot L^{-1}$ 的 $ZnSO_4$ 溶液和 $2\,mol \cdot L^{-1}$ 的 H_2SO_4 溶液	11.18
7	琼脂与饱和氯化钾溶液	$0.5\,mol \cdot L^{-1}$ 的 $ZnSO_4$ 溶液和 $2\,mol \cdot L^{-1}$ 的 H_2SO_4 溶液＋$0.5\,g$ 重铬酸铵	11.88

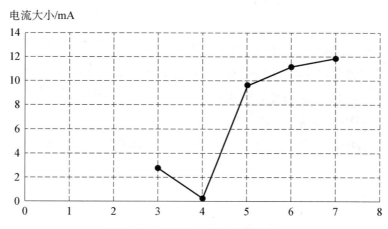

图 3-31   实验 3-7 组中电流大小

表 3-16　实验 1-7 的现象与分析

实验编号	实 验 现 象	现 象 分 析
1	Zn 片处大量气泡,Cu 片处少量气泡,有刺激性气味气体生成,万能表示数稳定后为 0.4 mA	在反应过程中,锌片也会单独与硫酸发生置换反应 Zn + $H_2SO_4 \rightleftharpoons H_2\uparrow + ZnSO_4$,生成氢气。也有可能因为锌电极不纯,在锌表面形成很多微小的原电池,生成氢气。
2	Zn 片处较多气泡,Cu 片处较多气泡,有刺激性气味气体生成,万能表示数稳定后为 0.1 mA	在反应过程中,部分锌片(锌片比较活跃)也会单独与硫酸发生置换反应 Zn + $H_2SO_4 \rightleftharpoons H_2\uparrow + ZnSO_4$,生成氢气。经打磨后,Zn 片表面变光滑,与铜硫酸反应的 Zn 减少。
3	Zn 片处少量气泡,Cu 片处微量气泡,万能表示数稳定后为 2.77 mA	采用盐桥,改成双液电池,减弱液接电位,电流更为稳定。盐桥导电效果较不理想。
4	Zn 片处少量气泡,Cu 片处微量气泡,万能表示数稳定后为 0.22 mA	采用盐桥,改成双液电池,减弱液接电位,电流更为稳定。盐桥导电效果不理想。
5	Zn 片处无明显气泡,Cu 片处少量气泡,万能表示数稳定后为 9.65 mA	采用液态盐桥,改成双液电池,减弱液接电位,电流更为稳定,盐桥导电效果较为理想。
6	Zn 片处无明显气泡,Cu 片处少量气泡,万能表示数稳定后为 11.18 mA	采用盐桥,改成双液电池,减弱液接电位,电流更为稳定,盐桥导电效果理想。
7	Zn 片处无明显气泡,Cu 片处无明显气泡,万能表示数稳定后为 11.88 mA	重铬酸铵有强氧化性,帮助铜电极夺取电子,故回路中电流变大。

表 3-17　不同浓度的电解液中电极上产生气泡的现象

150 mL 电解液浓度	实 验 现 象
2 mol·L^{-1} 的稀硫酸	铜片上气泡少,锌片上气泡多
1 mol·L^{-1} 的稀硫酸	铜片上气泡比上一组实验变多,锌片上气泡仍然多
0.1 mol·L^{-1} 的稀硫酸	铜片和锌片上的气泡几乎一样多
0.05 mol·L^{-1} 的稀硫酸	铜片上气泡较锌片上多,总体来说都比前几组少

五、实验分析

1. 单液电池锌片上始终产生氢气泡

锌片和铜片分别放入稀硫酸时,由于锌片金属活泼性较强,能与稀硫酸发生反应,所以锌片上有大量气泡,铜片不与稀硫酸发生反应,所以没有气泡产生。当把铜片和锌片用导线连在一起并一起浸入到稀硫酸中时,由于锌比铜活泼,容易失去电子,锌被氧化成锌离子进入溶液,电子由锌片经过导线流向铜片,溶液中的氢离子从铜片获得电子,被还原成氢气溢出,所以可以观察到铜片上有气泡产生,理论上锌片上是没有气泡产生的,但实际上,观察到锌片上有大量的气泡产生。

将锌片用麂皮打磨过后,再进行实验,发现铜片上气泡明显增多,但锌片上仍有少量气泡产生。用麂皮打磨过的锌表面更加光滑,氢原子不易在锌表面结合形成氢气,铜表面的氢离子更容易得到电子生成氢气,因此可以观察到铜片上的气泡明显增多。

2. 电解液浓度越小,锌电极上氢气气泡量越少

分别用 $2\ mol \cdot L^{-1}$、$1\ mol \cdot L^{-1}$、$0.1\ mol \cdot L^{-1}$、$0.05\ mol \cdot L^{-1}$ 的硫酸溶液作为电解质溶液进行实验,不难发现使用 $2\ mol \cdot L^{-1}$、$1\ mol \cdot L^{-1}$ 的硫酸溶液,铜片上有少量气泡,锌片上有大量气泡,使用 $0.1\ mol \cdot L^{-1}$ 硫酸溶液,铜片和锌片上的气泡一样多,使用 $0.05\ mol \cdot L^{-1}$ 硫酸溶液,铜片上的气泡比锌片上的多,但由于硫酸浓度较小,气泡都比较少。电解质溶液的浓度对铜锌原电池有着密切的影响。

通过查阅大量资料以及实验验证,将锌片上产生气泡的原因总结如下:

(1) 锌片不纯净,内部有杂质,自身形成了很多微小的原电池,在反应过程中失去的电子根本不需要经过导线转移,而是直接被 Zn 片表面的 H^+ 获得,氢离子被还原而形成了氢气。

(2) 硫酸浓度大小对锌片上产生气泡有影响,知道浓度对反应速率有影响,在这个实验中,电解质溶液的浓度有着较大的影响,当硫酸浓度比较小时,锌片上只有少量气泡;当硫酸浓度比较大时,锌片上有大量气泡。

(3) 连接锌片和铜片之间的导体的电阻大小也对锌片上产生气泡有影响,电阻越大,锌片上产生的气泡越多,当锌片和铜片之间的导体电阻较小时,锌失去的电子迅速转移到铜片上,所以锌片上氢气较少,当锌片和铜片之间的导体电阻较大时,锌失去的电子不能迅速转移到铜片上,所以锌片上氢气较多。

(4) 锌片表面的光滑程度也有影响,当锌片表面越粗糙,表面积变大,氢离子更容易在锌片上得电子生成氢气逸出。

3. 不同材料的盐桥对双液电池电流的影响

滤纸比棉绳易于浸透一些,但效果仍不理想。而使用 U 型管则能保持电路通畅,效果较好。液态盐桥由于两端用浸透饱和氯化钾溶液的棉花封闭,故效果不及琼脂和饱和氯化钾混合均匀的盐桥同电解质溶液直接接触的效果好。

六、实验结论

在锌片上同时发生着锌片溶解($Zn - 2e^- \Longrightarrow Zn^{2+}$)和氢离子形成氢气($2H^+ + 2e^- \Longrightarrow H_2\uparrow$)的两个竞争反应。前者是由于金属锌本身的活泼性使锌溶解生成锌离子,而后者是因为氢离子具有氧化性,能捕获滞留在锌表面的电子。

经过实验探究,发现锌片表面越光滑,电解质溶液浓度适当减小,这样氢离子在锌片表面上获得电子的可能性减小,锌片上产生的气泡也就变少。根据查阅文献,知道影响锌片上产生气泡的因素还有锌片的纯度和导线的电阻,纯度越高,电阻越小,锌片上产生的气泡越少。但是,要想锌片上一点气泡都没有,即在锌片上面氢离子一个电子也捕获不到,这几乎

是不可能的,化学能转化为电能的效率不可能达到 100%。

据此,在进行课堂演示实验时,应当降低电解质的浓度,用纯度高、表面光滑的锌片作负极。如果将作为负极的锌片的外表面渡上一层金属汞,则锌片上产生的气泡会更少,这是由于氢气在金属汞上的超电势特别高,氢离子很难在汞齐化的锌片上获得电子被还原。锌片上会有少量气泡,这与教学内容并不矛盾,将学生观察的重点放在铜片上,适当解释锌片上有少量气泡的原因,就可以正确地引导学生理解原电池的工作原理。

在做双液电池的实验时,盐桥的材料可以用酒精棉质灯芯等代替琼脂盐桥。有文献表明,使用脱脂棉作为盐桥的材料,不仅方便易得,而且实验效果好。

你问我答

（1）为什么单液电池锌片上有气泡?

在反应过程中,部分锌片(锌片比较活跃)也会单独与硫酸发生置换反应,($Zn + H_2SO_4 =\!=\!= H_2 \uparrow + ZnSO_4$),生成氢气。 也有可能因为锌不纯,在锌表面形成原电池,生成氢气。

可以采用锌片镀汞,使实验现象更为理想。

（2）为什么单液电池电流表示数会一直变小?

一段时间后,溶液的化学势稳定,溶液浓度减少,化学反应速率逐渐稳定,导致电流变小。

（3）构成原电池的条件

构成一个闭合的回路,活动性不同的两个金属(或一种为非金属)电极,两电极插入电解质溶液中,自发的氧化还原反应(内部条件)。

（4）当用小烧杯作为单液电池容器放置电极来进行实验时,发现电极如果移动的话,电流会出现改变,电流的大小与什么有关?

电极间距的大小会影响到电阻和电解槽里电场分布,对电流效率和电流密度有影响。 一般来说在一定的极距范围之内,电极间距越小,电流效率越高,但不能太小,太小容易导致电极击穿。 电极间距越大,一般来说电流效率会比较低,存在一个电极间距使得电流最大。

（5）双液电池与单液电池有何优势?

仪器复杂,但是可以规避单液电池中锌片产生气泡的现象,实验结果更加精确。 明确体现出电子在此原电池中的转移过程,揭示了氧化还原的本质。

（6）双液电池盐桥的作用是什么?

使整个装置构成通路、保持电中性的作用,又不使两边溶液混合,减弱液接电位。

实验研究案例　原电池的变式实验

　　"原电池"是把化学能转化为电能的装置,是高中化学课程的核心内容,它既是氧化还原反应的拓展应用,又是电化学的基础,同时与物理学科中的电学知识紧密相关,与人们的生产生活有着密不可分的联系。"原电池"概念在普通高中化学课程中出现于必修《化学 2》的"化学反应与能量变化"部分,其教学过程中最重要的是分析已有氧化还原反应,将自发的氧化还原反应拆分为氧化反应与还原反应两个部分,并设计两个电极和内外电路,从而共同组装而形成。在此过程中,学生需夯实氧化还原反应概念的认知模型,并逐步在此基础上生长出原电池的认知模型。

一、问题提出

　　在教学实际中,铜锌原电池常被选作学生学习原电池的基础模型,但有研究通过课堂观察、作业和测试分析、访谈等方式发现,用铜锌原电池作为第一认知模型会导致学生思维固化,产生"两极必须不同""金属电极才能形成原电池""活泼金属作负极""电极反应与电池电解质溶液没有关系"等错误认知,造成学生对原电池模型及其工作原理存在大量误解或概念困惑的情况[1][2]。这些问题可以分为电极选择和电池电解质溶液选择两方面。有研究表明,学生根据铜锌原电池形成的认知模型,并不是从原电池反应原理形成的,而是对铜锌原电池形态的简单记忆而来的,而在后续的学习过程中,学生接触到的原电池多是对铜锌原电池进行简单变化得到,学生对原电池模型的记忆、认识容易发生僵化。

　　可否设计一个原电池的演示实验,能够直观地呈现氧化还原反应原理,且实验现象的视觉变化效果明显?

　　针对 Fe^{3+} 的检验方法,经常使用的试剂有硫氰化钾(potassium thiocyanate,化学式为 KSCN)。有研究发现,同为 $0.1\ mol \cdot L^{-1}$ 的 $K_4Fe(CN)_6$ 溶液和 KSCN 溶液可检验 Fe^{3+} 的最低浓度分别为 $1.0 \times 10^{-5}\ mol \cdot L^{-1}$ 和 $1.0 \times 10^{-3}\ mol \cdot L^{-1}$[3]。当 Fe^{3+} 离子的浓度低于 $1.0 \times 10^{-5}\ mol \cdot L^{-1}$ 时,用亚铁氰化钾检验可以灵敏检测出 Fe^{3+},并产生明显的色彩变化。

　　综上,本研究基于铁氰化钾作为原电池正极区域的电解质溶液,其还原产物是亚铁氰化钾,亚铁氰化钾遇到铁离子会产生蓝色络合物,利用该检验特征属性,就能够获取原电池正极区域产物中氧化剂铁氰化钾被还原为还原产物亚铁氰化钾的事实证据,表征原电池反应的发生和原电池的成功制作。据此设计展开原电池的"变式"电池的创新实验。

① 姜丽莉,何彩霞,班文岭,李春红.高中生"原电池"错误概念的诊断及教学对策[J].教学仪器与实验,2015,31(02):3—7.

② 吴晗清,张娟,赵冬青.铜锌原电池作为原电池基本模型的局限及其突破[J].化学教学,2017(01):16—20.

③ 周改英.基于铁离子检验的教学问题探讨[J].化学教育,2011,32(02):69—72.

二、实验方案

1. 实验设计

（1）相比铜锌原电池，本研究中原电池实验的设计思想是什么？

变式，通过变换同类事物的非本质特征的表现形式，变更观察事物的角度和方法，从而突出事物的本质特征，突出那些隐蔽的本质要素，让学生在变式中思维，从而掌握事物的本质和规律。只有通过变式，使学生学会掌握事物的本质特征的方法，才能使他们懂得怎样从事物的千变万化的复杂现象中抓住本质，举一反三，使思维既深刻又灵活。有关变式的操作方法，一种是通过变更对象的非本质特征以突出对象的本质特征。另一种是指通过变更对象的本质特征以突出对象的非本质特征，从而显示概念的内涵发生了变化。在教学实践中，单纯地分析学习对象的本质属性与非本质属性的矛盾的教法，学生往往只是盲目地模仿教师的狭隘经验，并没有达到真正的理解。因此教师在教学中，必须掌握变式规律，指导学生学会在各种不同的变式中掌握学习对象的本质属性，达到真正学会的思维方法。

"变式"实验，就是以基于某个实验的原型，改变其某个侧面或操作环节，或变换实验方式，但保留其所承载内容本质特征和实验目的的表现形式。原电池"变式"实验，就是变更其组成的形式或替换其构成的物质种类后的原电池。改变原电池的电极为其他材料，替换电解质溶液为其他电解质溶液或物质等，这样的原电池"变式"，它依然还是可以成功工作的原电池。原电池"变式"实验能够突出原电池的本质特征，凸显原电池隐蔽的本质要素。

本研究基于铜锌原电池，替换掉其正极区域的材料，采用铁氰化钾/亚铁氰化钾作为正极区域的氧化还原反应电对，即以铁氰化钾溶液为正极区域的电解液，惰性电极碳棒为正极，设计制作以铜锌原电池为原型的"变式"原电池：

$$Zn \mid Zn^{2+} (1.0 \, mol \cdot L^{-1}) \parallel [Fe(CN)_6]^{3-} (0.01 \, mol \cdot L^{-1}) \mid C$$

（2）理论上该"变式"原电池可行吗？

结合电极电势数据，依据 $[Fe(CN)_6]^{3-} + e^- \rightleftharpoons [Fe(CN)_6]^{4-}$ 在 25℃ 时的标准电极电势为 $+0.55 \, V$[①]，Zn^{2+}/Zn 的标准电极电势为 $-0.76 \, V$，则标准电极电势 $+0.55 \, V - (-0.76) \, V = 1.33 \, V > 0$，理论上可以组装形成原电池，该"变式"原电池实验具有可行性。

原电池"变式"实验的正极半反应，选择惰性电极碳棒为正极，正极区域电解液为铁氰化钾溶液，$[Fe(CN)_6]^{3-}$ 得到电子能够生成 $[Fe(CN)_6]^{4-}$；负极半反应，选择锌片（分析纯）为负极，$ZnSO_4$ 溶液为负极区域的电解液。由此设计构成原电池。

（3）该原电池"变式"实验会发生哪些宏观现象？

理论分析认为，本研究所设计的实验会发生如下反应及现象：

---

① 迪安（Dean，J. A.）. 兰氏化学手册[M]. 尚久方，等，译. 北京：科学出版社，1991：6—8.

在原电池反应前正极电池反应液中只有 $K_3Fe(CN)_6$，当滴加 Fe^{2+} 溶液时，发生 $K^+ + Fe^{2+} + [Fe(CN)_6]^{3-} \rlap{=\joinrel=} [KFe(CN)_6Fe]_x \downarrow$（滕氏蓝）的反应，生成蓝色沉淀。

在原电池反应过程中，溶液中的 $[Fe(CN)_6]^{3-}$ 得到电子生成 $[Fe(CN)_6]^{4-}$。

在原电池反应后溶液中的 $K_3Fe(CN)_6$ 与 $K_4Fe(CN)_6$ 同时存在，用 Fe^{3+} 检验也可以发生 $K^+ + Fe^{3+} + [Fe(CN)_6]^{4-} \rlap{=\joinrel=} [KFe(CN)_6Fe]_x \downarrow$（普鲁士蓝）反应，生成蓝色沉淀。

该电池反应发生后，正极区域电解质溶液中的铁氰化钾在电池发生反应后，可以被还原生成亚铁氰化钾，使用 Fe^{3+} 试剂检验从原电池正极半反应溶液取出的物质，反应产物会呈现 $[KFe(CN)_6Fe]_x \downarrow$（普鲁士蓝）特征颜色变化的现象。用 Fe^{3+} 检验亚铁氰化钾、Fe^{2+} 检验铁氰化钾时，实验产物的颜色现象均为蓝色，借此明显、直观的显色现象来检验氧化还原反应的发生。

实验室现有的亚铁氰化钾极易变质，因此需要通过铁氰化钾在该原电池实验装置中发生后的反应进行转化制得亚铁氰化钾。该实验设计过程从教学实际问题出发，基于氧化还原反应原理、设计制作相应的原电池实验，突破通常的铜锌原电池的局限。

（4）如何选择设定"变式"原电池的正极区域电解质溶液的浓度？

在铁氰化钾溶液浓度为 $0.1\ mol \cdot L^{-1}$、$0.01\ mol \cdot L^{-1}$ 和 $0.001\ mol \cdot L^{-1}$ 时，电极电势分别为 $0.4586\ V$、$0.4154\ V$ 和 $0.3834\ V$[①]，这几种浓度的铁氰化钾溶液均可以与 Zn^{2+}/Zn 电极产生较为明显的实验现象；本研究中选取 $0.01\ mol \cdot L^{-1}$ 的铁氰化钾溶液作为正极溶液，经初步试验，结果显示，该浓度铁氰化钾溶液配制出的溶液色彩鲜明，检验时的色彩变化现象也足够明显。

基于上述思想，设计了以铁氰化钾/亚铁氰化钾为正极半反应的"变式"原电池：

$$Zn \mid Zn^{2+}\ (1.0\ mol \cdot L^{-1}) \parallel [Fe(CN)_6]^{3-}\ (0.01\ mol \cdot L^{-1}) \mid C$$

该原电池"变式"的具体实验装置示意图设计如图 3-32 所示。

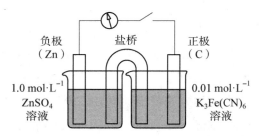

图 3-32　$Zn \mid Zn^{2+}\ (1.0\ mol \cdot L^{-1}) \parallel [Fe(CN)_6]^{3-}\ (0.01\ mol \cdot L^{-1}) \mid C$ 原电池

① Kolthoff I M, Tomsicek W J. The Oxidation Potential of the System Potassium Ferrocyanide-Potassium Ferricyanide at Various Ionic Strengths [J]. The Journal of Physical Chemistry, 1934, 39(7): 949—954.

2. 实验用品

仪器和材料：玻璃棒，烧杯(50 mL)，量筒，滴管，饱和 KCl 溶液的盐桥，导线，数字多用表，试管，碳电极，铜片，锌片。

实验试剂：$0.01 \, mol \cdot L^{-1}$ 的 $K_3Fe(CN)_6$ 溶液，$1.0 \, mol \cdot L^{-1}$ 的 $ZnSO_4$ 溶液，$0.1 \, mol \cdot L^{-1}$ 的 $FeSO_4$ 溶液，$0.1 \, mol \cdot L^{-1}$ 的 $Fe_2(SO_4)_3$ 溶液。

3. 实验步骤

(1) 按照图 3-32 所示组装 $Zn \, | \, Zn^{2+} \, (1.0 \, mol \cdot L^{-1}) \, \| \, [Fe(CN)_6]^{3-} \, (0.01 \, mol \cdot L^{-1}) \, |$ C 原电池。

(2) 取少量电池反应前的正极区域电解质溶液于 2 支试管，分别滴加 $FeSO_4$ 溶液和 $FeCl_3$ 溶液，观察并在表 3-18 中记录实验现象。

(3) 该原电池的开关闭合后，观察实验现象，一段时间后断开开关。

(4) 电池反应 20 分钟后，取少量电池正极区域电解质溶液于 2 支试管，分别滴加 $FeSO_4$ 溶液和 $FeCl_3$ 溶液，观察实验现象并记录。

三、实验结果

在原电池反应开始时，电流计检测得原电池外电路的电流为 1.636 mA。随着反应的进行，电流示数逐渐减小，20 分钟后电流计检测得原电池外电路电流降至 0.842 mA。

在原电池反应开始时和发生原电池反应 20 分钟后，分别使用 Fe^{3+} 和 Fe^{2+} 试剂来检验从原电池正极区域溶液中取出的物质，进行检测，以求证反应产物中是否生成了亚铁氰化钾。

(1) 原电池反应前，原电池正极区域电解质溶液的检测

使用 $0.1 \, mol \cdot L^{-1}$ 的 $FeSO_4$ 溶液或 $0.1 \, mol \cdot L^{-1}$ 的 $Fe_2(SO_4)_3$ 溶液试剂检验从原电池正极区域电解质溶液取出的物质，反应产物呈现颜色的变化现象，实验现象详见图 3-33 所示。

(a) 用作对照实验，取电池反应前正极溶液于试管 a 中，即电池反应前正极溶液自身颜色，呈现淡黄色。

(b) 取电池反应前正极溶液于试管 b 中，滴加 $0.1 \, mol \cdot L^{-1}$ 的 $FeSO_4$ 溶液，试管溶液呈现蓝色。

(c) 取电池反应后正极溶液于试管 c 中，滴加 $0.1 \, mol \cdot L^{-1}$ 的 $Fe_2(SO_4)_3$ 溶液，溶液呈现红棕色。

原电池反应前试管中实验现象详见图 3-33 所示。

(2) 原电池反应后，原电池正极区域电解质溶液的检测

使用 $0.1 \, mol \cdot L^{-1}$ 的 $FeSO_4$ 溶液或 $0.1 \, mol \cdot L^{-1}$ 的 $Fe_2(SO_4)_3$ 溶液检验从原电池正极半反应溶液取出的物质，反应产物呈现颜色的变化现象，实验现象详见图 3-34 所示。

(a)　(b)　(c)

图 3-33　原电池正极电池反应液反应前正极溶液的检验现象（见本书彩页）

（a）用作对照实验，取电池反应后正极溶液于试管 a 中，即电池反应前正极溶液自身颜色，呈现淡黄色。

（b）取电池反应后正极溶液于试管 b 中，滴加 Fe^{2+} 试剂，溶液呈现蓝色。

（c）取电池反应后正极溶液于试管 c 中，滴加 Fe^{3+} 试剂，溶液呈现绿色。

分析认为，试管 c 中呈现的绿色，是淡黄色的铁氰化钾溶液和亚铁氰化钾与铁离子的蓝色生成物的混合颜色。

原电池反应后试管中实验现象详见图 3 - 34 所示。

（3）原电池反应前和 20 分钟后，正极区域电解质溶液的检测结果对比

使用 $0.1\,mol \cdot L^{-1}$ 的 $Fe_2(SO_4)_3$ 溶液试剂检验从原电池电池反应前和 20 分钟后的正极半反应溶液取出的物质，反应产物呈现颜色变化的现象。（a）取电池反应前正极溶液于试管 a 中，滴加 Fe^{3+} 试剂，溶液呈现红棕色；（b）取电池反应后正极溶液于试管 b 中，滴加 Fe^{3+} 试剂，溶液呈现绿色。推断认为，试管 c 中呈现的绿色是淡黄色的铁氰化钾溶液和亚铁氰化钾与铁离子的蓝色生成物的混合颜色。

图 3 - 34　原电池正极电池反应液反应后检验现象（见本书彩页）

图 3 - 35　原电池正极电池反应液反应前后滴加 $FeCl_3$ 溶液现象对比（见本书彩页）

原电池正极电池反应液反应前后滴加 $FeCl_3$ 溶液对比实验的现象详见图 3 - 35 所示。

（4）"变式"原电池正极区域溶液的实验检测结果

在原电池反应开始时和发生原电池反应 20 分钟后，分别使用 Fe^{3+} 和 Fe^{2+} 试剂来检验从原电池正极区域溶液中取出的物质，进行检测，有新物质亚铁氰化钾生成，铁离子遇到亚铁氰化钾生成的蓝色物质与溶液中原有的淡黄色混合形成了绿色。

取预先配置的亚铁氰化钾溶液于 1 支试管中，滴加 $0.1\,mol \cdot L^{-1}$ 的 $Fe_2(SO_4)_3$ 溶液，产物显现蓝色，再向试管中滴加淡黄色的铁氰化钾溶液，混合后试管内物质呈现绿色。对照实验证明了本"变式"原电池实验中正极区域电解质溶液铁氰化钾被还原为亚铁氰化钾。该实验事实说明了本实验成功创新建构了"变式"原电池，其宏观现象明显，彰显了氧化还原反应

原理。实验现象详见表 3-18 内容所示。

表 3-18　原电池正极半电池电解质溶液颜色变化现象

正极电池反应液 0.01 mol·L^{-1} 的[Fe(CN)$_6$]$^{3-}$	滴加 FeSO$_4$ 溶液现象	滴加 FeCl$_3$ 溶液现象
原电池反应前	有蓝色沉淀生成	无明显现象
原电池反应 20 分钟后	有蓝色沉淀生成	溶液变成绿色

四、实验结论

铁氰化钾/亚铁氰化钾半电池的实验设计为原电池：

$$Zn \mid Zn^{2+} (1.0 \, mol·L^{-1}) \parallel [Fe(CN)_6]^{3-} (0.01 \, mol·L^{-1}) \mid C$$

在原电池反应前正极电池反应液中只有 K$_3$Fe(CN)$_6$,当滴加 Fe^{2+} 溶液时发生如下化学反应,则生成蓝色沉淀。

$$K^+ + Fe^{2+} + [Fe(CN)_6]^{3-} \longrightarrow [KFe(CN)_6Fe]_x \downarrow (滕氏蓝)$$

在原电池反应过程中,溶液中的[Fe(CN)$_6$]$^{3-}$ 得到电子生成[Fe(CN)$_6$]$^{4-}$,以及原电池反应后溶液中,用 Fe^{3+} 检验也发生如下化学反应,生成蓝色沉淀的现象。

$$K^+ + Fe^{3+} + [Fe(CN)_6]^{4-} \longrightarrow [KFe(CN)_6Fe]_x \downarrow (普鲁士蓝)$$

该电池反应正极溶液中 K$_3$Fe(CN)$_6$ 与 K$_4$Fe(CN)$_6$ 同时存在,电池反应时间较短,溶液中生成的 K$_4$Fe(CN)$_6$ 量较少,用 Fe^{3+} 试剂检验后电池反应池正极溶液则呈现绿色产物的实验现象。

用铁氰化钾/亚铁氰化钾这一半反应作为原电池的正极,可以直观地呈现实验过程中发生的变化,体现出清晰直观的实验现象,不仅让学生感知宏观立体丰富的直接经验,还能够帮助学生理解原电池的微观机制,也能够让学生了解铁氰化钾与亚铁氰化钾分别用于检验 Fe^{2+} 和 Fe^{3+} 的特性,深化认识"检验灵敏度"这一概念,领悟任何检验试剂都有其适用的浓度范围,并非是万能试剂。实验室中的亚铁氰化钾常因为温度、光照等原因变质,因此在使用时需要现配现用。

以铁氰化钾/亚铁氰化钾作为正极半反应"变式"的原电池实验设计,突破了通常课程教学中只用铜锌原电池作为原电池认知模型所带来的思想固化,它呈现的颜色变化等实验直观现象对学生而言既新颖又惊奇,由此引发学生对之进一步分析思考,对氧化还原反应原理和原电池概念举一反三,并提炼抽象形成认知模型,发展了"证据推理与模型认知"学科核心素养。

实验教学设计案例　原电池的教学

一、教学分析

1. 教材分析

本节课的内容选自人教版高中化学选修《化学反应原理》第四章的内容。2017 年颁布的《普通高中化学课程标准》指出："认识化学能与电能相互转化的实际意义及其重要应用。了解原电池及常见化学电源的工作原理。了解电解池的工作原理，认识电解在实现物质转化和储存能量中的具体应用。了解金属发生电化学腐蚀的本质，知道金属腐蚀的危害，了解防止金属腐蚀的措施。"普通高中化学教材人教版必修《化学 2》已介绍了化学能转成电能的装置，学习了原电池的基本原理与装置，本节课的内容是承接必修《化学 2》的单液电池内容，进一步加深对原电池本质的理解，认识到单液电池的缺点，进一步利用盐桥优化设计双液电池。

2. 学情分析

学生在学习本节课之前已经学习了普通高中化学教材人教版必修《化学 2》第二章第二节"化学能与电能"的内容，已经知道原电池是将化学能转变成电能的装置，以锌铜单液电池为例，学习了原电池的本质是发生了氧化还原反应，了解了简单原电池的形成条件。但在理解原电池本质条件（氧化还原反应）、锌铜（稀硫酸）原电池作为化学电源开发的缺点等方面还有不足。所以本节教学的重点放在引导学生分析现象产生的原因，学生在加深理解原电池原理的基础之上，发现单液电池的缺点，并根据实际需要，能设计出较为科学的原电池模型（双液或盐桥原电池），学生体会盐桥的设置不仅仅是一个普通的实验技术的改进，而是对旧的思维模式的一个质的突破，在有盐桥的原电池这种特定装置中，氧化剂、还原剂近乎完全隔离却能实现电子的定向转移，其优点是能持续、稳定地产生电流，这也为原电池原理的实用性开发奠定了理论基础，另外本节课还可以启发学生的思维，对盐桥进行改进创新，理解原电池从理论到实际的转化过程。

二、教学目标

1. 认识掌握 Fe 和水蒸气反应的原理——结合宏观现象理解化学变化的微观本质

通过单液电池与双液电池的宏观现象以及微观电子、离子移动分析，从微观的角度理解发生的宏观现象，并结合电极反应方程式、数据图像，认识化学微观实质。

2. 认识原电池是将化学能转化为电能的装置——建立能量守恒思想

深入理解原电池是将化学能转变为电能的装置，并设计优化原电池装置，提高转化率，用变化守恒思想看待化学事实。

3. 从实验探究中掌握双液电池中盐桥的实验装置——体验科学探究

通过实验探究出单液电池的缺点以及改进后的双液电池,尝试对盐桥进行改进创新,了解设计科学探究方案并进行实验探究的一般过程。

4. 学会论证实验证据——形成证据推理思想

结合实验现象,数据图像等实验证据,展开科学推理,得出科学结论。

5. 升华氧化还原反应原理的认知——提炼化学原理的认知模型

通过探究单液电池的问题,采集宏观与数据证据,发现单液电池的缺点,并通过盐桥设计优化原电池,通过电流以及温度数据,推理出双液电池能提高能量转化效率;并从单液原电池模型过渡到双液电池模型,体会化学建模的过程,发展科学思维。

6. 基于化学实验改进技术方法——深化科学探究,形成创新意识和社会责任

感受电池的发展对社会发展的贡献,以及通过实验探究,体会到创新发明的重要性,改善和优化原电池是当今社会的重要科学研究,增强社会责任感。

三、教学关键

1. 教学重点

知识上,掌握原电池的氧化还原反应原理的化学本质,掌握化学能转化为电能的技术条件,能够书写该过程的电极反应方程式。

方法上,学会盐桥的制作及材料选择等实验方法和实验技术。

2. 教学难点

比较金属性强弱顺序,掌握不同金属的化学反应活性顺序,认识原电池电极的选择和电极上发生的氧化还原反应原理。

四、教学方法

本节内容采用基于科学实验探究的问题驱动的教学。将科学探究引入课堂教学,通过问题创设,探究单液电池反应的发生条件及其影响因素,以及不同电极材料的金属化学性质的影响,在研究思考问题的同时,让学生体验科学探究的过程,了解科学探究的方法。通过师生、生生之间围绕引人入胜的问题展开实验活动,引领学生投入到对问题的探讨和思考中,在教师的引导下,应用实验现象和事实作为实验证据,寻求支持证据,从而培养学生科学的思维方式,探究科学本质,深入领悟科学内容。

五、教学思路

通过设计情境任务、问题驱动和实验活动等线索展开本节内容的课堂教学,旨在落实教学目标和教学思想。教学思路详见表 3-19 内容所示。

表 3 - 19　教学思路

教学程序	情境任务	问题驱动	实验活动	教学目标	教育目标
环节1 实验情境 问题驱动	电动汽车电池行驶动力原理	小车的电池能量源自何种原理?	观察:小车上原电池的组成?	原电池的构成条件	宏观辨识 微观探析
环节2 探究单液电池	发现单液电池存在的问题	单液电池供电长久稳定吗?	设计实验方案并实验探究	电极材料与电解液的化学性质	科学探究
环节3 探究双液电池	双液电池的设计	氧化反应还原反应可否分隔,各自进行?	设计电极上半反应分离的实验方案	双液电池的原理	实验探究 证据推理 模型建构
环节4: 探究盐桥	盐桥作用及改进创新	盐桥的原理是什么?	盐桥制作与材料选择	盐桥原理	实验探究 证据推理
环节5: 概括升华	内化氧化还原反应原理和电池装置模型,掌握电池制作初步技术	铁与水反应的本质?实验室铁与水反应的实验方法?	建构认知模型:铁与水反应的化学反应方程式和金属性顺序;建构实验装置技术模型。	掌握铁与水反应的化学反应方程式;金属的元素周期律;学会实验技术。	模型建构

六、教学过程

环节1: 实验情境——电动汽车电池设计

【设计意图】 创设实验情境,引发学生的思考。

【教学活动】 操作载有原电池装置的小车的驱动行驶,回顾原电池的知识,思考如何设计优化原电池。

实验情境: 操作载有原电池装置作为电能为动力来源的小车的驱动行驶,结合展示新能源汽车的视频,讲述新能源汽车推广与使用的关键技术在于电池的设计与优

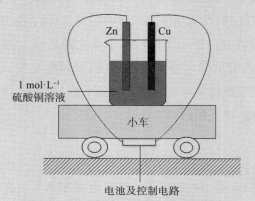

图 3 - 36　原电池装置作为电动来源的小车

化,引入关于原电池的设计与优化。

环节 2: 实验探究——发现单液电池存在的问题

【设计意图】 科学探究,动手设计原电池。巩固单液电池的模型认识,落实"证据推理与模型认知"思想。

【教学活动】 设计原电池,提炼原电池的构成条件。

实验探究: 引导学生利用 $Zn + Cu^{2+} == Zn^{2+} + Cu$ 设计一个原电池装置,复习原电池的构成条件。

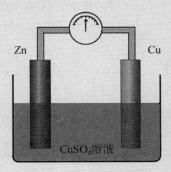

图 3-37　锌铜原电池装置

测量采集数据:

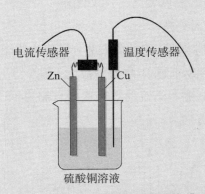

图 3-38　温度传感器和电流传感
器测量单液电池参数的
装置

利用传感器测量温度以及电流变化的图片,进一步加深对实验现象的思考。

数据分析：

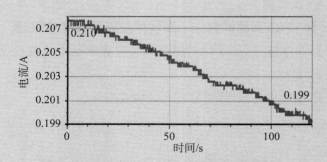

图 3 – 39（a）　单液电池电流随时间变化图

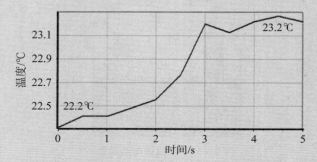

图 3 – 39（b）　单液电池温度随时间变化图

分析实验过程中的电流、温度变化图，得出结论：

① 电流随着时间增长而衰减。

② 电解质溶液温度越来越高，化学能大部分转化为热能，效率低。

问题 1　为什么电流会越来越小，电解液温度上升？

微观探析：播放单液电池的微观动态过程的自制 flash 动画，回忆原电池的正负极、发生的反应、离子移动方向。

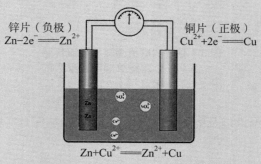

图 3 – 40　单液电池微观动态动画截图

引导学生分析原电池温度升高以及电流降低的原因：锌片与硫酸铜直接接触发生氧化还原反应，放热，生成铜单质覆盖在锌片表面，阻止锌片与电解质溶液直接接触。锌片上的铜单质与锌直接构成微小的原电池，造成短路，放出大量的热。电子直接从还原剂给了氧化剂。

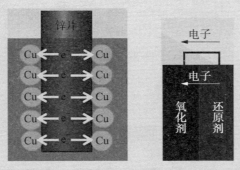

图 3-41　锌片表面微观结构

问题 2　如何优化这个原电池呢？可否把氧化剂与还原剂分隔开？

环节 3：实验改进——双液电池的设计

【设计意图】　结合科学探究活动，改进实验设计；结合数据图像证据推理，建构电池装置的模型认知。

【教学活动】　实验探究双液电池。

问题 3　单液电池中化学能转化电能效率低，如何改进？如何变单液电池为双液电池？可否通过隔开氧化剂和还原剂的同时，又可以保持闭合回路？（引入盐桥）。

图 3-42　测量双液电池电路中电流的装置（见本书彩页）

实验探究： 教师进行演示实验，探究理论构建的双液电池。

现象分析：

电流表指针发生偏转，且电流稳定，说明盐桥的使用可以优化单液原电池存在的缺点。

数据分析：

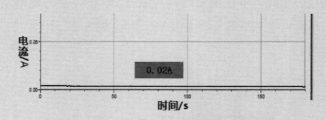

图 3-43(a)　双液电池电流随时间变化图

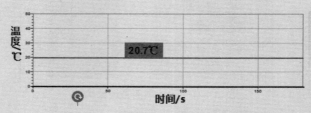

图 3-43(b)　双液电池温度随时间变化图

对比分析： 将单液电池和双液电池的量化数据进行对比分析，引导学生从中归纳结论：盐桥的使用可以优化原电池，得到稳定的电流，提高化学能转化成电能的效率。

问题 4　盐桥在这里的作用是什么？它是怎样发挥作用的？

环节 4：实验探究与微观探析——盐桥作用

【设计意图】　微观探析电池装置的化学本质，建构双液电池装置的模型。

【教学活动】　理解电池微观过程，制作盐桥。

微观探析： 展示双液电池微观过程的 flash 动画，讲解双液电池的正负极反应，电子离子移动方向与单液电池一样，重点讲解盐桥中的离子移动方向，通过以下问题理解盐桥的作用。

问题 5　盐桥中离子移动方向是怎样的？

钾离子移向正极，氯离子移向负极。

问题 6　为什么盐桥中的离子会移动？

因为电解液中有锌离子的产生、铜离子的消耗，在电场的作用下，正负离子迁移，保持溶液电中性，使得反应持续进行。

问题 7　琼脂的作用是什么？

琼脂起到固定作用，防止 U 型管内物质掉落，同时可以允许离子自由移动，阻止溶液流通。

盐桥的作用：①盐桥中离子定向移动，使得整个装置连成一个通路；②隔开氧化剂与还原剂，并让溶液始终保持电中性。

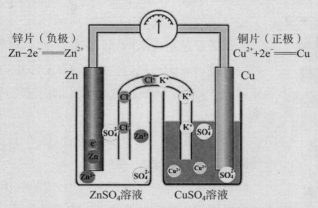

图 3-44 双液电池微观过程示意图

盐桥的缺点：通过展示单液电池和双液电池的电流大小比较，引导学生发现使用盐桥之后，电流显著变小了，启发学生思考原因。

问题 8 盐桥有内阻，那该如何减小电池内阻？

缩小盐桥的距离，增加盐桥的接触面积。

创新方案展示：通过图片展示两种对盐桥进行改进的实验方案，肯定学生对盐桥改进的猜想。

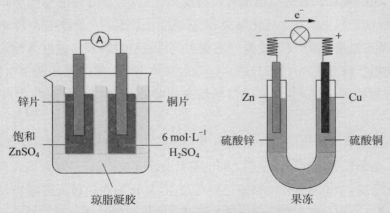

图 3-45 原电池的改进实验方案

问题 9 盐桥有的时候不方便，氯化钾的用量非常大，而且很快会失效，有没有什么物质可以代替琼脂，做一个简易的盐桥？

演示实验：用浸泡了饱和氯化钾溶液的滤纸代替盐桥，进行实验。增加滤纸的数量,可以增大电流。

盐桥改进—隔膜:双液电池如何转变成实际应用的电池?

双液电池中盐桥体积大、携带不方便,而滤纸可以代替盐桥,可否做出一张薄薄的膜,只允许特定离子通过,又可以隔开氧化剂与还原剂?

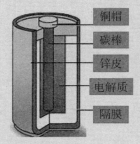

铜帽
碳棒
锌皮
电解质
隔膜

**图 3 - 46　干电池结构
示意图**

人类的智慧是无限的,科学家们已经发明了电池的隔膜,只允许特定的离子通过,例如锌铜原电池中,可以用锌离子交换膜,只允许锌离子通过,这样就可以提高电流大小,而且体积非常小。

在实际的生产过程中,如干电池、锂离子电池等,都是用了电池隔膜来提高电池的性能。

问题 10　在实际的生产过程中,电池的优化设计需要综合考虑多个因素:电极材料、隔膜、离子导体等,现在要从电极材料的角度不断优化电池的各项性能,如寻找容量大的电极材料,如锂硫电池等。

请课后查阅资料,探讨如何从电极材料方向对原电池进行优化。

环节 5:知识梳理——概括升华

【设计意图】　形成知识脉络。

【教学活动】　强调重点难点。

提炼概括:通过氧化还原反应而产生电流的装置称为原电池,也可以说是把化学能转变成电能的装置。有的原电池可以构成可逆电池,有的原电池则不属于可逆电池。原电池放电时,负极发生氧化反应,正极发生还原反应。例如铜锌原电池又称丹聂尔电池,其正极是铜极,浸入硫酸铜溶液中;负极是锌板,浸在硫酸锌溶液中。两种电解质溶液用盐桥沟通,两极用导线相连就组成原电池。平时使用的干电池,是根据原电池原理制成的。实际上,可以用隔膜来代替盐桥,优化原电池,提高原电池的性能。

原电池反应属于放热反应,一般是氧化还原反应,但区别于一般氧化还原反应,即电子转移不是通过氧化剂和还原剂之间的有效碰撞完成的,而是还原剂在负极上失电子发生氧化反应,电子通过外电路输送到正极上,氧化剂在正极上得电子发生还原反应,从而完成还原剂和氧化剂之间电子的转移。两极之间溶液中离子的定向移动和外部导线中电子的定向移动构成了闭合回路,使两个电极反应不断进行,发生有序的电子转移过程,产生电流,实现化学能向电能的转化。

实验探究任务和思考的问题

（1）原电池外电路里电子移动的动力是什么？内电路里离子移动的动力是什么？如何帮助学生理解建构原电池模型？

（2）如何通过实验来表现化学能高效转变为电能的宏观现象，如何基于该实验设计氧化还原反应原理的教学过程？

（3）请设计并实施实验探究，比较铜锌单液电池和双液电池化学能转变成电能的效率。

第四章　析氢腐蚀和吸氧腐蚀

扫码学习本章微课

·本章概要·

　　钢铁腐蚀是生活中的常见现象,析氢腐蚀和吸氧腐蚀是原电池原理的具体体现,表征了氧化还原反应原理。但在中学化学实验教学中,教师们演示析氢腐蚀实验时经常出现异常现象,这种异常表现在本应该放出氢气的析氢腐蚀与吸氧腐蚀实验(吸收了体系内的氧气)过程中表现出来的现象一致,即反应体系内压强减小,好像体系内的气体被吸收了一样。为什么析氢腐蚀的实验现象会与吸氧腐蚀的实验现象一样呢? 本章就此问题进行了探讨,利用气压传感器、氧气传感器等仪器检测了析氢腐蚀和吸氧腐蚀反应体系内气压和氧气含量发生的变化,结合相关定性和定量的实验证据,分析探讨了析氢腐蚀和吸氧腐蚀实验的影响因素和实验控制条件。

·本章主要学习目标·

　　学习完本章后,你应当能够知道如下问题的答案:

1. 析氢腐蚀的实验现象是怎样的?

2. 析氢腐蚀的实验现象可以通过何种技术手段来表现?

3. 发生析氢腐蚀的酸碱性条件是什么?

4. 吸氧腐蚀的实验现象是怎样的?

5. 吸氧腐蚀的实验现象可以通过何种技术手段来表现?

6. 发生吸氧腐蚀的酸碱性条件是什么?

·本章结构·

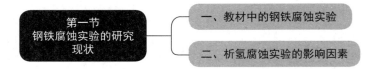

第一节
钢铁腐蚀实验的研究现状

一、教材中的钢铁腐蚀实验

二、析氢腐蚀实验的影响因素

第二节
析氢腐蚀和吸氧腐蚀的
理论探究

一、氢离子和氧气分子得电子能力比较

二、析氢腐蚀的化学反应原理

三、吸氧腐蚀的化学反应原理

第三节
析氢腐蚀实验探究

实验1 U型管中红墨水定性表征析氢腐蚀实验现象

实验2 压强传感器定量表征析氢腐蚀实验现象

实验3 氧气传感器定量表征析氢腐蚀实验现象

第四节
吸氧腐蚀实验探究

实验1 U型管中红墨水定性表征吸氧腐蚀实验现象

实验2 压强传感器定量表征吸氧腐蚀实验现象

实验3 氧气传感器定量表征吸氧腐蚀实验现象

第五节
探究不同酸碱性条件下
钢铁腐蚀的类型

一、问题探究

二、实验方案

三、实验结果

实验1 利用压强传感器检测铁粉与酸的反应

实验2 利用压强传感器检验酸性条件下钢铁腐蚀

实验3 利用氧气传感器检测铁粉和酸的置换反应

实验4 利用氧气传感器检测酸性条件下钢铁腐蚀

实验5 利用氧气传感器检测中性条件下钢铁腐蚀

实验6 利用氧气传感器检测碱性条件下钢铁腐蚀

四、实验结论

第六节
析氢腐蚀和吸氧腐蚀
的条件研究

一、提出问题

二、理论分析

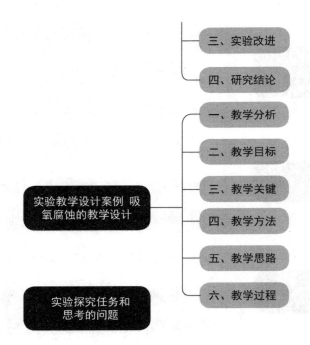

第一节　钢铁腐蚀实验的研究现状

一、教材中的钢铁腐蚀实验

为帮助学生理解钢铁腐蚀的原理,首先分析教材中的实验呈现。苏教版普通高中化学教材《化学反应原理》中设计了吸氧腐蚀和析氢腐蚀实验。

教材示例 1

将铁粉和木炭粉混合后分别撒入用氯化钠或稀醋酸润湿后的具支试管中,实验装置如图4-1所示,观察与具支试管相连接导管中的水柱上升或下降现象,或者实验仪器测量封闭的具支试管内气压的变化,来反映所发生的电化学腐蚀本质。

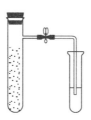

图4-1　教材中用铁粉做钢铁腐蚀的实验装置

人教版普通高中化学教材中也描述了类似的钢铁腐蚀实验。

教材示例 2

将经过酸洗除锈的铁钉用饱和食盐水浸泡一下,放入具支试管,几分钟后,观察试管中水柱的变化,实验装置示意图如图4-2所示。

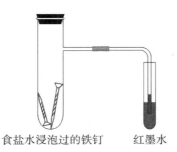

食盐水浸泡过的铁钉　　　红墨水

图4-2　教材中用铁钉做钢铁腐蚀实验装置

两者相比之下,图4-1所示的实验现象发生快且更加明显,因为铁粉比铁钉与空气中的氧气的接触面积更大。

但教师们在实际的析氢腐蚀实验操作过程中发现了许多的问题。理论上,在酸性环境中发生的析氢腐蚀,当打开实验装置中连通外界乳胶导管上的止水夹后,承接气流导出的导管中的液面应该下降,或者导管口处应该有气泡冒出。但实际操作时发现,导管中不但没有气泡冒出,反而有水柱上升,出现了液体倒吸现象,即出现了与吸氧腐蚀相同的实验现象。

析氢腐蚀实验中本应该有氢气产生,体系内压增大,为什么会出现与吸氧腐蚀实验现象相同的倒吸现象呢?

查阅相关文献表明,析氢腐蚀实验中的确经常会出现这种"异常"现象。

对于铁的析氢腐蚀和吸氧腐蚀的原理,吕琳[①]改进了实验装置和实验操作方法,从定量的角度探究铁的析氢腐蚀和吸氧腐蚀过程,并得出结论认为,铁在酸性环境中发生腐蚀时,析出氢气和消耗氧气的反应同时发生着。用图4-3所示装置进行铁的析氢腐蚀和吸氧腐蚀组合实验,可以明显观察到的现象是:铁发生析氢腐蚀过程中消耗氧气的速率大于铁单纯发生吸氧腐蚀消耗氧气的速率。

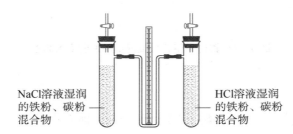

NaCl溶液湿润的铁粉、碳粉混合物   HCl溶液湿润的铁粉、碳粉混合物

图4-3   改进的铁的析氢腐蚀和吸氧腐蚀组合实验装置

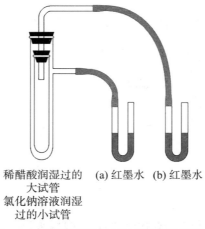

稀醋酸润湿过的大试管   (a) 红墨水 (b) 红墨水
氯化钠溶液润湿过的小试管

图4-4   改进后的钢铁腐蚀的套管实验装置

① 吕琳,袁梦玥,张瑜,吴星.铁的析氢腐蚀和吸氧腐蚀的实验原理探查[J].化学教学,2015(10):46—49.

　　近年来也有不少化学教师开始使用传感器定量地探究电化学腐蚀,传感器是数字化实验实施的有效手段,其设备简单,具有便捷、实时检测、准确、直观显示、综合测定等突出的优点。吴晓红[1]结合教材分析铁的腐蚀原理,得出铁的析氢腐蚀会导致体系压强增大,吸氧腐蚀会导致体系溶解氧减小。倪霞[2]利用压强传感器和溶解氧传感器探究酸性条件下铁的吸氧腐蚀,并设计正交实验寻找发生吸氧腐蚀的最佳条件,得到结论,即在酸性条件下,析氢腐蚀和吸氧腐蚀同时发生,但二者存在竞争。pH=2.0时析氢腐蚀现象最明显;pH≥4.0时体系溶解氧和压强在持续减小,主要发生吸氧腐蚀。

　　具体的实验操作步骤是:

　　(1) 将铁粉15.5 g、木炭粉0.2 g混合均匀后分成两份,分别倒入用氯化钠溶液润湿过的小试管和稀醋酸润湿过的大试管中。

　　(2) 按图4-4安装好仪器。

　　(3) 观察、比较与大试管相连的U型管a和与小试管相连的U型管b中液柱的变化和试管中的现象。

　　(4) 取反应后的物质,分别向其滴加铁氰化钾、酚酞溶液。

　　观察实验现象,可以看到:

　　(1) 随着反应的进行,U型管a中液面先是左低右高,后慢慢变成左高右低。

　　(2) U型管b中液面一直为左高右低。

　　(3) 在大小试管中都有红棕色物质生成。

　　(4) 取大试管反应后的物质,向其滴加铁氰化钾出现蓝色,滴有酚酞的部位无颜色变化。取小试管中物质,向其滴加铁氰化钾出现蓝色,滴有酚酞的部位呈微红。

　　这套实验装置,将析氢腐蚀实验与吸氧腐蚀同时放在套管中进行,实验现象明显,实验结果对比清晰。

　　将小试管插入大试管中,排走空气,尽量降低反应容器中氧气的含量。在氧气量较少的酸性环境中,析氢腐蚀暂时占了上风。能清楚地观察到析氢腐蚀的实验现象,即气体导出的U型管中液柱液面下降、向外挤压液面,反映了生成气体所产生的体系内气压增大这一明显的宏观现象。

　　也有教师发现利用教材上的实验装置进行析氢腐蚀的实验时:几分钟后打开止水夹,真实的现象是液面不降反升,说明体系内的压强在下降。

　　谈小强[3]在《关于钢铁的理论探讨和实验分析》中得出结论,认为:(1)在相同pH条件下,吸氧腐蚀正极电势始终大于析氢腐蚀,即吸氧腐蚀比析氢腐蚀更易发生;(2)随着pH的不断增大,不论是哪种类型的腐蚀,其正极电势都在不断降低,即腐蚀变得更加困难;(3)在

① 吴晓红,徐建菊.基于传感器探究酸性条件下铁的吸氧腐蚀[J].化学教育(中英文),2019,40(01):50—53.
② 倪霞.运用手持技术对钢铁腐蚀进行四重表征教学小探[J].化学教与学,2018(02):2—4+41.
③ 谈小强.关于钢铁腐蚀的理论探讨和实验分析[J].化学教学,2012(05):47—48.

强酸性溶液中,析氢腐蚀正、负极存在较大的电势差。随着 pH 的升高,电势差不断减小,在中性或弱碱性条件下,两极电势几乎相同。说明析氢腐蚀主要在强酸性环境中发生,而吸氧腐蚀在酸性、中性及碱性条件下都能发生。

通过文献研究,比较相关的创新实验装置,分析运用相关装置开展本研究的可行性与操作的简易性。

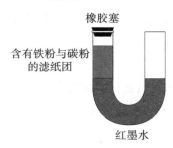

图 4-5　向用滤纸包裹铁粉和木炭粉混合物滴加醋酸的析氢腐蚀实验装置

首先,多数实验装置均需要用到较多的实验仪器,操作方面较为繁琐。其次,大多数实验用橡胶软管作为指示装置。但若在本研究中采用,U 型管两侧液面高低差的变化不稳定,较难测量。最后,为了解决酸液浸没铁碳粉混合物后,木炭粉悬于酸液中的问题,有研究采取将铁粉和木炭粉的混合物粘在滤纸上的方式开展实验。但经过测试发现,这种方法存在两个问题:其一是单位面积的滤纸所能承载铁粉和木炭粉混合物的量是有限的;其二是当滴加一定量的醋酸溶液时,铁粉与木炭粉的混合物很容易脱离滤纸表面,进入橡胶软管中。因此,该研究设计了一个更为简易与有效的实验装置,如图 4-5 所示。

张纯佩[①]运用传感器测量了钢铁的腐蚀实验中的变量,设计了析氢腐蚀和吸氧腐蚀实验的发生装置、气体收集与实验结果指示装置,仅用一根 U 型管构成,如图 4-5 所示。

将称量好的铁粉与木炭粉在铺有适量棉花的滤纸上混合均匀后,将滤纸同脱脂棉与铁粉、木炭粉的混合物卷成圆柱形,塞入 U 型管的一端。滤纸上端与 U 型管口留有约 0.5 cm 的距离。接着在 U 型管的另一端加入滴加了红墨水的蒸馏水,将液面调节到靠近但不接触滤纸下端的位置。实验时,先用胶头滴管量取一定量的醋酸溶液,然后迅速滴入 U 型管中放有滤纸的一侧,并塞上橡胶塞。测量红墨水的液面差。

二、析氢腐蚀实验的影响因素

析氢腐蚀实验现象本应该放出氢气,密闭体系内压升高,反而出现了内压降低的现象,有哪些影响因素在起作用呢? 反应物料质量的配置比例、溶液的酸碱性等因素是否与此相关呢? 结合文献研究,探讨析氢腐蚀实验的影响因素。

1. 铁粉与炭粉的质量比例

铁粉相较于铁钉而言,更适合作为反应原料。因为与铁钉、铁块等相比,相同质量的铁粉的表面积要大很多,与酸溶液的接触面积更大,且反应所需的酸溶液体积也无需很多,既经济又环保。

在析氢腐蚀实验中,铁粉和木炭粉分别作为电化学体系的负极和正极。炭粉的含量小

① 张纯佩,丁伟. 铁的析氢腐蚀中铁与碳的最佳配比[J]. 中学化学教学参考,2017(13):53—55.

于铁粉,因为炭粉只是作为电极并不参与到电化学反应中去,而且工业上生产铁粉的方法就是炭还原法,工业铁粉本身含有炭粉。更重要的是炭粉比例大对吸氧腐蚀有明显帮助,因为活性炭有吸附性,易吸附氧气到铁粉附近,还会吸附液体使液膜变薄,这都利于铁粉接触到更多量的氧气。

要确定成功的析氢腐蚀实验中最佳的铁炭粉比例,不仅要考虑析氢腐蚀持续的时间,还要考虑析氢腐蚀发生时体系液面下降的速率。综合两因素,实验表明,最佳的铁、炭粉质量比例范围大致在 5∶1 左右。

初步试验发现,在酸液浸没铁粉的情况下,相当数量的木炭粉会悬浮于酸液中,能与铁粉接触所构成原电池的木炭粉并不多。

经查阅文献发现,各文献中所用的铁粉的比例始终大于木炭粉。设计探究铁粉与木炭粉的质量配比为:铁粉 1.00 g;木炭粉 0.00 g、0.10 g、0.20 g、0.30 g、0.40 g、0.50 g、0.60 g。做三次平行实验。选择 10% 的醋酸作为电解质溶液。测量当醋酸滴入 U 型管中产生液面差,且液面持续下降时,不产生倒吸的时间,即仅出现析氢腐蚀的实验现象发生的时间,以 10 min 为限[①]。

(1)析氢腐蚀实验现象持续的时间

析氢腐蚀往往伴随着吸氧腐蚀。有的实验操作中甚至只出现吸氧腐蚀的现象。因此,本实验的第一个指标便是测量当醋酸溶液滴入 U 型管中,产生液面差且液面持续下降,不发生倒吸的时间。即仅出现析氢腐蚀的实验现象的时间。以 10 分钟为限。

表 4-1 中记录了各实验组析氢腐蚀持续时间的长短。根据表 4-1 所得数据绘制了图 4-6。

表 4-1　析氢腐蚀持续的时间记录表

	木炭粉/g						
	0.00	0.10	0.20	0.30	0.40	0.50	0.60
实验 1 时间	10′	10′	10′	10′	10′	1′30″	1′
实验 2 时间	10′	10′	10′	10′	4′05″	2′	1′
实验 3 时间	10′	10′	10′	10′	10′	1′14″	50′
平均时间	10′	10′	10′	10′	8′02″	1′35″	56.7″

从图 4-6 可以直观地看出,铁粉发生析氢腐蚀的现象,随着木炭粉比例的逐渐增大,大致可分成两个阶段。

第一个阶段是铁、木炭粉质量比为 10∶1—10∶3 左右。在此区间内,铁粉都能持续发生析氢腐蚀,而不倒吸,即不出现吸氧腐蚀的实验现象。

---

① 张纯佩,丁伟.铁的析氢腐蚀中铁与碳的最佳配比[J].中学化学教学参考,2017(13):53—55.

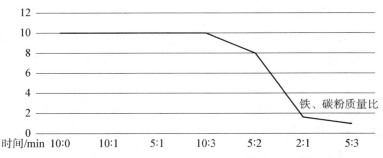

图 4 - 6　不同铁、木炭粉配比下铁的析氢腐蚀现象出现的时间

第二个阶段是铁、木炭粉质量比小于 10∶3 之后。在此之后，随着木炭粉质量的逐渐增大，出现析氢腐蚀的实验现象的时间越来越短，越来越容易出现倒吸。

综上实验数据得出，铁粉与木炭粉的质量比在 10∶1—10∶3 的范围内，实验出现析氢腐蚀的实验现象持续的时间较长。根据电极电势可知，铁粉发生析氢腐蚀时，必然会伴随着吸氧腐蚀。因此，此时析氢腐蚀的速率大于吸氧腐蚀的速率。若继续增加木炭粉的质量，则越来越容易出现倒吸现象。即当铁粉与木炭粉的质量比小于 10∶3 时，吸氧腐蚀的速率随着木炭粉质量的增加而逐渐增大。

（2）析氢腐蚀实验 U 型管中两侧液面高度差出现的速率

由于铁粉一旦与醋酸混合后，两者就会发生反应释放氢气。因此，在实验开始的一瞬间，U 型管中两侧液面的高度会迅速产生较大的差异。而后，液面差产生的速度会骤减。由于实验初期产生液面差的速度过快，难以观察。本实验以 U 型管中两侧液面的高度产生差异的速度平稳后的 10 分钟内，液面差产生的速率（cm/min）为指标，并以下降速率为正，倒吸速率为负，进行铁粉与木炭粉最优配比的探究。

表 4 - 2 是对本实验开始时 10 分钟内，U 型管两侧液面高低差的变化（cm/min）的记录。其中下降速率为正，倒吸速率为负。根据表 4 - 2 中的数据绘制了图 4 - 7。从表 4 - 2 和图 4 - 7 的实验数据记录可以看出，随着木炭粉质量的增大，大致可以将铁的电化学腐蚀分成 3 个阶段。

表 4 - 2　U 型管中液面差产生的速率记录表

	木炭粉/g						
	0.00	0.10	0.20	0.30	0.40	0.50	0.60
实验 1 速率	0.000	0.031	0.071	0.073	0.000	−0.076	−0.100
实验 2 速率	0.000	0.029	0.075	0.067	−0.015	−0.089	−0.120
实验 3 速率	0.010	0.029	0.075	0.067	0.000	−0.067	−0.125
平均速率	0.003	0.030	0.074	0.069	−0.005	−0.077	−0.115

注：速率单位为 cm/min，下降速率为正，倒吸速率为负。

第一阶段为由于没有木炭粉的存在，液面差下降的速率非常缓慢。此时可以理解为没

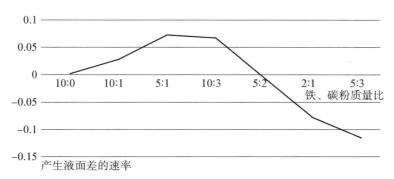

图 4 − 7　不同铁、木炭粉质量配比下钢铁腐蚀时 U 型管中两侧液面的高度差产生的速率

有木炭粉存在时,铁的析氢腐蚀与吸氧腐蚀速率均较为缓慢,且两者速率相近。

第二阶段是铁、炭质量比减小到 5∶1 时,液面下降速率随着木炭粉比例的增大而增大。此时,铁的析氢腐蚀现象最为明显。即铁粉的析氢腐蚀速率与吸氧腐蚀速率的差值最大。

第三阶段是铁、炭质量比减小到 10∶3 以后,随着木炭粉的质量持续增加,液面差的下降速率逐渐减小,即吸氧腐蚀的速率逐渐增大。这主要是由于活性炭具有吸附性,易吸附氧气到铁粉附近。当铁粉与木炭粉的质量比为 5∶2 时,液面差下降速率几乎为零。分析认为,此时,吸氧腐蚀的速率与析氢腐蚀的速率再次接近相等。在此基础上再增大木炭粉的质量,观察到液面差不再下降,而是开始发生倒吸,且随着木炭粉质量的增加,倒吸速率逐渐增大,或者说,随着木炭粉质量的增加,铁的吸氧腐蚀速率与析氢腐蚀速率的差值越大。

综上研究表明,随着木炭粉质量的增加,铁的析氢腐蚀速率与吸氧腐蚀速率的差值,先增大后减小。实验结果显示,析氢腐蚀现象显著且持续时间较长的铁粉与木炭粉最佳质量配比为 5∶1 左右。

2. 溶液的酸碱性

析氢腐蚀和吸氧腐蚀为一对竞争反应,吸氧腐蚀在热力学角度上占优势。为了发生析氢腐蚀,需要从动力学角度入手,提高电解质溶液中氢离子的浓度。文献研究发现,确定该反应最佳的 pH 值为 2 左右[①]。

(1)配制 pH 为 2、3、4、5、6 的醋酸溶液和 pH 值为 7 的饱和食盐水。

(2)将气压传感器、数据采集器、计算机三者相连接。打开 LoggerPro 数据采集软件。

(3)将 1.5 g 铁粉和 0.5 g 木炭粉相混合,倒入作为反应器的锥形瓶中,滴加醋酸润湿表面,插入气压传感器,保证锥形瓶密闭,采集实验数据。

观察实验现象,发现当电解质溶液 pH＝2 时,反应体系内压强呈现上升趋势,观察实验现象,表现出了与理论上析氢腐蚀应该发生的内压降低的现象一致;当电解质溶液 pH＝4 时,锥形瓶内压强下降,表现为理论上吸氧腐蚀应该发生的实验现象,即析氢腐蚀实验发生

---

① 朱鹏飞,马宏佳,杨飞.有关钢铁吸氧腐蚀酸性条件的研究[J].教育与装备研究,2013,29(07):30—32.

内压增大的"异常"现象;而电解质溶液 pH 值在 2 至 4 之间,锥形瓶内压强先降低后升高,实验现象表现为先发生吸氧腐蚀,后发生析氢腐蚀。

3. 酸的种类

有关酸的种类对于析氢腐蚀实验影响的研究文献表明,通常选用的酸溶液是盐酸或者醋酸,因为盐酸中氯离子对吸氧腐蚀有促进作用,能较易穿透铁的钝化膜。使用 10% 的稀醋酸,其中冰醋酸和水的体积比例约 1:9,其 pH 约为 2.19,符合析氢腐蚀实验的酸碱度需求。同时,其溶液的 pH 值随着浓度的减小而呈现出先降低后升高的特征。使用稀醋酸可以避免实验前期随着氢离子被消耗,析氢腐蚀逐渐减弱的情况。

4. 酸的体积

析氢腐蚀实验中酸的体积不宜过多,因为酸液过多会浸没铁粉。在酸液浸没铁粉的条件下,相当数量的炭粉会悬浮于酸液中,能与铁粉接触构成原电池的炭粉不多。这个时候就不再是一个电化学过程,而是金属与酸直接接触化学反应过程。

实验中最佳的反应物存在状态,应该是酸液湿润炭粉,但不是浸没炭粉,保持气、固、液各项物质充分接触。

图 4-8 析氢腐蚀实验装置示意图

使用如图 4-8 所示的实验装置,在 20℃ 的环境温度下,取 5.0 g 还原铁粉、0.5 g 活性炭粉,加入酸液后不振荡。选取 0.5 $mol \cdot L^{-1}$ 的盐酸溶液,设定不同体积,探究酸液体积对反应的影响[1]。

由图 4-9 的数据可以看出,随着酸量的增加,指示液柱外排速率增大、时间延长、现象明显。为使加入的酸液与固体粉

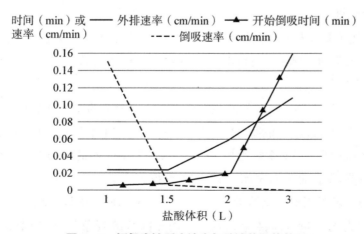

图 4-9 析氢腐蚀反应速率与酸液体积的关系

---

① 陈荣静,丁伟.酸性环境下铁的电化学腐蚀实验的研究[J].化学教学,2017(01):57—61.

末充分接触但又不浸没固体而隔绝空气,2.0 mL 的酸量较合适。此时固体粉末呈现湿润但不浸泡的状态,体系中的固、液、气三相均能较好地接触。实验数据如表 4-3 所示。

表 4-3　反应速率与酸液体积的关系

酸液体积 (mL)	外排速率 (cm/min)	开始倒吸 时间(min)	倒吸速率 (cm/min)	现　　象
1.0	2.4	0.55	15.00	固液混合物干,外排缓慢,倒吸快速
1.5	2.4	0.75	0.60	固液混合物较干,外排倒吸均缓慢
2.0	6.0	2.00	0.36	固液混合物较湿但不易流动。外排快速,倒吸缓慢
3.0	10.8	/	/	固液混合物湿,上部为易流动的液体状态。持续外排,直到 15 min 也未倒吸

注:表中呈现的速率是单位时间内液柱高度的变化,倒吸速率指倒吸 2 min 内的平均速率,下同。

5. 温度

文献研究表明,无论析氢腐蚀还是吸氧腐蚀,温度的升高,均加快了电极反应速度。酸液中溶解氧浓度却随着温度的升高而降低,会影响吸氧腐蚀的发生。有文献研究表明,析氢腐蚀时间随温度升高呈增长趋势。在较高的室温 25℃—27℃下,适合析氢腐蚀反应的发生。

6. 振荡操作

试验表明,对反应仪器的振荡操作,会加大铁粉与氧气接触的机会,促进吸氧腐蚀反应的发生。因此,建议在析氢腐蚀实验过程中保持实验装置静止,不要振荡。

7. 小结

综上,影响析氢腐蚀实验的因素众多,其中起到重要作用的因素整理如表 4-4 所示。

表 4-4　影响实验的因素

条件	适宜范围	证　据
盐酸体积	2 mL	酸量少,固体不能充分接触酸液;酸量大,隔绝空气。当固体粉末总质量为 5.5 g 时,2 mL 的酸量正好使得固液气均接触良好
盐酸浓度	0.1—$2 \text{ mol} \cdot \text{L}^{-1}$	浓度过高,很久观察不到吸氧腐蚀;浓度过低,析氢腐蚀和吸氧腐蚀的现象均不明显
铁炭质量比例	$m(Fe) : m(C) = 8 : 1$—$12 : 1$	由于活性炭吸附空气和酸液,促进吸氧腐蚀,因此炭粉比例不能过大;而铁粉与炭粉质量比在 8:1—12:1 之间时,两者体积相近,且固液气均接触良好
环境温度	较高室温或水浴	适当高的温度有利于增大腐蚀速率和外排持续时间,可借助空调或水浴调控温度
是否振荡	否	避免因振荡带入大量空气到固体表面,使液注倒吸提前

第二节　析氢腐蚀和吸氧腐蚀的理论探究

一、氢离子和氧气分子得电子能力比较

析氢腐蚀为什么会出现与吸氧腐蚀相同的现象?

钢铁在酸性条件下也发生吸氧腐蚀。理论上吸氧腐蚀发生在酸性、中性、碱性条件下,且比析氢腐蚀更容易发生;在强酸性条件下则可以观察到较明显的析氢腐蚀的现象。比较一下钢铁腐蚀中两种得电子的物质氧气和氢离子的标准电极电势,氧气作为氧化剂能够得到电子的吸氧腐蚀电极电势比氢离子作为氧化剂能够得到电子的析氢腐蚀电极电势大1.23 V。从热力学的角度分析,不论溶液的 pH 值为多少,吸氧腐蚀总是处于优势地位。而且实验装置不可避免地存在着空气,炭电极周围氧气浓度较高,发生吸氧腐蚀的概率也会增大。

钢铁表面形成水膜酸性较强时,发生析氢腐蚀。

负极(Fe):$Fe \longrightarrow Fe^{2+} + 2e^-$

正极:$2H^+ + 2e^- \longrightarrow H_2 \uparrow$

电池反应:$Fe + 2H_2O \longrightarrow Fe(OH)_2 + H_2 \uparrow$

由于有氢气放出,所以称之为析氢腐蚀。

钢铁表面形成水膜酸性较弱时,发生吸氧腐蚀。

负极(Fe):$Fe \longrightarrow Fe^{2+} + 2e^-$

正极:$O_2 + 2H_2O + 4e^- \longrightarrow 4OH^-$

电池反应:$2Fe + O_2 + 2H_2O \longrightarrow 2Fe(OH)_2$

由于反应过程吸收氧气,所以也叫吸氧腐蚀。

析氢腐蚀与吸氧腐蚀生成的 $Fe(OH)_2$ 均可被氧气所氧化,

生成 $Fe(OH)_3$:$4Fe(OH)_2 + O_2 + 2H_2O \longrightarrow 4Fe(OH)_3$

当体系处于 1 标准大气压 $(1.013 \times 10^5 \text{ Pa})$,氧气分压、氢气分压为 $1.013 \times 10^5 \text{ Pa}$ 时,析氢腐蚀正极反应为:

$$2H^+ + 2e^- \longrightarrow H_2 \uparrow$$
$$E_1 = (-0.059 \lg \text{pH}) \text{V}$$

吸氧腐蚀正极反应为:

$$2H_2O + O_2 + 4e^- \longrightarrow 4OH^-$$
$$E_2 = (1.23 - 0.059 \lg \text{pH}) \text{V}$$

析氢腐蚀和吸氧腐蚀的负极发生的电极反应为:

$$Fe - 2e^- \longrightarrow Fe^{2+}$$

当腐蚀反应基本停止时，其 $E_3 = -0.558\,\mathrm{V}$。

由此可以得出结论：(1)相同 pH 条件下，吸氧腐蚀正极电势始终大于析氢腐蚀，即吸氧腐蚀更容易发生。(2)随着反应进行，pH 不断增大，无论哪种腐蚀，电极电势都不断降低，腐蚀变得更加困难[1]。

理论上，能够发生析氢腐蚀和吸氧腐蚀的电势应是多少呢？

(1) 金属发生析氢腐蚀的必要条件为金属的电极电位必须低于氢离子的还原反应电位（析氢电位），即 $E_{H_2} > E_M$

析氢电位等于氢的平衡电势 $E_{e,\,H^+/H_2}$ 和析氢过电位 η_{H_2} 之差：$E_{H_2} = E_{e,\,H^+/H_2} - \eta_{H_2}$

氢的平衡电势可由能斯特方程计算：$E_{e,\,H^+/H_2} = E^{\theta}_{H^+/H_2} + \dfrac{2.3RT}{F}\lg a_{H^+}$

当温度为 25℃时：$E_{e,\,H^+/H_2} = -\dfrac{2.3RT}{F}\mathrm{pH} = -0.0591\mathrm{pH}$

(2) 金属发生吸氧腐蚀必要条件为氧分子发生还原反应的电位必须比金属的电极电位正，即：$E_{O_2} > E_M$

在中性、碱性溶液中氧化还原反应为：$O_2 + 2H_2O + 4e^- \Longrightarrow 4OH^-$

其平衡电位可根据能斯特公式计算得：

$$E_{O_2,\,H_2O/OH^-} = E^{\theta}_{O_2,\,H_2O/OH^-} + \dfrac{2.3RT}{4F}\lg\dfrac{p_{O_2}}{p^{\theta}[OH^-]^4}$$

式中，$E^{\theta}_{O_2,\,H_2O/OH^-} = 0.401\,\mathrm{V}$

$p^{\theta} = 101\,325\,\mathrm{Pa}$，$p_{O_2}$ 为氧分压，

当溶液 pH = 7，25℃ 时，$E_{O_2,\,H_2O/OH^-} = 0.805\,\mathrm{V}$

在酸性溶液中发生的氧化还原反应为：$O_2 + 4H^+ + 4e^- \Longrightarrow 2H_2O$

其平衡电位为：$E_{O_2,\,H_2O/OH^-} = 1.22\,\mathrm{V} - 0.0591\mathrm{pH}$

当 pH = 6，则 $E_{O_2,\,H_2O/OH^-} = 0.865\,\mathrm{V}$

由上述公式推导并结合 Fe—H_2O 体系的 φ - pH 关系图（如图 4-10 所示）可知[2]，在相同 pH 条件下（包含强酸性环境中），铁的吸氧腐蚀的正极电势始终大于析氢腐蚀的正极电势，即铁能够发生吸氧腐蚀的热力学趋势大于析氢腐蚀[3]。因此铁的吸氧腐蚀在自然界中更普遍，在实验演示中也更容易成功，析氢腐蚀的实验往往无明显现

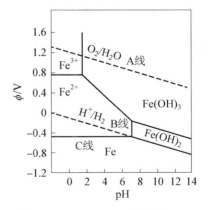

图 4 - 10　Fe—H_2O 体系的 φ - pH 关系图

① 谈小强.关于钢铁腐蚀的理论探讨和实验分析[J].化学教学，2012(05)：47—48.
②③ 傅献彩，沈文霞，姚天扬，等.物理化学[M].北京：高等教育出版社，2006：92—94.

象。只有在酸性电解质溶液中，铁才能发生析氢腐蚀。但由于吸氧腐蚀的电极电势始终大于析氢腐蚀，因此即使在酸性条件下，铁发生析氢腐蚀时，吸氧腐蚀也同时存在，即吸氧腐蚀比析氢腐蚀更加容易发生。而随着 pH 值的不断增大，两种类型的腐蚀都变得困难。

为了使析氢腐蚀的课堂演示实验效果更加明显，研究者们进行了实验改进和创新。其中控制析氢腐蚀的关键条件包括：(1)排除空气中氧的干扰；(2)增加酸的浓度；(3)增加电解质溶液的浓度，旨在抑制氧气在电解质溶液中的扩散速度；(4)放大检验氢气的现象；(5)改善参与反应的铁粉与木炭粉质量的合适比例。

文献研究发现，各文献中所使用的铁粉与木炭粉的质量比例不尽相同。从改善参与反应的铁粉与木炭粉质量的合适配比来弱化吸氧腐蚀，从而突出析氢腐蚀现象的研究还鲜有涉及。

二、析氢腐蚀的化学反应原理

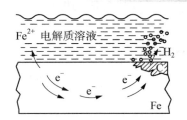

图 4-11　钢铁氢腐蚀过程中氢离子得电子生成氢气

钢铁析氢腐蚀模型如图 4-11 所示。其中发生的化学原理，即电极反应如下：

负极：$Fe - 2e^- \Longrightarrow Fe^{2+}$

正极：$2H^+ + 2e^- \Longrightarrow H_2(g)$

总化学反应：$Fe + 2H^+ \Longrightarrow Fe^{2+} + H_2(g)$

1. 析氢电位

析氢腐蚀的电极反应方程式为：$2H^+ + 2e^- \Longrightarrow H_2 \uparrow$

$$E_{e,H} = E_H^{\theta} + \frac{RT}{nF} \ln a_{H^+}$$

25℃时，$E_{e,H} = -0.059 pH$

氢的平衡电极电位

金属发生析氢腐蚀的必要条件是：金属的电极电位必须低于氢离子的还原反应电位(析氢电位)，即 $E_{H_2} > E_M$

析氢电位等于氢的平衡电势 $E_{e,H^+/H_2}$ 与析氢过电位 η_{H_2} 之差：

$$E_{H_2} = E_{e,H^+/H_2} - \eta_{H_2}$$

$$E_{e,H^+/H_2} = E_{H^+/H_2}^{\Phi} + \frac{2.3RT}{F} \lg a_{H^+}$$

氢的平衡电势可由能斯特方程式计算：

当温度为 25℃时：

$$E_{e,H^+/H_2} = -\frac{2.3RT}{F} pH = -0.0591 pH$$

2. 析氢过电位

氢离子在电极上发生还原的总反应为 $2H^+ + 2e^- \longrightarrow H_2 \uparrow$。氢气析出的过程实际上是分几步进行的：

a. 水化氢离子向电极扩散并在电极表面脱水

b. H^+ 在电极表面接受电子并形成吸附态的氢离子

c. 吸附态的氢离子形成复合脱附

d. 氢分子聚集成氢气泡析出

不论在酸性介质还是在碱性介质中，对大多数金属电极来说，H^+ 接受电子的电化学步骤一般是最缓慢的，是决定总反应速率的控速步骤。

一般来说，析氢过电位越高，析氢的速度越慢，腐蚀越慢。

主要的影响因素有：

a. 电极表面状态。相同的金属材料，粗糙表面上的氢过电位比光滑表面上的小，这是因为粗糙表面上的真实表面积比光滑表面的大。

b. 溶液成分。如果溶液成分中含有铂离子，它们将在腐蚀金属 Fe 上析出，形成附加阴极。由于氢在 Pt 上的析出过电位比在 Fe 上小得多，从而加速了 Fe 在酸中的腐蚀。

c. pH 值。在酸性溶液中，氢过电位随 pH 值增大而增大；在碱性溶液中，氢过电位随 pH 值增大而减小。

d. 温度。溶液温度升高，氢过电位减小。一般温度每升高 $1\,℃$，氢过电位约减小 $2\,mV$。

三、吸氧腐蚀的化学反应原理

吸氧腐蚀中，不同酸碱性条件下氧气发生的具体化学反应过程是：

酸性介质：$O_2 + 4H^+ + 4e^- \longrightarrow 2H_2O$

中、碱性介质：$O_2 + 2H_2O + 4e^- \longrightarrow 4OH^-$

1. 吸氧腐蚀的氧化还原反应原理

酸性介质中

负极：$2Fe - 4e^- \longrightarrow 2Fe^{2+}$

正极：$O_2 + 4H^+ + 4e^- \longrightarrow 2H_2O$

总化学反应：$2Fe + O_2 + 4H^+ \longrightarrow 2Fe^{2+} + 2H_2O$

中性和碱性介质中

负极：$2Fe - 4e^- \longrightarrow 2Fe^{2+}$

正极：$O_2 + 2H_2O + 4e^- \longrightarrow 4OH^-$

总化学反应：$2Fe + O_2 + 2H_2O \longrightarrow 2Fe(OH)_2$

教材上的钢铁吸氧腐蚀模型如图 4-12 所示。

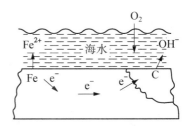

图 4-12 钢铁的吸氧腐蚀示意图

2. 电极电势

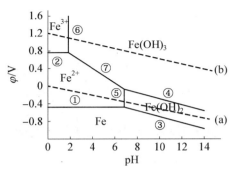

电势为纵坐标,以 pH 为横坐标便可得到图 4-13 所示的 Fe—H_2O 体系的 φ-pH 图。其中①、②是没有 H^+ 参加的电化学平衡体系,在不生成 $Fe(OH)_2$、$Fe(OH)_3$ 的范围内与溶液的 pH 值无关,是两条水平线。⑤、⑥是没有电子参与的化学平衡体系,只同溶液的 pH 值相关,是两条垂直线。③、④、⑦是既有 H^+ 参与反应,又有电子得失的电化学平衡体系,表现为有一定斜率的直线。图中,

线(a)代表氢线　$2H_2O + 2e^- \rlap{=} H_2 + 2OH^-$,
$\varphi(H_2O/H_2) = -0.0591pH$

线(b)代表氧线　$O_2(g) + 4H^+ + 4e^- \rlap{=} 2H_2O$,
$\varphi(O_2/H_2O) = 1.23 - 0.0591pH$

图 4-13　Fe—H_2O 体系的电势—pH 图

图 4-13 数据表明,金属发生吸氧腐蚀时,氧分子发生还原反应的电位必须比金属的电极电位正,即:$E_{O_2} > E_M$

在中性、碱性溶液中氧化还原反应为:

$$O_2 + 2H_2O + 4e^- \longrightarrow 4OH^-$$

其平衡电位可根据能斯特公式,计算得:

$$E_{O_2,\,H_2O/OH^-} = E^{\Phi}_{O_2,\,H_2O/OH^-} + \frac{2.3RT}{4F} \lg \frac{p_{O_2}}{p^{\Phi}[OH^-]^4}$$

该公式中,$E_{O_2,\,H_2O/OH^-(标准)} = 0.401\,V$,$p_{(标准大气压)} = 101\,325\,pa$,$p_{O_2}$ 为氧分压。

当 25℃,溶液 pH = 7 时,$E_{O_2,\,H_2O/OH^-} = 0.805\,V$

在酸性溶液中,如果氧气被还原,其反应为

$$O_2 + 4H^+ + 4e^- \longrightarrow 2H_2O$$

其平衡电位为:$E_{O_2,\,H^+/H_2O} = 1.22\,V - 0.0591\,V\,pH$

若 pH = 6,则 $E_{O_2,\,H^+/H_2O} = 0.865\,V$

不难看出,由于溶氧的中性、碱性及酸性环境中的氧电位比氢电位还高,又由于中性、碱性环境中的氧气占据了腐蚀环境的绝大部分,因此,与析氢腐蚀相比,吸氧腐蚀更加普遍。

第三节　析氢腐蚀实验探究

实验 1　U 型管中红墨水定性表征析氢腐蚀实验现象

实验药品、用品:

2 g 铁粉和 0.2 g 木炭粉的混合粉末、1 mol·L^{-1} 的盐酸溶液、红色墨水。

50 mL 小锥形瓶、胶头滴管、铁架台、U 型管、橡胶管、玻璃导管。

实验装置：

本实验采用如图 4 - 14 所示实验装置。

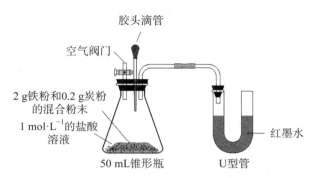

图 4 - 14 铁炭粉混合物腐蚀实验装置示意图

实验操作：

按照图 4 - 14 实验装置连接装置，与锥形瓶连接的 U 型管中盛放的是红墨水，用于指示反应过程中体系气压的变化。检验装置气密性。先润洗小锥形瓶，再将 1 滴管的盐酸溶液加入小锥形瓶中。将混合粉末均匀铺撒在瓶壁上，快速塞好塞子。

实验现象：

一段时间后观察到与锥形瓶连接的一侧 U 型管中红墨水液面下降，低于另一侧高度，产生了压强差，说明反应体系内压增大，有氢气放出，发生了析氢腐蚀。

实验 2 压强传感器定量表征析氢腐蚀实验现象

实验用品：

2 g 铁粉和 0.2 g 木炭粉的混合粉末、1 mol·L^{-1} 的盐酸。

50 mL 小锥形瓶、胶头滴管。

压强传感器、数据采集器、电脑。

实验装置：

使用压强传感器配套的锥形瓶作为反应容器，实验装置如图 4 - 14 所示，连接好数据采集器和电脑。

实验操作：

先润洗小锥形瓶，再将 1 滴管的盐酸加入小锥形瓶中。将混合粉末均匀地铺在瓶壁上，快速塞好塞子，同时点击电脑屏幕上的采集按钮。

实验现象：

观察到曲线上升，观察到反应体系内压强随着时间呈现趋于上升的趋势，如图 4 - 15

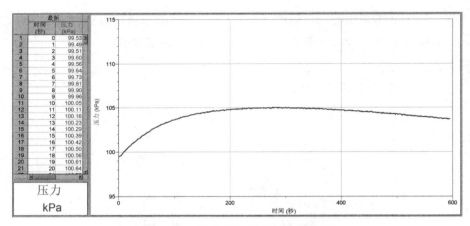

图4-15　析氢腐蚀的压强传感器实验

所示。

从图4-15中可以看出,在开始的300秒里,压强由99.5 kPa上升至105.0 kPa,随后的时间里,压强由105.0 kPa发生缓慢的下降(至600 s时压强下降至103.5 kPa)。这表明实验中先发生了析氢腐蚀,后发生了吸氧腐蚀。

实验3　氧气传感器定量表征析氢腐蚀实验现象

实验目的:

氧气传感器测量析氢腐蚀反应体系中氧气含量是否发生变化。

实验用品:

2 g铁粉和0.2 g木炭粉的混合粉末、1 mol·L^{-1}的盐酸。

胶头滴管、氧气传感器及其配套的250 mL锥形瓶、数据采集器、电脑。

实验装置:

使用氧气传感器配套的锥形瓶作为反应容器,实验装置如图4-14所示,连接好数据采集器和电脑。

实验操作:

先润洗氧气传感器配套的锥形瓶,再将1滴管的盐酸加入锥形瓶中。将混合粉末均匀地铺在瓶壁上、快速塞好塞子,关闭锥形瓶上的活塞旋钮,同时点击电脑屏幕上的采集按钮。

实验结果:

观察数据采集器采集到的数据图像变化:氧气压强随着时间数据曲线如图4-16所示,即反应体系内氧气含量随着时间呈现趋于下降的趋势。数据显示氧气含量从20.41%逐渐下降至16.21%,说明在酸性条件下也发生了吸氧腐蚀。

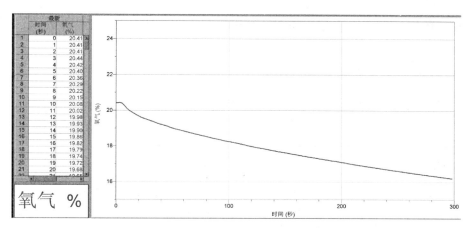

图 4 - 16   氧气压强随着时间数据曲线

第四节   吸氧腐蚀实验探究

实验 1   U 型管中红墨水定性表征吸氧腐蚀实验现象

实验目的：

使用盛放红墨水的 U 型管连接吸氧腐蚀的反应容器，观察是否产生倒吸现象以显示吸氧腐蚀的发生。

实验用品：

2 g 铁粉和 0.2 g 木炭粉的混合粉末、1 mol·L^{-1} 的氯化钠溶液。

50 mL 小锥形瓶、胶头滴管、铁架台、U 型管、橡胶管、玻璃导管。

实验装置：

吸氧腐蚀实验装置如图 4 - 14 所示，与析氢腐蚀的实验装置相似。

实验操作：

按照图 4 - 14 实验装置连接装置，与锥形瓶连接的 U 型管中盛放的是红墨水。检验装置气密性。先润洗小锥形瓶，再将 1 滴管的氯化钠溶液加入 50 mL 小锥形瓶中。将混合粉末均匀地铺在瓶壁上、快速塞好塞子。

实验现象：

一段时间后观察到与锥形瓶连接的一侧 U 型管中红墨水液面上升，高于另一侧液面，产生了压强差，说明发生了吸氧腐蚀。

实验 2   压强传感器定量表征吸氧腐蚀实验现象

实验目的：

使用压强传感器检测吸氧腐蚀体系内压的变化，以证明吸氧腐蚀的发生。

实验用品：

2g 铁粉和 0.2g 木炭粉的混合粉末、1mol·L^{-1} 的氯化钠溶液。

50mL 小锥形瓶、胶头滴管。

压强传感器、数据采集器、电脑。

实验装置：

使用压强传感器配套的锥形瓶作为反应容器，实验装置如图 4-14 所示，连接好数据采集器和电脑。

实验操作：

首先润洗小锥形瓶，再将 1 滴管的氯化钠溶液加入小锥形瓶中，将混合粉末均匀地铺在瓶壁上、快速塞好塞子，同时点击电脑屏幕上的采集按钮。

实验结果：

如图 4-17 所示，观察到反应体系内压强随着时间呈现趋于下降的趋势，压强随着时间发生了减小的变化，说明反应体系中的气体量减少，发生了吸氧腐蚀。

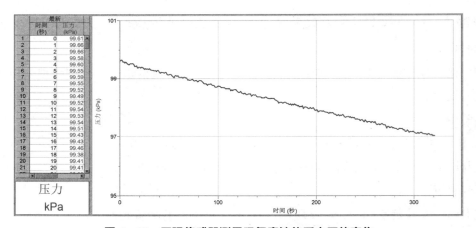

图 4-17　压强传感器测量吸氧腐蚀体系内压的变化

实验 3　氧气传感器定量表征吸氧腐蚀实验现象

实验目的：

使用氧气传感器检测吸氧腐蚀体系内氧气的变化，以证明吸氧腐蚀的发生。

实验用品：

2g 铁粉和 0.2g 木炭粉的混合粉末、1mol·L^{-1} 的氯化钠溶液。

胶头滴管。

氧气传感器、配套的 250mL 瓶子、数据采集器、电脑。

实验装置：

使用氧气传感器配套的锥形瓶作为反应容器,实验装置如图 4-14 所示,连接好数据采集器和电脑。

实验操作:

先润洗配套的瓶子,再将 1 滴管的氯化钠溶液加入瓶子中,将混合粉末均匀地铺在瓶壁上、快速塞好塞子,同时点击电脑屏幕上的采集按钮。

实验现象:

如图 4-18 所示,观察到氧气含量数据曲线下降,即观察到反应体系内氧气含量随着时间呈现趋于下降的趋势。氧气含量随着时间发生了减小的变化,说明反应体系中的氧气量减少,发生了吸氧腐蚀。

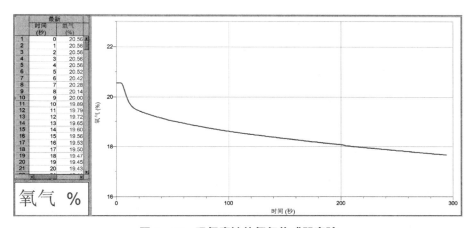

图 4-18 吸氧腐蚀的氧气传感器实验

第五节 探究不同酸碱性条件下钢铁腐蚀的类型

一、问题探究

分别应用氧气传感器、压强传感器来探究碱性、中性和酸性条件下,钢铁发生电化学腐蚀的类型。

二、实验方案

首先利用铁粉做空白实验,然后分别检验 2 g 铁粉和 0.2 g 木炭粉(质量比选定为 10∶1)在碱性(pH=13 的 NaOH 溶液)、中性(1 mol·L^{-1} 的 NaCl 溶液)和酸性(pH=0 的 HCl 溶液)条件下,探究体系中发生钢铁腐蚀的类型,即析氢腐蚀还是吸氧腐蚀。使用压强传感器和氧气传感器测量反应体系内发生析氢腐蚀或吸氧腐蚀过程中压强以及氧气含量的变化。

实验装置同图 4-14 所示的实验装置示意图一致。

实验步骤如下：

（1）搭建实验装置，如图 4 - 14 所示。

（2）检验装置气密性。

（3）按实验方案要求的量准确称取还原铁粉、活性炭粉，充分研磨，然后小心倒入锥形瓶中。

（4）轻轻晃动使其铺平。

（5）用胶头滴管吸入方案要求的浓度与体积的盐酸，塞入三孔塞中，打开阀门连通大气后关闭。

（6）挤压胶头，将酸一次性加入锥形瓶中，立即观察 U 形管中指示液柱随时间的变化情况并记录。

三、实验结果

结合实验现象和采集得到的实验数据，表征实验结果。

1. 压强传感器测量的实验结果

实验 1　利用压强传感器检测铁粉与酸的反应

实验条件：

反应物只有铁粉，m（铁粉）＝2 g，m（炭粉）＝0 g

反应体系为酸性环境，c（HCl）＝1 mol·L^{-1}

实验中采用 50 mL 锥形瓶作为反应容器。

实验结果：

多次平行实验的数据图像都显示，如图 4 - 19 所示，在纯铁粉遇到盐酸开始的 30 s 内，压强由 100.3 kPa 迅速上升到 107.9 kPa（上升 7.6 kPa），这是因为放出的大量氢气让压强曲线在短时间内迅速上升，达到峰值后，在 30 s 之后，压强由 100.3 kPa 逐步减小（下降 7.8 kPa）。

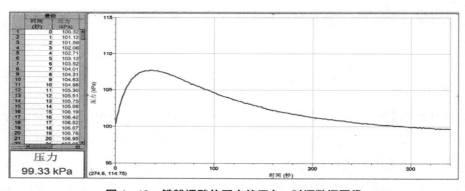

图 4 - 19　铁粉遇酸体系内的压力—时间数据图像

实验结果说明,铁粉与盐酸发生置换反应,放出了氢气。

实验 2 利用压强传感器检测酸性条件下钢铁腐蚀

实验条件:

反应物为铁粉与木炭粉,其质量比为 10 : 1,m(铁粉) $= 2\,g$,m(木炭粉) $= 0.2\,g$。

反应体系为酸性环境,$c(HCl) = 1\,mol \cdot L^{-1}$。

实验中采用 50 mL 锥形瓶作为反应容器。

实验装置:

图 4 - 20 压强传感器(见本书彩页)

实验结果:

实验开始时,pH 传感器采集到的电解液数据显示 pH $= 0.10$。

多次平行实验数据图像都显示,如图 4 - 21 所示,都说明了铁粉和木炭粉的混合粉末在酸性条件(pH $=0$)下发生了析氢腐蚀,放出的氢气让体系内压强曲线由 99.1 kPa 缓慢上升至 102.1 kPa(170 s,上升 2 kPa),随着酸浓度的减少,吸氧腐蚀占据主导地位,压强逐渐由

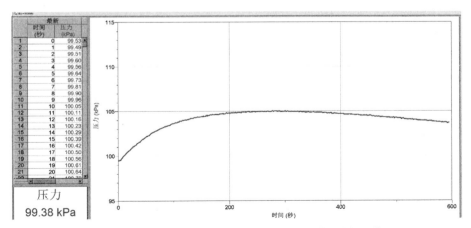

图 4 - 21 铁炭混合物与酸体系内的压力—时间数据图像

102.1 kPa 减小至 101.2 kPa(280 s,下降 0.9 kPa)。

2. 氧气传感器测量的实验结果

实验 3   利用氧气传感器检测铁粉和酸的置换反应

实验条件：

反应物只是铁粉，m(铁粉)$=2$ g，m(炭粉)$=0$ g。

反应体系为酸性环境，c(HCl)$=1$ mol·L^{-1}。

实验中采用 50 mL 锥形瓶作为反应容器。

实验结果：

多次平行实验的数据图像都显示，如图 4-22 所示，都说明了在只有纯铁粉和酸存在的条件下，氧气含量在 280 s 内，由 20.3% 下降至 16.0%(下降 4.3%)，这说明铁粉与酸发生了置换反应的同时，体系中也发生了吸氧腐蚀。

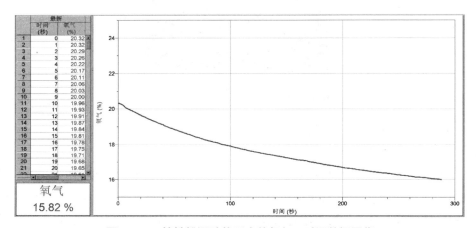

图 4-22   纯铁粉遇酸体系内的氧气—时间数据图像

实验 4   利用氧气传感器检测酸性条件下钢铁腐蚀

实验条件：

反应物为铁粉与木炭粉，其质量比为 10:1，m(铁粉)$=2$ g，m(木炭粉)$=0.2$ g。

反应体系为中性环境，c(HCl)$=1$ mol·L^{-1}。

实验中采用 50 mL 锥形瓶作为反应容器。

实验装置：

图 4 - 23　氧气传感器的测量装置（见本书彩页）

实验结果：

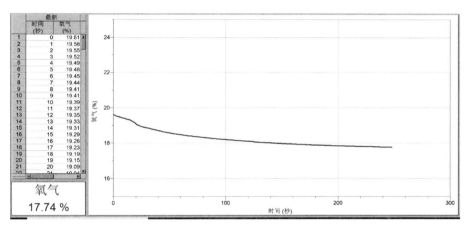

图 4 - 24　氧气—时间数据图像

pH 传感器采集到的电解液数据显示 pH＝0.1。多次平行实验的数据图像都显示，如图 4 - 24 所示，说明在酸性条件下，氧气含量由 19.6％ 逐渐下降至 17.8％（下降 1.8％），这说明铁粉和木炭粉的混合粉末在酸性条件下体系中一直有吸氧腐蚀发生。

实验 5　利用氧气传感器检测中性条件下钢铁腐蚀

实验条件：

反应物为铁粉与木炭粉，其质量比为 10∶1，m（铁粉）＝2 g　m（木炭粉）＝0.2 g

反应体系为中性环境，$c(NaCl)＝1\ mol \cdot L^{-1}$

实验中采用 50 mL 锥形瓶作为反应容器

实验 a 使用浸没式装药方式：先向反应容器内装入铁粉与木炭粉混合物，再向容器内滴入 1 mol·L^{-1} 的 NaCl 溶液并浸没铁炭混合物。

实验 b 使用洒壁式装药方式:都是先用 $1\,mol\cdot L^{-1}$ 的 NaCl 溶液润洗反应容器的器壁,再向反应容器器壁上洒入铁粉与木炭粉混合物。

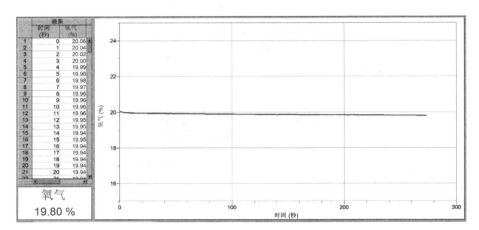

图 4 - 25(a)　酸液浸没铁炭粉体系内氧气—时间数据图像

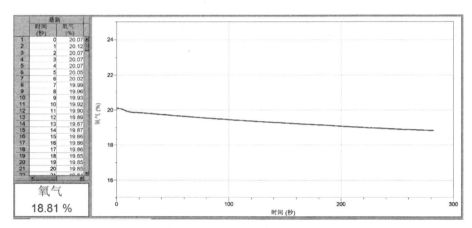

图 4 - 25(b)　酸液洒壁式体系内氧气—时间数据图像

实验结果:

如图 4 - 25(a)所示,铁粉和木炭粉的混合粉末浸没在中性的食盐水中,实验中数据变化非常不明显,氧气含量在 280 s 中由 20%下降至 19.8%,下降了 0.2%。

如图 4 - 25(b)所示,可以发现,将铁粉和木炭粉的混合粉末均匀地粘附在沾有食盐水液珠的瓶壁上所产生的氧气含量曲线,实验中数据变化较为明显,氧气含量在 280 s 中由 20%下降至 18.8%,下降了 1.2%。

实验 6　利用氧气传感器检测碱性条件下钢铁腐蚀

实验条件:

反应物为铁粉与木炭粉,其质量比为 10 : 1, m(铁粉)$= 2\,g$　m(木炭粉)$= 0.2\,g$。

反应体系为碱性环境，$c(NaOH) = 0.1\ mol \cdot L^{-1}$。

实验中采用 50 mL 锥形瓶作为反应容器。

装药方式：先用 $0.1\ mol \cdot L^{-1}$ 的 NaOH 溶液润洗反应容器的器壁，再向反应容器器壁上洒入铁粉与木炭粉混合物。

实验结果：

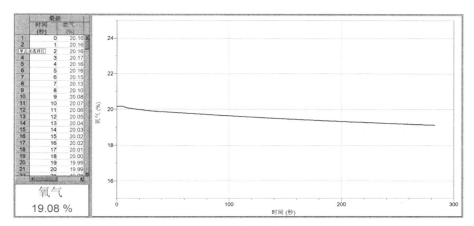

图 4-26　铁炭粉粘附在沾有氢氧化钠液珠的器壁上所产生的氧气—时间数据图像

如图 4-26 所示，将铁粉和木炭粉的混合粉末均匀地粘附在沾有氢氧化钠液珠的瓶壁上所产生的氧气含量曲线，实验中数据变化较为明显，数据显示氧气含量在 280 s 中由 20.1% 下降至 19.1%，下降了 1%。

四、实验结论

从上述实验结果的数据图像变化趋势可以发现，在酸性条件下，压强变化和氧气含量变化均很明显，但是中性条件和碱性条件下，两者的变化均不明显，甚至非常的小。酸性条件下压强传感器变化明显，可能是因为放出了氢气，导致现象显著。同时，由于氧气传感器变化也很明显，说明反应体系中除了发生析氢腐蚀，也发生了吸氧腐蚀，而且压强传感器曲线随着反应的进行，体系内压强先增高后降低，说明反应刚刚开始的时候析氢腐蚀占主导地位，随着反应的进行，酸的浓度减小，吸氧腐蚀则占据了主导地位。而且由于电极电势的缘故，相较于中性和碱性条件，在酸性条件下吸氧腐蚀进行的程度更大。

对于中性和碱性条件，实验结果的数据图像变化中显示，压强传感器测量得到数据变化非常小，但是氧气传感器测量得到数据变化较为明显。两者的氧气含量大概都是下降 1% 左右，空气中氧气含量占比是 21%，所以对于整个体系中的压强变化可能不太明显。这一实验结果亦可以在定性红墨水实验的等待时间中观察得出。但是实验中发现，酸性条件下，铁粉与酸置换反应中氧气含量减小的变化较反应物为混合粉末时更加明显。

实际上,结合电极电势分析,在酸性环境下,氧气得电子能力很强,即无论酸性、中性和碱性条件下吸氧腐蚀一直都在发生。

在酸性条件下

负极:$2Fe - 4e^- = 2Fe^{2+}$

正极:$O_2 + 4H^+ + 4e^- = 2H_2O$

总反应:$2Fe + O_2 + 4H^+ = 2Fe^{2+} + 2H_2O$

中性和碱性介质中

负极:$2Fe - 4e^- = 2Fe^{2+}$

正极:$O_2 + 2H_2O + 4e^- = 4OH^-$

总反应:$2Fe + O_2 + 2H_2O = 2Fe(OH)_2$

在钢铁腐蚀的实验操作上,结合中性和碱性条件下使用氧气传感器实验操作时发现,要将铁粉和木炭粉的粉末均匀地粘附在瓶壁上才会有比较明显的实验数据上的变化现象,能够显示系统内气压或氧气的变化。但如果选用浸没式的操作,虽然吸氧腐蚀一直在发生,但由于酸液覆盖了铁粉和木炭粉的混合物,该混合物接触氧气的机会较少,致使析氢腐蚀放出的氢气与吸氧腐蚀吸收的氧气几乎接近,致使压强传感器似乎没有察觉到体系内的气压有很大变化,气压数据没有显著性的变化。所以,实验操作对实验结果的影响也至关重要。

第六节　析氢腐蚀和吸氧腐蚀的条件研究

一、提出问题

金属的电化学腐蚀是普通高中化学教材《化学反应原理》中的一个重要的内容,由于该实验反应速率很慢,而且不可控的因素很多,容易导致实验现象出现偏差,学生不易观察到预期的析氢腐蚀和吸氧腐蚀实验现象。很多文献对钢铁析氢、吸氧腐蚀的实验改进,着重于放大反应体系气压的变化,给学生呈现更为直观明显的电化学腐蚀现象,本书上节中的实验探究结论也充分反映了此类问题,其中实验现象及其反映体系压强传感器测量数据、氧气传感器测量数据不明显的根本原因恰是:析氢腐蚀的同时往往会伴随发生吸氧腐蚀,导致了析氢腐蚀压强增大现象的不明显。

在钢铁电化学腐蚀的演示实验过程中,主要存在以下容易令人困惑的问题。

(1)在课堂上演示钢铁的电化学腐蚀时,析氢腐蚀往往会伴随着吸氧腐蚀一同发生。只要反应体系中存在氧气,吸氧腐蚀就会发生,并对钢铁析氢腐蚀的现象产生干扰,使得析氢腐蚀的压强变化不明显甚至呈现压强减小的现象。因此目前教材中的实验装置很难实现钢铁析氢腐蚀或者吸氧腐蚀的单独发生,而是二者共同发生的叠加化学现象。

（2）在钢铁电化学腐蚀的过程中，铁单质失去电子生成的 Fe^{2+} 非常容易被氧气氧化为 Fe^{3+}，该过程中会消耗体系内的氧气，使体系压强减小，从而影响了析氢腐蚀反应预期的现象的观察。

（3）目前教材中演示钢铁析氢腐蚀时，是将铁粉和木炭粉的混合物直接与酸溶液接触，使之发生化学反应。学生观察到该操作方法会产生认知困惑和理解辨析障碍："究竟是铁粉直接与酸接触发生置换反应还是构成了铁炭原电池的析氢腐蚀？"

本研究从理论角度分析了析氢腐蚀往往会伴随着吸氧腐蚀的原因，并探究了钢铁发生析氢、吸氧腐蚀的临界条件。为了精准演示钢铁析氢腐蚀和吸氧腐蚀实验时不会出现异常现象、概念混淆与难以解释的问题，设计了利用双液电池的钢铁电化学腐蚀的实验装置，分离了正极区域与负极区域，使钢铁的析氢腐蚀、吸氧腐蚀各自独立发生，呈现独立的析氢腐蚀或吸氧腐蚀的直观实验现象，不再混淆二者同时发生腐蚀的叠加现象。

二、理论分析

1. 析氢、吸氧反应互相竞争

钢铁的析氢、吸氧腐蚀都属于氧化还原反应，因此可以通过比较析氢腐蚀和吸氧腐蚀电极电势推断发生两种反应的难易程度，在标准状况下，铁电化学腐蚀电极电势如下所示：

析氢腐蚀正极 $2H^+ + 2e^- \Longrightarrow H_2 \uparrow$　$\varphi_{H^+/H_2} = 0\,V$

吸氧腐蚀正极 $O_2 + 2H_2O + 4e^- \Longrightarrow 4OH^-$　$\varphi_{O_2/OH^-} = +0.40\,V$

铁电化学腐蚀负极 $Fe^{2+} + 2e^- \Longrightarrow Fe$　$\varphi_{Fe^{2+}/Fe} = -0.44\,V$

显然 $\varphi_{O_2/OH^-} - \varphi_{Fe^{2+}/Fe}$、$\varphi_{H^+/H_2} - \varphi_{Fe^{2+}/Fe}$ 的值都为正，即铁的电化学腐蚀可以自发进行；比较析氢、吸氧腐蚀正极的标准电极电势，可以发现在标准状况下，$\varphi_{O_2/OH^-} > \varphi_{H^+/H_2}$，也就是说 O_2 的氧化性强于 H^+；与发生析氢腐蚀相比，钢铁更容易发生吸氧腐蚀。而在非标准状况、不同 pH 的体系情况下，为了进一步跟踪电极电势的变化，需要利用能斯特方程进行计算分析。

析氢腐蚀正极的电势：

$$\varphi_{H^+/H_2} = \varphi^{\ominus}_{H^+/H_2} + \frac{RT}{n}\ln\frac{c(H^+)^2}{c(H_2)} = \varphi^{\ominus}_{H^+/H_2} + 0.0592\lg c(H^+)$$

即 $\varphi_{H^+/H_2} = (-0.0592pH)V$

吸氧腐蚀正极电势：

$$\varphi_{O_2/OH^-} = \varphi^{\ominus}_{O_2/OH^-} + \frac{RT}{n}\ln\frac{c(O_2)}{c(OH^-)^4} = \varphi^{\ominus}_{O_2/OH^-} - 0.0592\lg c(OH^-)$$

在 25℃ 环境下，$K_w = c(OH^-)c(H^+)$，$K_w = 1 \times 10^{-14}$，带入上式得

$$\varphi_{O_2/OH^-}=\varphi_{O_2/OH^-}^{\ominus}+0.0592\times14+0.0592\lg c(H^+)$$

即 $\varphi_{O_2/OH^-}=(1.23-0.0592pH)V$

电化学腐蚀负极电势：

$$\varphi_{Fe^{2+}/Fe}=\varphi_{Fe^{2+}/Fe}^{\ominus}+\frac{RT}{n}\ln c(Fe^{2+})=\varphi_{Fe^{2+}/Fe}^{\ominus}+\frac{0.0592}{2}\lg c(Fe^{2+})$$

当溶液中 Fe^{2+} 的浓度达到 10^{-5} mol·L^{-1} 时，则认为电化学腐蚀已经发生。

即 $\varphi_{Fe^{2+}/Fe}=-0.588V$。

可见在钢铁发生电化学腐蚀时，正极发生析氢、吸氧腐蚀的电极电势都是关于反应体系 pH 的一次函数，而负极铁被还原的电极电势恒为 $-0.588V$，与反应体系 pH 无关。因此以反应体系 pH 为横坐标，反应电极电势为纵坐标，可以做出铁发生析氢吸氧腐蚀的电极电势 φ 与反应体系 pH 的关系图，如图 4-27 所示：

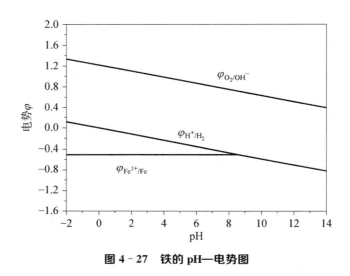

图 4-27　铁的 pH—电势图

由图 4-27 铁的 pH—电势图可得，吸氧腐蚀正极的电势始终大于析氢腐蚀的电势，即在任一相同的 pH 条件下，吸氧腐蚀比析氢腐蚀更易发生。

2. 发生析氢、吸氧腐蚀的体系 pH 临界值

在钢铁电化学腐蚀的教学过程中，对于发生析氢吸氧腐蚀的 pH 条件，有些教师认为"钢铁在酸性条件下发生的是析氢腐蚀，在碱性或中性环境下发生的是吸氧腐蚀"。实际上，在任何 pH 条件下，钢铁的吸氧腐蚀始终比析氢腐蚀更加容易发生。

钢铁发生析氢腐蚀、吸氧腐蚀的反应环境的 pH 究竟有什么要求呢？依据电极电势能斯特方程式，分析钢铁发生析氢腐蚀、吸氧腐蚀的体系 pH 临界值。

（1）发生析氢腐蚀的反应环境的 pH

只有满足反应电势 $E=\varphi_{H^+/H_2}-\varphi_{Fe^{2+}/Fe}$ 大于 $0\,V$ 的前提下,钢铁才可以发生析氢腐蚀,即

$$E=\varphi_{H^+/H_2}^{\ominus}+\frac{RT}{2F}\ln\frac{a(H^+)^2}{a(H_2)}-\varphi_{Fe^{2+}/Fe}\geqslant 0$$

由于 $\varphi_{H^+/H_2}^{\ominus}=0\,V$,$\varphi_{Fe^{2+}/Fe}=-0.44\,V$

计算得 $-\lg a(H^+)\leqslant 7.43$ 即 $pH\leqslant 7.43$

因此,只有反应环境 $pH\leqslant 7.43$ 时,钢铁才能发生析氢腐蚀。

(2)发生吸氧腐蚀的反应环境的 pH

只有满足反应电势 $E=\varphi_{O_2/OH^-}-\varphi_{Fe^{2+}/Fe}$ 大于 0 的前提下,钢铁才可以发生吸氧腐蚀,即

$$E=\varphi_{O_2/OH^-}^{\ominus}+\frac{RT}{4F}\ln\frac{a(H_2)}{a(OH^-)^4}-\varphi_{Fe^{2+}/Fe}^{\ominus}\geqslant 0$$

由于 $\varphi_{O_2/OH^-}^{\ominus}=0.40\,V$,$\varphi_{Fe^{2+}/Fe}^{\ominus}=-0.44\,V$

计算得 $-\lg a(OH^-)\geqslant-14.79$ 即 $pH\leqslant 28.79$

显然 $pH\leqslant 28.79$ 是恒成立的,也就是说明吸氧腐蚀始终会发生。

(3)析氢腐蚀和吸氧腐蚀的比较

析氢腐蚀只有在 pH 小于 7.43 的条件下才可以进行,而吸氧腐蚀在任何 pH 条件下都可以顺利进行;pH 越小,钢铁发生吸氧腐蚀、析氢腐蚀的电势都会不断增加,即钢铁发生析氢腐蚀、吸氧腐蚀都更为容易。

在强酸性溶液中,析氢腐蚀正极和负极存在较大的电势差。随着 pH 的升高,电势差不断减少,说明析氢腐蚀主要在强酸性环境中发生,而吸氧腐蚀在酸性、中性及碱性条件下都能发生。

3. 副反应的干扰

目前关于钢铁电化学腐蚀的演示实验,析氢腐蚀、吸氧腐蚀的判断大部分都是通过体系内压强的变化。而教师在课堂演示析氢腐蚀时经常会出现很多异常现象,如看到体系压强短暂变大后,就转而变小,教师对此现象的解释可能有:(1)析氢腐蚀反应迅速;(2)在析氢腐蚀发生过程中,反应体系 pH 变大,钢铁发生吸氧腐蚀消耗氧气。

仔细分析,其中的原因不尽然如此。

一方面,吸氧腐蚀是可以伴随析氢腐蚀一起发生的,钢铁发生吸氧腐蚀会消耗体系内的氧气,可以造成体系压强减小。

另一方面,体系内压强减小还因为体系中由于析氢腐蚀过程中生成的亚铁离子的存在,亚铁离子具有很强的还原性,非常容易被体系中存在的氧气氧化为铁离子,从而消耗体系内的氧气,造成体系压强变小。

该过程的化学反应方程式为 $4Fe^{2+}+O_2+4H^+===4Fe^{3+}+2H_2O$

该反应的电极电势是

负极:$Fe^{3+}+e^-===Fe^{2+}$ $\varphi_{Fe^{3+}/Fe^{2+}}^{\ominus}=0.77\,V$

正极：$O_2 + 4H^+ + 4e^- \longrightarrow 2H_2O$ $\varphi^\ominus_{O_2/H_2O} = 1.23\,V$

$E^\ominus = \varphi^\ominus_{O_2/H_2O} - \varphi^\ominus_{Fe^{3+}/Fe^{2+}} = 0.46\,V$ 大于析氢反应电势 $0.40\,V$，由此可见氧气氧化亚铁离子的趋势是大于钢铁发生吸氧腐蚀的，亚铁离子转化为铁离子的过程比发生吸氧腐蚀更容易消耗体系内的氧气，使体系压强减小，带来非预期的现象，因此需要对钢铁发生析氢腐蚀、吸氧腐蚀的实验装置进行改进。

三、实验改进

结合理论分析可以发现，在钢铁析氢腐蚀演示实验中，只要反应体系内存在氧气，就会对钢铁的析氢腐蚀产生干扰，致使析氢腐蚀也会出现压强减小的非预期的实验现象。导致实验现象异常的主要原因有：(1)析氢腐蚀往往伴随着吸氧腐蚀，吸氧腐蚀消耗氧气造成反应体系压强增大不明显；(2)由于钢铁电化学腐蚀生成的 Fe^{2+} 容易被氧气氧化为 Fe^{3+}，也会消耗体系内的氧气，使压强减小。

另外，在教材钢铁析氢腐蚀演示实验中，当学生观察到钢铁直接与酸液接触时，会产生困惑或疑问："铁直接与酸接触的过程，究竟发生了置换反应还是钢铁的析氢腐蚀呢？"

而在演示吸氧腐蚀过程中，尽管可以看到明显的压强变小的现象，但由于体系内伴随 Fe^{2+} 被氧气氧化，不能单纯解释为压强的减少是由于钢铁发生吸氧腐蚀，也容易造成学生的认知障碍。

为了使钢铁析氢腐蚀、吸氧腐蚀的演示实验中不会出现异常现象，以及产生化学原理混淆的问题，本研究采用双液电池实验装置代替常见的单液钢铁电化学腐蚀的实验装置。双液电池实验装置能够分离化学反应的正极区域与负极区域，避免两者之间的相互干扰，清晰直观地呈现了钢铁的电化学腐蚀的现象。也更好地帮助学生理解钢铁发生析氢腐蚀、吸氧腐蚀的原理，深化了概念理解。

1. 仪器与药品

(1) 实验仪器

试管、J 型管($30\,mm \times 160\,mm$)、盐桥、pH 传感器、带鳄鱼夹的导线、铁架台、双孔橡胶塞，磁力搅拌装置。

(2) 析氢腐蚀实验药品

铁丝，炭棒，$0.1\,mol \cdot L^{-1}$ 的硫酸亚铁溶液(由煮沸的蒸馏水配置)，饱和氯化钾溶液，$3\,mol \cdot L^{-1}$、$1\,mol \cdot L^{-1}$、$0.1\,mol \cdot L^{-1}$、$0.01\,mol \cdot L^{-1}$、$0.001\,mol \cdot L^{-1}$ 的盐酸。

(3) 吸氧腐蚀实验药品

铁丝，炭棒，$0.1\,mol \cdot L^{-1}$ 的硫酸亚铁溶液(由煮沸的蒸馏水配置)，饱和氯化钾溶液，pH=7、pH=10、pH=13 的氯化钠溶液(用自来水配置，增加含氧量)。

2. 析氢腐蚀实验装置改进

（1）实验装置

析氢腐蚀的实验装置示意图如图 4 - 28 所示。

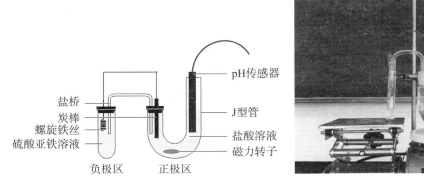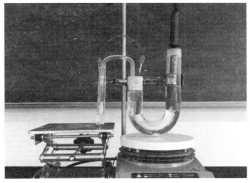

图 4 - 28　钢铁析氢腐蚀实验装置（见本书彩页）

（2）实验方法步骤

① 如图 4 - 28 所示组装好实验仪器，并检查气密性；小试管和 J 型管短管均为充满液体的封闭体系状态。

② 向作为负极区域的小试管中加入并充满 $3\,mol \cdot L^{-1}$ 的新制硫酸亚铁溶液，用双孔塞塞紧短管，使小试管内充满盐酸。

③ 向作为正极区域的 J 型管中加入 $3\,mol \cdot L^{-1}$ 的盐酸至短管口，用双孔塞塞紧短管，使短管内充满盐酸。采用 J 型管作为钢铁电化学腐蚀正极实验反应装置，可以轻松排尽正极区内空气，避免氧气的存在干扰析氢腐蚀的进行。在 J 型管底的中部放入磁子，将其固定在磁力搅拌器上。

④ 用作为负极的鳄鱼夹夹紧螺旋状铁丝，放入盛有硫酸亚铁溶液的小试管中；将作为正极的碳棒塞入 J 型管短管的双孔塞中，用饱和氯化钾配置的盐桥连通试管和 J 型管，并在 J 型管长管中放入 pH 传感器。

⑤ 将连接负极导线的鳄鱼夹的另一端夹紧正极碳棒，使之构成闭合回路。同时开始采集 pH 传感器的数据，并仔细观察正极碳棒表面产生的变化，pH 传感器采集数据时间为 400 秒。

⑥ 反应结束后清洗实验装置中各个试管。

⑦ 正极区域中，再分别使用 $1\,mol \cdot L^{-1}$、$0.1\,mol \cdot L^{-1}$、$0.01\,mol \cdot L^{-1}$、$0.001\,mol \cdot L^{-1}$ 的盐酸重复上述②③④⑤⑥实验步骤，观察实验现象，并采集析氢腐蚀的相关实验数据。

（3）实验现象与数据图像

当用鳄鱼夹连通双液电池正极、负极构成闭合回路后，析氢腐蚀开始发生。

观察炭棒的表面，发现其表面逐渐有气泡逸出。400 秒后，不同浓度的盐酸溶液中，可以清晰地观察到炭棒表面有气泡,如图 4-29 所示,其中 3 mol·L⁻¹ 的盐酸溶液正极炭棒表面的气泡最多,而 0.001 mol·L⁻¹ 的盐酸溶液炭棒表面几乎没有气泡。所以盐酸浓度越高,正极炭棒表面的气泡越多,说明发生析氢腐蚀产生的氢气越多,现象越为明显。

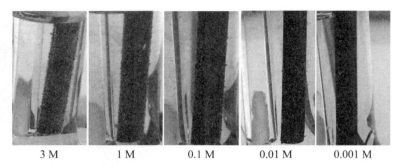

图 4-29 钢铁析氢腐蚀正极产生氢气的气泡量(见本书彩页)

由直观可见的正极表面气泡的产生反映了析氢腐蚀的发生之外,正极区域 pH 变化是否也可以用来判断析氢腐蚀的发生呢?理论上,随着析氢腐蚀的进行,正极区溶液中氢离子逐渐被消耗,氢氧根离子浓度增大,溶液 pH 会增加。实际上,可以利用 pH 传感器来监测正极区域中溶液 pH 的变化。

实验设计使用 pH 传感器来监测正极区域溶液 pH 随反应进程的变化,如图 4-30 所示。

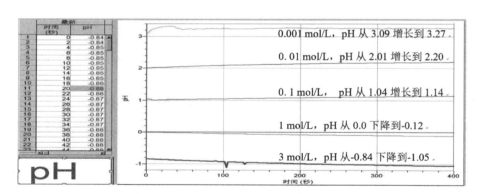

图 4-30 钢铁析氢腐蚀正极区 pH 变化曲线

实验采集到的数据图像显示,0.1 mol·L⁻¹、0.01 mol·L⁻¹、0.001 mol·L⁻¹ 的盐酸 pH 有显著的增长,而 1 mol·L⁻¹、3 mol·L⁻¹ 的盐酸由于氢离子浓度过高,pH 传感器测量值会出现偏差。

综上,在选择表征析氢腐蚀的实验现象时,如果单纯为了让学生观察到正极炭棒上的氢气,则可以用 1—3 mol·L⁻¹ 的盐酸,由于酸的浓度非常大,炭棒上的气泡十分明显;但如果使用 pH 传感器,通过测量观察正极区域 pH 的变化的数据图像,则可以用 pH 在 1—3 范围的稀盐酸,该浓度范围内,正极区域 pH 变化最为明显。

3. 吸氧腐蚀实验装置改进

(1) 实验装置

吸氧腐蚀的实验装置示意图如图 4 – 31 所示。

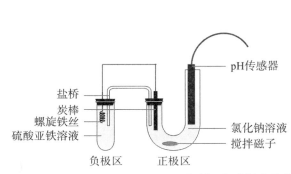

图 4 – 31　钢铁吸氧腐蚀实验装置（见本书彩页）

(2) 吸氧腐蚀实验方法与步骤

① 如图 4 – 31 所示组装好实验仪器。小试管为充满液体的封闭体系状态,J 型管的短管,在实验时可以使用塞子保障封闭体系,但液面与塞子之间需要留有一定距离,使之留存一定量的空气,以保证反应过程中可以观察到吸氧腐蚀进程中氧气被消耗呈现出来的空气体积减小的变化;也可以为敞口,处于开放体系状态。本实验中 J 型管的短管为敞口,处于开放体系状态。

② 向作为双液电池负极区域的小试管中,加入 $0.1\,mol \cdot L^{-1}$ 的新制硫酸亚铁溶液,硫酸亚铁溶液充满容器,用穿过配套小试管的橡胶塞的鳄鱼夹夹紧螺旋状铁丝作为负极,插入盛有硫酸亚铁溶液的试管中,盖紧橡胶塞,尽可能避免空气的留存。

③ 向作为双液电池正极区域的 J 型管中加入 $0.1\,mol \cdot L^{-1}$ 的氯化钠溶液,使氯化钠溶液的液面低于 J 型管短管口,或者 J 型管短管为敞口,实质处于开放体系状态下。在 J 型管底部放入磁子,并将 J 型管固定在磁力搅拌器上。将作为正极的炭棒塞入 J 型管短管中氯化钠溶液的液面下,使用饱和氯化钾溶液填充的盐桥连通小试管和 J 型管,并在 J 型管长管中插入 pH 传感器。

④ 将连接负极导线的鳄鱼夹的另一端与正极碳棒连接夹紧,使之构成闭合回路。同时开始采集 pH 传感器的数据,pH 传感器采集数据时间为 300 秒。

⑤ 反应结束后清洗实验装置中各个试管。

⑥ 正极区域再分别使用 pH = 10、pH = 13 的 $0.1\,mol \cdot L^{-1}$ 的 NaCl 溶液重复上述②③④⑤实验步骤,观察实验现象,并采集相关吸氧腐蚀的相关 pH 数据。

（3）实验现象与数据图像

判断吸氧腐蚀是否发生，主要是通过观察正极区域 pH 变化，随着吸氧腐蚀的进行，正极区域的溶液中溶解的氧被还原为氢氧根，使溶液 pH 增大，其中不同 pH 的 NaCl 溶液随吸氧腐蚀的进行，pH 的变化如图 4-32 所示。

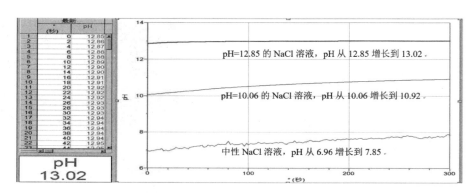

图 4-32　钢铁吸氧腐蚀正极区 pH 变化曲线

图中数据图像明显地反映出，在中性的 NaCl 溶液中，pH 的上升最为明显。因此在做吸氧腐蚀时，可以选择中性的氯化钠溶液作为正极区域的电解液。

4. 实验创新

本实验中利用双液原电池装置。与以往的单液原电池装置作为钢铁腐蚀的实验装置相比较，其优点表现如下：

（1）使用双液原电池装置，表征辨析了电化学腐蚀和置换反应的概念对应的实验现象。

钢铁腐蚀双液原电池装置实验现象表现了虽然负极区域中，铁单质浸没在酸中，但是在正极区域中与酸接触的碳棒上产生氢气气泡，该实验现象呈现了该过程发生的化学反应本质，即从根本上区分了钢铁与酸发生的是电化学上的析氢腐蚀而不是置换反应。析氢腐蚀实质上是铁碳两种物质之间构成了原电池，发生了原电池反应；置换反应是单一的铁单质与酸发生的置换出氢离子的化学反应。

（2）使用双液原电池装置，分隔开了正极区域与负极区域的电化学反应，表征了析氢腐蚀和吸氧腐蚀发生各自本体性的化学本质。

使用封闭的小试管作为负极区域，保证钢铁腐蚀之负极反应的独立发生，精准呈现了析氢腐蚀和吸氧腐蚀发生各自本体的化学变化，并表现各自相应的实验现象，避免开放体系中混淆了二者叠加发生的实验现象，同时也避免了析氢腐蚀产物中的 Fe^{2+} 继续消耗氧气，即被空气中的氧气继续氧化为 Fe^{3+}，从而精准地呈现析氢腐蚀的"析氢"实验现象。

使用 J 形管作为正极区域的反应装置，保证钢铁腐蚀之正极反应的独立发生，而且可以在 J 型管长管中插入 pH 传感器来实时监测正极区域溶液的 pH 变化。

四、研究结论

1. 理论推算得出了钢铁发生析氢、吸氧腐蚀电极电势的理论上的临界 pH 值

依据铁—pH 电势图,根据能斯特公式计算得出了钢铁发生析氢、吸氧腐蚀电极电势的理论上的临界 pH 值,分别是:①析氢腐蚀只有在 pH 小于 7.43 的条件下才可以进行;②吸氧腐蚀在任何 pH 条件下都可以顺利进行。由此可见,理论上,析氢腐蚀只有在酸性条件下才能发生,吸氧腐蚀的发生条件相对宽泛,只要体系中有氧气存在,任何 pH 条件下都可以发生吸氧腐蚀。

2. 利用双液电池装置模型设计了钢铁电化学腐蚀的实验装置

双液电池装置分离了正极区域与负极区域。使用密闭的小试管作为负极区域,从而实现了保证负极区域为封闭体系,控制了负极区域与空气的隔绝,避免了钢铁电化学腐蚀生成的 Fe^{2+} 被空气中的氧气继续氧化为 Fe^{3+}。

3. 采用 J 型玻璃管作为钢铁电化学腐蚀正极区域的反应装置

在 J 型玻璃管短管内插入炭棒和盐桥,长管内插入 pH 传感器,不仅可以从多角度观察析氢腐蚀、吸氧腐蚀的反应现象,还可以测量反应中相关变量的实验数据,方便实验操作。

4. 选择正极区域溶液化学变化过程中 pH 变化为析氢腐蚀和吸氧腐蚀发生的证据为测量指标

析氢腐蚀过程中,正极区域中的氢离子被消耗,氢氧根离子浓度在升高,则 pH 在升高,可以作为 pH 传感器的测量指标,从而显示出了析氢腐蚀的发生;吸氧腐蚀过程中,正极区域中氧气得电子转变成氢氧根离子,氢氧根离子浓度在升高,则 pH 在升高,可以作为 pH 传感器的测量指标,从而显示出了吸氧腐蚀的发生。利用 pH 传感器作为测量工具形成的 pH 数据图像,呈现了正极区域溶液中 pH 曲线的变化趋势,有利于帮助学生理解和推断正极区域电极发生的化学反应本质,促进学生深入理解钢铁析氢腐蚀与吸氧腐蚀的本质。

5. 析氢腐蚀实验时使用 1—3 mol·L^{-1} 的盐酸可以实现炭棒上出现大量气泡;0.001—0.1 mol·L^{-1} 的盐酸,可以实现 pH 曲线变化趋势明显

采用双液电池装置演示析氢腐蚀实验时,试验表明为了实现在正极表面可以观察到有氢气产生,可使用 1—3 mol·L^{-1} 的盐酸,此时炭棒上出现大量气泡;使用 0.001—0.1 mol·L^{-1} 的稀盐酸,这样 pH 传感器测量得出的析氢腐蚀实验中 pH 曲线变化趋势明显。

6. 吸氧腐蚀实验时使用 0.1 mol·L^{-1} 的氯化钠溶液可以实现 pH 曲线变化趋势最为明显

采用双液电池装置演示吸氧腐蚀实验时,可使用中性的 0.1 mol·L^{-1} 的氯化钠溶液,此时利用 pH 传感器绘制出的 pH 曲线变化趋势最为明显。

实验教学设计案例 吸氧腐蚀的教学设计

一、教学分析

1. 教材分析

《普通高中化学课程标准(2017年版)》对"电化学腐蚀"这一单元的内容要求为"了解金属发生电化学腐蚀的本质,知道金属腐蚀的危害,了解防止金属腐蚀的措施"。"电化学腐蚀"位于《化学反应原理》选修模块,其教学价值是让学生知道生活中金属发生腐蚀的电化学原理,并且利用所学过的原电池和电解池知识来设计防腐装置。这不仅对学生形成系统化的电化学知识是十分重要的,也是帮助学生将化学和生活相联系起来的一条重要纽带。

从教材的角度分析,本节内容选自人教版高中化学选修《化学反应原理》第四章第四节"金属的电化学腐蚀和防护"。本节的核心内容旨在从电化学的角度出发,联系生活实际,体现了学以致用的教育思想。

人教版高中化学必修《化学2》中,第二章第二节中的"发展中的化学电源"以及选修四第四章第一节"原电池"和第三节"电解池"等都为本节的内容作了铺垫作用,同时本节内容设计以生活中常见的暖宝宝为载体,增加了探究的趣味性功能,并且将理论联系实际:通过分析暖宝宝的发热原理这一生活常见现象的化学原理引出核心概念——金属的吸氧腐蚀,体现了 STSE 的教育理念。

在教材的编写方式上,不仅仅侧重于对金属发生电化学腐蚀本质的揭秘,更重视将电化学原理与环境、技术、生活等多方面的领域相交织。例如"在船身上加锌块"等部分的介绍,都深刻地体现了 STSE 教育的思想。

在知识点内容上,金属的电化学腐蚀包括两种:析氢腐蚀和吸氧腐蚀。析氢腐蚀现象较为明显,但是吸氧腐蚀的现象不太明显。教材上利用将铁钉浸泡在食盐水中,观察水柱高低变化来观察体系压强的变化,但是该实验往往需要耗费较长的时间而且实验现象不佳。所以,想要将吸氧腐蚀过程可视化地呈现在学生眼前,成为了该节内容的有待突破点。

2. 学情分析

(1) 学生认知起点

教学对象为高二年级学生,这个年级的学生经过初中化学和高中化学必修选修模块的学习,对化学能量、化学电源等方面的内容已经有了较好的掌握。在选修四模块的学习时,又比较深入地学习了原电池、电解池等知识,这些是本节课的知识基础。

在学生的生活中,经常可以接触到金属的腐蚀,比如厨房里的厨具、教室里的课桌等,这些经验能够唤醒学习者认知结构中与新知识学习有关的旧观念,增强旧知识的可利用性和稳定性,说明新旧知识之间的本质区别,增强新旧知识之间的可辨别性。

（2）学生的个性心理特征

高二年级学生具有一定的独立性和自主性,他们有强烈的猎奇心理,乐意追求真理,也乐于接受新鲜的事物,对于教师而言,可以在教学课堂中加入先进的技术,以此提高学生的学习热情。

对于科学学习,学生已经能够摸索出一些学习科学的规律,同时在遇到问题时乐于去攻坚克难,有一定的问题解决能力。他们乐于在轻松愉悦的教学氛围中学习,具有较高的学习动机。并且,这个阶段的学生的逻辑思维能力逐步处于优势地位。在这一过程中,学生的自省能力得到强化,他们通过自我反省和自我调节思维活动的进程,使得思路更加清晰、判断更为正确。

从知识点上来看,学生理解金属的电化学腐蚀是一件比较容易的事情,故而此时更需要关注的是学生的探究心理,要将整个教学设计成科学探究气氛浓郁的过程,并且,高二学生的创造性思维迅速发展,他们追求个人的色彩,也追求新颖的事物,所以教师也要对自己的教学设计提出更高的要求,融入创新的理念。

（3）学生认知障碍

学生对金属腐蚀的认识可能只停留在化学腐蚀上,他们尚未考虑到金属腐蚀和电化学之间的关系。学生可能会对吸氧腐蚀的模型认识不清。

二、教学目标

1. 认识掌握 Fe 和水蒸气反应的原理——结合宏观现象理解化学变化的微观本质

通过单液原电池与双液原电池的宏观现象以及微观电子、离子移动分析,从微观的角度理解发生的宏观现象,并结合电极反应方程式、数据图像,认识化学微观实质。

2. 认识原电池是将化学能转化为电能的装置——建立能量守恒思想

深入理解原电池是将化学能转变为电能的装置,并设计优化原电池装置,提高转化率,用变化守恒思想看待化学事实。

3. 从实验探究中掌握双液原电池中盐桥的实验装置——体验科学探究

通过实验探究出单液原电池的缺点以及改进后的双液原电池,尝试对盐桥进行改进创新,了解设计科学探究方案并进行实验探究的一般过程,在探究中学会学习。

4. 论证实验证据——形成证据推理思想

结合实验现象,数据图像等实验证据,并展开科学推理,得出科学结论。

5. 升华氧化还原反应原理的认知——提炼化学原理的认知模型

通过探究单液原电池的问题,收集宏观与曲线证据,发现单液原电池的缺点,并通过盐桥设计优化原电池,通过电流以及温度数据,推理出双液原电池能提高能量转化效率;并从单液原电池模型过渡到双液原电池模型,体会化学建模的过程,发展科学思维思想。

6. 基于化学实验改进技术方法——深化科学探究，形成创新意识和社会责任

感受电池的发展对社会发展的贡献，以及通过实验探究，体会到创新发明的重要性，改善和优化原电池是当今社会的重要科学研究，增强社会责任感。

三、教学关键

1. 教学重点

知识上，掌握原电池的氧化还原反应原理的化学本质，掌握化学能转化为电能的技术条件，能够书写该过程的电极反应方程式。

方法上，学会盐桥的制作及材料选择等实验方法和实验技术。

2. 教学难点

比较金属性强弱顺序，掌握不同金属的化学反应活动性顺序来认识原电池电极的选择和电极上发生的氧化还原反应原理。

四、教学方法

本节内容采用基于科学实验探究的问题驱动的教学。将科学探究引入课堂教学，通过问题创设，探究单液原电池反应的发生条件及其影响因素，以及不同电极材料的金属化学性质的影响，在研究思考问题的同时，让学生体验科学探究的过程，了解科学探究的方法。通过师生、生生之间围绕引人入胜的问题展开实验活动，引领学生投入到对问题的探讨和思考中，在教师的引导下，应用实验现象和事实作为实验证据，寻求支持证据，从而培养学生科学的思维方式，探究科学本质，深入领悟科学内容。

五、教学思路

通过设计情境任务、问题驱动和实验活动等线索展开本节内容的课堂教学，旨在落实教学目标和教学思想。教学思路详见表 4-5 内容所示。

表 4-5　教学思路

教学程序	情境任务	问题驱动	实验活动	教学目标	教育目标
环节 1 实验情境 问题驱动	认识暖宝宝及其成分	暖宝宝为什么能够发热？	观察感知：打开包装袋的暖宝宝	原电池的构成条件	宏观辨识 微观探析
环节 2 探究原电池	暖宝宝的工作原理	单液原电池的构成条件？	设计实验方案并实验探究	电极材料与电解液的化学性质	科学探究 证据推理
环节 3 概括升华	内化吸氧腐蚀原理，学会双液电池的实验操作	暖宝宝发生了吸氧腐蚀？	建构认知模型：吸氧腐蚀原理、双液电池	掌握吸氧腐蚀原理、双液电池和盐桥实验技术	模型建构

六、教学过程

环节 1：生活情境——认识"暖宝宝"

【教学意图】 创设生活情境，引发探究。

【教学活动】 认识暖宝宝及其成分，生成原电池的知识。

1. 展示暖宝宝

生活用品暖宝宝。

2. 触发问题

暖宝宝是生活中常见的取暖用品，它主要含有哪些成分？

见包装上的成分说明：有铁粉、木炭粉、水、食盐、吸水性树脂、蛭石。蛭石是硅酸盐，具有良好的保温性能。在使用暖宝宝之前，打开包装，揭开剥离纸。暖宝宝一旦接触空气，就开始发热。为什么会有这样的效果呢？

问题 1： 暖宝宝能放热是因为发生了物理变化还是化学变化？

问题 2： 暖宝宝中发生化学反应的反应物是什么？

图 4-33 市售暖宝宝的外包装

环节 2：实验探究——暖宝宝工作原理

【设计意图】 科学探究，动手设计原电池。巩固了单液原电池的模型认识，落实"证据推理与模型认知"思想。

【教学活动】 设计原电池，提炼原电池的构成条件。

问题 3： 若是氧气参与了反应，体系中氧气的含量会发生怎样的变化？

讲述： 利用氧气传感器来检验体系中氧气含量是否减少。

🖊️**实验探究 1**

　　利用氧气传感器来检验体系中氧气含量的变化：向透明瓶（如图 4-34 所示）中加入刚刚拆封的暖宝宝粉末。再将氧气传感器的探头（如图 4-35 所示）插入瓶中（装置如图 4-36 所示），同时连接数据采集器（如图 4-37 所示），点击电脑软件中的"开始采集"按钮（连接完整的实验装置图如图 4-38 所示）。

　　讲述：坐标图的纵轴方向代表氧气含量，横轴方向代表时间。

　　呈现：氧气含量随时间的变化图（如图 4-39 所示）。

　　讲述：数据图像显示：氧气含量随时间发生了下降的变化，说明氧气的确被消耗了。

图 4-34　配套的透明瓶　　图 4-35　氧气传感器探头　　图 4-36　加入粉末的装置图

图 4-37　数据采集器　　　　　　图 4-38　完整连接的实验装置

　　问题 4： 在这个化学反应中，氧气将零价态的铁氧化到了哪个价态？

　　讲述： 发现拆封的暖宝宝粉末在放置一天之后由黑变红，如图 4-40、4-41 所示。

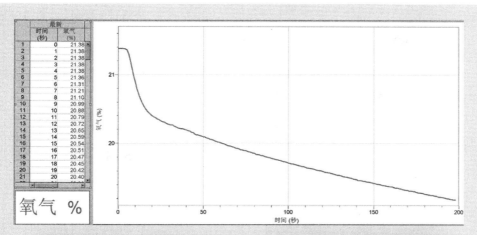

图 4-39　实验 1　利用氧气传感器检测反应体系中氧气含量随时间的变化

（1）图像解析

纵坐标代表氧气的含量，横坐标代表时间

0 s—4 s：呈现一小段平台期，这是因为在氧气探头未插入透明瓶子时，氧气探头与外界空气直接接触，在这一段时间内氧气传感器测量的是外界空气中的氧气含量，数值是 21.38%。

5 s—16 s：氧气传感器的探头插入配套的透明瓶中，形成一个密封的体系。此时曲线下跌趋势非常显著，表明反应体系中的氧气含量急剧减少，氧气含量值由 21.38% 下跌至 20.5%。

16 s—200 s：曲线仍在下跌，但下跌趋势趋于平缓，氧气含量由 20.5% 下跌至 19.18%。并且可以推断后续氧气含量仍然会处于下跌的状态。

（2）数据意义

该数据图像表征了反应体系中氧气含量的变化情况，从趋势易判断出氧气含量随着时间发生了下降的变化，说明氧气的确被消耗了，即氧气参与了该体系中发生的化学反应。

问题 5：其中产生的红棕色物质是什么？

问题 6：该化学反应是否只生成了三价的氧化铁？会不会有二价铁生成？

讲述：利用一种新的试剂——铁氰化钾来检验亚铁离子是否存在。铁氰化钾溶液呈黄色，遇到亚铁离子会变蓝。

✎实验探究 2

利用铁氰化钾溶液检验反应中是否生成了亚铁离子：用镊子夹着浸有铁氰化钾溶液的黄色试纸触碰瓶子底部的反应物。

展示：铁氰酸钾溶液（如图 4-42 所示）

呈现：实验结果图片（如图 4-43 所示）

讲述：实验现象显示：试纸变蓝，说明反应中生成了二价的亚铁离子。亚铁离子继续被空气中的氧气氧化，最终生成了红色的氧化铁。

问题 7： 铁在氧气中燃烧可以直接生成高价铁，为什么在空气中铁通常都是先被氧化为二价铁？

图 4-40　刚拆封的暖宝宝粉末呈黑色

图 4-41　放置一天后的粉末呈红棕色

图 4-42　黄色的铁氰化钾溶液（见本书彩页）

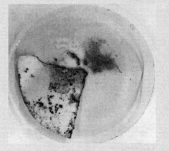

图 4-43　铁氰化钾溶液遇亚铁离子变蓝（见本书彩页）

讲述：以暖宝宝为突破口，再看其成分表，食盐水是电解质溶液，木炭粉和铁粉是导体，这能使大家联想到什么？

讲述：在原电池中，由于电极电势，铁只能被氧化为二价。

环节 3：知识梳理——概括升华

【设计意图】形成知识脉络。

【教学活动】强调重点难点。

提炼概括：暖宝宝发热本质上是铁粉和木炭粉混合构成了无数个原电池，铁作负极失电子被腐蚀，炭作正极，正极上氧气被消耗。

在自然界中金属在中性溶液里，空气里的氧气溶解于金属表面水膜中而发生的电化学腐蚀，称之为吸氧腐蚀。

问题 8： 暖宝宝中吸氧腐蚀是在中性介质中发生的，如果电解质溶液是碱性的或者是酸性的，是否还可以发生类似的化学反应呢？

实验探究任务和思考的问题

（1）请设计实验方案，并实施实验探究，论证不同质量的铁粉与木炭粉的比例对实验现象的影响，寻找析氢腐蚀实验现象明显的铁粉与木炭粉的最佳质量配比。

（2）请设计实验方案，选择不同浓度的醋酸，探究醋酸 pH 对析氢腐蚀实验现象的影响，记录保持析氢腐蚀实验现象的时间。

（3）请设计实验方案，选择不同浓度的稀盐酸，探究盐酸浓度对析氢腐蚀实验现象的影响，记录保持析氢腐蚀实验现象的时间。

（4）请设计实验方案，探究比较析氢腐蚀和吸氧腐蚀两个实验过程中体系内氧气含量的变化情况。

（5）请设计探究实验方案，研究物质的量浓度不同的酸（如盐酸、硫酸、醋酸）作为电解液的环境下，析氢腐蚀的实验现象有何不同？寻找哪种浓度的酸能够使析氢腐蚀的实验现象保持至少 1 分钟左右。

（6）请设计探究实验，研究不同的酸碱性的电解液环境下，既能够成功演示析氢腐蚀，又能够成功演示吸氧腐蚀的实验条件，且保持至少 1 分钟左右析氢腐蚀和 1 分钟吸氧腐蚀的实验现象。

（7）请基于析氢腐蚀或吸氧腐蚀的演示实验，设计一节课堂实验教学方案，能够让学生掌握并应用析氢腐蚀或吸氧腐蚀的化学反应原理。

第五章　乙酸乙酯制取

· 本章概要 ·

　　羧酸酯是一类在工业和商业上用途广泛的化合物，可由羧酸和醇在催化剂存在下直接发生酯化反应来制备。酸催化的直接酯化是实验室制备羧酸酯最重要的方法，常用的催化剂有硫酸、盐酸。低级酯一般是具有芳香气味和特定水果香味的液体，自然界许多水果和花草的香味就是由于酯存在的缘故。酯在自然界以混合物的形式存在。人工合成的一些香料就是模拟天然水果和植物提取液的香味经配置而成的。乙酸乙酯的实验室制备是中学有机化学教学中的典型实验，该实验使用的药品有乙醇和乙酸，反应产物中有乙酸乙酯，涵盖了羟基、羧基、酯的官能团等特征结构，实验操作时需要综合考虑它们的物理化学性质的影响，控制相关实验条件，才能达成预期实验现象和实验结果。该实验在不同版本的化学教材上使用的实验装置和加热方式不同，其实验结果存在差异。本章探讨了乙酸乙酯实验室制备的影响因素，考虑到有机物加热方式的规范性等条件的限制，对该实验的操作方案提出了较合理的建议。

　　另外，本章介绍了几种传感器在中学化学实验中的应用方法，如使用气相色谱仪传感器检测乙酸乙酯的实验方法，使用高温传感器测量酒精灯火焰温度的实验方法，最后呈现了使用氧化还原传感器监测海带提碘的实验教学设计方案。

· 本章主要学习目标 ·

　　学习完本章后，你应当能够知道如下问题的答案：

1. 乙酸乙酯制取实验中乙醇、乙酸和浓硫酸的比例是多少？为什么？

2. 乙酸乙酯制取的化学反应过程的微观实质是怎样的？

3. 乙酸乙酯制取反应过程中的温度如何控制？可以使用何种加热方法？

4. 乙酸乙酯制取催化剂是否可以替换为其他物质？

5. 乙酸乙酯制取实验的产物如何检验？反应产物的表征手段有哪些？

6. 乙酸乙酯制取实验操作过程中要注意哪些操作事项？

7. 如何设计乙酸乙酯的实验教学方案？

· 本章结构 ·

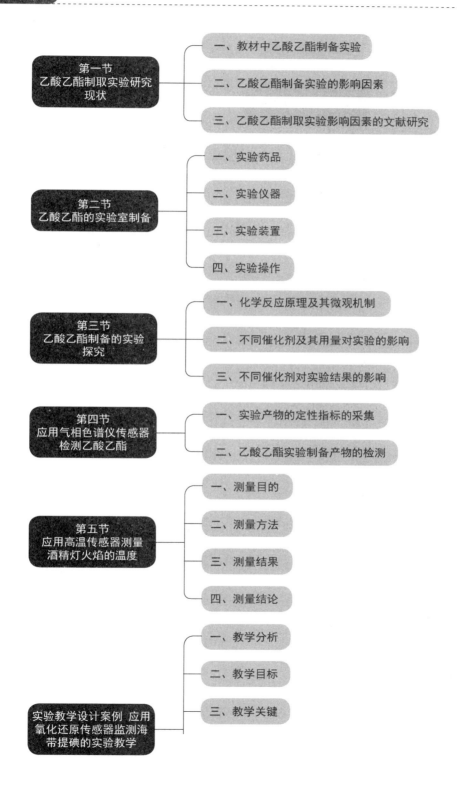

四、教学方法

五、教学思路

六、教学过程

实验探究任务和思考的问题

第一节 乙酸乙酯制取实验研究现状

一、教材中乙酸乙酯制备实验

乙酸乙酯又称醋酸乙酯,是一种具有官能团—COOR 的酯类。纯净的乙酸乙酯是无色透明、具有刺激性的芳香气味的可燃液体,低毒性,易挥发。相对密度 0.902,熔点 −83℃,沸点 77℃,是一种用途广泛的精细化工产品,具有优异的溶解性、快干性,用途广泛,是一种非常重要的有机化工原料和工业溶剂,被广泛用于醋酸纤维、乙基纤维、氯化橡

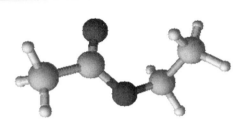

图 5-1 乙酸乙酯分子的立体结构

胶、乙烯树脂、乙酸纤维树酯、合成橡胶、涂料及油漆等生产过程中。

乙酸与乙醇发生可逆反应会生成乙酸乙酯。通常所说的陈酒很好喝,就是因为酒中少量的乙酸与乙醇反应生成具有果香味的乙酸乙酯。

乙酸乙酯的制备实验是中学化学的经典合成实验之一,不同版本的教材都呈现了这一实验。乙酸与乙醇生成乙酸乙酯的反应是一个可逆反应,故常加入浓硫酸作催化剂、吸水剂,使酯化反应向生成酯的方向进行。

乙酸与乙醇发生酯化反应的方程式为:

$$H_3C{-}\overset{\displaystyle O}{\overset{\|}{C}}{-}OH + H{-}O{-}C_2H_5 \underset{\triangle}{\overset{\text{浓硫酸}}{\rightleftharpoons}} H_3C{-}\overset{\displaystyle O}{\overset{\|}{C}}{-}O{-}C_2H_5 + H_2O$$

人教版普通高中化学课程教材中,乙酸乙酯制备实验是这样呈现的。

教材示例 1

实验 1

在一支试管中加入 3 mL 乙醇,然后边振荡试管边慢慢加入 2 mL 浓硫酸和 2 mL 乙酸;按图 5-2 连接好装置,用酒精灯缓慢加热,将产生的气体经导管通到饱和碳酸钠溶液的液面上,观察现象。

选自:宋心琦.普通高中课程标准实验教科书必修化学 2[M].北京:人民教育出版社,2004:69.

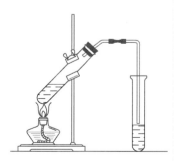

图 5-2 乙酸乙酯的反应装置

实验2

【实验用品】

无水乙醇、冰醋酸、浓硫酸、浓盐酸、饱和碳酸钠溶液、其他试剂。

大试管、量筒、导管、酒精灯、直尺、铁架台。

【实验步骤】

1. 乙酸乙酯的制取

在试管中加入 3 mL 乙醇,然后边振荡边缓慢加入 2 mL 浓硫酸和 2 mL 乙酸。按照图 5-2 连接好实验装置,用酒精灯缓慢加热,将产生的气体经导管通到饱和碳酸钠溶液的液面上。反应停止后,用直尺测量有机层的厚度。

2. 设计实验

探究浓硫酸在乙酸乙酯反应中的作用,可以从下属几个方面进行实验探索:

(1) 比较有无浓硫酸存在的条件下酯化反应进行的快慢。

(2) 比较在氢离子含量相同的稀硫酸、稀盐酸的作用下酯化反应的快慢。

综合上述比较试验结果。根据酸的共性和浓硫酸的特性分析、推测浓硫酸在合成乙酸乙酯中的作用。

选自:宋心琦.普通高中课程标准实验教科书化学选修·实验化学[M].北京:人民教育出版社,2004:27.

苏教版普通高中化学课程教材中,乙酸乙酯制备实验是这样呈现的。

观察实验现象,思考下列有关问题。

向一支试管中加入 3 mL 乙醇,然后边摇动试管边缓慢加入 2 mL 浓硫酸和 2 mL 冰醋酸。按图 5-2 所示连接好装置。用酒精灯小心均匀地加热试管 3—5 分钟,产生的蒸汽经导管通到饱和碳酸钠溶液的液面上。

选自:王祖浩.普通高中课程标准实验教科书·化学 2[M].南京:江苏教育出版社,2004:78.

山东科技出版社出版(以下简称鲁科版)的普通高中化学课程教材中,乙酸乙酯制备实验是这样呈现的。

教材示例 4

在试管中先加入 3 mL 乙醇,然后一边摇动一边慢慢地加入 2 mL 浓硫酸和 2 mL 乙酸,加入 2—3 片碎瓷片。按图 5 - 2 所示,连接装置,用酒精灯小心均匀地加热试管 3—5 分钟,产生的气体经导管通到饱和碳酸钠溶液的液面上。

观察发生的现象,注意生成物有什么气味。

选自:王磊.普通高中课程标准实验教科书必修化学 2[M].济南:山东科学技术出版社,2004:80.

上海科学技术出版社出版(以下简称沪科版)的普通高中化学课程教材中,乙酸乙酯制备实验是这样呈现的。

教材示例 5

制备乙酸乙酯的实验采用了水浴加热的方式。

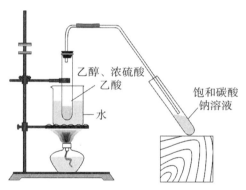

图 5 - 3　水浴加热酯化反应的实验装置

选自:高级中学课本化学高二年级第二学期(试用本)[M].上海:上海科学技术出版社,2008:59.

比较各版本高中化学教材中的相关实验装置,不同之处不外乎是酯化反应的加热方式。乙酸乙酯实验室制备的加热方式可以分为两类:直接加热和水浴加热方法。详见表 5 - 1 中所示。

表 5 - 1　不同高中化学教材中乙酸乙酯实验室制备方法的比较

教材	投料	加热方式	收集	碎瓷片	实验装置
人教		酒精灯缓慢加热		无	
苏教	3 mL 乙醇＋2 mL 乙酸＋2 mL 浓硫酸	酒精灯小心均匀加热 3—5 分钟	饱和碳酸钠	有	
鲁科					
沪科		酒精灯水浴 10 分钟			

二、乙酸乙酯制备实验的影响因素

实验室乙酸乙酯合成实验效果的影响因素,主要有催化剂及其用量、加热温度、反应物料的配比等。

1. 催化剂及其用量

若选用浓硫酸作催化剂,浓 H_2SO_4 除催化作用外,还能吸收反应生成的水,有利于促进酯化反应的进行。但是浓硫酸也具有较强的脱水性和强氧化性,易脱去反应物内水分子,出现反应物碳化现象,还会导致生成乙醚、二氧化硫等副产物,副反应的发生会影响主反应现象的观察。

在普通高中化学教材中,乙酸乙酯实验室制备都是以浓硫酸作催化剂,且用量上,硫酸与乙酸的体积比例大致都为 1∶1。实验发现硫酸作催化剂存在如下问题。

（1）加料时速度要慢,否则易使体系温度升高,使乙醇挥发,造成产率降低,同时也会延长实验时间。

（2）由于浓硫酸同时具有酯化、氧化、脱水等作用,酯化的同时易导致乙醚、乙烯、二氧化硫、乙醛等副产物产生;若局部过热,硫酸还可使有机溶剂碳化,不仅造成产率降低,也给产品的精制带来许多麻烦。

（3）因浓硫酸具有强腐蚀性,学生如操作不慎,易被烧伤,安全性较差[①]。

2. 加热方式

在乙酸乙酯制备实验中,当反应体系温度过低时,反应速率过慢,影响反应的进程,同时不利于乙酸乙酯的蒸出,对乙酸乙酯的产率也有影响,故需要选择合适的加热温度。进行酯化反应的温度大约在 70℃—80℃ 之间为宜,这个温度是减少乙醇(沸点是 78.4℃)挥发的最高温度。

在普通高中化学教材中,乙酸乙酯实验室制备实验采用了直接加热和水浴加热两种方式。

表 5 - 2　乙酸、乙醇、浓硫酸、乙酸乙酯的相关物理性质

	熔点	沸点	溶　解　性
乙醇	−117.3℃	78.5℃	易溶于水
乙酸	16.6℃	117.9℃	易溶于水、醇、醚、四氯化碳
浓硫酸	10.35℃	338℃	有很强的吸水能力,与水可以按不同比例混合,并放出大量的热
乙酸乙酯	−83.6℃	77.06℃	微溶于水,易溶于有机溶剂

（1）直接加热方法存在的问题

目前符合课堂演示实验"时间短、速率快"特点的制备方法是酯化蒸馏法,即乙酸乙酯的生成和乙酸乙酯的蒸馏在同一装置中不间断进行,但其存在的问题是:酒精灯加热方法中,酒精灯温度大约在 300℃—600℃ 左右的范围,用酒精灯直接加热,反应混合物的液体升温迅速,反应温度较高,酯化反应还未达到化学平衡时,其中的乙醇、乙酸等反应物就已经被蒸出反应器,影响了乙酸乙酯的产率,且浓硫酸也会引起严重的碳化现象。

另外,有机化学实验操作规范中明确规定了有机化学实验要求"隔绝明火加热",即使用非明火加热的操作要求,如水浴、油浴、空气浴等加热方式可以用于有机反应实验。

（2）水浴加热方式存在的问题

水浴加热的范围是 0℃—100℃,最高温度接近 100℃,乙酸乙酯制备过程使用水浴加热方式,生成产物的实验现象不明显,反应时间较长,不符合课堂教学演示实验的"短时间内出现实验现象"的要求,即较短时间内能观察到明显的演示实验现象,虽然实际上有机化学反应进行的时间一般都是较长的。

水浴加热方式,虽易于控制温度且供热均匀,能够大大减少酸、醇的蒸发,但受到水浴温度低(最高 100℃)、供热环境开放、玻璃材质不易导热、蒸出来的气流走过的线路较长(用作反应器的大试管一般长 20 cm)等限制,反应物混合液实际受热温度难以达到酯化反应温度的要求,反应慢,时间长,反应现象不明显。

① 杨春霞,孟平蕊,夏光明,赵阳,崔玉. 乙酸乙酯合成方法的改进[J]. 山东建材学院学报,1999(03):257—259.

三、乙酸乙酯制取实验影响因素的文献研究

酯化反应是一个可逆反应。为了提高酯的产量,必须尽量使化学反应向有利于生成酯的方向进行。通常的操作方法是使作为反应物的乙酸、乙醇中一种物质过量。在乙酸乙酯制备实验中,究竟使哪种反应物过量较好呢? 通常依据的是反应原料是否易得、价格是否便宜以及是否容易回收等标准。在实验室里一般采用乙醇过量的办法。乙醇的质量分数要高,如能用无水乙醇代替质量分数为95%的乙醇,效果会更好。作为催化剂的浓硫酸的用量尽可能少,通常只要使硫酸的质量达到乙醇质量的3%就可以完成催化作用,但为了能除去反应生成的水,浓硫酸的用量会稍多一些。

相关文献研究了乙酸乙酯实验室制备过程中的几个影响因素,包括反应物料的比例、催化剂的浓度和种类、反应的温度和实验装置等。

1. 反应物的质量配比

杨春霞[①]等通过实验探究了乙酸与乙醇物质的量之比分别为1:1.0,1:1.5,1:2.0时对乙酸乙酯实验的影响,发现乙酸与乙醇的物质的量之比为1:1.5时反应效果最佳。当反应液为0.3mol无水乙醇、0.2mol冰醋酸的条件下,通过实验探究1mL、3mL、5mL浓硫酸分别对乙酸乙酯制取实验的影响,发现浓硫酸用量越大,反应的产量越高。

文献分析认为乙醇用量大于浓硫酸较好,具体最优的反应物料的质量比例可通过实验探究得出结论。

表 5 - 3　不同乙酸和乙醇物质的量的配比对酯的产率的影响

酸:醇	2:1	1.75:1	1.5:1	1.25:1	1:1	1:1.25	1:1.5	1:1.75	1:2
产率%	52.7	54.55	60.45	61.82	51.36	63.40	70	59.09	63.27

文献研究表明,如表 5 - 3 所示,等物质的量的乙酸和乙醇反应生成乙酸乙酯的产率最低,乙酸或乙醇过量均可提高乙酸乙酯的产率,但乙醇过量的产率优于乙酸过量的产率,当乙醇对乙酸过量 1.5 倍时产率最高,所以选 $n(乙醇):n(乙酸)=3:2$,由无水乙醇 57.20 mL/mol,冰醋酸 62.13 mL/mol,可得 $V(乙醇):V(乙酸)=1.38:1$,鉴于演示实验常用试管规格、考虑取用方便以及应取得明显的现象等要求,确定 3 mL 乙醇和 2 mL 冰醋酸为宜。这也是大多数高中化学教材中乙酸乙酯演示实验所确定的反应物用料的比例[②]。

2. 催化剂

(1)催化剂的浓度

对于乙酸乙酯制备实验,浓硫酸是较为理想的催化剂,但考虑其中会发生很多副反应,

① 杨春霞,孟平蕊,夏光明,赵阳,崔玉. 乙酸乙酯合成方法的改进[J]. 山东建材学院学报,1999(03):257—259.
② 朱志荣. 乙酸乙酯制备演示实验的改进[J]. 化学教学,2015(02):59—62.

故减小其浓度以降低副产物的生成。

表 5－4 不同浓度浓硫酸作催化剂时酯化反应效果比较

催化剂	出酯时间	反应现象	酯层高度
2 mL 16 mol·L^{-1} 的浓硫酸	1 分钟	反应后溶液呈棕褐色,酯层与饱和碳酸钠溶液界面清晰,没有气泡	2.02 cm
2 mL 14 mol·L^{-1} 的浓硫酸	1 分 1 秒	反应后溶液呈浅棕色,酯层与饱和碳酸钠溶液界面清晰,没有气泡	2.14 cm
2 mL 12 mol·L^{-1} 的浓硫酸	49 秒	反应后溶液稍微发黄,酯层与饱和碳酸钠溶液界面清晰,没有气泡	2.20 cm
2 mL 11 mol·L^{-1} 的浓硫酸	1 分 1 秒	反应后溶液稍微发黄,酯层与饱和碳酸钠溶液界面清晰,没有气泡	2.10 cm
2 mL 10 mol·L^{-1} 的浓硫酸	53 秒	反应后溶液呈无色,酯层与饱和碳酸钠溶液界面清晰,没有气泡	2.12 cm
2 mL 9 mol·L^{-1} 的浓硫酸	1 分 2 秒	反应后溶液呈无色,酯层与饱和碳酸钠溶液界面清晰,没有气泡	2.25 cm
2 mL 8 mol·L^{-1} 的浓硫酸	1 分 2 秒	反应后溶液呈无色,酯层与饱和碳酸钠界面有少量气泡	2.20 cm
2 mL 7 mol·L^{-1} 的浓硫酸	49 秒	反应后溶液呈无色,酯层与饱和碳酸钠界面有气泡	2.00 cm

相关文献中的实验研究表明,用 9—11 mol·L^{-1} 的浓硫酸作为催化剂时,反应后溶液呈无色,饱和碳酸钠溶液层呈红色,乙酸乙酯层呈无色,两层溶液颜色区别明显,振荡试管没有气体产生,说明此时没有乙酸蒸发出来。在 2 分半钟的时间内就会产生如表 5－3 所示的乙酸乙酯的量,完全符合中学化学课堂演示实验的要求。

（2）催化剂种类

根据酯化反应原理分析,所有的路易斯酸都可作为催化剂,由于浓硫酸具有强氧化性,能够引发一系列的副反应,故可以采用其他路易斯酸来替代浓硫酸,如三氯化铝、三氟化硼、三氧化硫和氯化铁等路易斯酸。

知识拓展

路易斯酸（Lewis acid）又称亲电子试剂,指可以接受电子对的物质（包括离子、原子团或分子）,这是根据路易斯（Gilbert Newton Lewis）的酸碱电子理论对酸的定义确定的。 路易斯酸有以下五种类型: 简单的阳离子（理论上所有的简单的阳离子都是路易斯酸）、中心原子的电子结构为不完整的八隅体（这是一类最重要的路易斯酸）、中心原子的八隅体能够扩大的化合物、中心原子带有重键的化合物、电子结构为六隅体的元素单质。

　　以下为相关文献中实验研究的结论,可供参考。表 5-5 比较了有无浓硫酸存在下酯化反应的效果,使用浓硫酸比不使用浓硫酸时酯化反应效果好,前者产生酯的产率高、时间短、现象明显。

表 5-5　浓硫酸催化酯化反应的效果比较

催化剂	出酯时间	反应现象	酯层高度
2 mL 98% 的浓硫酸	55 秒	20 秒时溶液出现棕色,随着反应的进行,溶液颜色逐渐加深,最后成黑色	2.10 cm
无	小心加热 1 分 53 秒	随着加热,有大量的反应物蒸发出来,饱和碳酸钠溶液表面有气泡产生	产生很少量的酯

表 5-6　氢离子浓度相同的稀硫酸、稀盐酸作催化剂时酯化反应效果的比较

催化剂	出酯时间	反应现象	酯层高度
2 mL 1 mol·L⁻¹ 的稀硫酸	1 分 10 秒	反应后溶液澄清	1.92 cm
2 mL 2 mol·L⁻¹ 的稀盐酸	1 分 6 秒	反应后溶液澄清	2.14 cm
2 mL 2 mol·L⁻¹ 的稀硫酸	1 分 15 秒	反应后溶液澄清	1.94 cm
2 mL 4 mol·L⁻¹ 的稀盐酸	1 分 1 秒	反应后溶液澄清	2.04 cm
2 mL 3 mol·L⁻¹ 的稀硫酸	1 分 9 秒	反应后溶液澄清	2.50 cm
2 mL 6 mol·L⁻¹ 的稀盐酸	55 秒	反应后溶液澄清	2.54 cm

　　稀硫酸和稀盐酸均可作为制取乙酸乙酯的催化剂,氢离子浓度相同的稀硫酸和稀盐酸作催化剂时,后者产出乙酸乙酯的速度稍快,且产生的乙酸乙酯较多。

　　文献研究分析了浓硫酸、盐酸、硫酸氢钠和氯化铁作催化剂时酯化反应的效果,如表 5-7 所示。

表 5-7　催化剂及其用量对乙酸乙酯产率的影响

实验分组	催化剂种类	催化剂用量	乙酸乙酯产量	乙酸乙酯产率
1	无	0 mL	2.4 g	13.6%
2	浓硫酸	1 mL	3.1 g	17.6%
3	浓硫酸	3 mL	5.2 g	29.5%
4	浓硫酸	5 mL	9.7 g	55.1%
5	盐酸(2 mol·L⁻¹)	1 mL	10.8 g	61.4%
6	盐酸(2 mol·L⁻¹)	3 mL	11.0 g	62.5%
7	盐酸(2 mol·L⁻¹)	5 mL	11.2 g	63.6%

实验分组	催化剂种类	催化剂用量	乙酸乙酯产量	乙酸乙酯产率
8	硫酸氢钠	0.3 g	14.2 g	80.2%
9	硫酸氢钠	0.6 g	15.4 g	87.5%
10	硫酸氢钠	0.9 g	14.4 g	81.5%
11	氯化铁	1.0 g	12.4 g	70.1%
12	氯化铁	1.2 g	13.7 g	77.8%
13	氯化铁	1.6 g	12.8 g	72.5%

　　文献研究分析了用盐酸作催化剂时酯化反应的效果。盐酸、硫酸都是强酸,具有很强的催化活性。硫酸的催化性能比盐酸弱,可能是硫酸在反应过程中与乙醇反应生成硫酸氢乙酯,同时,温度过高时发生副反应所致。由于催化反应的关键是完成酯化反应并形成活性中间体,该活性中间体的形成难易及活性中间体的浓度直接影响反应速率及酯的产率。同时,随着催化剂用量的增加,酯的产率提高。这是由于催化剂用量大,生成的活性中间体多,酯的产率就高。但从实验结果看,盐酸用量增加,产率增加并不明显。更进一步说明了硫酸催化过程中是先生成硫酸氢乙酯,而后生成乙酸乙酯。而盐酸是依靠质子催化,所以反应过程中,产率与盐酸用量关系不明显。

　　文献研究分析了用硫酸氢钠作催化剂时酯化反应的效果。硫酸氢钠有很强的催化活性,分析其原因。首先,硫酸氢钠是强电解质,可以电离出氢离子而使体系显酸性。在反应体系中,硫酸氢钠自身的结晶水能够在催化剂表面电离出氢离子(质子)来催化反应,反应生成的水又能被硫酸氢钠结合形成结晶水,从而有利于平衡正向移动。其次,用硫酸氢钠作催化剂温度过高时,不会出现乙醇脱水及碳化现象,也不会由于酸挥发而引起质子浓度下降,及时蒸出乙酸乙酯,从而有利于酯化反应的进行。但催化剂用量过多,会导致副反应发生,从而影响了酯化率,最佳催化剂硫酸氢钠的用量为 0.3 g,可以使用 0.1 mol 乙酸。

　　文献研究分析了用氯化铁作催化剂时酯化反应的效果。氯化铁也具有一定的催化活性。氯化铁是路易斯酸,在酯化反应过程中,Fe^{3+} 诱导乙酸羰基氧的孤对电子,使羰基易被亲核的醇进攻而发生加成反应,在酸作用下脱水成酯。同时随着反应的进行,Fe^{3+} 可结合反应生成的水生成络合物,升高温度,及时蒸出乙酸乙酯均有利于酯化反应的进行,但催化剂用量过多时会导致副反应发生,从而影响酯化率。最佳催化剂氯化铁的用量为 0.6 g,可以使用 0.1 mol 乙酸[1]。

3. 温度

　　乙酸乙酯实验室制备中的加热方式,有用酒精灯直接加热试管中的反应物混合液,如图

---

① 王海勋,薛德兴. 乙酸乙酯制备中催化剂的探讨[J]. 化学教学,2009(10):20—21+33.

5-2所示,有用水浴加热方式加热试管中的反应物混合液,如图5-3所示。若对乙酸乙酯实验室制备的加热方式进行探究,需要探究水浴的温度、酒精灯火焰的温度、隔着石棉网使用酒精灯加热的空气浴的温度对实验结果的影响,可以使用温度传感器来测量水浴的温度、使用高温传感器来测量酒精灯火焰的温度。

孔令琦[①]等通过正交试验探究了水浴加热90℃、水浴加热95℃、直接加热的条件对乙酸乙酯制取实验的影响,出于安全性以及反应效率的考虑,发现水浴加热95℃的温度条件最佳。

文献研究显示,在近100℃水浴中,酯化反应的反应物混合液不易沸腾,加热较长时间后,反应容器的器壁上才有油状物回流,且馏出液较少,在接收产物的试管中收集到的酯微乎其微,因此敞开环境下的水浴加热方法不易观察到实验现象,实验效果不理想。油浴加热方式在大学有机实验室是一种常用的加热方式,油浴就是使用油(植物油、硅油等)作为加热物质的热浴方法,其温度范围大致是100℃—260℃,油浴的温度高、加热均匀。但中学化学实验室中常用的加热工具就是酒精灯和水浴加热方法,很少使用油浴,同时因为缺少油浴操作的安全保障措施,作为中学化学课堂演示实验一般也不宜采用。而酒精灯直接加热的方法虽然供热不是很均匀,但操作方便,可保证反应和蒸馏的温度要求,耗时少、出酯快。

结合有机化学实验室隔绝明火加热的操作规范要求,可以考虑使用空气浴的加热方式进行乙酸乙酯的实验室制备。空气浴是指在加热的盛放反应物的容器下方垫上石棉网,使用酒精灯火焰在石棉网下方的位置加热。采用空气浴、间歇式加热等方式可避免反应的温度过高、受热不均匀等缺陷。这种加热法实用性强,实际使用效果利大于弊[②]。

另外,可以调整反应装置,将导气管竖直方向设计长一点,也可有效减少酸和醇的挥发。

4. 实验装置

在沪科版的教材中,制备乙酸乙酯的实验采用了水浴加热的方式。因为乙酸乙酯的沸点只有77.1℃,所以应该采取水浴加热的方式,但是敞开式的水浴加热的方式不能保证试管的上端以及向上的导管的温度在乙酸乙酯的沸点以上,使得乙酸乙酯的蒸汽不能通过导管到达饱和Na_2CO_3溶液的液面之上,而是在试管之内发生回流重新落入反应物之中,从而使饱和Na_2CO_3溶液的液面上观察不到应有的现象。

采用外管水浴加热的方式,如图5-4所示,不仅能迅速提高水浴的温度,而且由于水蒸气的存在,能保持内管的上端以及向上的导管的温度在乙酸乙酯的沸点

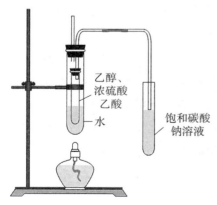

乙醇、浓硫酸乙酸

水

饱和碳酸钠溶液

图5-4 乙酸乙酯反应的套管装置

① 孔令琦,丁伟. 正交试验优选实验室制备乙酸乙酯的方法[J]. 化学教学,2014(04):51—53.
② 朱志荣. 乙酸乙酯制备演示实验的改进[J]. 化学教学,2015(02):59—62.

以上,有利于乙酸乙酯的蒸出。外管采用长试管,既可以冷凝回流,也可以减少外侧试管水浴的蒸发,使整套装置都能持续加热回流[①]。

第二节 乙酸乙酯的实验室制备

一、实验药品

无水乙醇,冰醋酸,浓硫酸,饱和碳酸钠溶液,0.1%的酚酞试剂,沸石,热水。

二、实验仪器

250 mL 烧杯,大小试管各 1 支,酒精灯,10 mL 量筒 3 个,带橡胶塞的导管,铁架台(带铁夹、铁圈)2 台,石棉网,药匙,温度传感器。

三、实验装置

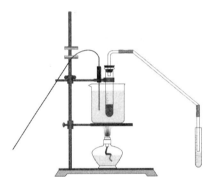

图 5-5 温度传感器监测水浴温度的乙酸乙酯制备装置

四、实验操作

在中学化学有机实验教学中采用水浴加热的方式,根据图 5-5 实验装置示意图,按照从下到上、从左往右的顺序连接仪器。

注意:

a. 烧杯中的水不仅需要浸没试管中的反应液,而且烧杯中的水面高度尽可能淹没到试管口处,目的是使反应体系保温,从而保障反应产物蒸出而不会冷凝流下来;导出馏分的导管口需要悬置在距离作为承接液的饱和碳酸钠液面上方约 0.2—1 cm 左右。

b. 浓硫酸的用量减少时,反应体系被加热的温度相对可以降低,如在水浴控制 95℃—

---

① 李嘉.制取乙酸乙酯演示实验的改进[J].实验教学与仪器,2013,30(01):27.

100℃左右。

（1）取少量饱和碳酸钠溶液于小试管中，滴加 1 滴 0.1％的酚酞试剂，振荡，待用。

（2）分别量取 3 mL 无水乙醇、1 mL 浓硫酸、2 mL 冰醋酸。

（3）向大试管中依次缓缓加入 3 mL 无水乙醇、1 mL 浓硫酸、2 mL 冰醋酸、少量沸石，勿振荡，待用。

（4）向烧杯中加入温度大致为 80℃—100℃ 的热水，搭建好装置后点燃酒精灯加热，同时点击电脑界面上的温度传感器采集数据，此时时间记为 t_0，温度记为 T_0，即记录开始反应的时间和温度示数（$t_0 = 0$ s，T_0 表示的是水浴的起始温度，例如水浴起始温度稳定在 $T_0 = 80.4$℃）。

（5）温度不断上升，大试管中的反应混合液中逐渐冒出气泡，4 分钟左右开始有馏出液沿导管缓缓流出。导管口与承接试管液面间至少留有 2 mm 距离。当第 1 滴馏出液流出时，此时时间记为 t_1，温度记为 T_1。

（6）观察实验现象，以及数据采集信息在电脑界面的图像曲线上升走势。大试管中冒气泡，馏出液沿导管流出，记录第 1 滴馏出液流入小试管的时间和温度示数（如时间示数 $t_1 = 280$ s，温度示数 $T_1 = 90.9$℃）。

（7）继续加热 3 分钟，撤走酒精灯，此时时间记为 t_2，温度记为 T_2（如时间示数 $t_2 = 460$ s，温度示数 $T_2 = 97.1$℃）。停止采集数据，结束实验。

（8）取下小试管，观察到溶液出现分层，下层为红色，上层为无色油状，闻到一股芳香味，上层无色油状液体为乙酸乙酯。

第三节　乙酸乙酯制备的实验探究

一、化学反应原理及其微观机制

1. 化学反应历程

化学反应方程式：

$$CH_3-\overset{\overset{O}{\parallel}}{C}-\boxed{OH+H}-O-C_2H_5 \underset{\triangle}{\overset{浓硫酸}{\rightleftharpoons}} CH_3-\overset{\overset{O}{\parallel}}{C}-O-C_2H_5 + H_2O$$

反应历程：

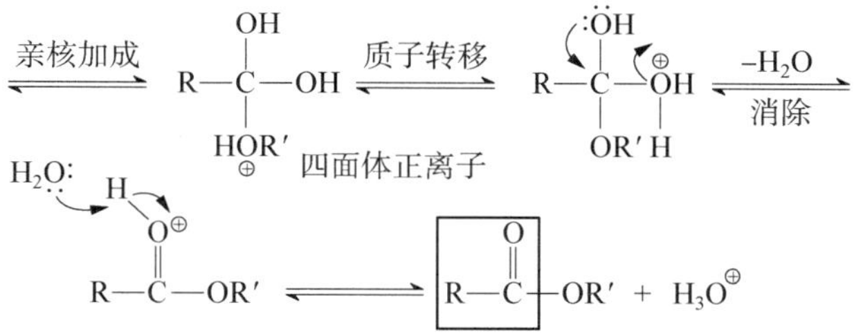

图 5-6　酯化反应的反应机理

整个酯化反应过程如图 5-6 所示。乙酸中的羰基上的氧由于电负性大、带有负电性,容易受到氢离子或其他路易斯酸等亲核试剂的进攻,形成羰基正离子。乙醇中带孤对电子的氧,进攻羰基正离子,生成氧正离子四面体结构中间体,乙醇中与氧相连的氢发生质子迁移,迁移到羧基中的羟基上的氧形成 $^+OH_2$ 离子(烊盐),以 H_2O 形式离去,再脱去一个质子形成乙酸乙酯,脱去的 H_2O 即为另一个产物。

整个反应经历加成后再消去的过程,从形式上可以概括为:酸脱羟基、醇脱氢。

这一加成、消去的反应过程中,质子活化的羰基被亲核的醇进攻,发生加成,在酸作用下脱水成酯,该反应为可逆反应。酯化反应是可逆反应,反应物不能完全变为生成物,反应进行得比较缓慢,为提高反应速率,一般需要加入浓硫酸作催化剂并加热。为了完成反应,一般采用过量的反应试剂(根据反应物的价格,过量酸或过量醇)。有时可以加入与水恒沸的物质,不断从反应体系中带出水,移动平衡(即减小产物的浓度)[①]。

路易斯酸能够吸引羧酸中的羰基电子。其作用方式是通过配位键和羧酸中的羰基 π 键相络合,使羧酸的羰基碳原子带有更多的正电性。由于酯化反应过程中路易斯酸具有亲核的特性,有利于乙醇发生亲核加成反应,使反应的活化能降低,反应的活性增强。

当温度高于 125℃时,可能存在的副反应如下:

$$2C_2H_5OH \underset{140-150℃}{\overset{浓\ H_2SO_4}{\rightleftharpoons}} C_2H_5OC_2H_5 + H_2O$$

$$C_2H_5OH \underset{170℃}{\overset{浓\ H_2SO_4}{\rightleftharpoons}} C_2H_4 + H_2O$$

$$C_2H_5O_4 + 浓\ H_2SO_4 \Longrightarrow CH_3COOH + SO_2 + H_2O$$

$$C_2H_5OH \overset{浓\ H_2SO_4}{\Longrightarrow} C + H_2O(炭化)$$

乙酸乙酯是由乙醇和乙酸在浓硫酸催化下生成的一种不溶于水,且密度小于水的有机物。乙酸乙酯可以发生水解反应,酯既可以在酸性条件下水解,也可以在碱性条件下水解,而酸性条件下的水解具有可逆性,碱性条件下的水解则不可逆,所以酯在碱性条件下水解程度较大。制取的乙酸乙酯通到饱和碳酸钠溶液中,饱和碳酸钠的作用有三点,一是可以吸收

---

① 王海勋,薛德兴.乙酸乙酯制备中催化剂的探讨[J].化学教学,2009(10):20—21+33.

乙醇(乙醇和水互溶),二是可以除去乙酸(和碳酸钠反应),同时又可以降低乙酸乙酯的溶解度(酯不溶于水,在饱和碳酸钠溶液中溶解度更小),有利于酯的分层析出。此处不能使用氢氧化钠来替代饱和碳酸钠溶液,因为氢氧化钠的碱性较强,酯可以在其中水解,乙酸乙酯与氢氧化钠溶液会发生反应,生成乙酸钠和乙醇,就得不到酯了。

通过比较乙醇、乙酸和乙酸乙酯的物理性质,可以对实验装置、反应的加热方式进行选择,具体如表 5-8 所示。

表 5-8　乙酸乙酯制备实验中反应物和生成物的物理性质

药品	分子量	熔点(℃)	沸点(℃)	密度(g/mL)	常用的体积比例	物质的量(摩尔)
乙醇	46.07	−117.3	78	0.789	3	0.051
乙酸	60.05	16.6	117.9	1.050	2	0.035
浓硫酸(98%)	98.08	10.35	337	1.84	2	0.037
乙酸乙酯	88.11	−83.6	77	0.902		

2. 催化剂的功能

若选用浓硫酸作催化剂,浓 H_2SO_4 除催化作用外,还能吸取反应生成的水,有利于酯化反应的进行。但是浓硫酸也具有较强的脱水性和强氧化性,温度过高时会生成乙醚及乙烯等副产物,同时浓硫酸也可能使有机物碳化。

3. 反应温度的控制

温度过高时,会有副反应发生,如 140℃时乙醇发生取代反应生成乙醚,170℃时乙醇消去生成乙烯,还可能发生碳化等。温度过低时,反应速率过慢,影响反应的进程,同时不利于乙酸乙酯的蒸出,对乙酸乙酯的产率也有影响[①]。乙酸乙酯的沸点为 77℃,乙醇的沸点为78℃,乙酸的沸点为 117.9℃,为减少副反应发生并加快反应速率,当乙醇、乙酸和浓硫酸的体积比为 3∶2∶1 时,控制反应温度在 95℃—100℃,采取水浴加热的方法可以有效控制反应体系所需要的温度大小;当乙醇、乙酸和浓硫酸的体积比为 3∶2∶2 时,控制反应温度在110℃—120℃,采取油浴加热或空气浴加热的方法可以有效控制反应体系所需要的温度大小。

二、不同催化剂及其用量对实验的影响

1. 问题探究

(1) 选择浓硫酸与浓磷酸分别作为乙酸乙酯实验室制备的催化剂,探究其对实验的效果。

---

① 王海勋,薛德兴.乙酸乙酯制备中催化剂的探讨[J].化学教学,2009(10):20—21+33.

（2）选择不同用量的浓硫酸为乙酸乙酯实验室制备的催化剂，探究其对实验的效果。

自变量：（1）催化剂种类（浓硫酸、浓磷酸）；（2）催化剂的体积。

因变量：时间（开始加热至无明显馏分）、产量（试管中馏分的高度）。

控制变量：乙醇 3 mL、冰醋酸 2 mL、套管水浴加热。

2. 实验用品

95％的乙醇、冰醋酸、浓硫酸、浓磷酸、饱和碳酸氢钠溶液、酚酞

铁架台、大试管、小试管、单孔塞、多孔塞、导管、酒精灯、碎瓷片

3. 实验装置

本实验方案采用大试管中放置小试管的套管作为反应容器，使用水浴加热外管的方式，如图 5-4 所示。该实验装置不仅能迅速提高水浴加热所提供的反应温度，而且由于外管中水蒸气的存在，能保持内管的上端以及向上的导管的温度在乙酸乙酯的沸点以上，有利于乙酸乙酯的蒸出。外管采用长试管冷凝回流是为了减少外管水浴的蒸发，使作为反应装置的套管受热均匀，能持续地加热回流。

4. 实验步骤

如图 5-4 所示连接装置，检查装置气密性。取 3 mL 配置好的饱和碳酸钠溶液加入用作承接液的试管中，并滴加几滴酚酞。向作为反应容器的套管的内管中加入 3 mL 无水乙醇和 2 mL 冰醋酸以及催化剂（浓硫酸或浓磷酸），并加入沸石，在外管中加入适量的水，使外管中的水面稍高于内管的液面。用酒精灯小心加热，产生的蒸汽经导管通入滴有酚酞的饱和碳酸钠溶液中。观察收集到的液体，采用扇闻的方法，嗅闻产物的气味。观察并使用直尺测量振荡前后承接液试管中产物的高度变化。

分别使用不同的催化剂及其用量（体积），如浓硫酸或浓磷酸，进行多次平行实验。观察并记录每次实验的实验现象和乙酸乙酯在承接试管中的高度。

5. 实验结果

表 5-9　实验探究数据记录

序号	催化剂及用量	现　　　象	产物
1	2 mL 浓硫酸	反应混合液迅速沸腾，开始浅黄色后转为棕色，在浅红色碳酸钠溶液层上方有无色油状液体生成，并且闻到香味，振荡后红色变浅。	7 分钟内收集 1.75 cm 油层，振荡后 1.58 cm
2	1 mL 浓硫酸	反应混合液迅速沸腾，开始浅黄色后转为棕色，在浅红色碳酸钠溶液层上方有无色油状液体生成，并且闻到香味，振荡后红色变浅。	5 分钟内收集 1.9 cm 油层，振荡后 1.7 cm
3	1 mL 浓磷酸	反应混合液迅速沸腾，开始浅黄色后转为棕色，在浅红色碳酸钠溶液层上方有无色油状液体生成，并且闻到香味，振荡后红色变浅。	5 分钟内收集 0.9 cm 油层，振荡后 0.4 cm

6. 实验结论

选择浓硫酸作催化剂时，用量为 1 mL 浓硫酸时的催化效果比 2 mL 浓硫酸的效果更好，促进酯化反应正向进行。

同样用量的条件下，浓硫酸的催化效果比浓磷酸的催化效果好，乙酸乙酯的产量更多。

观察实验所得的馏分产物，若振荡试管，馏分高度会减小，说明原先上层混有乙酸、乙醇等物质。

三、不同催化剂对实验结果的影响

采用水浴加热的方法进行实验，如图 5-3 所示。

1. 探究不同体积催化剂对实验结果的影响

采用水浴加热的方法，控制反应液的体积：3 mL 乙醇、2 mL 乙酸，反应液体积比例乙醇：乙酸：浓硫酸 $= 3:2:x$，其中 x 分别为 1 mL、2 mL、3 mL，水浴温度从 80 ℃ 开始，记录从反应开始到第 1 滴馏分的时间和温度，继续加热 3 分钟，停止加热结束反应，记录结束时的时间和水浴温度，且测量最后反应产物酯的体积。实验探究结果如表 5-10 所示。

表 5-10　不同体积浓硫酸作催化剂对产物的影响

体积比	序号	开始	第 1 滴馏分	3 分钟后	生成酯的体积(mL)	
3:2:1	1	0 s	228 s	408 s	1.74	1.48
		80.2 ℃	87.0 ℃	91.5 ℃		
	2	0 s	194 s	374 s	1.40	
		80.2 ℃	85.2 ℃	89.9 ℃		
	3	0 s	226 s	406 s	1.30	
		80.0 ℃	85.7 ℃	89.5 ℃		
3:2:2	1	0 s	286 s	466 s	1.40	1.20
		80.2 ℃	88.4 ℃	91.4 ℃		
	2	0 s	246 s	426 s	1.20	
		80.3 ℃	86.4 ℃	90.3 ℃		
	3	0 s	174 s	354 s	1.00	
		80.2 ℃	84.4 ℃	88.8 ℃		
3:2:3	1	0 s	318 s	498 s	0.70	0.70
		80.2 ℃	88.0 ℃	91.2 ℃		
	2	0 s	314 s	494 s	0.60	
		80.0 ℃	88.4 ℃	92.3 ℃		
	3	0 s	240 s	420 s	0.80	
		80.1 ℃	85.0 ℃	89.8 ℃		

探究不同体积的催化剂的影响,探究结果表明,当乙醇∶浓硫酸∶乙酸＝3∶2∶1时,生成酯的体积最多,且用时最短。

2. 不同种类的催化剂对实验结果的影响

反应混合液中,各物质的投料是:3 mL 乙醇、2 mL 乙酸、2 mL 液体催化剂或 0.1 g 固体催化剂,反应混合液投料的体积比例是:乙醇∶催化剂∶乙酸＝3∶2∶2,水浴加热从 80℃ 开始反应,记录第 1 滴馏分的时间和温度,继续加热 3 分钟,停止加热结束反应,记录结束时的时间和温度,且测量最后生成酯的体积。实验探究结果如表 5 - 11 所示。

表 5 - 11　不同种类催化剂对产物的影响

催化剂	序号	开始	第 1 滴馏液	3 分钟后	生成酯的体积(mL)	
2 mL 浓硫酸	1	0 s	286 s	466 s	1.40	1.20
		80.2℃	88.4℃	91.4℃		
	2	0 s	246 s	426 s	1.20	
		80.3℃	86.4℃	90.3℃		
	3	0 s	174 s	354 s	1.00	
		80.2℃	84.4℃	88.8℃		
2 mL 2 mol·L⁻¹ 的盐酸	1	0 s	224 s	404 s	1.80	1.97
		80.2℃	86.0℃	89.0℃		
	2	0 s	202 s	382 s	2.00	
		80.1℃	85.2℃	89.0℃		
	3	0 s	200 s	380 s	2.10	
		80.2℃	85.0℃	88.5℃		
0.1 g NaHSO₄	1	0 s	288 s	468 s	2.20	2.14
		80.1℃	90.8℃	95.5℃		
	2	0 s	304 s	484 s	2.21	
		80.5℃	90.4℃	94.8℃		
	3	0 s	314 s	494 s	2.00	
		79.9℃	90.3℃	94.0℃		

探究不同催化剂的影响,实验探究结果表明,当使用 3 mL 乙醇、2 mL 液体催化剂(或 0.1 g 固体催化剂)、2 mL 乙酸作为反应液时:

(1) 0.1 g NaHSO₄ 作催化剂生成的乙酸乙酯最多,2 mL 2 mol·L⁻¹ 的盐酸次之,2 mL 浓硫酸最少。

(2) 2 mL 2 mol·L⁻¹ 的盐酸作为催化剂时反应用时最短,2 mL 浓硫酸次之,0.1 g

NaHSO$_4$ 用时最长。

第四节　应用气相色谱仪传感器检测乙酸乙酯

一、实验产物的定性指标的采集

图 5 - 7　简易气相色谱仪传感器

酯化反应后,如果滴加酚酞后的饱和碳酸钠溶液出现分层,上层为无色油状,下层为红色,闻到一股芳香味,说明生成了乙酸乙酯。

但是,乙酸乙酯实验室制备产物中蒸出来的究竟是乙醇还是乙酸? 还是反应混合物? 有没有乙酸乙酯呢? 确切地讲,若要证明乙酸乙酯实验室制备产物中的确存在乙酸乙酯,需要进行仪器检测。若用大型分析仪器当然可行,但是中学实验室里是否有更加小巧方便的分析检测的仪器呢? 这里介绍一种小巧方便的简易气相色谱仪传感器。

1. 气相色谱仪传感器操作原理

色谱法具有极强的分离效能。一个混合物样品定量引入合适的色谱系统后,样品在流动相携带下进入色谱柱,样品中各组分由于各自的性质不同,在柱内与固定相的作用力大小不同,导致在柱内的迁移速度不同,使混合物中的各组分先后离开色谱柱得到分离。分离后的组分进入检测器,检测器将物质的浓度或质量信号转换为电信号输给记录仪或显示器,得到色谱图。利用保留值可定性,利用峰高或峰面积可定量。

威尼尔迷你气相色谱仪是设计用来分离气体混合物或者挥发性液体,并且通过特征峰时间来确定混合物的成分的仪器。

威尼尔迷你气相色谱仪是一种可以对挥发性液体或者气态样品中包含的物质进行分离、分析和鉴定的设备。它可以探测和区分不同的物质成分,包括醇、醛、酮、芳香烃、羟基酸、酯、腈。它包含传统气相色谱仪的所有关键部分,包含一个注射口,温度和压强控制,一个毛细管(根据物质不同的物理和化学性质可以以不同的速率通过),还有一个传感器来探测物质的到来。它有一个专用的 MEMS(Micro-Electro-Mechanical System,微机电系统,也叫作微电子机械系统、微系统、微机械等,指尺寸在几毫米乃至更小的高科技装置。微机电系统其内部结构一般在微米甚至纳米量级,是一个独立的智能系统)芯片传感器,允许将室内空气作为载气用。

迷你气相色谱仪可以在30℃—160℃范围内使用。MEMS 芯片传感器可以在两个灵敏度上操作,允许使用更大范围的物质和体积。

迷你气相色谱仪可以连接电脑。学生们可以使用威尼尔 Logger Pro 软件和实验探索者中的 App 软件轻松地控制数据采集参数,然后实时采集数据。探测到色谱峰以后,软件允许确定保持时间或者对峰进行积分,来帮助确定样品中每种成分的相对含量。

迷你气相色谱仪的组件包括:

迷你气相色谱仪 GC2 - MINI

交流电源适配器

汉密尔顿注射器(体积为 $1.0\,\mu L$)

USB 连接线

携带式仪器箱

2. 气相色谱仪的使用方法和步骤

(1) 使用电脑来采集数据,用威尼尔 Logger Pro 软件。

(2) 准备好玻璃注射器和被检测的液体物质。

重要提示:玻璃注射器易碎,且容易损坏。注意不要把针头弄弯或者把活塞弄弯。如果偶然把活塞拉出玻璃管的话,几乎不可能再将它重新装回去或者极其困难。

(3) 准备好威尼尔迷你气相色谱仪来采集数据。

a. 使用左边的开关打开迷你气相色谱仪(如图 5 - 7 所示)。

b. 使用 USB 数据线将迷你气相色谱仪连接到电脑。

c. 开启数据采集程序,在文件菜单中选择"新"(确保软件设置为默认值)。

d. 点击 Logger Pro 软件中的采集按钮"▶",调出温度—压强文件,如图 5 - 8 所示。

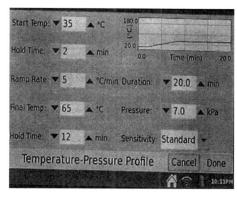

图 5 - 8　温度—压强

e. 设置温度—压强值:

起始温度	35℃
保持时间	1 分钟
升温速率	10℃/分钟
最终温度	65℃
保持时间	6 分钟
时间总长	10.0 分钟
压强	$7.0\,kPa$
灵敏度	Standard

f. 选择完成开始预热迷你气相色谱仪。

注释:一条新的信息将出现,"在 GC 准备好之前不要注射",且迷你气相色谱仪上的 LED 灯是红色的。迷你气相色谱仪将花费几分钟时间来预热并达到稳定。当迷你气相色谱仪准备好之后,按步骤(6)注射,信息为"注射并自动采集",LED 灯会变成绿色。在预热的时候继续步骤(4)。

(4) 按如下步骤用被测液体清洗注射器。

重要提示：玻璃注射器易碎。注意不要弯曲针头和活塞。绝对不要将活塞拉出其总容量的50%以上。按压活塞时注意不要将其弄弯。

a. 完全压紧活塞。

b. 将注射器的针头浸入丙酮中。

c. 拉活塞抽取注射器总容量大约1/3的丙酮。

d. 将液体挤到吸水纸或者纸巾上。

e. 重复上述步骤至少两次。使用吸水纸或者纸巾小心擦拭注射器针头。

(5) 抽取一定的反应产物液体来注射。

a. 将针头浸入反应产物液体中。

b. 抽取大约0.2 μL的液体。

c. 采集好样品后,轻轻地用吸水纸擦拭针头。

(6) 准备注射并开始采集数据。当迷你气相色谱仪达到正确的开始温度和压强时,提示信息为"注射并选择采集",LED灯会变成绿色。

一只手拿着注射器,另一只手来稳定它,将注射器针头插入迷你气相色谱仪的注射口。

重要提示：

图 5‑9　手指操作注射器针头注射液体的方式（见本书彩页）

如图5‑9中所示,用两根手指支撑着针头,这样可以防止针头可能发生的弯曲。将针头插入注射口直到针头不能再下降。如果针头卡住了,那么在插入的时候轻轻地旋转。不要移走注射器。同时,压下注射器的活塞,点击采集按钮开始数据采集。并立即将针筒从注射口中拔出。

(7) 在数据采集过程中,重复整个步骤4清洗注射器和针筒。可能需要至少三次冲洗才能使注射器的活塞再次平滑地移动。

二、乙酸乙酯实验制备产物的检测

1. 气相色谱的分析原理

（1）分析原理

简易气相色谱仪传感器先用于分别绘制乙醇、乙酸、乙酸乙酯的标准图谱，再根据标准图谱用于检测制取的乙酸乙酯的成分。

气相色谱法是一种高效、快速而灵敏的分离分析技术。当液体样品由样品口注入即被汽化，并被载气带入色谱柱，经过多次分配而得以分离的各个组分逐一流出色谱柱，进入检测器，随着时间变化而产生的电信号由记录仪采集得到气相色谱图。对气相色谱图进行分析，即可对样品进行定性定量分析。

相同的色谱操作条件下，同一物质应具有相同的保留值，当用已知物质的保留时间（保留体积、保留距离）与未知物质组分的保留时间进行对照时，若两者的保留时间完全相同，则认为它们可能是相同的物质，同时，还需要有作为对照用的标准物质。

（2）标准溶液色谱峰图的测定方法

用微量注射器吸取 $0.2\ \mu L$ 标准溶液，注入色谱仪内，记录标准物质的保留时间和色谱峰面积，用来对照比较样品溶液。

使用简易气相色谱仪传感器绘制乙醇、乙酸、乙酸乙酯的标准图谱，再绘制制取的乙酸乙酯的图谱，通过物质对应峰的保留时间进行判断。

2. 气相色谱仪传感器采集的乙酸乙酯等产物的实验操作

实验目的：乙酸乙酯制备实验产物的检测

实验用品：

乙醇、乙酸、乙酸乙酯、制取的乙酸乙酯。实验仪器，简易气相色谱仪传感器，微量注射器

实验操作：

（1）启动预热简易气相色谱仪传感器，打开手持技术软件，设置采集参数，点击完成，自动运行，待采集。

（2）打开开关操作，仪器参数达到设定值后，用微量注射器取少量乙醇润洗 3 次，取 $0.1\ \mu L$ 乙醇，向简易气相色谱仪传感器迅速注入，同时点击"开始"采集数据，抽取出微量注射器。观察乙醇的图谱走向，待分析结束，停止采集。

（3）观察数据采集后在电脑界面上呈现的数据图像曲线图谱走向。

（4）设置采集参数，点击完成，自动运行，待采集。仪器参数达到设定值后，用微量注射器取少量乙酸润洗 3 次，取 $0.1\ \mu L$ 乙酸，向简易气相色谱仪传感器迅速注入，同时点击"开始"采集数据，取出微量注射器。观察乙酸的图谱走向，待分析结束，停止采集。

（5）再次观察数据采集后在电脑界面上呈现的数据图像曲线图谱走向。

（6）设置采集参数，点击完成，自动运行，待采集。仪器参数达到设定值后，用微量注

射器取少量乙酸乙酯润洗 3 次，取 0.1 μL 乙酸乙酯，向简易气相色谱仪传感器迅速注入，同时点击"开始"采集数据，取出微量注射器。观察乙酸乙酯的图谱走向，待分析结束，停止采集。

（7）第三次观察数据采集后在电脑界面上呈现的数据图像曲线图谱走向。可以看到，制取的乙酸乙酯的图谱具有乙酸乙酯和乙醇所对应的两个峰，即制取的乙酸乙酯中含有乙酸乙酯和乙醇。

（8）关闭简易气相色谱仪传感器的开关，结束实验。

3. 气相色谱仪传感器分析的数据结果

数据图像结果显示如图 5 - 10 所示，乙酸乙酯实验室制备产物中含有乙酸乙酯和乙醇。

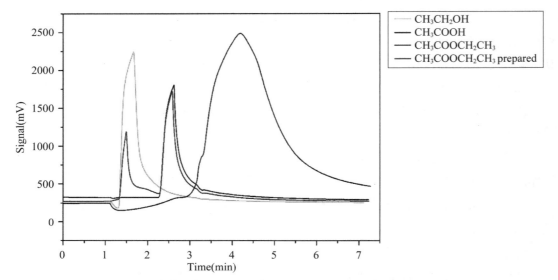

图 5 - 10　简易气相色谱仪传感器采集的乙酸乙酯制备产物的色谱特征峰（见本书彩页）

图 5 - 10 中横坐标为保留时间，表示样品在气相色谱仪传感器中所经历的时间；纵坐标是峰信号，色谱峰是组分在色谱柱运行的结果，它是判断组分是什么物质及其含量的依据。

简易气相色谱仪传感器采集的乙酸乙酯等物质的色谱特征峰图中各条曲线的含义是：

（1）浅蓝色线表示的是乙醇标准液的色谱峰，1.5—2 分钟保留时间的峰代表的是乙醇。

（2）深蓝色线表示的是乙酸标准液的色谱峰，3.5—5.5 分钟保留时间的峰代表的是乙酸。

（3）黑色线表示的是乙酸乙酯标准液的色谱峰，2.5—3 分钟保留时间的峰代表的是乙酸乙酯。

红色线表示的是乙酸乙酯实验室制备产物中的色谱峰，可观察到，红色线有两个峰，保留时间分别是 1.5 分钟和 2.5 分钟，分别表示的是乙醇和乙酸乙酯，即制取的乙酸乙酯中含有乙酸乙酯和乙醇。

第五节　应用高温传感器测量酒精灯火焰的温度

一、测量目的

（1）根据相关文献资料和试验的经验表明，按照教材上的反应物料投放的大致比例，即按照体积比例乙醇∶乙酸∶浓硫酸＝3∶2∶2(或1)，实验室制备乙酸乙酯的体系温度应该在90℃—110℃的大致范围。实验室制备乙酸乙酯的加热方法有水浴加热方法和直接加热方法，若选择使用酒精灯直接加热反应体系的方法来制备乙酸乙酯，酒精灯火焰可否提供该范围的温度，使得实验室制备乙酸乙酯的化学反应速率快、产物现象又非常明显呢？

（2）酒精灯的灯芯粗细是否影响酒精灯火焰的温度高低呢？酒精灯火焰结构中不同位置的温度是否不同呢？

酒精灯灯芯数量的多少，可以通过控制灯芯的股数来设置。测量比较四股棉线灯芯酒精灯与两股棉线灯芯酒精灯在加热时其火焰结构中各位置的实际温度，有助于实验时选择适宜的灯芯及酒精灯火焰不同结构位置进行加热。

（2）使用隔着石棉网进行酒精灯加热反应物质时，石棉网上方的温度有何变化呢？

测量比较置于石棉网下方的四股棉线灯芯酒精灯与两股棉线灯芯酒精灯在加热时其火焰各结构提供的温度，有助于选择合适的实验加热方式以及空气浴的加热位置。

图 5 - 11　酒精灯火焰的结构

二、测量方法

1. 测量工具

使用高温传感器测量酒精灯火焰结构的温度。高温传感器如图5-12所示，即热电偶传感器，它可以测量－200℃到1400℃的温度范围，常规精度为±2.2℃。

图 5 - 12　高温传感器（见本书彩页）

高温传感器的探头是末端连接在一起的不同材质的两根金属丝。其工作原理是：在其中一端加热时，就会产生一个持续的电流，并在热电电路中流动。这个很小的开放式电路的电压与连接点温度和两种金属的成分有函数关系。通过测量电压，就可以计算出末端连接点的温度。

2. 测量步骤

（1）测量酒精灯火焰不同位置的温度。点燃酒精灯，待火焰稳定后开始测量。

（2）将高温传感器探头放在火焰相应位置处，停留 10 s，采集酒精灯火焰该位置的温度作为该点的火焰温度，取出探头，冷却至 50℃ 左右后测量下一个点。

注意：每次测量时将高温传感器探头冷却至 50℃ 左右的高温。

（3）酒精灯火焰测量结构

在酒精灯火焰各结构部位进行测量，针对有无石棉网隔断情况，以及四股灯芯、两股灯芯情况下的酒精灯，分别测量酒精灯火焰的不同位置处的温度，具体如下。

① 无石棉网时四股棉线灯芯酒精灯的灯芯尖端位置，内焰焰心位置处，2/3 内焰位置处，内焰尖处，外焰心处，外焰尖处，外焰尖上空气 1 cm 处。

② 有石棉网时四股棉线灯芯酒精灯的灯芯尖端位置，内焰焰心位置处，2/3 内焰位置处，石棉网下，石棉网上，石棉网上空气 1 cm 处。

③ 无石棉网时两股棉线灯芯酒精灯的灯芯尖端位置，内焰焰心位置处，2/3 内焰位置处，内焰尖处，外焰心处，外焰尖处，外焰尖上空气 1 cm 处。

④ 有石棉网时两股棉线灯芯酒精灯的灯芯尖端位置，内焰焰心位置处，2/3 内焰位置处，石棉网下，石棉网上，石棉网上空气 1 cm 处。

比较无石棉网时四股棉线灯芯酒精灯与两股棉线灯芯酒精灯的火焰结构的温度，比较有石棉网时四股棉线灯芯酒精灯与两股棉线灯芯酒精灯的火焰结构温度。

三、测量结果

1. 酒精灯火焰结构温度的测量

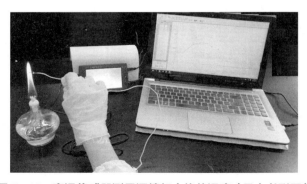

图 5-13　高温传感器测量酒精灯火焰的温度（见本书彩页）

四股棉线灯芯的酒精灯与两股棉线灯芯的酒精灯的火焰结构的温度如图 5-14 所示。横坐标表示酒精灯火焰结构的位置,分别是火焰的灯芯尖端位置,内焰焰心位置处,2/3 内焰位置处,内焰尖处,外焰心处,外焰尖处,外焰尖上空气 1 cm 处。纵坐标表示使用高温传感器测量得出相应火焰位置的温度大小。实线表示四股棉线灯芯酒精灯在无石棉网时的火焰结构温度,虚线表示两股棉线灯芯酒精灯在无石棉网时的火焰结构温度。

表 5-12　酒精灯火焰不同位置的温度

测量序号	火焰结构的具体位置	四股灯芯火焰(℃)	两股灯芯火焰(℃)
1	灯芯尖	290.9	364.5
2	内焰心	663.1	637.8
3	2/3 内焰	692.4	709.6
4	内焰尖	790.0	813.0
5	外焰心	621.8	590.3
6	外焰尖	438.4	407.4
7	距离外焰尖上空 1 cm 处	333.1	232.8

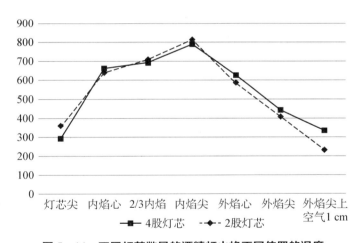

图 5-14　不同灯芯数量的酒精灯火焰不同位置的温度

图 5-14 中数据显示,无论是四股棉线灯芯酒精灯还是两股棉线灯芯酒精灯,火焰结构的变化趋势相同,即从灯芯处向火焰外部,温度都是先升高后降低,在内焰的尖端位置温度最高。

测量时容易出现火焰结构不稳定所产生的偏差,总体来讲,四股棉线灯芯酒精灯和两股棉线灯芯酒精灯相应火焰结构的温度相差不大。

分析认为,酒精灯灯芯的粗细代表了毛细管道传输酒精量的多少,这意味着:灯芯粗,则毛细管道的数量多,则传输的酒精量多,加热后挥发出来的酒精量大,燃烧提供的热量越多。

本实验中所用的酒精灯灯芯孔座的口径大小,限制了放入的最粗灯芯只能是四股棉线灯芯。本次实验中,四股棉线灯芯和两股棉线灯芯的毛细管道的数量实际上不具有非常显著的分别,故测量出来的火焰温度没有表现出显著性差异。

2. 隔着石棉网时的酒精灯火焰温度的测量

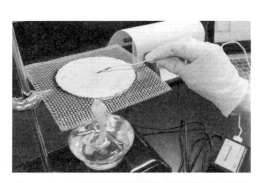

图 5-15　高温传感器测量隔着石棉网时的酒精灯火焰的操作（见本书彩页）

图 5-16　隔着石棉网酒精灯火焰温度的测量

有石棉网时,四股棉线灯芯酒精灯与两股棉线灯芯酒精灯的火焰结构的温度如图 15-17 所示。横坐标表示酒精灯火焰结构的位置,分别是灯芯尖端位置,内焰焰心位置处,2/3 内焰位置处,石棉网下,石棉网上,石棉网上空气 1 cm 处。纵坐标表示所测得的温度大小。实线表示四股棉线灯芯酒精灯在有石棉网时的火焰结构温度,虚线表示两股棉线灯芯酒精灯在有石棉网时的火焰结构温度。

表 5-13　高温传感器测量隔着石棉网时酒精灯火焰不同位置的温度

测量序号	火焰位置	四股灯芯(℃)	两股灯芯(℃)
1	灯芯尖端位置	388.7	284.5
2	内焰焰心位置	631.1	606.0
3	2/3 内焰位置	706.9	668.2
4	石棉网下	717.6	666.8
5	石棉网上	182.3	202.1
6	石棉网上空气1 cm	69.2	74.0

从图 5-17 中可以看出,隔着石棉网时测量得到的火焰不同位置的温度显示:

（1）无论是四股棉线灯芯酒精灯还是两股棉线灯芯酒精灯,火焰结构的变化趋势相同,即从灯芯处向火焰外部,温度都是先升高后降低,在石棉网下温度最高;

（2）与石棉网下相比,石棉网上的温度急剧下降,后缓慢降低。

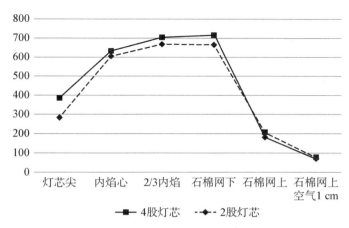

图 5 - 17　隔着石棉网时不同灯芯数量的酒精灯火焰不同位置的温度

高温传感器测量火焰时，容易出现火焰结构不稳定所产生的偏差，总体来讲，隔着石棉网时，四股棉线灯芯酒精灯比两股棉线灯芯酒精灯相应火焰结构的温度更高。

四、测量结论

1. 本次火焰温度测量中灯芯粗细没有显著性差异

使用高温传感器测量酒精灯火焰温度时，四股棉线灯芯酒精灯与两股棉线灯芯酒精灯火焰各结构位置的温度没有显著性差异。

分析认为，酒精灯灯芯的粗细代表了毛细管道传输酒精量的多少，这意味着：灯芯粗，则毛细管道的数量多，则传输的酒精量多，加热后挥发出来的酒精量大，燃烧提供的热量越多。

本实验中所用的酒精灯灯芯孔座的口径大小是一定的，限制了放入的最粗灯芯就是四股棉线灯芯。本次实验中，四股棉线灯芯和两股棉线灯芯中所具有的毛细管道的数量实际上不具有显著性的差异，故测量出来的温度没有表现出显著性差异。

2. 酒精灯火焰的焰尖处温度高达 800℃ 左右

高温传感器测量酒精灯火焰温度的数据结果显示：

（1）酒精灯火焰温度范围大约在 200℃—800℃ 左右。

（2）酒精灯火焰的"内焰尖"处温度最高，高达 800℃ 左右，而不是以往通常认为火焰外焰温度最高，火焰外焰温度的实际测量范围大约在 400℃—600℃ 左右。

3. 酒精灯加热的石棉网上方温度大约为 60℃—200℃ 左右

高温传感器测量隔着石棉网时酒精灯火焰不同位置的温度的数据结果显示：

（1）石棉网下面的火焰温度与没有石棉网覆盖时的火焰温度大致相似。

（2）酒精灯加热的石棉网上方至 1 cm 高度的范围内的空气温度大约在 60℃—200℃ 左右。

4. 乙酸乙酯制备实验中加热方式的选择

根据相关文献研究认为,按照实验室制备乙酸乙酯的反应物投料比例,$V_{乙醇}$：$V_{乙酸}$：$V_{浓硫酸}=3：2：1$ 时,该化学反应的最适宜的温度在 $100℃—120℃$ 左右。

因此,乙酸乙酯实验室制备时,采用 $100℃—120℃$ 左右的空气浴最为理想。空气浴就是将被加热容器底部稍微离开石棉网 $0.5—2\ mm$ 的高度进行加热,并使加热容器受热均匀。本实验使用酒精灯隔着石棉网加热的方式,此条件下的空气浴温度在 $60℃—200℃$ 左右,可以选择距离酒精灯火焰上的石棉网上方 $0.5\ cm$ 左右处放置加热乙酸乙酯实验室制备的反应容器,该空气浴的加热方式恰好满足了乙醇和乙酸在浓硫酸作催化剂条件下生成乙酸乙酯的有机化学反应最适宜的温度条件和"隔绝明火"(使用石棉网隔绝明火)的加热方式。

实验教学设计案例   应用氧化还原传感器监测海带提碘的实验教学

一、教学分析

1. 教材分析

本节内容选自人教版高中化学教材必修《化学 2》(2007 年第 3 版)第 90—92 页,第四章"化学与可持续发展"第二节海水提溴中相关海带提碘的内容。在苏教版高中化学教材必修《化学 1》(2005 年第一版)第 43—45 页,第一单元氯溴碘及其化合物,其中也有溴、碘的提取相关内容。

本节教学内容让学生熟练应用氧化还原知识、清晰化学工业生产的绿色与清洁、了解物质富集方法、理解提取过程中的化学反应原理。同时让学生学会利用化学知识合理开发利用自然资源,在开发利用资源的过程中保护生态环境,提高学生的环保意识,树立可持续发展的价值理念。

2. 学情分析

学生在九年级已学习了溶解过滤的基本原理和实验操作,高一必修《化学 1》中学习了萃取的基本原理及实验操作规范,接触过灼烧实验。学生具备溶解、过滤、萃取等基本操作的能力,具有一定的实验方案设计能力和实验操作能力。此外,学生还具有一定的氧化还原反应知识储备。本节内容是高中化学必修《化学 2》第四章的内容,这节课之前的一节课上已经学习了海带提碘的基本操作方法,即灼烧海带,浸泡海带灰,溶解过滤后得到澄清透明的海带提取液(含碘离子)。同时,高一学生的认识与思维特点处于形象到抽象思维发展过渡的关键时期,已具备了一定的逻辑推理、论证分析、实验设计和实验证据提取等能力。据此,本节内容在学生已有知识和技能的基础上,结合实验探究,借助仪器分析,进一步深化认识和应用氧化还原反应原理。

二、教学目标

1. 深入认识氧化还原反应原理——结合宏观现象理解化学变化的微观本质

通过宏观辨识—实验探究海带提碘的科学过程,微观探析 I^- 被氧化为 I_2,进一步氧化为

IO_3^- 的氧化还原反应的化学变化；认识数字化电位仪的用途，测量 I^- 被氧化为 I_2（加入了淀粉溶液显蓝色），以及可被氯水继续氧化为 IO_3^-（淀粉溶液蓝色褪去），形成数据表征的量化图像，从定性分析方法上升到定量研究方法。

2. 从实验探究中深化物质守恒原理——建立化学变化中的物质守恒思想

认识对氯水氧化 I^- 的处理方法中，碘元素发生氧化还原反应的化学变化过程中的物质守恒思想。

3. 学会依据实验现象、数据图像表征的证据论证——形成证据推理思想

结合化学实验异常现象，针对认知冲突和问题解决，猜想假设，设计实验来获取证据，并展开科学推理，得出科学结论。

4. 升华氧化还原反应原理的认知——提炼化学原理的认知模型

依据"海带提碘"化学反应过程中选择氧化剂的氧化性强弱，展开推理论证，建构"氧化还原反应原理"之思想模型。

5. 基于化学实验学习科学探究的一般方法——深化科学探究，引导创新意识

学会"海带提碘"过程中 I^- 被氧化为 I_2 及其检验的实验操作技术和应用氧化还原传感器获取实验数据和证据，实施科学探究的研究方法。

6. 认识化学在社会可持续发展中的重要价值——形成科学态度，陶冶科学精神

认识从植物中提取某些化学成分的重要价值和方法，提高参与化学工业和科技活动的热情，催发将化学知识应用于生产、生活实践的意识，及其对人类社会、生态环境产生的影响展开评估，形成科学价值观，提升学生绿色环保的科学态度和社会责任。

三、教学关键

1. 教学重点

知识上，掌握"从海带中提取碘"实验操作过程中蕴含的氧化还原反应原理以及氧化剂氧化性强弱比较。

方法上，通过实验现象、氧化还原测量仪器的数据图像等证据定性和定量双重角度分析氧化剂氧化性以及用量对产物的影响。

2. 教学难点

"海带提碘"过程中氧化剂的选择原理；运用氧化还原传感器监测 I^- 被氧化的过程中生成的图像数据来表征其化学反应微观本质；数据图像的含义解析及其在化学实验探究任务中的价值；应用传感器比较氧化剂的氧化性强弱顺序。

四、教学方法

本节内容采用基于科学实验探究的对话教学。氧化还原反应中氧化剂强弱是较为生涩抽象的学科专业概念,学生较难理解掌握。将平等、民主、真实和积极的对话活动引入课堂教学,通过问题创设,让师生、生生之间围绕引人入胜的问题展开对话沟通,学生投入到对问题的探讨和思考中,提出自己的观点主张,在教师的引导下,应用化学分析仪器作为获取实验证据的工具,寻求支持证据,从而培养学生科学的思维方式,探究科学本质,深入领悟科学内容。

五、教学思路

教学思路蕴含的学习任务、问题驱动、学生(实验)活动等线索与教学目标、教学思想的对应关系。通过设计情境任务、问题驱动和实验活动等线索展开本节内容的课堂教学,旨在落实教学目标和教育目标。教学思路详见表 5 - 14 内容所示。

表 5 - 14　教学思路

教学程序	情境任务	问题驱动	实验活动	教学目标	教育目标
环节 1 问题驱动 激发思考	实验及观察现象	溶液为什么变蓝色后又褪色?	实验探究,观察碘离子被氯水氧化的现象	回顾氧化还原反应 $2I^- + Cl_2 === 2Cl^- + I_2$	宏观辨识 微观探析
	异常现象原因探究	碘单质变成了什么物质?	讨论实验现象异常原因	海带提碘中进一步的氧化反应 $I_2 + 5Cl_2 + 6H_2O === 2HIO_3 + 10HCl$	氧化还原 反应原理 变化守恒
环节 2 科学探究 证据推理	设计氧化碘单质达最大量的实验方案	是否可用灵敏的分析仪器检测并反映实验现象的微观本质?	讨论并设计实验探究方案	认识监测碘离子被氧化过程的科学仪器和科学方法	科学探究 工具应用
	应用仪器监测控制氧化过程中碘单质达最大量	利用氧化还原传感器,可否实现精准监测控制滴加氯水的量,从而只生成最大量的碘单质呢?	观察实验现象,解析微观化学本质	认识测量仪器,识别生成数据图像的含义。知道定量控制氯水,避免过度氧化而生成碘酸根离子	实验探究 工具应用 证据推理
环节 3 实验论证 原理建模	比较氧化剂氧化性强弱程度	是否还有其他合适的氧化剂?	观察实验现象,依据实验数据,比较氧化剂氧化性的强弱	氧化还原反应、氧化剂强弱与氧化产物的对应关系。用仪器检测不同氧化剂氧化碘离子的程度	化学原理 模型认知
环节 4 概括升华	工业和实验室海带提碘流程不同吗?	海带提炼碘元素的工业生产和实验室操作体现了怎样的科学思想和人文价值?	内化化学原理,画出知识图谱。借助工业提碘升华教育思想	掌握海带提碘的原理,通过实验室和工业流程比较,提升科学价值观	科学态度 社会责任 价值追求

六、教学过程

环节 1: 实验情境，引发探究

【教学意图】 基于实验情境中的异常现象，问题驱动，科学探究

【教学活动】 基于学生实验和师生对话互动，发现问题→质疑思考

学生实验及观察现象：海带提取液中加入 2 滴淀粉溶液，再加入氯水后，溶液先出现蓝色，后蓝色褪去。

问题 1 淀粉遇碘显蓝色，为什么蓝色又褪去了呢？

环节 2: 碘离子与氯水发生化学反应过程的实验探究与数据证据

【教学意图】 运用氧化还原测量传感器微观表征解析氧化还原反应过程，展开海带提取液中滴加氯水过程中生成物氧化性测定之实验探究

【教学活动】 师生对话互动，提出猜想→应用仪器的实验探究→证据推理→结论

问题 2 I_2 消失了吗？I_2 变成什么了呢？

推理：可能是氯水过量，把 I^- 氧化成 I_2 后，继续氧化成为高价态的碘化合物。

学生设计实验探究方案：实验探究该氧化还原反应的微观变化过程。

教师呈现并介绍分析仪器：利用氧化还原传感器测量反应溶液，实时监测。如图 5-18 所示，是氧化还原传感器检测海带提取液中滴入氧化剂的实验装置示意图。

图 5-18 威尼尔（Vernier）数据采集器

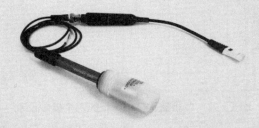

图 5-19 威尼尔（Vernier）氧化还原（ORP）传感器

图 5 - 20　海带提取液中滴入氧化剂的实验装置（见本书彩页）

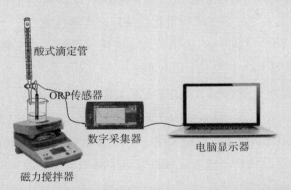

图 5 - 21　氧化还原传感器检测海带提取液中滴入氧化剂的实验装置示意图

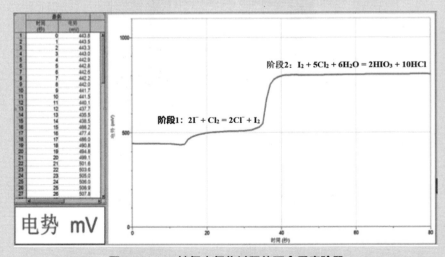

图 5 - 22　I⁻ 被氯水氧化过程的两个反应阶段

学生实验探究及观察现象：随着不断滴加氯水，海带提取液由无色到出现蓝色，蓝色不断加深，接着蓝色逐渐褪去。

数据图像中的证据：由图中数据曲线看出，向海带提取液中滴加氯水后的被氧化产物发生了变化，I^-被氯水氧化过程经历了两个阶段，其氧化产物的氧化性表现出由低到高的两种产物。

教师阐述并板书：海带提碘中的氧化反应：

反应1：$2I^- + Cl_2 \Longrightarrow 2Cl^- + I_2$

反应2：$I_2 + 5Cl_2 + 6H_2O \Longrightarrow 2HIO_3 + 10HCl$

问题3　如何将I^-精准地氧化成为I_2呢？

学生思考讨论：需要控制氧化剂的用量，氯水过量会生成碘酸盐，操作中需要逐滴加入。

实验证据推理：由图5-22看到，可以通过逐滴加入氯水，从而精准控制到只生成I_2阶段。

环节3：氧化剂氧化性强弱的实验探究和数据证据

【教学意图】　基于科学探究方法，依据证据推理，运用氧化还原传感器展开定量分析精准氧化碘离子为碘单质的科学探究

【教学活动】　讨论互动，提出猜想→实验探究→证据推理→结论

问题4　除了氯水，哪种氧化剂可以把海带提取液中的I^-精准地氧化为I_2呢？

学生思考回答：H_2O_2　……

学生实验探究及现象：随着不断滴加H_2O_2，海带提取液由无色到出现蓝色，蓝色不断加深，较长时间不褪去。

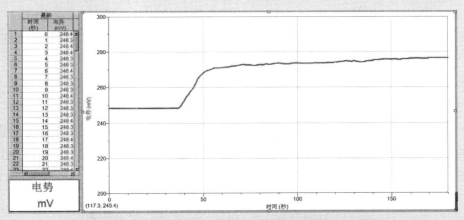

图5-23　双氧水氧化碘离子为碘单质的曲线变化趋势

数据图像中的证据：由图 5 - 23 数据曲线看出，一定条件下，H_2O_2 可以实现精准氧化，只把 I^- 氧化为 I_2。

提炼结论：双氧水作为氧化剂可以控制 I^- 的氧化的程度。

依据实验证据比较氧化剂氧化性强弱：

在一定条件下，氧化剂的氧化性强弱顺序：$KMnO_4(H^+) >$ 氯水 $> H_2O_2 > Fe^{3+}$

环节 4：概括升华，并进一步讨论工业生产中海带提碘方法

【教学意图】 培养科学态度、社会责任与价值追求

【教学活动】 讨论互动，实验室提碘概括→工业提碘方法议论→科学理性的价值追寻

师生总结：总结实验室提碘的微观化学过程。通过实验探究了海带提取液与氯水发生氧化还原反应的微观过程，利用实验现象比较出常见氧化剂的氧化性强弱顺序。

讨论并升华认识：

(1) 工业上选择哪种氧化剂进行海带提碘呢？

(2) 为什么工业提碘选择氯水作为氧化剂？

(3) 如何实现精准氧化？

(4) 如何进行尾气中过量氯气的处理呢？

(5) 画出本节内容知识图谱；解决相关典型问题。

实验探究任务和思考的问题

(1) 为了尽量降低乙酸乙酯实验室制备过程中反应物碳化变黑的趋势，请设计实验方案，探究控制水浴加热 95℃—100℃ 条件下乙醇、乙酸、浓硫酸的最佳体积比例。

(2) 请查阅相关文献论证，寻找乙酸乙酯实验室制备中催化效果适宜的催化剂，设计实验方案，探究该催化剂是否能够在较短时间内制备生成较高产率的乙酸乙酯。

(3) 请设计实施"探究实验室制备乙酸乙酯中不同受热温度对乙酸乙酯产率的影响"的课堂实验教学活动方案，旨在驱动学生在实验探究活动中积极投入地思考和学习相关化学主题内容，贯彻落实化学核心素养。

第六章　石蜡油的催化裂化

扫码学习本章微课

·本章概要·

催化裂化是在催化剂的作用下加热使大分子烃类化学键断裂成小分子烃类的过程,是石油炼制的环节之一。热裂化,是指当温度升高到一定程度时,分子中的化学键被打断。化学键的断裂引起的一个主要结果是小分子化合物增多。但是化学键断裂时还会生成自由基,导致缩聚反应的发生。石油工业中大多采用催化裂化。石蜡油的催化裂化和热裂化的反应机理不同,前者需要有催化剂起作用,同时也需要对石蜡(液态或固态)加热处理,在中学化学实验中作为反应物的石蜡油(或固体石蜡)和催化剂是混在一起同时受热呢?还是分开各自独立受热?实验药品的物理化学性质决定了化学反应的发生可能,正确设计实验装置和处理反应物是确保该化学反应顺利发生的关键操作技术。如何合理设计加热条件下的液体和固体反应的实验装置?本章内容结合石蜡油的催化裂化实验,分析探究了液体和固体反应加热实验的科学操作方法。

·学习目标·

学习完本章后,你应当能够知道如下问题的答案:

1. 石蜡油(17 个碳原子以上的液态烷烃混合物)的裂化产物有哪些?
2. 如何设计合适的实验方案证明石蜡油催化裂化的产物?
3. 石蜡油的催化裂化实验容易成功吗? 有哪些影响实验成功的因素?
4. 石蜡油的催化裂化产物如何检验?
5. 如何设计石蜡油的催化裂化的实验装置? 该实验装置具有何种特点?
6. 石蜡油的热裂化与催化裂化有何区别? 如何设计石蜡油热裂化的实验装置?
7. 请设计石蜡油的催化裂化或者热裂化相关内容的实验教学方案。

·本章结构·

```
第一节                    ┌─ 一、教材中的石蜡油催化裂化实验
教材中的石蜡油催化 ────────┤
裂化实验                  └─ 二、石蜡油催化裂化实验的影响因素
```

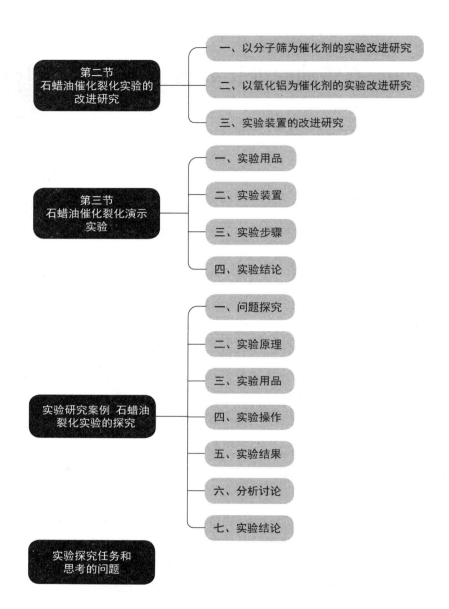

第一节　教材中的石蜡油催化裂化实验

一、教材中的石蜡油催化裂化实验

石蜡油分解制取烯烃是普通高中化学教材有机化学中介绍裂化反应的实验,在高中化学课程中具有重要的地位。与传统的乙醇在浓硫酸作用下发生消去反应制取乙烯相比,该实验能够使学生直观地了解烯烃来自石油,烯烃与烷烃化学性质的差异。各种版本教材提供的实验方法略有不同,有的是将浸有石蜡油的石棉置于试管底部,利用碎瓷片作为催化剂,使用酒精灯加热碎瓷片,使产生的石蜡油蒸汽在碎瓷片表面发生裂解,产生气体,有的是直接加热石蜡油与催化剂混合物来实现裂化反应。将反应产生的气体通入酸性高锰酸钾溶液或溴的四氯化碳溶液,预期观察到两溶液均会褪色,从而证明产生的气体与烷烃性质不同。

但是依据教材提供的方法进行实验,在实际操作中通常会耗时很久,预期的实验现象不易出现,例如石蜡油裂化产物使酸性高锰酸钾溶液或溴的四氯化碳溶液褪色很慢,耗时大于10分钟,且反应产生的气体很少,且用排水法几乎收集不到气体,无法点燃。达不到课堂演示实验的效果,学生难以获得直接经验与感性认识,不利于学生对相关实验原理的有效学习。

沪科版高中化学教材中的石蜡油催化裂化实验是这样呈现的。

教材示例 1

在试管里放入 4 g 石蜡和 3 g 粉末状氧化铝,给试管加热。待石蜡熔化后再持续加热 5—10 分钟,点燃导出管口的尾气。观察试管里的现象,并嗅闻其中的气味。

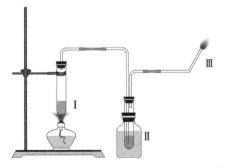

Ⅰ催化裂化　Ⅱ部分裂化气冷凝　Ⅲ裂化气导出

图 6-1　石蜡催化裂化实验装置

选自:高级中学教材化学高二年级第二学期(试用本)[M].上海:上海科学技术出版社,2008:18.

鲁科版高中化学教材中的石蜡油催化裂化实验是这样呈现的。

教材示例2

　　按图6-2连接实验装置,向试管Ⅰ中加入4g石蜡(可以用蜡烛的蜡代替)和3g粉末状的氧化铝。加热试管,待石蜡熔化后,观察反应进行的情况。持续加热5—10分钟,观察烧杯Ⅲ中酸性KMnO₄溶液(或溴水)颜色的变化。在试管Ⅱ中可以看到有少量的液体凝结,嗅一下这种液体是否具有汽油的气味,然后把少量的此液体注入分别盛有酸性KMnO₄溶液和溴水的两支试管中,振荡,观察溶液颜色的变化。

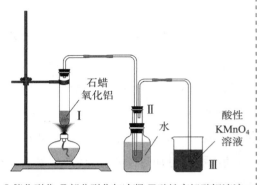

Ⅰ 催化裂化 Ⅱ部分裂化气冷凝 Ⅲ酸性高锰酸钾溶液
图6-2　石蜡油的催化裂化实验装置示意图

选自:王磊,刘克文.普通高中课程标准实验教科书·化学·化学与技术(选修)教师用书[M].济南:山东科学技术出版社,2005:78.

　　人教版高中化学教材中的石蜡油催化裂化实验是这样呈现的。

教材示例3

　　如图6-3所示,将浸透了石蜡油(17个碳以上的液态烷烃混合物)的石棉放置在硬质试管的底部,试管中加入碎瓷片,给碎瓷片加强热,石蜡油蒸汽通过炽热的碎瓷片表面,发生反应,可得到一定量的气体生成物;用该生成物进行如下实验:①生成的气体通入酸性高锰酸钾溶液中,观察现象;②生成的气体通入溴的四氯化碳溶液中,观察现象;③用排水集气法收集满一小试管气体,点燃,观察燃烧的情况。

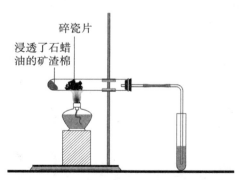

图6-3　石蜡油的催化裂化的实验装置示意图

选自:宋心琦.化学2[M].北京:人民教育出版社,2004:59.

　　苏教版高中化学教材中的石蜡油催化裂化实验是这样呈现的。

教材示例 4

将浸有石蜡油的矿渣棉放置于硬质试管的底部,加入足量的碎瓷片,用带有玻璃导管的橡胶塞把试管口封闭,导管的另一端通入到水槽中的试管(排水法)收集气体。

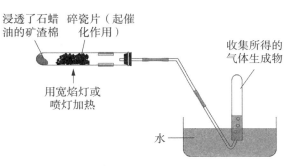

浸透了石蜡油的矿渣棉　碎瓷片(起催化作用)

收集所得的气体生成物

用宽焰灯或喷灯加热

水

图 6 - 4　石蜡油的催化裂化实验装置示意图

选自:王祖浩,化学 2[M].南京:江苏教育出版社,2005:64.

二、石蜡油催化裂化实验的影响因素

分析上述各个版本教材中的石蜡油催化裂化的实验装置,主要可以分为两类:一类是应用了"固体+液体"反应方式的药品装放方法,即"固体+液体混合加热"的实验装置;另一类是应用了"固体+固体"反应方式的药品装放方法,即将石蜡油吸附在一种固体形态的物质上,使用"承载石蜡油的固体+固体分别加热"实验装置。

按照沪科版和鲁科版教材呈现的操作方法进行实验,其中盛放反应物的实验装置采用了"固体+液体混合加热"的方式,即将"石蜡油(液体)+氧化铝(固体粉末)"等反应物混合在一起,盛放于试管中加热进行化学反应,实验不易成功,很难实现预期的实验现象和实验结果。

究其原因,主要是石蜡与催化剂混合处理的方式造成的结果。

查阅化学手册中相关物质参数,得知石蜡的沸点约 300℃—360℃,而实验中所用催化剂氧化铝的活化温度在 450℃以上。石蜡的沸点明显低于催化剂活化温度。对石蜡进行加热时,石蜡先熔化,然后沸腾。只要有液态的石蜡未完全汽化,不管是液态的石蜡液体还是加热后生成气态的石蜡气体,此时它们的温度都不会继续升高,只能停留在石蜡沸点附近的某个温度范围内,达不到作为催化剂的氧化铝的活化温度 450℃,催化裂化所必需的温度不够,致使石蜡油的裂化反应不能发生。

人教版和苏教版教材呈现的相关内容中,该实验采用石蜡与催化剂分别处于盛放装置不同位置并分别加热的方法,用浸透了石蜡油的矿渣棉替代了液体石蜡油,使得该反应转化为"固体＋固体加热"的方式,即"固体(浸透了石蜡油的石棉)＋固体(碎瓷片)加热"的方式。但是,该实验产物使得酸性 KMnO₄ 溶液褪色现象不明显。

究其原因,分析认为:

(1) 浸透在矿渣棉中的石蜡油受热不足,没有达到其沸点,难以形成石蜡蒸汽。

(2) 浸透在矿渣棉中的石蜡油的用量也不足,没有足够量的气态石蜡挥发出来参与化学反应。

(3) 催化剂的填装不严实,使得石蜡蒸汽从催化剂上方通过,未能够与催化剂固体充分接触,催化效果不明显。

第二节　石蜡油催化裂化实验的改进研究

一、以分子筛为催化剂的实验改进研究

1. 实验装置

搭建如图 6-5 所示的实验装置。

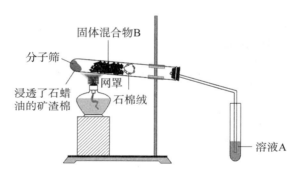

图 6-5　以分子筛为催化剂的石蜡油催化裂化的实验装置

2. 实验结果

带有防风罩装置的酒精灯对试管加热约 10 s,导管口便产生了大量稳定气体[①]。

(1) 将气体通入稀的酸性 KMnO₄ 溶液中,经过约 20 s,溶液的紫色很快褪去。

(2) 将气体通入水封的液溴(Br₂)的 CCl₄ 溶液中,经过 35 s,溶液的橙红色逐渐褪去。

(3) 将气体通入饱和溴水中,经过约 60 s,溶液的红棕色逐渐褪去。

(4) 将气体通入到水封的液溴(Br₂)中,经过约 120 s,试管底部液溴的深棕红色逐渐褪去,且试管底部有少量无色的油状液体(此过程应在试管口塞上一团浸有 NaOH 溶液的脱脂棉,以防溴蒸汽随气流外溢,污染环境)。

① 范文觉.石蜡油分解实验的改进[J].化学教与学,2016(06):94—96.

（5）将导管撤出溶液，转动单孔橡胶塞180°，使导管口向上，用火柴点燃导管口放出的气体，发现气体能够安静燃烧。导管口周围的火焰为淡蓝色，导管口上方的火焰为明亮的黄色，试管口有少量冷凝的黄色油状液体。

3. 分子筛的介绍

分子筛，即人工合成的铝硅酸盐，常用于有机反应的催化剂。分子筛是球形固体，质地较硬，不易研磨成粉末，是一种人工合成的具有筛选分子作用的水合硅铝酸盐（泡沸石）或天然沸石。其化学通式为 $(M_2'M)O \cdot Al_2O_3 \cdot xSiO_2 \cdot yH_2O$，$M'$、$M$ 分别为一价、二价阳离子如 K^+、Na^+ 和 Ca^{2+}、Ba^{2+} 等[①]。它在结构上有许多孔径均匀的孔道和排列整齐的孔穴，不同孔径的分子筛把不同大小和形状的分子分开。其筛选分子个头大小的原理就像筛选豆子和面粉混合物一样，因其颗粒大小不同进行筛选，就像日常家用的漏勺或筛子所具有的筛分功能一样。

图6-6　漏筛

根据 SiO_2 和 Al_2O_3 的分子大小和结构的不同，得到不同孔径的分子筛。它的吸附能力高、选择性强、耐高温。自然界中存在一种天然硅铝酸盐，它们具有筛分分子、吸附、离子交换和催化作用。这种天然物质被称为沸石，人工合成的沸石也称为分子筛。

工业上石油裂化的催化剂种类很多，大多以分子筛催化剂为主。在中学化学实验中也可以采用分子筛为作为硅铝酸盐催化剂的替代物，也可以把分子筛、无水 $Al_2(SO_4)_3$ 和活性 Al_2O_3 混合使用，让这三种催化剂一起作为催化剂，共同发挥催化剂的作用，如用于石蜡的催化裂化实验中，会有利于在很短的时间内使分子筛快速升温，从而使石蜡油蒸汽快速分解。

有实验研究表明，若仅仅使用分子筛作为催化剂，由于分子筛之间有孔隙，短时间内不能使分子筛的温度达到

图6-7　沸石

① 朱洪法.精细化学品词典［M］.北京：中国石化出版社，2016：228—230.

石蜡油蒸汽分解的温度①。其实质问题还是作为反应物的气体不能充分接触到固体催化剂表面,是固体催化剂填装技术出现了问题。作为补救的办法,可以采用固体分子筛与参与反应的粉末状化学药品混合,一起填装入反应器。

二、以氧化铝为催化剂的实验改进研究

1. 实验装置

利用新制的活性氧化铝作为催化剂,可以促进石蜡油分解。探究了氧化铝晶型的催化效果以及影响实验效果的因素②,使得实验在短时间内就可以完成。因为石蜡油呈液态,容易流动,且增加氧化铝与石蜡油的接触,所以将氧化铝粉末与石棉绒、石蜡油混合调成糊状备用。仍采用教材提供的实验装置进行实验(如图 6 - 8 所示)。

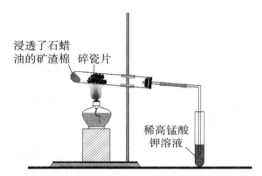

图 6 - 8　氧化铝为催化剂的石蜡油的催化裂化实验装置

2. 实验结果

在催化剂和温度控制等细节处作一些处理,旨在比较氧化铝的催化效果,同时探究温度对石蜡油的催化裂化的影响。实验结果以反应产物中不饱和烯烃使酸性高锰酸钾溶液褪色的时间来衡量,如表 6 - 1 所示。

表 6 - 1　对石蜡油进行处理后的实验结果

序号	石蜡油的处理	温度的控制	褪色时间
1	石蜡油与石棉绒混合	酒精灯加热碎瓷片	15 min
2	石蜡油与石棉绒混合	酒精灯加热石棉绒	不褪色
3	Al_2O_3 样品 1、石蜡油与石棉绒混合	酒精灯加热石棉绒	不褪色
4	Al_2O_3 样品 2、石蜡油与石棉绒混合	酒精灯加热石棉绒	不褪色

① 范文觉.石蜡油分解实验的改进[J].化学教与学,2016(06):94—96.
② 赵佳越.利用新制活性氧化铝促进石蜡油分解[J].化学教与学,2015(01):93—94.

序号	石蜡油的处理	温度的控制	褪色时间
5	Al_2O_3 样品1、石蜡油与石棉绒混合	酒精灯加热碎瓷片	5 min
6	Al_2O_3 样品2、石蜡油与石棉绒混合	酒精灯加热碎瓷片	3.6 min
7	Al_2O_3 样品1、石蜡油与石棉绒混合	带防风罩的酒精灯加热碎瓷片	4 min
8	Al_2O_3 样品2、石蜡油与石棉绒混合	带防风罩的酒精灯加热碎瓷片	2.5 min
9	Al_2O_3 样品2、石蜡油与石棉绒混合	酒精喷灯加热碎瓷片	2 min

Al_2O_3 样品的催化作用显著,可以使反应时间大为缩短,尤其是 Al_2O_3 样品2的催化效果更好。样品1是将 Al_2O_3 逐滴滴加到氨水中,溶液的 pH 由大到小转变,产生多种形态的水化物;样品2是将氨水滴加到 $Al_2(SO_4)_3$ 中,实验结束时测定 pH 为 9—10,过滤、干燥,最终得到的是 γ 型 Al_2O_3,催化效果较好。

知识拓展

新制活性氧化铝

实验室使用碎瓷片做载体,瓷器使用高岭土烧制而成,高岭土的主要成分为 $Al_2O_3 \cdot 2SiO_2 \cdot 2H_2O$,不同地区的瓷器由于原料、配方和烧制工艺不同,其瓷片的化学组成各有不同,但主要成分是 SiO_2、$Al_2(SiO_3)_3$ 和 $CaSiO_3$。碎瓷片中有很多细小空隙,表面积较大,可以吸附石蜡油气体[①]。为了提高裂化的效果,可使用新制活性 Al_2O_3 作为裂化的催化剂。 Al_2O_3 晶体类型分为 α、β、γ 型,其中 γ 型 Al_2O_3 具有多孔结构,高分散度以及高比表面积,且处于不稳定的过渡态,因而具有较大的活性,常用作吸附剂、催化剂和催化剂的载体。

三、实验装置的改进研究

针对教材中石蜡油分解实验所存在的问题,经过多次试验,剖析了问题根源,探究得出了碎瓷片所起的实质作用以及影响实验效果的因素,进而对实验进行了改进,使实验装置更简单,操作更方便,实验现象更加明显。

改进后的实验采用实验室常用、易得的碎瓷片,其主要功能是作为升温剂。碎瓷片尽量敲碎成小块状,以增大表面积,即增大与反应物的接触面。采用普通酒精灯加金属灯罩作为

---

① 赵佳越. 利用新制活性氧化铝促进石蜡油分解[J]. 化学教与学,2015(01):93—94.

加热工具,操作方便,同时避免了使用酒精喷灯易造成反应容器变形。

按图 6-9 连接实验装置,将约 15 g 的碎瓷片装入 18×180 mm 的具支试管,碎瓷片的体积约占试管的 1/3,将套有胶塞的滴管吸入少量石蜡油后塞紧管口,用加防风罩的酒精灯先预热底部后再集中加热。约 4 min 后,滴入 3—4 滴石蜡油,具支试管上方立即产生大量白雾状的裂化气,气体导出通入酸性 KMnO₄ 溶液,约 1 min 后,酸性 KMnO₄ 溶液紫色褪去,再通入溴的 CCl₄ 溶液,约 1 min 后,溴的 CCl₄ 溶液棕黄色褪去。

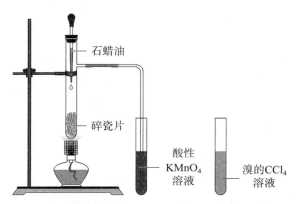

图 6-9　改变试剂填充方式的石蜡油的催化裂化装置

具体实验操作过程和实验现象如表 6-2 所示。

表 6-2　石蜡油的催化裂化实验探究①

实验编号	操作目的	实验操作	裂化产生情况	酸性 KMnO₄溶液褪色情况	溴的 CCl₄溶液褪色情况
1	空白试验——只加热石蜡油,转化成石蜡气体,检测气体是否有不饱和烃的性质	将 4 mL 石蜡油倒入 18×180 mm 的具支试管(以下规格同),塞紧管口,加热沸腾后导出气体	没有裂化气,有极少量的石蜡蒸汽导出	不褪色	不褪色
2	一起加热"碎瓷片+石蜡油"	将 14 g 碎瓷片和 4 mL 石蜡油装入具支试管,塞紧管口,加热沸腾后导出气体	没有裂化气,有极少量的石蜡蒸汽导出	不褪色	不褪色
3	只加热少量(3 滴)的石蜡油	在具支试管中滴入 3 滴石蜡油,塞紧管口,加热至汽化,导出气体	有少量裂化气,不连续	约 2 min 后褪色	约 2 min 后褪色
4	先加热试管底,再滴入少量(3 滴)的石蜡油	将具支试管用带有滴管(事先吸入石蜡油)的胶塞塞紧,底部加热约 4 min,滴入 3 滴石蜡油,导出气体	有少量裂化气,不连续	约 2 min 后褪色	约 2 min 后褪色

① 丁昭兰.石蜡油分解实验的再改进[J].化学教学,2013(11):54—55.

续　表

实验编号	操作目的	实验操作	裂化产生情况	酸性 KMnO₄ 溶液褪色情况	溴的 CCl₄ 溶液褪色情况
5	一起加热"碎瓷片＋少量（3 滴）的石蜡油"	在具支试管中滴入 3 滴石蜡油，加入 14 g 碎瓷片，塞紧管口，加热至汽化，导出气体	有少量裂化气，不连续	约 4 min 后褪色	约 2 min 后褪色
6	先加热碎瓷片，再滴入少量（3 滴）的石蜡油	将 14 g 碎瓷片装入具支试管，用带有滴管的胶塞塞紧，滴管事先吸入石蜡油，底部加热约 4 min，滴入 3 滴石蜡油，导出气体	有大量而连续的裂化气产生	约 1 min 后褪色	约 1 min 后褪色

第三节　石蜡油催化裂化演示实验

一、实验用品

石棉绒、氧化铝（Al₂O₃）、石蜡油、酸性高锰酸钾溶液、硬质玻璃大试管

二、实验装置

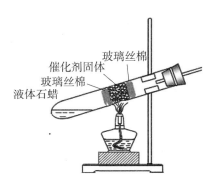

图 6-10　气体＋固体反应物加热反应的实验装置

三、实验步骤

1. 反应器中装药操作

（1）将硬质玻璃试管的开口朝向右上方，倾斜至水平线 30°左右的位置。

（2）将适量的石蜡油倒入到试管中。

（3）催化剂的装药操作。

① 做"石棉绒下底"。用镊子夹取一团石棉绒塞入试管中间，铺成一个用石棉绒作为固定和支撑作用的"石棉绒下底"。

② 装催化剂固体。用纸槽将催化剂固体沿着管壁送入铺有"石棉绒底"的试管中。

③ 做"石棉绒上盖"。可以把试管直立起来,也可以倾斜着,再用镊子夹取另一团石棉绒塞入盛放固体物质的上方,抵住固体物质,防止其滑落坍塌,这样就给玻璃管铺成了一个既能起到支撑作用又能起到固定作用的"石棉绒上盖"。

实验装置如图 6-10 所示。实际上,将石棉绒塞入玻璃管作为支撑物和固定物,夹住了固体反应物,固体反应物就不会摊放在管壁上了。这样的药品放置方法,使得固体药品在玻璃管中"站立"起来,充满了玻璃管横截面上,让液体石蜡油被加热后转变成的石蜡气体,能够顺畅通过并与固体催化剂充分接触,气体和固体物质的反应才能发生有效碰撞,生成预期的反应产物。

2. 实验操作步骤

按照实验装置图 6-10 搭建实验装置。

(1) 向右上方倾斜 30°的硬质玻璃试管。

(2) 点燃酒精灯,加热盛放氧化铝催化剂的试管底部。

(3) 点燃另一只酒精灯,加热盛放石蜡油的试管底部,使得石蜡油逐渐升温(逐渐沸腾)。

(4) 加热一段时间后,石蜡油沸腾剧烈,可将左边的酒精灯移去,等反应溶液不再暴沸时,再将酒精灯移到试管底部下方继续加热。

(5) 紫红色的酸性高锰酸钾溶液一分为二,分放于两支试管中,其中一支试管用作实验后的颜色对照。反应产生的气体产物通入其中一支盛有紫红色的酸性高锰酸钾溶液,仔细观察溶液颜色的变化,一段时间后溶液颜色褪色。与另一支盛有紫红色的酸性高锰酸钾溶液进行颜色对比。

四、实验结论

化学实验装置是保障实验顺利进行和成功达成实验结果的关键技术,不容忽视。石蜡油催化裂化演示实验的合适实验条件,建议采用催化剂和石蜡油分开受热,其中选择氧化铝粉末作催化剂,实验现象显著,且用时少,可以起到很好的演示实验的教学效果。改进后的实验装置有效地完成了石蜡油的催化裂化实验,达到了预期的实验现象。

实验研究案例 石蜡油裂化实验的探究

一、问题探究

石蜡的裂化分为催化裂化和热裂化两类,它们的操作技术有所不同。

1. 石蜡油热裂化需要的实验装置有哪些特点? 如何设计并实现预期实验现象,即反应产物能够使酸性高锰酸钾溶液或溴水褪色?

2. 如何设计石蜡油催化裂化的实验装置,并实现预期实验现象,即反应产物能够使酸性高锰酸钾溶液或溴水褪色?

2. 石蜡油催化裂化实验中,当催化剂分别选择使用中性氧化铝、5A 型分子筛和 20—40目的人造沸石时,试验比较其反应产物使酸性高锰酸钾溶液的褪色效果是否有差异?

二、实验原理

1. 热裂化和催化裂化

裂化是一种使烃类分子分裂为小分子的反应过程。裂化反应可以分为热裂化和催化裂化。前者在高温而又无催化剂存在的情况下发生,催化裂化则在催化剂存在的条件下,将烃类转化为轻烯烃的高温分解过程。

石油主要是由多种碳氢化合物组成的混合物,石油分馏获得轻质液体燃料的产量不够高。为了提高轻质液体燃料的产量和质量,工业上在一定条件下(加热、使用催化剂),把相对分子量大、沸点高的烃断裂为相对分子质量较小、沸点较低的烃,即石油的裂化。

热裂化,即当温度升高到一定程度时,分子中的化学键被打断。化学键的断裂引起的一个主要结果是小分子化合物增多。但是化学键断裂时还会生成自由基,也会导致缩聚反应的发生。当缩聚反应发生时会形成相对分子质量更大、缩合程度更高的分子。热裂化过程广泛应用于石油炼制过程,用于将大分子裂化为小分子。裂化反应是吸热反应。热裂化反应很复杂。每当重质油加热到 450℃以上时,其大分子分裂为小分子。热裂化是按自由基反应机理进行的。在 400℃—600℃,大分子烷烃分裂为小分子的烷烃和烯烃。热裂化气体的特点是甲烷、乙烷—乙烯组分较多;而催化裂化气体中丙烷—丙烯组分、丁烷—丁烯组分较多。

催化裂化,是在催化剂存在的条件下,将烃类转化为轻烯烃的高温裂解过程。石蜡油主要成分为 C_{16}—C_{20} 的直链烷烃。工业上使石蜡油在催化剂和加热、加压条件下发生裂化,工业过程控制比较复杂。一般而言,在 500℃左右发生裂化,分子中的碳—碳键、碳—氢键发生断裂,将重质油转化为汽油和柴油;在 600℃左右发生催化裂化,将轻质油继续分裂转化为小分子烯烃等。

石蜡油的催化裂化就是在一定条件下,经催化剂的作用,把相对分子质量大、沸点高的烃断裂为相对分子质量小、沸点低的烃的过程。如:

$$C_{16}H_{34} \xrightarrow[\text{催化剂}]{\triangle} C_8H_{18} + C_8H_{16}$$

石蜡油等大分子烃断键后,生成相对分子质量比较小、沸点比较低的类似汽油的饱和烃和不饱和烃的液态混合物。有些裂化产物还会继续分解,生成饱和的和不饱和的气态烃。如辛烷分解成丁烷和丁烯,丁烷还可分解成甲烷、丙烯、乙烷、乙烯等,其产物可用酸性高锰酸钾溶液检验。

本实验中使用的石蜡油是一种矿物油,是从原油分馏中所得到的无色无味的混合物。主要成分为正烷烃,极纯净的正烷烃,无色无臭透明或半透明,暴露在大气中长期也不会变色变质。石蜡无确定的分子式,分子通式为 C_nH_{2n+2},$n=17—36$,n 越大,熔点越高。石蜡油发生裂化分解的反应温度为 460℃—520℃,石蜡的沸点约 360℃。

以十六烷 $C_{16}H_{34}$ 为例,产生乙烯的过程可以粗略地表示如下:

$$C_{16}H_{34} \longrightarrow C_8H_{18} + C_8H_{16}$$
$$C_8H_{18} \longrightarrow C_4H_{10} + C_4H_8$$
$$C_4H_{10} \longrightarrow CH_4 + C_3H_6$$
$$C_4H_{10} \longrightarrow C_2H_4 + C_2H_6$$

2. 化学反应机理

石蜡油的裂化反应机理可以用自由基反应原理和碳正离子反应机理来解释。

根据自由基反应原理,可以将所有烃类裂解归结为以下过程:

链引发反应

$$R—R' \longrightarrow R\cdot + R'\cdot$$

氢转移反应

$$R\cdot + R'H \longrightarrow RH + R'\cdot$$

自由基分解反应

$$R\cdot \longrightarrow R'H + R''\cdot$$

链终止反应

$$R\cdot + R'\cdot \longrightarrow R—R'$$

碳正离子反应机理表现在以下过程:

质子化:$C_nH_{2n+2} + H^+Z^- \longrightarrow C_nH_{2n+3}^+Z^-$

裂解:$C_nH_{2n+3}^+Z^- \longrightarrow C_mH_{2m+2} + C_{n-m}H_{2(m-n)+1}^+Z^-$

脱附:$C_{n-m}H_{2(m-n)+1}^+Z^- \longrightarrow C_{n-m}H_{2(m-n)} + H^+Z^-$

3. 催化剂的作用机理

烃类裂化中各类催化剂按照其组成、结构及其催化作用规律与催化机理,主要分为五大类催化剂:固体酸碱催化剂、分子筛催化剂、金属催化剂、金属氧化物和金属硫化物催化剂,以及络合催化剂。醇的催化脱水等反应,都是在酸催化剂的作用下进行的。工业上用的酸催化剂多数是固体。20 世纪 60 年代以来,又发现一些新型的固体酸催化剂,其中最有影响的是分子筛型催化剂,其次是硫酸盐型酸性催化剂。

烃类催化裂解的催化剂主要有两大类型:金属氧化物型和沸石分子筛型。第一类为金属氧化物催化剂。这类催化剂的活性组分大多是可变价的金属氧化物,如 V、Cr、Mn、Nb、Zr、In 等氧化物,活性的来源和价态有关。第二类为沸石分子筛型裂解催化剂。这类催化剂中含有酸性中心,能够促进烃类的裂化反应。

固体酸性催化剂对烃类的裂解作用,一方面是催化剂的载体作用,如 γ—Al_2O_3 具有很大的表面积(比同质量的活性炭表面积大 2—4 倍),具有很强的吸附能力;另一方面是催化活性,固体酸表面的酸中心从石蜡分子的反应基团中获得电子或汲取负氢离子,即作为催化剂的路易斯酸接受电子对(烷烃产生正碳离子),并能使被吸附的正离子或正电性的物质活化,继而转化为产物,即反应中烷烃分子在催化剂的作用下形成碳正离子,有利于碳碳键 C—C 断裂,发生 β—消去反应,形成含有 3—5 个碳原子的液态烯烃和烷烃。

(1) 固体酸碱催化剂及作用原理[①]

固体酸碱的定义是什么? 如何分类?

固体酸又分为布朗斯特(Brønsted)酸和路易斯(Lewis)酸。前者简称为 B 酸。后者简称为 L 酸。

B 酸 B 碱的定义为:能够给出质子的都是酸。能够接受质子的都是碱。所以 B 酸 B 碱又叫质子酸碱。

L 酸 L 碱的定义为:能够接受电子对的都是酸。能够给出电子对的都是碱。所以 L 酸 L 碱,又叫非质子酸碱。

固体酸碱的强度和酸碱量表示什么意义?

B 酸强度,是指给出质子的能力;L 酸强度,是指接受电子对的能力。

氧化铝具有多孔性、大比表面积、高分散性等优点。天然 α - Al_2O_3 如刚玉,其硬度仅次于金刚石。红宝石和蓝宝石都属于刚玉矿物。

γ - Al_2O_3 由于具有特殊的孔结构及酸性功能,广泛用于催化剂领域或载体,故通常又将 γ - Al_2O_3 专称为活性氧化铝。

催化剂的根本问题就是固体催化剂的催化性能与其物理和化学性质的关联。催化剂的物理性质主要包括其表面积、结构以及机械性质等。

当一定量的气体或蒸汽与洁净的催化剂固体接触时,一部分气体将被固体捕获。从气相消失的气体分子或进入固体内部,或附着于固体表面,前者被称之为吸收,后者被称之为吸附。

固体表面存在化学吸附和物理吸附两类吸附现象。二者之间的本质区别是气体分子与固体表面之间的作用力的性质。物理吸附是由范德华力,包括偶极—偶极相互作用、偶极—诱导偶极相互作用和色散相互作用等物理力引起。化学吸附涉及化学键,吸附质分子与吸附剂之间有电子的交换、转移或共用。

固体酸催化剂(结晶型的硅铝化合物以及无定型铝酸盐化合物,如沸石和三氧化二铝),遵循碳正离子机理,降低反应温度。

① 李先栓,张玉贞.黏土催化石蜡裂化[J].实验教学与仪器,2011,28(05):34—36.

碱性化合物催化剂(如钙铝型催化剂等),碱性催化剂会提高反应活性,未显著降低反应温度,遵循自由基反应原理,催化剂中的氧化物能够在低于纯热裂化反应温度下对碳氢化合物氧化脱氢,从而产生自由基。

氧化还原型催化剂,与碱性催化剂作用类似,根据自由基反应原理对反应进行催化作用,利用催化剂的氧化性抽取碳氢氧化物中的氢原子,从而产生自由基。

烃类催化裂解过程中,固体酸碱催化剂的催化反应机理是怎样的? 有 3 种较为公认的观点[①]。

第一种观点是自由基机理。

多数研究者认为氧化物类催化剂并未改变烃类热裂解反应的自由基机理。因为大的自由基极不稳定,一般在与别的分子碰撞之前会自行分解,生成乙烯、丙烯、丁烯以及 H·和·CH₃,高温下乙烯、甲烷最稳定,所以自由基反应的最终产物中乙烯和甲烷的回收率极高。

第二种观点是碳正离子机理。

有学者认为,石油烃类在酸性分子筛上的裂解反应按照碳正离子反应机理进行。在酸性催化条件下,烃类先在催化剂表面生成碳正离子,通过氢转移和碳骨架的重排生成叔碳正离子和仲碳正离子,再经过 β 位断裂生成丙烯和丁烯。因此按照碳正离子反应机理,气体产物中丙烯和丁烯的含量较高。

第三种观点是自由基与碳正离子双重反应机理。

在酸性分子筛催化剂上存在 2 种酸性中心,即 B 酸中心和 L 酸中心。催化裂解的活性中心除了 B 酸中心和 L 酸中心外,还有非铝酸中心,可能是硅羟基。酸性分子筛催化剂上的 L 酸中心除了进行碳正离子反应外,还可以进行自由基反应。L 酸中心可以激活吸附在催化剂上的石油烃类,加剧烃类的 C—C 键断裂,加速自由基的形成和 β 位断裂。

催化裂解过程既发生催化裂化反应,也发生热裂化反应,是碳正离子和自由基两种反应机理共同作用的结果。在金属氧化物催化剂上的高温裂解过程中,自由基反应机理占有主导地位;在酸性沸石分子筛裂解催化剂上的低温裂解过程中,碳正离子机理占有主导地位;而在具有双酸性中心的沸石催化剂上的中温裂解过程中,碳正离子和自由基机理共同发挥作用。

(2) 分子筛催化剂

分子筛其内部结构呈三维排列的硅(铝)氧四面体,彼此连接形成规则的通道,这些通道具有筛选分子的效应。因沸石催化剂具有活性高,选择性好,稳定性高以及强抗毒能力等特点,已逐步取代其他催化剂材料。20 世纪 60 年代以来,一些天然和人工合成品种就已应用到石油催化裂化、加氢裂化、加氢异构化、烃类转化反应等方面[②]。

---

① 赵亮,卜蔚达.催化裂解多产低碳烯烃研究进展[J].化学工程与装备,2010(03):110—112.
② 李先栓,贺广明.关于石蜡催化裂化实验研讨的调查与思考[J].实验教学与仪器,2011,28(Z1):21—23.

在烃类催化裂解反应中,各类催化剂按照其组成、结构及催化规律和催化机理,主要分为五大类催化剂:固体酸碱催化剂、分子筛型催化剂、金属催化剂、金属氧化物和金属硫化物催化剂,及络合催化剂,其中使用最多的为金属氧化物型催化剂和沸石分子筛型催化剂。前者的活性组分大多是可变价的金属氧化物,后者由于催化剂中含酸性中心,能促进烃类的裂解反应。

本实验使用中性氧化铝、5A 型分子筛和人造沸石作催化裂化的催化剂。氧化铝具有多孔性、大比表面积、高分散性等优点。5A 型分子筛内部结构为规则排列的硅铝氧四面体,形成可筛选分子的通道,故得名分子筛。5A 型分子筛为酸性分子筛的一种,其中含有布朗斯特酸和路易斯酸两种酸性中心,其中路易斯酸中心除了可以进行碳正离子反应,还可以进行自由基反应。路易斯酸中心可以激活吸附在催化剂上的石油烃类,加剧烃类的 C—C 键断裂,加速自由基的形成和 β 位的断裂。在金属氧化物型分子筛催化高温裂解反应中,自由基反应机理占主导地位;在酸性沸石分子筛催化高温裂解反应过程中,碳正离子机理占主导地位;在具有双酸性的沸石催化高温裂解过程中,碳正离子和自由基机理共同发挥作用。

知识拓展

石蜡油催化裂化的催化剂

石蜡油催化裂化实验中的催化剂可以选择沸石、γ 型 Al_2O_3、二氧化锰和氯化铝等。

1. 5A 型分子筛(沸石)

分子筛是结晶型的硅铝酸盐,具有均匀的孔隙结构。分子筛中含有大量的结晶水,加热时可汽化除去,故又称沸石。自然界存在的常称沸石,人工合成的称为分子筛。

催化作用机理:分子筛具有明确的孔腔分布,极高的内表面积,良好的热稳定性,可变的配位中心,可制成对许多反应有高活性、高选择性的催化剂。因为分子筛结构中有均匀的小内孔,当反应物和产物的分子粒度与晶体内的孔径相接近时,催化反应的选择性常取决于分子与孔径的相应大小。这种选择性称之为择形催化。

优点:5A 型分子筛(沸石)作为石蜡催化裂化的升温剂和催化剂,具有活性高、选择性好、稳定性高以及强抗毒能力等特点。

缺点:在中学化学难以做到。

2. γ 型 Al_2O_3

粉末状氧化铝是白色晶状粉末,已经证实氧化铝有十一种晶体。α - Al_2O_3,其比表面低,具有耐高温的惰性,但不属于活性氧化铝,几乎没有催化活性；β – Al$_2$O$_3$、 γ – Al$_2$O$_3$ 的比表面较大，孔隙率高、耐热性强，成型性好，具有较强的表面酸性和一定的表面碱性，被广泛用作催化剂和催化剂载体等新的绿色化学材料。

优点： γ 型 Al$_2$O$_3$ 具有多孔结构，高分散度以及高比表面积，且处于不稳定的过渡态，因而具有较大的活性，常用作吸附剂、催化剂和催化剂的载体。具有和碎瓷片相似但更优良的催化作用，可以使反应时间大为缩短。

缺点： 制备过程复杂。

活性氧化铝的制备过程：

用托盘天平称量 20 g Al$_2$（SO$_4$）$_3$ 固体溶解在 200 g 水中，另将 25% 的浓氨水进行稀释，获得 12% 左右的较浓氨水 40 mL。 将氨水逐滴滴入 Al$_2$（SO$_4$）$_3$ 溶液中并不断搅拌，得到沉淀 2。 使用过滤器将沉淀进行过滤、洗涤、干燥，在坩埚中进行充分灼烧，获得 γ 型三氧化二铝固体。 为了增加氧化铝的表面积，提高催化效果，三氧化二铝固体冷却后在研钵中进行研磨。

3. MnO$_2$

二氧化锰是中学阶段化学实验中常用的催化剂，利用二氧化锰在石蜡油催化裂化实验中作催化剂进行探究，检验其实验效果。

4. 无水 AlCl$_3$

优点： 在工业上无水氯化铝常作为有机合成和石油裂解的催化剂。 经实验证明，无水氯化铝对石蜡油分解催化效果很好。

缺点： 无水氯化铝极易吸水，很难真正无水，导致加热时产生大量氯化氢气体，而且实验发现产物中除了乙烯外，还会生成大量液态不饱和烃，故此法不适合课堂演示。

---

4. 石蜡油的选择

在本实验中反应物选择石蜡油。

石蜡油无确定的分子式，分子通式可以写成 C_nH_{2n+2}（$n=16$—20），一般 n 越大，熔点越高。 石蜡油发生裂化分解的反应温度为 460℃—520℃，而石蜡油的沸点大约为 300℃—360℃。 故不能采用固体与液体物质混合并直接加热的方式使反应发生，否则石蜡油未到裂化的反应温度时便已经全部挥发了。

石蜡油不等于液体石蜡。

石蜡是从石油、页岩油或其他沥青矿物油的某些馏分中提取出来的一种烃类混合物，主要成分是固体烷烃，无臭无味，为白色或淡黄色半透明固体。石蜡是非晶体，但具有明显的晶体结构。石蜡是石油加工产品的一种，是矿物蜡的一种，也是石油蜡的一种。它是从原油蒸馏所得的润滑油馏分经溶剂精制、溶剂脱蜡或经蜡冷冻结晶、压榨脱蜡制得蜡膏，再经溶剂脱油、精制而得的片状或者针状结晶。又称晶形蜡，是碳原子数约为 130 的烃类混合物，主要组分为直链烷烃（约为 80％—95％），还有少量带个别支链的烷烃和带长侧链的单环环烷烃（两者合计含量 20％以下）。用于制高级脂肪酸、高级醇、火柴、蜡烛、防水剂、软膏、电绝缘材料等。

石蜡油又称矿物油，是从原油分馏所得到的无色无味的混合物，工业制得的石蜡油一般呈淡黄色液体。它可以分成轻质矿物油及一般矿物油两种，而轻质矿物油的比重和黏稠度较低。由于矿物油具有低致敏性及不错的封闭性，有阻隔皮肤的水分蒸发的作用，所以常在婴儿油、乳液或乳霜等护肤品中被当作顺滑保湿剂来使用。此外，因为它具有良好的油溶性质，所以也会出现在卸妆油或卸妆乳中，当作卸妆之用。

5. 酸性高锰酸钾的配制—稀盐酸酸化

用高锰酸钾溶液作为指示石蜡油裂化实验反应是否生成产物乙烯的检测试剂。高锰酸钾是常见的氧化剂，为增强其氧化性，通常要对配制好的高锰酸钾溶液进行酸化，在大多数人的认知里，应选用硫酸酸化而不用盐酸酸化，对此的解释是高锰酸钾能把盐酸氧化成氯气。事实上，上述氧化还原反应的发生，对高锰酸钾溶液和盐酸溶液的浓度是有要求的。依据电极电势和能斯特方程计算得出，当高锰酸钾的浓度为 $0.001\ mol \cdot L^{-1}$，盐酸浓度为 $0.001\ mol \cdot L^{-1}$ 时，E 接近于零，在此条件下，高锰酸钾是不能把盐酸氧化成氯气的。实验表明，当乙烯等不饱和烃遇到用盐酸酸化的浓度足够低的高锰酸钾溶液时，紫色高锰酸钾溶液是会褪色的[①]。

三、实验用品

1. 实验仪器

玻璃丝棉、硬质试管（20×200 mm，2 支）、小试管（15×150 mm，10 支）、试管架、大烧杯（500—1000 mL，1 个）、酒精灯、胶头滴管（5 支）、橡皮塞（5 个）带铁夹的铁架台、玻璃弯导管（5 支）、橡胶导管（约 20 cm，1 段）、打孔器、试剂瓶（5 个）、剪刀。

2. 实验试剂

石蜡油、人造沸石 CP20‐40 目、溴水（或溴的 CCl_4 溶液）、酸性高锰酸钾溶液、粉末状氧化铝、5A 型分子筛、碳酸钠固体、蒸馏水。

在本实验中，反应物选择石蜡油，这样实验结束后，试管内残留的石蜡油容易清洗。如选用固体石蜡，清洗试管时需将其浸泡在 30％的氢氧化钠中加热[②]。

在本实验中，高锰酸钾的浓度为 $0.003\ mol \cdot L^{-1}$ 左右（由 0.05％计算得来）且盐酸浓度

---

① 肖中荣，张顺清．高锰酸钾能用稀盐酸酸化吗？［J］．中学化学教学参考，2014(21)：47—48.
② 李同灵，丁伟．石蜡催化裂化演示实验的改进［J］．化学教学，2013(04)：53—54.

足够低,两者之间不易发生氧化还原反应,因此,在这种情况下,可用稀盐酸来酸化稀高锰酸钾溶液。

四、实验操作

1. 石蜡油热裂化实验

由于石蜡是不同碳链的烷烃和环烷烃的混合物,其本身是不能使酸性 $KMnO_4$ 溶液褪色的。

在 500℃—600℃的条件下,石蜡中的大分子链烃被断裂为小分子烃,发生热裂化,其裂化气体能使酸性 $KMnO_4$ 溶液、溴水褪色。热裂化的关键条件是温度,只有达到一定温度时才能发生裂化。

酒精灯火焰的温度为 400℃—600℃,当石蜡量比较少时,石蜡油受热迅速气化,酒精灯能够提供热裂化所需的温度。

实验方案 1

取一支干燥的空试管,用酒精灯对试管底部加热半分钟,快速滴入 2 滴石蜡油,用橡皮塞堵住试管口,观其回流,然后向该试管中快速滴 5 滴 0.05％的酸性 $KMnO_4$ 溶液或溴水,堵住试管口,振荡试管,观察 $KMnO_4$ 溶液或溴水褪色情况。

实验方案 2

取 2 滴石蜡油置于一支干燥的试管中,加热至气化,观其回流,用滴管吸取该气体,再将该气体通入装有 1—2 mL 的 0.05％的酸性 $KMnO_4$ 溶液或溴水的试管中,振荡试管,观察 $KMnO_4$ 溶液或溴水的褪色情况。

2. 石蜡油的催化裂化实验

(1) 实验装置

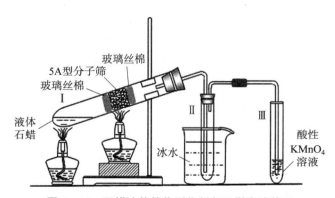

图 6－11　石蜡油的催化裂化制备乙烯实验装置

(2) 实验过程

① 搭建实验装置,并检查装置气密性。在作为反应容器的试管中加入约 3 mL 的石蜡

油,并在试管中部填装玻璃丝棉(能够将催化剂托住)和约20g的5A型分子筛(催化剂)。实验时,先用酒精灯预热试管片刻,然后对液体油和催化剂同时加热。

② 更换催化剂,重复实验。

五、实验结果

1. 热裂化的实验结果

热裂化的两种操作方案中,反应产生的气体产物都能够使得酸性 $KMnO_4$ 溶液和溴水褪色明显。

2. 催化裂化的实验结果

实验进行约1分钟后,石蜡油受热蒸发呈白雾状,石蜡蒸汽与催化剂充分接触发生裂化;约3分钟后,试管Ⅲ中2mL 0.05%的酸性 $KMnO_4$ 溶液(或溴水)的颜色逐渐变浅,片刻后溶液完全褪色;约5分钟后,试管Ⅱ中可以看到有少量黄色油状液体生成;整个实验耗时10分钟左右,生成1—2mL的裂化油。将所得的裂化油分别滴入装有1—2mL的0.05%的酸性 $KMnO_4$ 溶液和溴水的试管中,振荡试管,浅紫红色的酸性 $KMnO_4$ 溶液和浅棕黄色的溴水均褪色。

由于石蜡油催化裂化所需的石蜡油量比较大,短时间内石蜡油受热蒸发不能完全气化,石蜡油温度只能升高到沸点左右,达不到石蜡油热裂化所需的温度,不能发生热裂化。但石蜡油气体通过催化剂时,由于酒精灯能提供催化剂的活性温度(510℃—530℃),从而能发生催化裂化。

六、分析讨论

从实验结果中可以看出,以5A型分子筛为催化剂时,反应后所得的酸性高锰酸钾溶液褪色,有时显棕色。从颜色判断,可以证明溶液中几乎全是 Mn(Ⅳ)而无 Mn(Ⅶ),催化效果最佳;以人造沸石为催化剂时,根据反应后所得酸性高锰酸钾溶液颜色可以判断,既有 Mn(Ⅳ)生成,还有较少量未反应完全的 Mn(Ⅶ),其催化效果不如5A型分子筛;以中性氧化铝为催化剂时,根据反应后所得溶液颜色判断,溶液中仍含有较多 Mn(Ⅶ),催化效果最差。由此可得出,在本实验条件下,5A型分子筛的催化效果优于20—40目的人造沸石的催化效果,20—40目的人造沸石的催化效果优于中性氧化铝的催化效果。

文献资料表明,中性氧化铝、5A型分子筛和人造沸石的反应活性温度并未呈现过多差异,大约都在450℃左右。因此,接下来主要探讨催化剂的成分及结构对催化性能的影响。

分子筛具有硅氧四面体和铝氧四面体,且相邻四面体通过氧桥连接成环的独特结构特征,导致其具有规整的晶体结构,具有一定尺寸、形状的孔道结构和孔穴,并具有较大表面积[①]。分子筛作为催化剂或催化剂载体时,催化反应的进行受到沸石分子筛晶体孔径大小的

[①] 沸石分子筛的催化机理及应用[EB/OL].[2021-05-15].https://www.chemicalbook.com/NewsInfo_3863.htm.

控制。晶体孔径大小和形状都对催化反应起着选择性作用。由于孔径大小常接近于分子尺寸,使分子筛的催化性能随反应物分子、产物分子或反应中间物的几何尺寸的变化而显著变化。在一般反应条件下,分子筛对反应方向起主导作用。除此之外,分子筛在成分上还具有双酸性中心,十分有利于石蜡油按碳正离子反应机理进行裂解反应(在之前实验原理部分已有详细阐述)。5A 型分子筛的成分为 $\frac{3}{4}CaO \cdot \frac{1}{4}Na_2O \cdot Al_2O_3 \cdot 2SiO_2 \cdot \frac{9}{2}H_2O$,也称钙 A型分子筛。在双酸性中心和择形性的作用下,当催化剂加热达到反应温度时,十分容易发生石蜡油的催化裂化反应;由于孔道的大小限制,只能容许并最终裂解成为乙烯。所以 5A 型分子筛对石蜡油催化裂化的效果较好。人造沸石是由碳酸钠、苛性钾、长石、高岭石等混合并熔融后制得的具有不规则结构的产物。因其功能与天然沸石相似,故称人造沸石。人造沸石虽然在成分上与分子筛差不多,但是沸石的结构与分子筛具有较大差异。人造沸石无法提供如分子筛那般具有一定尺寸、形状的孔道结构,且其颗粒小、比表面积小,能吸附的分子数少,因此催化效率自然不如分子筛那样好。而本实验使用的中性氧化铝由于呈粉末状,比表面积小、吸附能力差,而且只有 Al^{3+} 作为路易斯酸酸性中心,无布朗斯特酸提供相应的酸性中心,因此催化效果整体上不及分子筛与人造沸石。

本实验中使用的酸性高锰酸钾溶液中各物质($KMnO_4$ 与 HCl)的浓度都很小,理论上由能斯特方程计算可得,使用质量分数为 0.1% 的高锰酸钾溶液时,$[H^+]$ 需要保持约为 $0.001\ mol \cdot L^{-1}$。从而导致了当 $Mn(Ⅶ)$ 只能被还原为 $Mn(Ⅳ)$ 时,难以再进一步被还原为 $Mn(Ⅱ)$,因此观察到的实验现象会出现高锰酸钾溶液并不一定由紫色褪为无色,还可能褪成棕色,或者显棕色与紫色的混合颜色。

从催化剂的种类来看,使用 5A 型分子筛的催化裂化效果较好。是否还有其他效果更好的催化剂呢?赵佳越等[①]人和丁媛等人[②]通过将氨水滴加到硫酸铝中并过滤、干燥、灼烧制得的 $\gamma - Al_2O_3$,并作为催化剂,高锰酸钾褪色较快、现象较明显。李嘉琦等[③]人提到,由于煤渣具有硅铝结构特征及很好的结构稳定性、高比表面积和丰富的微孔结构,催化效果较好;而且煤渣十分贴近学生的日常生活经验,能有效增加学生的亲切感与认同感。以 MnO_2 为催化剂是另一种选择。周梦茜等人[④]以 $3\ g\ MnO_2$ 为催化剂,将反应生成的气体通入酸性高锰酸钾溶液中,只需 5 s 就能使高锰酸钾溶液褪色。除了寻找新型催化剂之外,还可以对现有的催化剂进行一定程度的调整与改变。根据范文觉等人[⑤]的研究,将 Al_2O_3 与分子筛混合使用可以更快速地产生实验现象。分子筛与活性氧化铝互相调和,有利于短时间内使分子筛快

① 赵佳越.利用新制活性氧化铝促进石蜡油分解[J].化学教与学,2015(01):93—94.
② 丁媛,李永红.石蜡油分解实验最佳条件的再探究[J].中学化学教学参考,2017(14):45—47.
③ 李嘉琦,阳志高.利用蜂窝煤渣对石蜡分解实验的改进[J].化学教与学,2015(07):93—94.
④ 周梦茜,景一丹,肖小明.石蜡油分解实验改进——以人教版、鲁科版和苏教版为例[J].化学教与学,2019(01):85—86.
⑤ 范文觉.石蜡油分解实验的改进[J].化学教与学,2016(06):94—96.

速升温,从而使石蜡油蒸汽快速分解。

七、实验结论

1. 热裂化实验现象明显

当用酒精灯对空试管进行预热,空试管壁达到较高温度时,再滴入石蜡油,即刻发出"滋啦"的声响,有白色烟雾在试管内腾起,向管内滴入酸性高锰酸钾或溴水,振荡试管后,酸性高锰酸钾溶液或溴水褪色,实验现象明显,成功实现了石蜡油的热裂化。

石蜡油的主要组分为直链烷烃,烃类在热的作用下主要发生两类反应,一类是裂解反应,是吸热反应;另一类是缩合反应,是放热反应。直链烷烃的反应主要有两类:(1)C—C键断裂生成较小分子的烷烃和烯烃;(2)C—H键断裂生成碳原子数不变的烯烃及氢。在加热的条件下,石蜡油的反应可分成裂解与缩合两个方向。裂解生成较小的分子,而缩合则生成较大的分子。烃类的热反应不是停留在某一个阶段上,而是不断地进行下去。随着反应的进行,一方面生成分子越来越小、沸点越来越低的烃类;另一方面由于缩合反应,生成分子越来越大的稠环芳香烃,高度缩合的结果就产生胶质,最后生成碳氢比很高的焦炭,这也是有些反应结束之后,试管底部变成黑色的原因,石蜡油发生焦化。

热裂化过程中,由于大分子链烃断裂成不饱和小分子链烃,不饱和小分子链烃与紫色酸性高锰酸钾溶液发生氧化还原反应,使酸性高锰酸钾溶液褪色。

2. 催化裂化实验现象明显

分子筛作为催化剂时,酸性高锰酸钾溶液容易褪去颜色,其次是人造沸石,活性氧化铝的催化效果最差。分子筛在本质上就是一种人造沸石,因此分子筛与人造沸石催化效果相差不大,分子筛的催化效果比人造沸石好些。陶瓷是以铝硅酸盐矿物或某些氧化物为主要原料在高温下烧制而成。陶瓷中含有的氧化硅、氧化铝、氧化钾、氧化镁、氧化铁等成分具有催化作用,且陶瓷通体由多种晶体与无定形胶结物及气孔等微观结构组成,其中有很多细小空隙,表面积较大,可以吸附石蜡油蒸汽,因此催化效果较好。分子筛与 Al_2O_3 均是通过多孔结构产生催化作用,分子筛的多孔结构较 Al_2O_3 特殊,因此其催化效果较好,产生的气体反应产物中不饱和烃使得高锰酸钾溶液褪色较快。

实验结果表明,在温度达到 $400℃—600℃$ 时,石蜡油可发生热裂化,生成不饱和烃,使紫色的高锰酸钾溶液褪色。

通过探究不同催化剂对石蜡油催化裂化效果的影响,得出石蜡油在 5A 型分子筛为催化剂的条件下,高锰酸钾溶液褪色快,因此其催化裂化的速度较快,分子筛的催化效果优于20—40 目的人造沸石的催化效果,它们都优于中性 Al_2O_3 的催化效果。课堂演示实验时,可以考虑使用本实验装置进行演示,并以 5A 型分子筛为催化剂进行课堂演示实验,在较短的时间内就可以观察到预期的实验现象。

实验探究任务和思考的问题

请设计"选择确定石蜡油催化裂化实验中最佳催化剂"的实验探究方案,并实施实验研究活动。目的是寻找合适的催化剂,使得石蜡油裂化的产物能够在最短的时间内使得酸性高锰酸钾溶液褪色,达成课堂上较短时间内成功演示石蜡油催化裂化的实验效果。

第七章　乙醇消去制乙烯

|扫码学习本章微课|

· 本章概要 ·

　　消去反应是有机化学反应类型之一。在中学化学课程内容中,实验室制备乙烯主要采用乙醇脱去分子内水分子的消去反应的方法,乙醇在催化剂浓硫酸的作用下发生分子内脱水生成乙烯,是最简单的典型的有机物消去反应,由于浓硫酸的强脱水性、吸水性和氧化性,极易导致该反应过程中反应容器中的物质变成棕色或黑色,产生较多副产物,影响实验现象的观察和实验结果的判断。如何解决使用浓硫酸作为催化剂而引起的副产物干扰这一问题?是否可用其他催化剂来替换?化学反应中需要的催化剂不止一种,选择哪类物质作催化剂较为适合则需要通过科学实验来探究检验。本章内容分析探究了乙醇消去制乙烯反应中不同催化剂的实验效果,从催化剂作为实验影响因素的研究视角,展现了中学化学实验的研究方法。

· 学习目标 ·

　　学习完本章后,你应当能够知道如下问题的答案:

1. 乙醇消去制乙烯实验中,乙醇和浓硫酸适宜的体积比是多少?
2. 乙醇消去制乙烯的化学反应实质是什么?
3. 如何防止乙醇消去制乙烯反应过程中的炭化现象?
4. 乙醇消去制乙烯的催化剂是否可以替换为其他物质?
5. 如何进行乙醇消去制乙烯实验产物的检验操作?
6. 乙醇消去制乙烯实验操作过程中需要注意哪些操作事项?

· 本章结构 ·

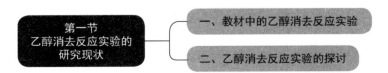

第一节　乙醇消去反应实验的研究现状
一、教材中的乙醇消去反应实验
二、乙醇消去反应实验的探讨

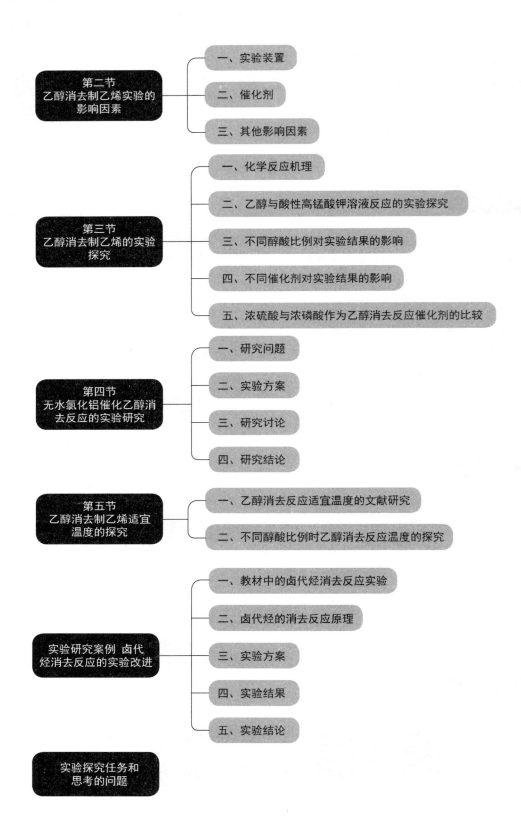

第二节 乙醇消去制乙烯实验的影响因素
- 一、实验装置
- 二、催化剂
- 三、其他影响因素

第三节 乙醇消去制乙烯的实验探究
- 一、化学反应机理
- 二、乙醇与酸性高锰酸钾溶液反应的实验探究
- 三、不同醇酸比例对实验结果的影响
- 四、不同催化剂对实验结果的影响
- 五、浓硫酸与浓磷酸作为乙醇消去反应催化剂的比较

第四节 无水氯化铝催化乙醇消去反应的实验研究
- 一、研究问题
- 二、实验方案
- 三、研究讨论
- 四、研究结论

第五节 乙醇消去制乙烯适宜温度的探究
- 一、乙醇消去反应适宜温度的文献研究
- 二、不同醇酸比例时乙醇消去反应温度的探究

实验研究案例 卤代烃消去反应的实验改进
- 一、教材中的卤代烃消去反应实验
- 二、卤代烃的消去反应原理
- 三、实验方案
- 四、实验结果
- 五、实验结论

实验探究任务和思考的问题

第一节 乙醇消去反应实验的研究现状

消去反应是一类重要的有机反应,也是高中阶段必须掌握的醇的重要性质。醇的消去反应在药物合成、香料香精的开发、农药的研发等有机化学领域涉及官能团转化内容时起到重要的桥梁作用。高中各个版本的教材都对醇的消去反应进行了比较详细的介绍,通过乙醇消去制备乙烯的演示实验来呈现消去反应的相关学习内容,其中具体实验操作的叙述是:将无水乙醇与95%左右的浓硫酸以体积比1∶3混合,用酒精灯加热至170℃生成乙烯。

乙醇消去实验现象明显,实验用品简单易得,可操作性强,它能很好地让学生直观认识醇羟基变为碳碳双键的过程,并形成较深刻的印象。但该实验的缺点也十分明显,浓硫酸的强氧化性和脱水性使得反应体系炭化严重,同时生成污染环境的气体二氧化硫,既影响实验观察效果,又会使试管清洗变得困难,当浓硫酸用量较大时,反应后残留的强酸性液体还会存在污染环境的可能。

一、教材中的乙醇消去反应实验

不同版本的普通高中化学教材中对乙醇消去制乙烯实验都有细致的描述。

人教版高中化学教材中的乙醇消去制乙烯实验是这样呈现的。

教材示例 1

配置体积比为1∶3的乙醇和浓硫酸混合液的方法:在烧杯中加入5 mL 95%的乙醇,然后滴加15 mL浓硫酸,边加边搅拌,冷却备用。

如图7-1所示,在长颈圆底烧瓶中加入乙醇和浓硫酸(体积比约为1∶3)的混合液20 mL,放入几片碎瓷片,以避免混合液在受热时暴沸。加热混合液,使液体温度迅速升高到170℃,将生成的气体通入酸性高锰酸钾溶液和溴的四氯化碳溶液中,观察并记录实验现象。

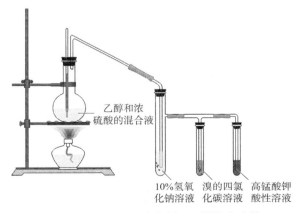

乙醇和浓硫酸的混合液

10%氢氧化钠溶液　溴的四氯化碳溶液　高锰酸钾酸性溶液

图7-1　人教版乙醇消去制取乙烯的实验装置

选自:宋心琦.有机化学基础[M].北京:人民教育出版社,2004:51.

苏教版(2004年)高中化学教材中的乙醇消去制乙烯实验是这样呈现的。

教材示例 2

按照图7-2所示装置,在试管中放入石棉绒并注入2 mL 95%的乙醇(石棉绒稍露出液面),加热试管,将生成的气体经过水洗后,用排水集气法收集。

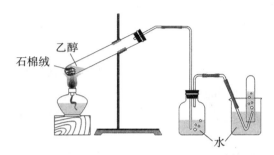

图7-2　苏教版(2004年)乙醇制取乙烯的实验装置

(1) 研究证实,石棉绒是该反应的催化剂。请根据上述实验和信息,提出一个合适的探究课题,展开对该反应的研究。

(2) 经过探究,你能判断出乙醇所发生的反应是什么类型吗?

选自:王祖浩.有机化学基础[M].南京:江苏教育出版社,2004:69.

苏教版(2009年)高中化学教材中的乙醇消去制乙烯实验装置如图7-3所示。

教材示例 3

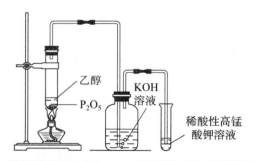

图7-3　苏教版(2009年)P₂O₅作为催化剂的乙醇消去制备乙烯

选自:王祖浩.有机化学基础[M].南京:江苏教育出版社,2009:69.

鲁科版高中化学教材中的乙醇消去制乙烯实验是这样呈现的。

　　在圆底烧瓶中注入约 20 mL 乙醇与浓硫酸(体积比约 1∶3)的混合液,放入几块碎瓷片(避免混合液在受热时暴沸)。加热混合液,使混合液温度迅速升高到 170℃ 左右,用排水集气法收集生成的乙烯。实验装置如图 7 - 4(a)所示。

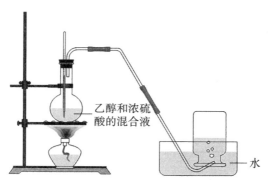

乙醇和浓硫酸的混合液

水

图 7 - 4(a)　鲁科版乙醇制取乙烯的实验装置

　　请你思考：实验中所发生的反应有何特点?

选自：王磊.有机化学基础(选修)教师用书[M].济南：山东科学技术出版社,2004：50.

　　沪科版高中化学教材中的乙醇消去制乙烯实验装置与鲁科版教材中的乙醇消去制乙烯实验装置相似,其中的实验装置(如图 7 - 4(b))和实验说明是这样呈现的。

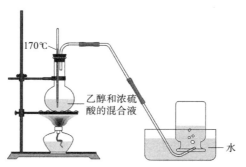

170℃

乙醇和浓硫酸的混合液

水

图 7 - 4(b)　沪科版乙醇制取乙烯的实验装置

在烧瓶里注入酒精和浓硫酸(体积比 1 : 3)的混合液约 20 mL(配制此混合液应在冷却和搅拌下将 15 mL 浓硫酸慢慢倒入 5 mL 酒精中),放入几片碎瓷片。加热,使温度迅速升到 170℃,酒精即脱水变成乙烯,用排水集气法收集乙烯。再将气体分别通入溴水及酸性高锰酸钾溶液,观察现象。

选自：高级中学课本化学高二年级第二学期(试用本)[M].上海：上海科学技术出版社,2008：21.

二、乙醇消去反应实验的探讨

1. 醇酸比例

人教版普通高中化学教材《有机化学基础》、沪科版高二下教材中的乙烯的实验室制法,以及鲁科版高中化学教材《有机化学基础》中利用乙醇消去反应制取乙烯实验,采用的催化剂是浓硫酸,乙醇与浓硫酸的体积比为 1 : 3,反应温度为 170℃。

在这个反应中,浓硫酸量过多易造成乙醇炭化,且副反应多,易产生其他杂质气体,制得的乙烯纯度较低,其中含有乙醇、乙醚、SO_2、CO_2 等杂质气体。反应时间较长,加热时间超过 8 分钟才能产生乙烯气体。

2. 催化剂

(1) 浓硫酸作催化剂

浓硫酸作脱水剂、质子氢催化反应。

a. 分子间脱水生成 $CH_3CH_2OH \longrightarrow CH_3CH_2OCH_2CH_3 + H_2O$ 要求强热使温度迅速达到 160℃ 以上,以减少乙醚生成的机会。

b. 脱水生成炭黑

$$CH_3CH_2OH + H_2SO_4(浓) \xmapsto{\triangle} C + SO_2\uparrow + H_2O$$
$$C + 2H_2SO_4 = CO_2\uparrow + 2SO_2\uparrow + 2H_2O$$

c. 氧化生成一氧化碳、二氧化碳

$$CH_3CH_2OH + H_2SO_4(浓) \xmapsto{\triangle} CO\uparrow + SO_2\uparrow + H_2O$$
$$CH_3CH_2OH + H_2SO_4(浓) \xmapsto{\triangle} CO_2\uparrow + SO_2\uparrow + H_2O$$

d. 氧化生成乙醛、乙酸

$$CH_3CH_2OH + H_2SO_4(浓) = CH_3CHO + SO_2\uparrow + H_2O$$
$$CH_3CHO + H_2SO_4 = CH_3COOH + SO_2\uparrow + H_2O$$

e. 与酸成酯

$$CH_3CH_2OSO_2OH + CH_3CH_2OH \Longrightarrow CH_3CH_2OSO_2OCH_2CH_3 + H_2O$$

反应物乙醇与催化剂浓硫酸的投料比例可以适当调整,可适当降低浓硫酸的量。防止浓硫酸的强氧化性使得反应体系炭化严重,同时生成污染环境的二氧化硫气体等问题的发生。

（2）石棉绒作催化剂

苏教版普通高中化学教材《有机化学基础》（2004 年）中该实验原料为 95％的乙醇,催化剂是石棉绒。石棉绒是一种硅酸盐类矿物纤维,化学成份 $Mg_6[Si_4O_{10}][OH]_8$。此实验设计的反应较温和,反应速度慢,且石棉绒催化效果较弱。

（3）五氧化二磷作催化剂

五氧化二磷可以作为乙醇消去反应的催化剂。

苏教版（2009 年）教材中描述了该实验：向试管中加入 2 g 五氧化二磷,并注入 4 mL 95％的乙醇,加热,观察实验现象[①]。

该实验设计的特点是使用五氧化二磷作催化剂,副反应少;用氢氧化钾溶液除去杂质气体。

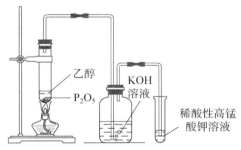

图 7 - 5　苏教版（2009 年）P_2O_5 作为催化剂的乙醇消去的实验装置

五氧化二磷作脱水剂,五氧化二磷与水结合生成磷酸,磷酸作为中强酸来催化反应。

副反应：五氧化二磷与酸反应生成了酯

$$P_2O_5 + 3H_2O \Longrightarrow 2H_3PO_4$$

$$CH_3CH_2OH + H_3PO_4 \Longrightarrow CH_3CH_2OPO(OH)_2 + H_2O$$

$$CH_3CH_2OH + H_3PO_4 \Longrightarrow (CH_3CH_2O)_2PO(OH) + H_2O$$

$$CH_3CH_2OH + P_2O_5 \Longrightarrow (CH_3CH_2O)_3PO + H_3PO_4$$

该实验具有如下优点：

---

① 王祖浩. 有机化学基础[M]. 南京：江苏教育出版社,2009：69.

五氧化二磷作催化剂,适合乙醇发生消去反应的温度范围较宽(125℃—160℃),只要在125℃以上便开始产生乙烯,可以观察到只有轻微的炭化。提高了乙醇的利用率,实验仪器易于清洗,无污染,无难闻的气体;副反应少,演示效果好;乙烯纯度高,不含乙醚、二氧化硫和二氧化碳。

五氧化二磷遇水会放出大量的热,在密闭的环境下,这个放出的热量足以达到催化反应所需的温度。

该实验存在如下缺点:

使用酒精灯加热试管内的乙醇与 P_2O_5 的混合物,由于升温速度快而极易发生混合液的暴沸,导致大量乙醇汽化涌出,不但造成原料上的浪费,大量热的乙醇蒸汽还会使稀高锰酸钾溶液褪色而干扰乙烯检验;此外,酒精灯直接加热容易因受热不均匀使得试管内气流不稳定,倒吸现象发生概率高,影响实验安全。

以 P_2O_5 为催化剂、脱水剂来制备乙烯存在弊端,P_2O_5 固体具有很强的吸水性和脱水性,从试剂瓶中取出之后即可吸收空气中的水分,呈现发烟现象,装药入反应器的过程具有难度,且与乙醇接触后即开始吸收其中水分,当乙醇注入到盛有五氧化二磷的试管中时,立即能听到剧烈的"吱吱"声响并伴随着大量的白雾产生。不利于操作,存在安全隐患,且易发生副反应生成磷酸氢乙酯,附着于瓶壁上难以清洗。

用五氧化二磷作该化学反应的催化剂时,建议作为反应物的乙醇应为无水乙醇。

3. 乙醇浓度

乙醇消去制乙烯反应中,可以使用纯度高的乙醇。理论上认为,用纯度高的乙醇参与反应,可以避免有水的存在而影响催化剂如浓硫酸的吸水即脱水效力;也有文献研究表明,95%的乙醇中含有少量的水,水可做引发剂,促进放热反应的进行[①]。以五氧化二磷作催化剂时,水与五氧化二磷反应生成磷酸,磷酸促进乙醇脱水,同时水的含量少,不至于将五氧化二磷全部转化为酸,剩下一部分作为脱水剂。

4. 高锰酸钾浓度

作为检测指示反应产物乙烯生成的高锰酸钾溶液,其浓度不能大于 0.01%,否则反应生成的乙烯不足以在短时间内使其褪色,若是进行课堂演示实验,则短时间内会造成实验检测困难和实验现象不显著。

第二节　乙醇消去制乙烯实验的影响因素

一、实验装置

使用不同的实验装置进行乙醇的消去反应,实验效果也会不同。

① 刘波,王程杰.对乙醇脱水制乙烯实验的新研究[J].化学教学,2007(05):12—14.

例如,使用如图 7-6 所示的实验装置(所有夹持装置和加热装置省略)进行探究,在 25 mL 圆底烧瓶中加入 2 g 煤渣(该实验中煤渣丰富的孔径结构使得回流过程中不需要加沸石,煤渣经过蒸馏水浸泡 24 h,在坩埚中充分灼烧至彻底干燥)和 15 mL 无水乙醇,烧杯中的冰块起到冷凝的作用,加热回流 10 分钟,中间试管中有极少量无色液体生成。该实验没有达到预期的实验现象和效果。实验不成功的原因可能是在乙醇既是反应物又是溶剂的体系中,反应体系温度没有超过乙醇的沸点,达不到煤渣催化乙醇消去反应所需要的温度[1]。

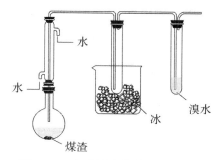

图 7-6　使用煤渣代替沸石的乙醇消去反应的实验装置示意图

为了提高反应体系的温度,进一步改进了该实验装置,设计了如图 7-7 所示的实验装置。将浸有无水乙醇的棉花团放于试管底部,在与之间隔约 1—2 处的试管部位填充 2 g 经过处理的蜂窝煤渣。连接好装置后,使用酒精灯外焰集中对蜂窝煤渣部位加热,约 2 分钟后溴水褪色,在中间小试管中有少量带有香味的液体生成。该实验装置实现了乙醇消去反应预期的实验现象和实验效果。

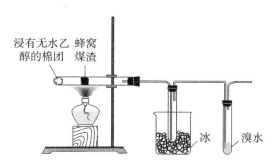

图 7-7　改进后的煤渣与反应物分开放置的乙醇消去反应实验装置图

二、催化剂

乙醇消去制备乙烯实验要求催化剂具有脱水性和吸水性,但其强烈程度又不至于使乙醇被严重炭化。因此,严格筛选出优质的催化剂是整个实验成功的关键。

以低浓度的乙醇水溶液为原料,4A 分子筛为催化剂催化乙醇脱水制备乙烯。考察了乙醇浓度、反应温度、催化剂的活化条件以及颗粒大小等对反应的影响,结果表明,催化剂对低浓度的乙醇溶液具有较高的选择性。分析了催化剂对低浓度乙醇脱水生成乙烯选择性较高

① 喻诚搏,吴莹.对乙醇消去制备乙烯实验的再改进[J].中学化学教学参考,2017(12):40.

的原因[1]。

三氯化铁是一种常见的路易斯酸,常在有机合成中作催化剂和脱水剂。对比传统的质子酸催化剂(如硫酸),三氯化铁价廉易得、腐蚀性和污染性小、反应物无炭化现象、催化效率高。因此,采用三氯化铁作催化剂进行乙醇脱水制备乙烯的实验。用三氯化铁催化乙醇脱水制备乙烯的反应是安全高效的。混合物加热不到 2 分钟即可产生大量乙烯气体,反应温度区间为 75℃—85℃;乙烯气体的检验现象快速明显;整个反应过程简约、组合或变式,设计出具有兼容、多用、整合等特点的实验装置来达到某项实验目的,在课堂教学中呈现出易用、好用、活用等特征[2]。

使用蜂窝煤这种含有丰富硅铝结构的生活废弃物作为该实验的脱水剂[3];煤渣丰富的孔径结构、较高的铝铁元素含量使得它具有较好的催化活性。经过查阅资料,煤渣中含有的氧化铁及一些其他过渡金属氧化物能将乙醇氧化为乙醛,乙醛沸点低,挥发的乙醛与溴水发生氧化还原反应也能使溴水褪色,采用冰块冷凝能够有效去除乙醛等对乙烯的检验有干扰的杂质产物。

实验发现,采用蜂窝煤渣作为乙醇消去反应的脱水剂需要较高的温度,实验过程取得了成功,达到了预设的目的;该实验不但克服了浓硫酸作为脱水剂的一系列缺点,同时具有试剂用量少、装置简单的优点,可分组实验;生活废弃物蜂窝煤渣的使用开阔了学生的视野,符合绿色化学的要求。

三、其他影响因素

1. 乙醇浓度

实验考察了不同浓度下的反应转化率和选择性的变化情况[4],结果显示,4A 分子筛催化剂对低浓度的乙醇具有更好的选择性,实验结果如图 7-8 所示。

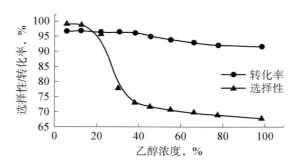

图 7-8　乙醇浓度对反应转化率与选择性的影响

① 祝阳.4A 分子筛催化稀乙醇制备乙烯[J].石油与天然气化工,2009,38(06):487—489+458.
② 王雪婷,丁伟.三氯化铁催化乙醇脱水制乙烯的实验研究[J].化学教育,2012,33(03):59+63.
③ 喻诚搏,吴莹.对乙醇消去制备乙烯实验的再改进[J].中学化学教学参考,2017(12):40.
④ 祝阳.4A 分子筛催化稀乙醇制备乙烯[J].石油与天然气化工,2009,38(06):487—489+458.

探究在 P_2O_5 量一定的前提下乙醇浓度对乙烯产量的影响。控制试剂用量为 P_2O_5 2 g，$0.01\,mol\cdot L^{-1}$ 的稀高锰酸钾 4 mL、不同浓度的乙醇溶液分别为 4 mL，实验均采用 150℃ 甘油浴加热，实验开始后用秒表对稀高锰酸钾溶液褪色情况的整个过程计时，最终实验结果如表 7-1 所示。

表 7-1　P_2O_5 与不同浓度乙醇反应的实验结果

序号	乙醇浓度	实　验　现　象	褪色时间
1	无水	褪色，快	41 s
2	95%	褪色，快	39 s
3	90%	褪色，较快	86 s
4	85%	褪色明显，较慢	>3 min
5	80%	红色变浅不明显	>8 min
6	75%	不褪色	—

2. 反应温度

乙醇与浓硫酸按 1：3 体积比例混合，加热到 140℃ 时发生分子间脱水反应：

$$2CH_3CH_2OH \xrightarrow{140℃} CH_3CH_2-O-CH_2CH_3（乙醚）+ H_2O$$

加热到 170℃ 发生分子内脱水反应：

$$CH_3CH_2OH \xrightarrow{170℃} CH_2=CH_2\uparrow + H_2O$$

如果想要发生分子内脱水，为了避免生成乙醚，要用较快的速度加热到 170℃ 然后维持住，通常这个实验会见到溶液变黑，这是因为部分乙醇炭化。

温度对乙醇脱水影响的实验数据如图 7-9 所示。

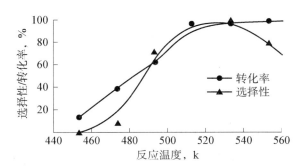

图 7-9　反应温度对乙醇脱水制备乙烯的影响

反应温度低于 473 K 时，转化率和选择性都非常低，这与乙醇脱水反应需要吸热是相吻合的。从热力学和动力学的角度来看,低温时有利于乙醚的生成,因此选择性也较低;高温更有利于乙烯的生成,因此选择性较高。但温度过高,可能会加速乙烯的二次反应,因此选择性反而会降低。

3. 催化剂

初步探究了催化剂的活化温度以及颗粒大小对乙烯消去反应的影响[①],实验探究结果如表 7-2、表 7-3 所示。

表 7-2   催化剂活化温度对反应的影响

活化温度/K	673	773	873
乙醇转化率/%	68	95	70
选择性/%	87	99	95

表 7-3   催化剂颗粒大小对反应的影响

催化剂颗粒度大小/mm	2—3	5—6
乙醇转化率/%	99	99
选择性/%	99	87

催化剂的活化温度对反应的转化率和选择性有明显影响,这与 4A 分子筛的催化活性有很大关系。活化温度低,会造成催化剂脱水不足,无法形成足够的催化活性中心。而当活化温度过高,分子筛中的羟基可能进一步被以水的形式脱除,从而导致活性中心数目的减少。

第三节   乙醇消去制乙烯的实验探究

本实验探究乙醇消去制乙烯实验中不同的浓硫酸与无水乙醇体积比对乙醇消去制乙烯实验中酸性高锰酸钾褪色效果的影响。

高中化学课堂演示乙醇消去制乙烯实验时,往往依据教材内容采用 $V_{浓硫酸}:V_{无水乙醇} = 3:1$ 的酸醇体积比例进行操作,但是在此条件下,乙醇被浓硫酸严重炭化,且会产生 SO_2 等空气污染物,不符合绿色化学思想。该方法操作的演示实验反应耗时较长,容易造成课堂节奏拖沓,不满足课堂演示实验的一般要求。据此,本实验通过改变酸、醇比例,以及不同催化剂的催化效果,探究反应产物炭化不严重、反应速率快,同时又能保证产生乙烯的检验现象明显的反应物料的比例。

---

① 祝阳.4A 分子筛催化稀乙醇制备乙烯[J].石油与天然气化工,2009,38(06):487—489+458.

一、化学反应机理

1. 化学原理

有机化合物在一定条件下,从一个分子中脱去一个或几个小分子(如水、卤化氢等分子),而生成不饱和化合物的反应,称为消去反应。醇类可以发生消去反应,但是连有—OH的碳原子的相邻碳原子上必须连有至少一个氢原子才能发生消去反应。发生消去反应时遵循扎伊采夫(Saytzeff)规则——即生成取代基较少的烯烃为主产物。醇类发生消去反应的反应活性是:三级醇>二级醇>一级醇。

从反应机理上解释,乙醇的消去反应是一个 E_1 单分子消除反应。反应伊始,H^+ 先与羟基氧配位,生成 $CH_3CH_2OH_2^+$,这样将原来离去能力不好的羟基—OH转变成离去能力较好的水分子 H_2O,这样 H_2O 以分子形式离去,生成碳正离子 $CH_3CH_2^+$,再脱去一个质子,形成乙烯 $CH_2=CH_2$。

浓硫酸在反应中起到两个作用:第一,它作为质子酸,可提供氢离子;第二,它作为吸水剂,可以不断吸收消去反应产生的小分子水,促使消去反应往正反应方向移动。除浓硫酸之外,与之相似的浓磷酸也可以作为乙醇消去反应的催化剂。除上述两种浓酸之外,其他路易斯酸也可以作为催化剂催化乙醇的消去反应。简而言之,就是将不容易离去的羟基转变成易离去的基团,其具体微观机理如下:

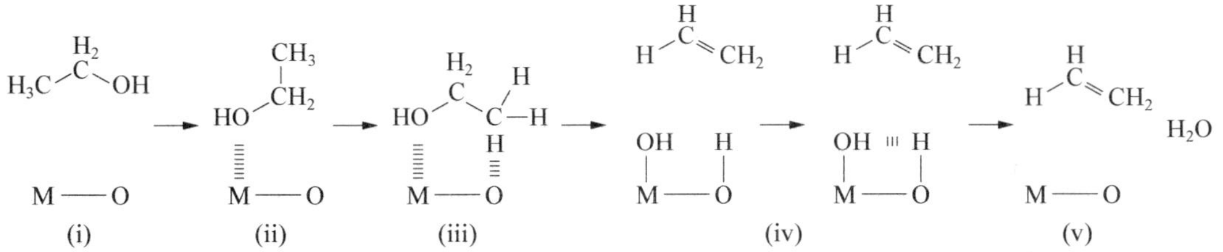

图 7-10 酸作为催化剂催化乙醇消去反应机理

醇类和卤代烃能发生消去反应。醇分子中,连有羟基(—OH)的碳原子必须有相邻的碳原子,且此相邻的碳原子上还必须连有氢原子时,才可发生消去反应。

分子内脱水生成烯烃,实质上是消去反应。能生成稳定的烯烃(烯烃双键碳原子链烷基越多越稳定),就有利于消去反应。

醇的分子内脱水,是由于羟基的吸电子诱导效应,使得 β—H 易于消去而产生的。当有多种不同的 β—H 时,最容易消去的是含氢较少的 β—C,因为能生成稳定烯烃。消去反应遵循扎依采夫(Saytzeff)规则,即消去反应时,氢原子主要是从含氢较少的相邻碳原子(β—碳原子)上脱去,主要生成双键碳原子上连有较多取代基的烯烃。

其实就是相邻的 C 原子上面哪个氢少,就脱哪个。

例如，2-丁醇 CH_3—CH_2—$CHOH$—CH_3 脱去氢后，

应该生成 2-丁烯 CH_3—CH＝CH—CH_3，

而不是 1-丁烯 CH_3—CH_2—CH＝CH_2

消去反应有两种情况，一种情况是卤代烃在 NaOH 的醇溶液下发生消去反应，生成烯烃；另一种情况则是醇在浓硫酸存在的条件下生成烯烃。

消去反应是分子内进行的反应，分子间相互作用生成小分子的反应不是消去反应。即一个分子内消去的部分自己以分子形式脱离。

消去反应的结果是使有机物的不饱和程度增加。

乙醇消去反应是单分子消去，碳正离子的形成是控速步骤，醇脱水可逆，控制氢离子浓度可控制反应进程。浓硫酸在本实验中既作为质子酸催化促进反应进行，又作为吸水剂减少产物中水的含量，促进反应向右进行。

乙醇消去制乙烯的反应温度应处于 170℃ 左右，当反应温度达到 140℃ 时会有乙醚 $CH_3CH_2OCH_2CH_3$ 生成，主要原因是 β—C 上 C—H 键断裂需要更高的能量。

本实验采用酸性高锰酸钾溶液检验消去产物乙烯。但由于乙醇自身也能使酸性高锰酸钾溶液褪色，且使用的催化剂为浓硫酸，具有脱水性与强氧化性，极易炭化有机物，自身放出 SO_2 等还原性气体，因此在将反应产生的气体通入酸性高锰酸钾溶液之前，先将其通入一个盛有水的洗气瓶，以除去 C_2H_5OH 气体、SO_2 等干扰酸性高锰酸钾对产物检验的气体。

2. 化学反应历程

（1）化学反应方程式

$$CH_3CH_2OH \xrightarrow[170℃]{\text{浓硫酸}} CH_2=CH_2\uparrow + H_2O$$

（2）化学反应历程

① $CH_3CH_2OH + H^+ \longrightarrow CH_3CH_2OH_2^+$

② $CH_3CH_2OH_2^+ \longrightarrow CH_3CH_2^+ + H_2O$

③ $CH_3CH_2^+ \longrightarrow CH_2=CH_2 + H_2$

例如，丁醇生成 2-丁烯的过程中，

（1）羟基质子化以后脱去一份水，得到碳正离子(i)。

$$CH_3CH_2\overset{+}{C}HCH_2$$
$$|\quad$$
$$H$$
$$(i)$$

（2）然后相邻的亚甲基上的一个氢原子带着共用电子对迁移到带正电荷的碳上，发生碳正离子重排得到正离子(ii)。

$$CH_3CH_2—\overset{+}{C}H—CH_3$$
$$(ii)$$

（3）然后再按照扎依采夫规则消去一个质子得到乙烯。

碳正离子（i）能重排成（ii）是因为（i）的正电荷碳上只有一个丙基，（ii）上有一个甲基和一个乙基，（ii）烷基较多，而烷基是给电子的，可以让带正电荷的碳正电荷得到分散，所以稳定。

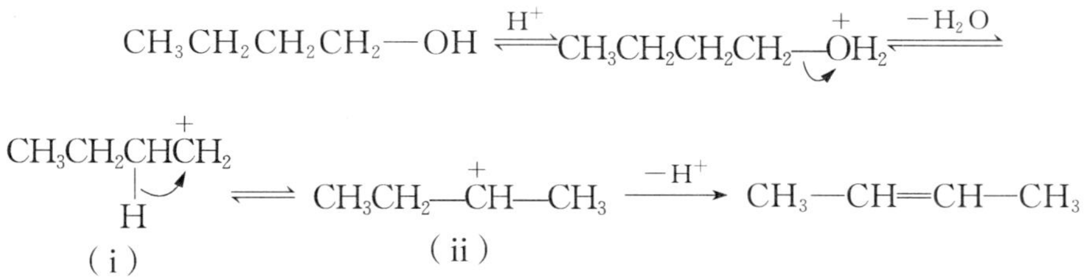

$$CH_3CH_2CH_2CH_2—OH \xrightleftharpoons{H^+} CH_3CH_2CH_2CH_2—\overset{+}{O}H_2 \xrightarrow{-H_2O}$$

$$\underset{\underset{(i)}{H}}{\underset{|}{CH_3CH_2\overset{+}{C}HCH_2}} \rightleftharpoons \underset{(ii)}{CH_3CH_2—\overset{+}{C}H—CH_3} \xrightarrow{-H^+} CH_3—CH=CH—CH_3$$

3. 催化剂的功能及其表征

（1）浓硫酸的作用

脱水、吸水作用；强氧化作用。

（2）浓硫酸的微观表征

乙醇脱水反应是按照 E1 机理进行的，具体过程如下：

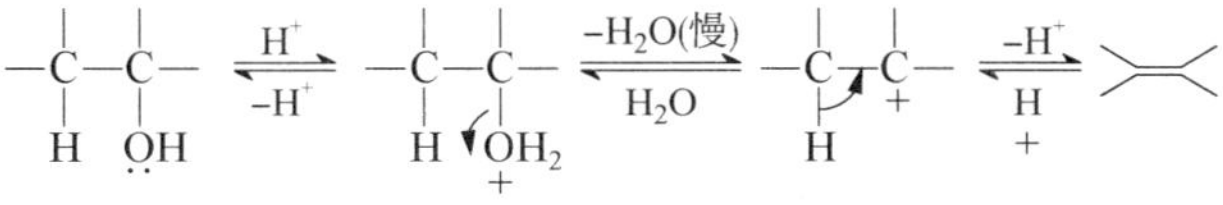

催化剂在化学反应中的反应历程如图 7－10 所示。

在酸的作用下，乙醇分子上不容易离去的基团—C—O 转变成易离去的基团，C—O 键断裂脱水形成 C^+ ，C^+ 的邻位碳原子上失去一个质子，一对电子转移过来中和正电荷形成双键。从反应机理上看，生成 C^+ 的一步是整个反应的速控步骤，还表明醇的脱水反应是一个可逆反应。因此可以通过控 H^+ 的浓度即用较浓的酸来使反应向右进行，可以选用浓硫酸或五氧化二磷作为催化剂和脱水剂。另外，醇在 350℃—400℃在氧化铝或者硅酸盐表面上脱水，也可形成双键。如：

$$CH_3CH_2OH \xrightarrow[400℃]{Al_2O_3} CH_2=CH_2 \uparrow + H_2O$$

实验室中常用醇和酸一起加热，主反应是醇分子内脱水生成烯烃。该反应是按照 E1 机理进行的。常用的酸性催化剂有 H_2SO_4 、$KHSO_4$ 、H_3PO_4 、P_2O_5 等。主反应的机理如下：

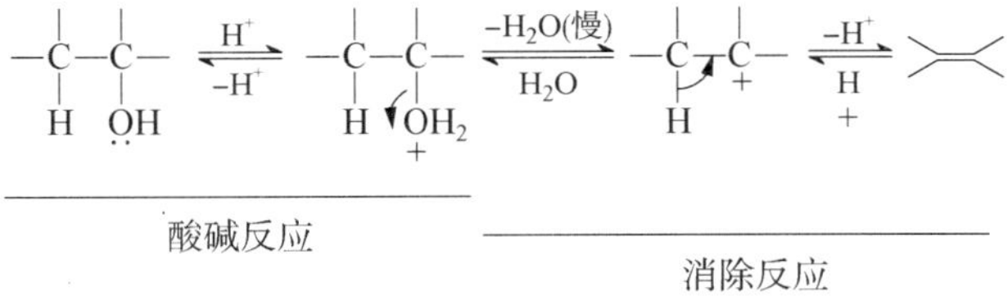

酸碱反应　　　　　消除反应

在酸的作用下,H$^+$进攻醇羟基上的孤对电子,使不容易离去的羟基基团—OH变成容易离去的基团水,然后碳氧键异裂,水离去,形成碳正离子,带正电的碳原子相邻的碳原子失去一个质子,一对电子转移过来,中和正电荷形成双键。因此,反应用较浓的酸,并将易挥发的烯烃从反应体系中移走,平衡有利于生成烯烃。如反应体系中存在大量的水,则平衡有利于烯烃加水成醇。

醇和酸一起加热,除了主反应生成烯烃外,就是醇分子间失水形成对称醚,反应机理如下:

$$CH_3CH_2OH$$

$$CH_3CH_2\overset{..}{O}H + CH_3CH_2 \overset{|}{\underset{}{-}} \overline{O}H_2 \xrightleftharpoons{-H_2O \ S_N2}$$

$$CH_3CH_2\underset{H}{\overset{|}{\overline{O}}}CH_2CH_3 \xrightleftharpoons{-H^+} CH_3CH_2OCH_2CH_3$$

该反应乙醇羟基质子化,形成锡盐,使烷基中的碳原子带部分的正电荷,与另一分子醇中的氧结合,同时质子化的羟基以水的形式离去,然后再失去质子得醚。

主反应和副反应均有醇质子化的过程,那为什么在140℃生成的主要是醚,在170℃生成的主要是烯烃呢?原因在于β碳上的碳氢键断裂需要更高的能量,所以在170℃时生成烯烃。α碳上的碳氢键断裂需要的能量低,所以在140℃时生成醚。

4. 实验装置

乙醇消去制乙烯实验通常采用如图7-11所示的装置。该实验装置中,左侧是使用温度计测量监控反应液的温度,控制在170℃左右;中间是盛放水的洗气瓶;右侧是检验反应产物乙烯的酸性高锰酸钾溶液。

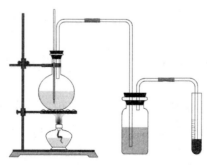

**图7-11   温度计监测反应液温度的
乙醇消去反应的实验装置**

二、乙醇与酸性高锰酸钾溶液反应的实验探究

乙醇消去制乙烯实验的产物是不饱和烃,该实验操作成功的标志是将产物通入酸性高锰酸钾溶液使其紫红色褪色。

乙醇消去反应在加热过程中,乙醇容易挥发出去,乙醇也具有还原性,会与高锰酸钾发生化学反应。若检测产物的现象是高锰酸钾紫红色褪去了,是否能够证明产物中一定是不饱和烃引起的,而不是乙醇引起的呢?

另外,乙醇消去制乙烯实验装置中为什么有水洗装置呢? 即为什么要对生成的产物进行水洗处理呢?

设计对照实验,探究问题:

(1)乙醇是否会与酸性高锰酸钾溶液发生化学反应,使其褪色?

(2)水洗后的产物是否可以使酸性高锰酸钾溶液褪色?

1. 实验 1 乙醇会使酸性高锰酸钾溶液颜色褪去吗?

(1)实验目的

探究乙醇能否使酸性高锰酸钾溶液褪色

(2)实验药品

15 mL 无水乙醇,不加催化剂,0.01%的酸性 $KMnO_4$ 溶液

(3)实验装置

图 7 - 12　乙醇蒸馏出的气体与酸性高锰酸钾溶液的反应实验装置

(4)实验现象

图 7 - 13　高锰酸钾溶液褪色

逐渐加热,酸性高锰酸钾溶液的紫红色在 5 分钟内完全褪去。

(5) 实验结论

热的乙醇能使酸性 $KMnO_4$ 溶液褪色。

2. 实验 2 用水洗装置能否除去乙醇?

(1) 实验目的

为了控制乙醇对乙烯检验的干扰,可以用水洗装置除去乙醇吗?

(2) 实验药品

15 mL 无水乙醇,不加催化剂,0.01％的酸性 $KMnO_4$ 溶液

(3) 实验装置

本实验装置同图 7 - 11,强调使用水洗装置除去蒸馏出的乙醇。

(4) 实验现象

逐渐加热,酸性高锰酸钾溶液的颜色不褪去。

(5) 实验结论

水洗装置能吸收逸出的乙醇,能够去除乙醇对乙烯检验的干扰。

3. 实验结论

综上,对照实验结果显示:

(1) 乙醇可以使酸性高锰酸钾溶液褪色;

(2) 水洗后的产物不能使酸性高锰酸钾溶液褪色。水洗装置能吸收逸出的乙醇,去除乙醇对乙烯检验的干扰。

三、不同醇酸比例对实验结果的影响

通过设计 3 组对照实验,分别进行实验,探究不同醇酸比例对乙醇消去制乙烯实验结果的影响。

(1) 实验 1 无水乙醇与浓硫酸体积比例 2∶1 和 3∶1。

(2) 实验 2 无水乙醇与浓硫酸体积比例 1∶3,1∶2 和 1∶1。

(3) 实验 3 空气浴加热条件下,无水乙醇与浓硫酸体积比例 1∶3,2∶1,3∶1 和 4∶1。

1. 实验 1 无水乙醇与浓硫酸体积比例 2∶1 和 3∶1

实验目的:

选择无水乙醇和浓硫酸的体积比例为 2∶1 和 3∶1 时,进行对照实验,探究其实验效果。

实验药品:

无水乙醇、浓 H_2SO_4、0.01％的酸性 $KMnO_4$ 溶液

实验装置:

本实验装置同图 7 - 11,强调使用水洗装置除去蒸馏出的乙醇。

实验结果:

(1) 醇酸体积比为 2∶1 时,即 10 mL 乙醇,5 mL 浓 H_2SO_4,酸性 $KMnO_4$ 溶液

$$t_1(开始褪色) = 6 \text{ 分 } 55 \text{ 秒}(T = 160℃);t_2(完全褪色) = 7 \text{ 分 } 36 \text{ 秒}$$

逐渐加热,出现了炭化现象,酸性高锰酸钾溶液的颜色完全褪去。

(2) 醇酸体积比为 3∶1 时,即反应物分别是 10 mL 乙醇,3 mL 浓 H_2SO_4,酸性 $KMnO_4$ 溶液

$$t_1(开始褪色) = 8 \text{ 分 } 10 \text{ 秒}(T = 160℃);t_2(完全褪色) = 8 \text{ 分 } 20 \text{ 秒}$$

逐渐加热,出现了炭化现象,酸性高锰酸钾溶液的颜色完全褪去。

实验结论:

当乙醇的体积为 10 mL,作为催化剂的浓硫酸的体积为 5 mL 时的实验效果比浓硫酸体积为 3 mL 时的效果好,即醇酸体积比例为 2∶1 的实验效果好于 3∶1 的实验效果。但总的来说,酸性高锰酸钾溶液褪色比较慢,且温度较高时容易出现炭化现象。

2. 实验 2 无水乙醇与浓硫酸体积比例 1∶3,1∶2 和 1∶1

据表 7 - 4 的实验设计展开实验,实验结果显示,用乙醇脱水制备乙烯实验中以浓硫酸为催化剂,用乙醇与浓硫酸体积比为 1∶1 的比例进行反应效果最佳,混合物加热不到 4 分钟即可产生大量乙烯气体,约 10 s 时间内,酸性高锰酸钾溶液褪色完全。

表 7 - 4　无水乙醇与浓硫酸的体积比例不同对实验效果的影响

试验编号	无水乙醇(mL)	98%浓硫酸(mL)	炭化时间 t_1	炭化温度(℃)	$T = 170℃$ 时间 t	开始褪色时间 t_1	褪色完全时间 t_2
实验 1	15	45	01:36	113	03:32	>10 分钟	\
实验 2	15	30	01:53	117	03:46	>10 分钟	\
实验 3	15	15	02:31	120	03:52	03:58	04:10

3. 实验 3 无水乙醇与浓硫酸体积比例 1∶3,2∶1,3∶1 和 4∶1

本实验采用空气浴加热反应容器的方式,比较无水乙醇与浓硫酸体积比例分别为 1∶3,2∶1,3∶1 和 4∶1 时的实验效果。

乙醇统一量取 10 mL,通过调整浓硫酸的体积来改变醇与酸的比例,对比实验效果。

表7-5　不同醇酸体积比例的实验现象

无水乙醇与浓硫酸的体积比	时间节点 t	时间	现　象
1:3	t_0	0	开始加热
	t_1	6'30"	反应体系的溶液开始变黄
	t_2	8'04"	酸性高锰酸钾溶液开始褪色
	t_3	10'01"	酸性高锰酸钾溶液褪色完全
2:1	t_0	0	开始加热
	t_1	5'57"	反应体系的溶液开始变黄
	t_2	20'11"	酸性高锰酸钾溶液开始褪色
	t_3	20'53"	酸性高锰酸钾溶液褪色完全
3:1	t_0	0	开始加热
	t_1	8'50"	反应体系的溶液开始变黄
	t_2	15'57"	酸性高锰酸钾溶液开始褪色
	t_3	17'16"	酸性高锰酸钾溶液褪色完全
4:1	t_0	0	开始加热
	t_1	9'15"	反应体系的溶液开始变黄
	t_2	16'19"	酸性高锰酸钾溶液开始褪色
	t_3	17'28"	酸性高锰酸钾溶液褪色完全

4. 实验结论

实验结果显示,在空气浴加热乙醇脱水制备乙烯的方式下,实验中以浓硫酸为催化剂,用乙醇和浓硫酸体积比为2:1的比例进行反应效果最佳,混合物加热时间达20分钟左右即可产生大量乙烯气体,通入酸性高锰酸钾溶液并使其褪色完全。

四、不同催化剂对实验结果的影响

实验室制备乙烯主要采用乙醇脱水的消去反应的方法,有文献研究表明可用硫酸、磷酸、氧化铝或分子筛(350℃—400℃)等进行催化脱水。本研究试图探究多种不同物质作为乙醇脱水的消去反应的催化剂的实验效果。

1. 问题探究

选择不同的催化剂种类,包括:(1)浓硫酸;(2)石棉绒(分别采用角闪石石棉和蛇纹石石棉);(3)五氧化二磷;(4)浓硫酸和石棉绒(混合催化剂);(5)五氧化二磷和石棉绒(混合催化剂),探究它们对乙醇消去制乙烯实验的效果。

2. 实验方案

（1）实验装置

采用具支试管作为反应容器。为了使实验结果具有明显的对比性,实验中检验乙烯的酸性高锰酸钾溶液采用相同的配制,即在试管中加入 3 滴 $0.01\,mol\cdot L^{-1}$ 的高锰酸钾稀释到 5 mL,再加入 3 滴 1∶1 的盐酸,混合均匀。由于实验中浓硫酸、五氧化二磷及产生的杂质都具有酸性,因此选用 KOH 溶液洗气,消除杂质对检验乙烯的影响。另外,由于热的乙醇也能够使高锰酸钾褪色,为了保证实验中蒸发出的乙醇对实验结果没有影响,加做了一个空白实验,即不加入任何的催化剂。采用和上述装置相同的装置进行加热,将乙醇蒸发经过盛有 KOH 溶液的洗气瓶,通入酸性高锰酸钾溶液中,发现高锰酸钾未褪色。说明在实验中乙醇没有对结果造成影响。另外,自然界中的石棉有两种,角闪石石棉和蛇纹石石棉,上述实验中使用的是角闪石石棉。为了准确,将蛇纹石石棉也作为催化剂进行了部分对照实验[①]。

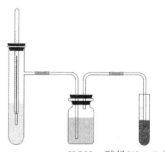

KOH　　酸性KMnO₄溶液

图 7 - 14　具支试管中乙醇消去制乙烯实验装置示意图

（2）实验中乙醇的具体用量及催化剂用量

表 7 - 6　乙醇的用量和催化剂用量表

催化剂	浓硫酸	石棉绒	P₂O₅	浓硫酸＋石棉绒	P₂O₅＋石棉绒
乙醇	2 mL	4 mL	4 mL	2 mL	4 mL
催化剂	2 mL	0.2 g	2.0 g	2 mL(浓硫酸)＋0.25 g(石棉绒)	2 g(P₂O₅)＋0.25 g(石棉绒)

3. 实验结果

不同催化剂在乙醇消去制乙烯反应中实验现象和结果详见表 7 - 7 所示。

表 7 - 7　实验现象记录表

催化剂	浓硫酸	石棉绒(闪石)	P₂O₅	浓硫酸＋石棉绒	P₂O₅＋石棉绒
KMnO₄(H⁺)褪色情况	褪色	几乎不褪色	褪色	褪色	褪色
产生气体时间	加热到 45 s	加热到 50 s	加热到 35 s	加热到 47 s	加热到 38 s
反应温度	170℃	150℃	82℃	170℃	87℃
气体气流	多	较少	多	较多	较多
反应液炭化情况	严重	无炭化	无炭化	严重	无炭化

---

① 刘波,王程杰.对乙醇脱水制乙烯实验的新研究[J].化学教学,2007(05):12—14.

4. 实验结论

（1）浓硫酸作催化剂

使用浓硫酸作为该反应的催化剂时，加热到 40 s 左右时反应溶液温度迅速上升到 170℃，有大量的气泡冒出，酸性高锰酸钾溶液褪色，褪色现象明显。在反应开始后不久，即开始出现炭化现象，到反应结束时，溶液的炭化现象非常严重，几乎变成浓黑色。且反应完毕后试管中酸性残留气体非常多，试管难以洗涤。

浓硫酸作为一种传统的催化剂，在教材中被使用得最多，但是也存在较多的问题。文献①认为可以通过改变乙醇和浓硫酸的体积比消除此反应的弊端：教材上所给出的乙醇和浓硫酸的体积比 1∶3，在这个比例下，乙醇易被浓硫酸炭化，副产物也较多，因此可以适当减少浓硫酸的用量，用 1∶1 体积比进行实验，可明显减轻炭化现象。

（2）石棉绒（角闪石）作催化剂

使用石棉绒作为该反应的催化剂时，加热开始时温度升高，有少许气泡冒出，当温度上升到 78℃ 时乙醇开始大量地蒸发，加热到 50 s 左右时有很少量的气泡冒出，温度开始上升，但是酸性高锰酸钾几乎不褪色，褪色情况明显不如前者好，且当温度过高时，石棉绒会变焦，同时认为蛇纹石石棉的反应现象不如角闪石石棉好。

虽然乙醇在硅酸盐表面上能够发生脱水反应并且不发生重排，但是所需要的温度非常高，在演示实验中，乙醇往往在脱水之前就已经蒸发完全，只有极少的一部分会脱水生成乙烯。该反应产生的气体的量很少，只能使高锰酸钾溶液稍微褪色，褪色现象不明显，反应的重现性很差，即石棉绒对乙醇脱水制取乙烯的催化效果不佳。另外，由于石棉绒属于致癌物质，对人体的危害较大，所以很多中学实验室中并不配备石棉绒，而且石棉的种类比较多，成分不同，其催化作用也不尽相同，因此，乙醇脱水制乙烯实验的催化剂选用石棉绒并无什么优势，另外，在浓硫酸和五氧化二磷作催化剂时分别加入石棉绒对它们的催化效果也没有明显的促进作用，反而会使气体逸出的时间加长。

（3）五氧化二磷作催化剂

使用五氧化二磷作为催化剂时，将五氧化二磷加入到盛有乙醇的试管中即有大量的白雾产生，加热后温度开始迅速上升，有少许气泡冒出，当加热到 82℃ 时即有大量的气泡冒出，反应进行到 35 s 时酸性高锰酸钾褪色，褪色情况相对最好。

观察实验现象发现：采用五氧化二磷作为催化剂无炭化现象，不影响学生对实验的观察，反应时间短，所需温度不是很高，在 80℃ 左右即可，高锰酸钾溶液褪色情况良好。但是五氧化二磷属于强吸水剂，在具体操作中会产生白雾，存在不便，这也是其在使用中存在的弊端。

（4）浓硫酸和石棉绒作混合催化剂

同时使用浓硫酸和石棉绒作混合催化剂时，反应现象同单独使用浓硫酸的效果相似，但

① 刘波，王程杰. 对乙醇脱水制乙烯实验的新研究［J］. 化学教学，2007(05)：12—14.

是局部炭化现象比较严重,且石棉绒会阻止部分乙烯气体逸出,因此酸性高锰酸钾的褪色时间及褪色情况不如单独使用浓硫酸作催化剂时的效果。

(5)五氧化二磷和石棉绒作混合催化剂

同时使用五氧化二磷和石棉绒作混合催化剂时,反应现象同单独使用五氧化二磷的效果相似,加热到87℃左右时会有大量的气体产生,石棉绒也会阻止乙烯气体逸出,因此高锰酸钾的褪色情况及时间不如单独使用五氧化二磷作催化剂时的效果。

五、浓硫酸与浓磷酸作为乙醇消去反应催化剂的比较

1. 问题探究

比较浓硫酸与浓磷酸分别作乙醇消去制乙烯的催化剂时,实验效果有何不同?

2. 实验方案

(1)实验装置

在探究浓磷酸作为乙醇消去制乙烯实验的催化剂时,考虑乙醇消去制乙烯反应进行过程反应物料的加入量较大,使用平底烧瓶为反应容器。该实验装置图如图 7 - 11 所示。

(2)实验操作

【浓硫酸作为催化剂的实验操作 1】

向圆底烧瓶中加入 10 mL 乙醇,沸石,再加入 10 mL 浓硫酸,摇晃圆底烧瓶,塞上胶塞,连接好实验装置,点燃酒精灯进行加热,同时开始计时 t_0,记录反应体系变黄(开始炭化)时间 t_1,紫色高锰酸钾溶液开始褪色的时间 t_2 和褪色完全的时间 t_3。

【浓磷酸作为催化剂的实验操作 2】

向圆底烧瓶中加入 10 mL 乙醇,沸石,再加入 10 mL 浓磷酸,摇晃圆底烧瓶,塞上胶塞,连接好实验装置,点燃酒精灯进行加热,同时开始计时 t_0,记录反应体系变黄(开始炭化)时间 t_1,紫色高锰酸钾溶液开始褪色的时间 t_2 和褪色完全的时间 t_3。

3. 实验结果

实验现象和结果详见表 7-8 所示内容。

表 7 - 8　浓硫酸与浓磷酸作为催化剂的实验现象对照

催化剂	乙醇与催化剂的体积比	时间节点	反应时间	反应现象
浓硫酸	1:1	t_0	0	开始加热
		t_1	3′30″	反应体系开始变黄
		t_2	7′50″	酸性高锰酸钾溶液开始褪色
		t_3	9′40″	酸性高锰酸钾溶液褪色完全

续　表

催化剂	乙醇与催化剂的体积比	时间节点	反应时间	反应现象
浓磷酸	1:1	t_0	0	开始加热
		t_1	反应体系不变黄	反应体系开始变黄
		t_2	1′40″	酸性高锰酸钾溶液开始褪色
		t_3	4′50″	酸性高锰酸钾溶液褪色完全

图 7-15（a）　浓磷酸作为催化剂的反应中高锰酸钾溶液开始褪色（见本书彩页）

图 7-15（b）　浓磷酸作为催化剂的反应结束时高锰酸钾溶液褪为无色（见本书彩页）

图 7-15（c）　浓磷酸作为催化剂反应结束时高锰酸钾溶液的褪色情况

4. 实验结论

有文献研究表明,在实验室用无水乙醇与浓硫酸反应制乙烯时会产生中间产物硫酸氢乙酯,其在 170℃时分解生成乙烯和水。硫酸氢乙酯,可以看作硫酸中的氢被乙基取代的产物。它可以由浓硫酸与乙醇脱水（酯化反应）生成，也可以由浓硫酸与乙烯反应（加成反应）生成。

硫酸氢乙酯在不同的条件下可以发生不同的反应，加热至170℃时分解生成乙烯，加水稀释时水解生成乙醇，在140℃时，又可以与乙醇反应生成乙醚，在实验1中反应温度达不到，又因为漏气，很可能使硫酸氢乙酯与乙醇反应生成乙醚，硫酸氢乙酯混着乙醚随着挥发的乙醇来到洗气瓶中，形成浊状物。

$$CH_3CH_2-OH + H_2SO_4 = CH_3CH_2-O-SO_3H + H_2O(<130℃)$$
$$CH_3CH_2-O-SO_3H + CH_3CH_2OH = CH_3CH_2-O-CH_2CH_3 + H_2SO_4(140℃)$$

依据实验数据分析，**浓硫酸**作为催化剂时，乙醇与浓硫酸的体积比例为1∶1时，高锰酸钾溶液褪色最快，实验现象最明显。经过分析，减少浓硫酸的用量会减少乙醇炭化现象，发生的副反应也比较少，反应迅速升温，更多的乙醇发生消去反应生成乙烯，因此高锰酸钾溶液很快发生褪色，实验时间大大缩短。乙醇消去反应是单分子消除，碳正离子的形成是控速步骤，醇脱水可逆，控制氢离子浓度可控制反应进程。浓硫酸在本实验中既作为质子酸催化促进反应进行，又作为吸水剂减少产物中水的含量，促进反应向右进行。浓硫酸催化效率高，且乙醇与浓硫酸体积比为1∶1中的浓硫酸用量较少，炭化现象较弱且炭化速度较慢，乙烯产出较快且产量高。

图7-16　无水乙醇与浓硫酸反应的洗气瓶中现象

图注：无水乙醇与浓硫酸反应制乙烯时会产生中间产物硫酸氢乙酯，硫酸氢乙酯与乙醇反应生成乙醚，硫酸氢乙酯混着乙醚随着挥发的乙醇来到洗气瓶中，形成浊状物。

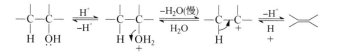

以**浓磷酸**作为催化剂时，乙醇∶浓磷酸＝1∶1时的反应速率远远快于浓硫酸作为催化剂。消去反应的机理是：在酸性条件下，醇先质子化，形成一个较好的离去基团H_2O，进而产生碳正离子，再按照扎伊采夫规则，带正电的碳原子相邻的碳原子脱去一个氢原子，一对电子转移过来，中和正电荷形成双链。形成一个更稳定的碳正离子，然后再按扎伊采夫规则脱去一个β氢原子。而磷酸在受热条件下，会失水增加反应体系中水的含量，分子更不容易脱水，为什么高锰酸钾溶液反而会迅速褪色呢？

查阅文献可知，浓磷酸作为催化剂时，使用酒精灯直接加热，可受热使药品温度达到400℃，磷酸失水，水与乙醇形成共沸物，会造成大量本来就易挥发的乙醇迅速蒸发，我们看到的褪色现象极可能是乙醇蒸气使然。从实验过程分析，乙醇蒸气与水接触面积小，接触时间短，都易造成乙醇来不及被完全吸收而逃逸，因此会使高锰酸钾溶液迅速褪色。

　　再次分析脱水机理时,发现质子(H+)是形成中间体的关键。也就是说,浓硫酸能使得乙醇脱水,除了它具备脱水性以外,强酸性也同样起着重要的作用。磷酸是中强酸,达不到浓硫酸的高酸度,不能使乙醇脱水。它与乙醇反应生成磷酸氢乙酯和磷酸二乙酯,这一点与硫酸性质相似,会不会是磷酸与乙醇反应生成磷酸氢乙酯和磷酸二乙酯,再通过高温生成乙烯呢? 答案是不可能的,对这两个分子的结构式进行分析,硫酸氢乙酯中由于硫酸基硫的电负性比磷大,加上双 S═O 键的共轭作用,硫对醇氧的吸引力比磷大,因此,硫酸氢乙酯中碳氧键 C—O 易断裂,而磷酸氢乙酯中碳氧键 C—O 不易断裂,比较稳定,可以做到产品合成。理论预测磷酸氢乙酯断键成烯应比硫酸氢乙酯的 170℃ 高,实际测量在 170℃—200℃。低温 80℃—90℃ 不可能产生乙烯气体。

　　硫酸氢乙酯与磷酸氢乙酯断键成乙烯的反应机理如下:

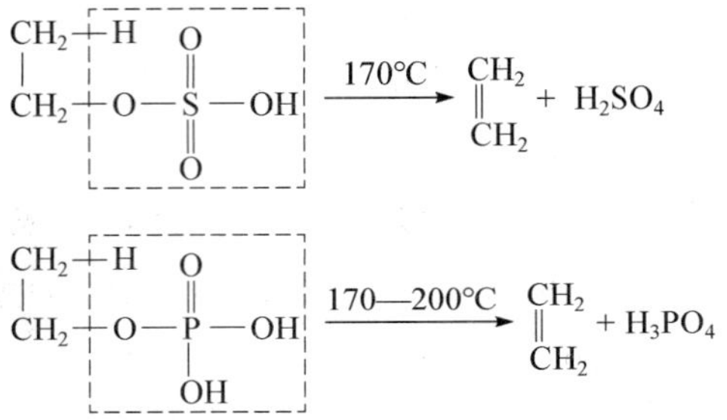

　　由于对磷酸作为催化剂存在许多争议,并且经过分析使高锰酸钾褪色的很可能不是生成的乙烯,而是乙醇,易对学生造成误区,浓硫酸作为催化剂时,依据浓硫酸的脱水性与吸水性,学生容易理解乙醇脱水消去反应的原理,同时,浓硫酸在高中阶段是较为常见的酸,因此选用浓硫酸作为催化剂进行乙醇脱水消去的实验。

　　在浓硫酸的催化机理中,浓硫酸与乙醇反应生成了硫酸氢乙酯,硫酸氢乙酯在高温下分解生成乙烯,在实际实验中,温度没有达到 170℃ 就产生了乙烯,依据图中所示机理的断键方式,推测可能是在酸性条件下,氢离子结合羟基,脱水,硫带正电荷,增大硫对醇氧的吸引力,因此,分析推断可能由于硫酸氢乙酯中碳氧键 C—O 更易断裂,使得分解温度降低。

第四节　无水氯化铝催化乙醇消去反应的实验研究

一、研究问题

乙醇脱水制备乙烯的反应是高中化学教材中一个重要的有机实验,各高中版本的教材对这个实验都有比较详细的介绍。

有高中化学教材中使用原料是95％的乙醇,催化剂是浓硫酸,乙醇与浓硫酸的体积比约为1∶3,反应温度为170℃,该反应中大多采用的催化剂也均为浓硫酸。但其存在着诸多不足:(1)此演示实验反应时间过长,不利于教学;(2)热的浓硫酸有很强的腐蚀性,操作具有一定的危险性;(3)乙醇炭化严重,得到的乙烯纯度不高,混有较多的副产物;(4)产生的杂质气体难闻,有些有毒,对环境有污染;(5)该反应易发生副反应生成硫酸氢乙酯,附在瓶壁上难以清洗。

有高中化学教材中乙醇脱水制乙烯还采用了五氧化二磷作为催化剂催化95％的乙醇,该反应改进了浓硫酸作催化剂的反应,减少了副反应的发生,减短了反应时间,但仍有以下不足:(1)五氧化二磷易潮解且有很强的腐蚀性,刚取出来的粉末很快就会变成糊状,很难顺利地加入到试管中;(2)该反应十分剧烈,迅速放热,存在安全隐患;(3)实验结束后处理较为麻烦,试管内壁很难清洗干净。

据此,许多研究者都试图进一步改进该实验。例如,按照一定比例配置浓硫酸、浓磷酸、大理石为催化剂制备乙烯[1];用生石灰和尿素代替沸石加入到无水乙醇和浓硫酸反应混合物中[2];采用五氧化二磷作脱水剂,浓磷酸作催化剂[3]。这些改进虽然取得了相对良好的效果,但这些本质上依旧属于浓硫酸、五氧化二磷、浓磷酸这类布朗斯特酸的体系,传统方法的弊端没有被完全消除。于是,有研究者从改变反应原料入手,采用乙烯利与氢氧化钠为反应原料制备乙烯[4],该反应取得了良好的效果,但实验原理和教材中采用的浓硫酸或五氧化二磷作催化剂催化乙醇已经截然不同。

本研究试图寻找一种新的催化剂,在不改变教材实验原理的前提下,消除布朗斯特酸作催化剂的弊端,尝试用路易斯酸作为该反应的催化剂。实验室常见的路易斯酸有三氯化铝、三氯化铁、氯化锌等,对比后发现三氯化铝活性最高。故选用无水三氯化铝作催化剂,探究其是否能在实验室条件下催化乙醇制乙烯。

二、实验方案

1. 实验用品

仪器:智能控温电热套,100 mL 三颈瓶,玻璃导管,球形管,50 mL 烧杯,橡胶塞,10 mL 针筒(带针管)。

药品:分析纯无水乙醇,无水三氯化铝,四氯化碳,液溴,浓硫酸。

① 尹志刚.实验室制备乙烯实验的研究和改进[J].科技信息(学术研究),2008(09):238—239.
② 胡胜利,刘学利.加入生石灰和尿素制取乙烯气体的正交实验研究[J].化学教育,2009,30(06):62—64.
③ 马春生,朱莹敏.对五氧化二磷催化乙醇脱水反应的研究[J].化学教育,2011,32(06):68—71.
④ 彭梭,刘廷婷,陈肖宇,王后雄.乙烯的实验室制备及性质检验的实验改进[J].化学教育,2016,37(13):50—52.

2. 反应装置

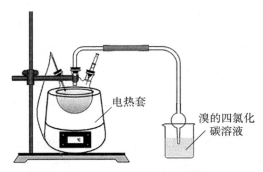

图 7 - 17   实验装置示意图

3. 实验过程

（1）空白对照实验

按图 7 - 17 所示装置加热 10 mL 无水乙醇,并将乙醇蒸汽通入溴的四氯化碳溶液中,一段时间后观察现象。

（2）温度的确定

按照图 7 - 17 所示装置,在烧杯中加入溴的四氯化碳溶液,向三颈烧瓶中加入 5 g 无水三氯化铝,待温度达到 100℃时,加入 10 mL 无水乙醇,观察并记录烧杯中溶液褪色的时间。重复上述实验,分别观察并记录在 110℃、120℃、130℃、140℃体系下溴的四氯化碳溶液褪色的时间。

（3）配比的确定

按照图 7 - 17 装置,在烧杯中加入溴的四氯化碳溶液,向三颈烧瓶中加入 5 g 无水三氯化铝,待温度达到 120℃时,加入 5 mL 无水乙醇,观察并记录烧杯褪色的时间。重复上述实验,将所加的无水乙醇体积改为 7.5 mL、10 mL、12.5 mL、15 mL,观察并记录溴的四氯化碳溶液褪色的时间。

4. 实验结果

（1）对照实验

通过实验可知,乙醇蒸汽并不能使溴的四氯化碳溶液褪色。那么,如果无水三氯化铝作催化剂的反应产物能使溴的四氯化碳溶液褪色,则能够说明三氯化铝催化乙醇脱水反应生成了乙烯气体。

（2）温度的确定

按照反应装置图 7 - 17,在 100℃和 140℃的体系下,将 10 mL 无水乙醇加入到 5 g 无水三氯化铝中,长时间反应后溴的四氯化碳溶液不褪色,证明该温度下无水三氯化铝无法催化乙醇制得乙烯。在 110℃—130℃体系下进行相同操作,溴的四氯化碳溶液均褪色,但褪色时间长短不一,经过多次实验后取平均值,数据整理如图 7 - 18 所示。

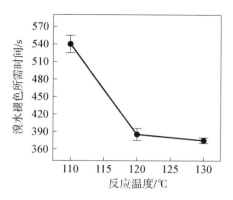

图 7 - 18　溴水褪色—反应温度的关系

从实验数据可知,将反应体系控制在 120℃—130℃,溴的四氯化碳褪色时间相对较快。同时,可以观察到整个反应过程中,乙醇没有炭化现象。

（3）物料配比的优化

按照反应装置图 7 - 17,在 120℃ 体系下,将 5 mL 无水乙醇加入到 5 g 无水三氯化铝中,长时间反应后溴的四氯化碳溶液不褪色,证明该配比下无水三氯化铝无法催化乙醇制得乙烯。同温度下,在 5 g 无水三氯化铝中分别加入 7.5 mL、10 mL、12.5 mL、15 mL 无水乙醇,溴的四氯化碳溶液均褪色,但褪色时间长短不一,经过多次实验后取平均值,数据记录无水三氯化铝与无水乙醇的不同配比的实验效果,如图 7 - 19 所示。

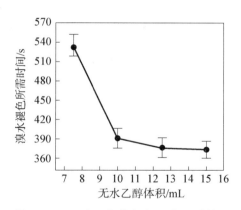

图 7 - 19　无水三氯化铝与无水乙醇的不同配比的实验效果

从实验数据可知,当无水乙醇用量为 10 mL 或更多时,溴的四氯化碳褪色时间相对比较稳定。从节约原料的角度出发,本实验选用 10 mL 无水乙醇。同时,整个反应过程中乙醇没有炭化现象。

（4）实验条件的确定

经过以上探究可知,120℃—130℃体系下,5 g 无水三氯化铝和 10 mL 无水乙醇产生大量乙烯气体,反应用时短,5 到 7 分钟内溴的四氯化碳溶液即可完全褪色;反应中副产物少,乙醇几乎没有炭化现象;反应后残留物少,水流冲洗即可除去残留物,操作方便。

5. 实验机理

从上述实验结果可知,无水三氯化铝能催化乙醇制得乙烯。文献研究表明,三氯化铝催化乙醇制乙烯的反应机理,有三种说法,即 E_{1CB} 机理、E_1 机理、E_2 机理[①]。

$$B:+H-\underset{|}{\overset{|}{C}}-\underset{|}{\overset{|}{C}}-OH + A \xrightarrow{E_{1CB}} B:H+ \ ^{\ominus}\underset{|}{\overset{|}{C}}-\underset{|}{\overset{|}{C}}-OH + A$$

其中 A 和 B 分别代表催化剂的酸性和碱性中心。

E_{1CB} 机理中,脱水反应第一步是生成碳负离子,碱土金属氧化物常作催化剂,但其催化效率相对较低,乙醇转化率不高[②]。

E_1 机理中,脱水反应第一步是—OH 基团被吸引而生成碳正离子,第二步是碳正离子脱去一个 β—氢原子生成乙烯。酸中心 A 可以是布朗斯特酸,也可以是路易斯酸。在前者情况下,碳正离子可能通过氧鎓离子而生成。

E_2 机理则不生成离子中间体,通过醇中质子和羟基协同反应而脱水,氧化铝常作催化剂,反应所需温度相对较高。

可知路易斯酸和布朗斯特酸催化乙醇脱水制乙烯的反应机理相同,均为 E_1 机理。但路易斯酸作催化剂时,碳正离子可能不通过氧鎓离子生成,反应中生成副产物的可能性相对较小。同时,路易斯酸还具有很好的催化活性,减短了反应时间,减小了引起副反应的可能性。三氯化铝作为活性较强、常见的路易斯酸,价廉易得,催化乙醇制乙烯的机理如下。

$$H_3C-H_2C-\overset{..}{O}H \xrightarrow{AlCl_3} H_3C-H_2C-\overset{+}{\underset{\underset{H}{|}}{O}}-\bar{A}lCl_3 \longrightarrow H_2\overset{H}{\overset{|}{C}}-\overset{+}{C}H_2 \longrightarrow H_2C=CH_2$$

$$\text{中间体} \qquad HOAlCl_3 \qquad\qquad H^+$$

6. 实验优化

在乙醇消去制乙烯的课堂教学的演示实验中,有时并不是直接检验乙烯的性质,需要收

---

① 小野嘉夫,田部浩三,御园生诚. 新固体酸和碱及其催化作用[M]. 郑禄彬,等,译. 北京:化学工业出版社,1992:287—290.

② 张熙. 乙醇脱水制乙烯:碱性氧化物能否作催化剂[J]. 化学教学,2013(01):60—62.

集乙烯后再作下一步处理,如图 7 - 20 所示,是改进后的无水三氯化铝与无水乙醇的反应装置。A 为该反应的发生装置,由于该反应所需温度在 120℃—130℃,所以采用石蜡油浴的方法,可以使温度快速升高且保持在 120℃—130℃,温度变化不大。B 为除杂和干燥装置,在球形干燥管中加入无水氯化钙,起到两个作用:其一,无水氯化钙能吸收水,有干燥作用;其二,无水氯化钙能与乙醇生成络合物进而除去乙醇。无水氯化钙的干燥和除杂使得收集的乙烯更为纯净。C 是气体吸收装置,控制活动夹 1,就能有效调节乙烯气体的收集。D 是检验气体性质和吸收尾气装置。该装置溶液为溴的四氯化碳溶液,使得该部分装置能检测产物性质也能吸收尾气,同时球形管的加入能有效防止倒吸。

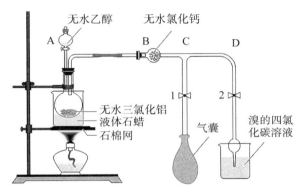

图 7 - 20　无水氯化铝催化乙醇消去反应实验装置示意图

三、研究讨论

本实验探究了在 120℃—130℃体系下,5 g 无水三氯化铝和 10 mL 无水乙醇产生大量乙烯气体,该实验具有如下优点。

(1)反应装置简洁,能有效干燥和除杂,得到较为纯净的乙烯气体;同时能收集乙烯和检验乙烯的性质,还能作尾气吸收装置。

(2)反应用时短。由于三氯化铝是一种活性较大的路易斯酸,在该反应作催化剂时所需温度不高,且反应速率较快,从实验开始到溴的四氯化碳溶液红棕色褪去仅需 5 到 7 分钟。这相比传统法的实验大大节约了时间,节约了课时。

(3)反应过程中炭化少,副产物少。该方法制得的乙烯几乎不含其他杂质,进行性质实验时的现象明显,不会对学生的认知产生误导(乙醇与浓硫酸反应制乙烯,140℃时会生成乙醚,乙醇被浓硫酸炭化,会继续和浓硫酸反应生成二氧化碳和二氧化硫气体),也不会污染教学环境。

(4)反应剩余物处理简单,内壁附着杂质少,水一冲即可除去。浓硫酸或五氧化二磷作催化剂后的反应残留物容易附着在壁上,难以清洗。而该反应残留附着物较少,同时三氯化铝和乙醇都极易溶于水,若有残留,水一冲则残留物被除去,十分方便。

本实验还存在着不足,如三氯化铝催化乙醇脱水制乙烯的产率有待进一步提高,可以进一步将三氯化铝和某种物质结合使用,构成新的催化系统,达到更好的反应效果。

四、研究结论

本研究采用路易斯酸作催化剂催化乙醇制乙烯,探究发现 120℃—130℃ 体系下,5 g 无水三氯化铝和 10 mL 无水乙醇产生大量乙烯气体,且 5 到 7 分钟内即可反应完全。同时,反应中副产物少,反应后残留物少、处理简单。同时从理论上探究了无水三氯化铝能催化乙醇的机理,并从教学演示实验的角度改进了反应装置,具有发生装置、干燥和除杂装置、收集气体装置、性质验证和尾气吸收装置。该实验还存在的不足主要是可进一步将三氯化铝和某种物质结合使用得到更好的反应效果。

第五节　乙醇消去制乙烯适宜温度的探究

一、乙醇消去反应适宜温度的文献研究

1. 实验原理

乙醇催化脱水消去制备乙烯是一个在催化剂作用下的气—液或气—固非均相反应。乙醇脱水的主要化学反应如下:

$$CH_3CH_2OH \xrightarrow[\triangle]{催化剂} CH_2 = CH_2 \uparrow + H_2O$$

实验所用的主要试剂为无水乙醇(分析纯)。

2. 副反应

$$2CH_3CH_2OH \xrightarrow{\triangle} CH_3CH_2OCH_2CH_3 + H_2O$$

实验室制备乙烯由于反应物一般为乙醇,催化剂一般为浓硫酸,在酸性非均相催化剂存在下,乙醇脱水的反应机理很可能是在催化剂表面吸附层中,醇与 H^+ 先形成碳正离子,然后分解为烯烃。理论上,140℃ 时,如果一个 $C_2H_5^+$ 与一个分子的乙醇作用,则生成醚:

$$CH_3CH_2^+ + CH_3CH_2OH = CH_3CH_2OCH_2CH_3 + H^+$$

二、不同醇酸比例时乙醇消去反应温度的探究

1. 问题探究

之前探究不同无水乙醇和浓硫酸的体积比例时,发现生成乙烯时的温度有所不同。乙醇消去制乙烯的反应温度,理论上是 170℃,实验时,是否会有所不同呢?

2. 实验方案

本实验的混合物反应产生乙烯的适宜温度在 170℃ 左右,若用酒精灯隔着石棉网加热,温度大约在 60℃—200℃,可以采用空气浴加热方式,即盛放反应混合液的反应器,置放于距离被加热的石棉网上部高约 0.3—0.5 cm 处,对反应器进行空气浴的加热方式。另外,利用温度传感器测量控制反应混合液的温度接近 170℃,探究比较无水乙醇与浓硫酸体积比例 1∶3,2∶1,3∶1 和 4∶1 时,采集乙醇消去制乙烯的反应体系温度的变化。

（1）实验装置

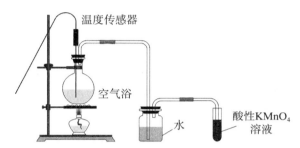

图 7-21　温度传感器测定乙醇消去反应温度的实验装置

（2）实验操作

① 采用空气浴加热方式,即石棉网距离圆底烧瓶底部约 0.3—0.5 cm。

② 采用蒸馏水洗气,使蒸发出的乙醇气体冷凝溶解于冷水中。

③ 通过酸性高锰酸钾溶液的褪色情况来证明乙烯的产生。

④ 酸性高锰酸钾配制:3 mL 0.01% 的高锰酸钾溶液＋1 滴 0.2 mol·L^{-1} 盐酸。

⑤ 采用温度传感器和数字采集器来直观显示温度升高的情况。

⑥ 通过调整不同醇与酸的体积比来测定乙醇的沸点(乙醇沸点随着加入酸的量不同而不同)。

3. 实验数据

表 7-9　不同醇酸体积比例生成乙烯温度的测定

醇酸体积比	时间段 t	时间	$T(℃)$	现　　象
1∶3	t_0	0	59.7	开始加热
	t_1	6'30"	144	反应体系的溶液开始变黄
	t_2	8'04"	161	酸性高锰酸钾溶液开始褪色
	t_3	10'01"	170	酸性高锰酸钾溶液褪色完全
2∶1	t_0	0	67.8	开始加热
	t_1	5'57"	126.8	反应体系的溶液开始变黄

续　表

醇酸体积比	时间段 t	时间	$T(℃)$	现　　象
	t_2	$20'11''$	167	酸性高锰酸钾溶液开始褪色
	t_3	$20'53''$	170	酸性高锰酸钾溶液褪色完全
3∶1	t_0	0	40.8	开始加热
	t_1	$8'50''$	116	反应体系的溶液开始变黄
	t_2	$15'57''$	160	酸性高锰酸钾溶液开始褪色
	t_3	$17'16''$	166	酸性高锰酸钾溶液褪色完全
4∶1	t_0	0	53.5	开始加热
	t_1	$9'15''$	110	反应体系的溶液开始变黄
	t_2	$16'19''$	161	酸性高锰酸钾溶液开始褪色
	t_3	$17'28''$	169	酸性高锰酸钾溶液褪色完全

4. 实验结论

在乙醇与浓硫酸体积比为 1∶3，2∶1，3∶1，4∶1 的情况下，综合反应时长、炭化情况（反应体系内溶液变黄色的程度）、酸性高锰酸钾溶液褪色程度与时长这三个因素，本实验以醇酸比 3∶1 为最佳比例。提高反应溶液中浓硫酸的浓度，有利于提高乙醇的沸点，从而快速升高反应温度，使 170℃ 这个乙烯生成温度达到可能。

实验测量数据表明，能够开始使得酸性高锰酸钾溶液褪色的现象，意味着有乙烯的产生，这时的反应混合液温度大致都在 160℃ 左右；使得酸性高锰酸钾溶液颜色完全褪去的现象，意味着乙烯在继续大量产生，此时反应混合液温度大致都在 170℃ 左右，此时测量的反应混合液的温度，即乙醇发生消去反应产生乙烯的实验温度。

实验室乙醇消去制乙烯的实验中，生成乙烯的温度没有很大波动，依然保持在 160℃—170℃ 的正常温度范围。

｜　实验研究案例　卤代烃消去反应的实验改进　｜

普通高中化学教材中有关卤代烃消去反应的内容中，介绍了利用溴乙烷与氢氧化钠的醇溶液发生化学反应的演示实验。

一、教材中的卤代烃消去反应实验

苏教版普通高中化学教材（2004 年）中卤代烃消去反应的实验是这样呈现的。

实验 1

组装如图 7-22 所示装置,向大试管中注入 5 mL 溴乙烷和 15 mL 饱和氢氧化钾乙醇溶液,加热。如发现有气体放出,尝试采用排水法收集气体。取大试管中反应后的少量剩余物于另一试管中,再向试管中加入稀硝酸至溶液呈酸性,滴加硝酸银溶液,观察实验现象。

实验 2

组装如图 7-22 所示装置,向大试管中注入 5 mL 溴乙烷和 15 mL 20% 的氢氧化钾水溶液,加热。如发现有气体放出,尝试采用排水法收集气体。取大试管中反应后少量剩余物于另一试管中,再向试管中加入稀硝酸至溶液呈酸性,滴加硝酸银溶液,观察实验现象。

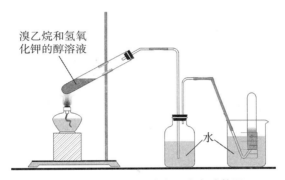

图 7-22　溴乙烷的消去反应实验装置

表 7-10　实验现象记录

实验	现象	结论
实验 1		
实验 2		

选自:王祖浩.有机化学基础[M].南京:江苏教育出版社,2004:68.

中学化学教师在实验教学实践中发现,该实验在实际操作中存在实验耗时较长、乙烯产量较低等问题。

二、卤代烃的消去反应原理

溴乙烷是无色液体,沸点38.4℃,密度大于水,难溶于水,易溶于有机溶剂。溴乙烷的物理性质如表7-11所示。

表7-11　溴乙烷物理性质

中文名称	溴乙烷	物理性质	
英文名称	bromoethane; ethyl bromide		
别名	乙基溴		
分子式	C_2H_5Br;CH_3CH_2Br	外观与性状	无色易挥发液体
分子量	108.98	蒸汽压	53.32 kPa/21℃
熔点	−119℃沸点:38.4℃	溶解性	不溶于水,溶于乙醇、乙醚等多数有机溶剂
密度	相对密度(水＝1)1.45:相对密度(空气＝1)3.67	稳定性	
危险标记	14(有毒品)	主要用途	用于有机合成,合成医药、致冷剂等,也作溶剂

溴乙烷的结构上,C—Br键为极性键,由于溴原子吸引电子能力强,C—Br键易于断裂,使溴原子易被取代。由于官能团(—Br)的作用,溴乙烷的化学性质比乙烷活泼,能发生许多化学反应。

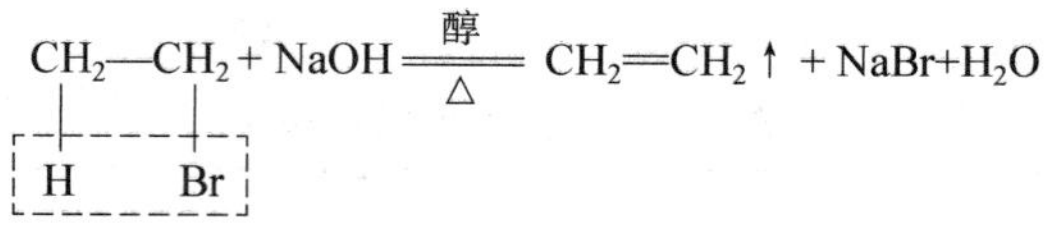

$$CH_2-CH_2 + NaOH \xrightarrow[\triangle]{醇} CH_2=CH_2 \uparrow + NaBr + H_2O$$

（虚线框内：H　Br）

消去反应是指有机化合物在一定条件下,从一个分子中脱去一个或几个小分子(HBr、H_2O等),从而生成不饱和化合物的反应。通常,消去反应发生在两个相邻碳原子上。

溴乙烷或溴丙烷的消去反应是在碱性条件下发生的,乙醇消去是在酸性条件下发生的。

实际上这涉及了消去反应的机理。乙醇的消去是E1消去机理,先生成碳正离子,再被亲核试剂进攻。而溴乙烷或溴丙烷发生的是E2消去机理,先被亲核试剂进攻,形成一中心五基团的过渡态,再消去。

三、实验方案①

1. 实验用品

带铁圈的铁架台、铁夹、石棉网、250 mL 圆底烧瓶（2 个）、温度计、长玻璃弯管、橡胶管、洗气瓶、试管（15×150 mm）、单孔塞、双孔塞、电加热磁力搅拌器、量筒（10 mL、15 mL）。

1-溴丙烷、分析纯氢氧化钾固体、无水乙醇、酸性高锰酸钾溶液、蒸馏水。

2. 实验装置

本实验装置如图 7-23 所示。

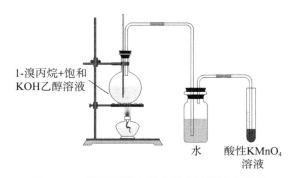

图 7-23 溴丙烷消去反应的实验装置示意图

3. 实验步骤

（1）配置饱和 KOH 无水乙醇溶液

称取 2.00 g 氢氧化钾固体，量取 12 mL 无水乙醇于圆底烧瓶中，使用电加热的磁力搅拌器加热至 65℃即可。

（2）装药

量取 12 mL 65℃下配置的饱和 KOH 无水乙醇溶液和 3 mL 1-溴丙烷，放入圆底烧瓶中，并迅速用带导管的双孔橡皮塞塞紧。

（3）加热

点燃酒精灯，隔着石棉网对烧瓶加热，控制反应溶液温度在 65℃—70℃，观察现象并记录。

四、实验结果

该反应产生的气体通过盛水的洗气瓶后，导入紫色的酸性高锰酸钾溶液中，很快即可观察到有较多气泡产生。约 1 分钟左右后，可观察到明显的紫色褪去的现象。

① 尚永青，丁伟.1-溴丙烷消去反应条件探究[J].化学教学，2013(07)：52—53.

五、实验结论

（1）饱和氢氧化钾乙醇溶液沸点为 116℃，在沸腾时的溶解度为 47.6 g/100 mL 乙醇，而饱和氢氧化钠乙醇溶液沸点仅 85℃，在沸腾时的溶解度仅为 10.09/100 mL 乙醇。两者差距很大，因此，用氢氧化钾比氢氧化钠效果要好。

（2）水的极性大于乙醇，为降低溶剂的极性，要严防无水乙醇中混入水，故选用新开瓶的无水乙醇较保险，使用久置的相关试剂常会导致实验失败。

（3）KOH 固体在无水乙醇溶液中的溶解度随温度的提升变化非常大，在室温很低时溶解度很低，不同浓度的碱对反应影响很大。实验中还偶然发现，配置好的放置 1 天后的饱和 KOH 乙醇溶液会变黄（原因可能为 KOH 试剂中的铁、镍等杂质与无水乙醇中的醛、酮等杂质混合后生成了带色的烯醛类物质），直接影响实验结果。因此饱和 KOH 乙醇溶液要现配现用，在 65℃加热时配制，效果最佳。

（4）洗气装置不能省，因为卤代烷与碱反应时有两个反应途径：取代反应生成醇、消去反应生成烯，消去反应大多数情况下和取代反应同时进行，且反应物都会使酸性高锰酸钾溶液褪色，所以不能省去洗气装置。

（5）导管不宜过长，因为过长的导管会增加气体的残留，影响实验效果。

（6）在现象明显的前提下，尽量降低酸性高锰酸钾溶液的浓度，因为 1－溴丙烷与 KOH 乙醇溶液发生的主要是取代反应，消去反应的比例较小。

（7）反应的温度控制要考虑到 1－溴丙烷及无水乙醇的沸点（分别为 77.1℃和 78.3℃，按照 1∶4 混合以后实测混合液沸点约为 91℃），选用适当长度的长导管冷凝气体，并且使用温度计控制温度，避免其大量汽化。反应的温度控制在 65℃—70℃时实验效果最佳。

实验探究任务和思考的问题

1. 乙醇消去制乙烯实验生成的气体通入酸性高锰酸钾溶液之前，需要先通入盛水的洗气瓶吗？还有哪些鉴别乙烯的方法，该方法需要将生成的气体先通入盛水的洗气瓶吗？

2. 请设计实验方案，探究不同乙醇与浓硫酸的体积比对乙醇消去制乙烯实验结果的影响，探究论证最佳的乙醇与浓硫酸的体积比例。

3. 请选择乙醇消去制乙烯实验中的加热方式，既符合有机化学反应实验规范和要求，又能够达到该化学反应所需要的温度。设计实验方案，探究加热温度方式对乙醇消去制乙烯实验的影响。

4. 请设计实验探究方案，探究选择哪种卤代烃作卤代烃消去反应的演示实验效果较好，并研究确定适宜的实验装置和加热方式。

5. 在实验室鉴定氯酸钾晶体里和 1－氯丙烷分子中的氯元素时，是通过将其中的氯元素转化成为氯化银白色沉淀来进行的，请分析该实验的操作程序包含哪些步骤？

第八章　银镜反应

|扫码学习本章微课|

·本章概要·

　　物质发生化学反应是由物质本身特有的性质决定的,同时也受到外界各种因素的影响,任何物质的化学变化都是内因和外因共同作用的结果。中学化学课程内容中有关物质化学性质的知识大都是涉及该物质的本性,也就是该物质会与哪些其他物质发生化学反应,同时,教材上一般都呈现了该物质发生化学变化的条件,有时学生会误以为化学反应的条件是一成不变的,实际上化学反应发生的条件不是僵化的,而是受到系统外界因素的综合影响。化学教材上描述银镜反应实验的发生条件之一是"水浴加热",若不加热,即常温下,银镜反应实验可否成功发生呢? 本章以银镜反应为例,说明一个实验结果或实验现象受多个因素或条件影响时,其中每个因素或条件的变化对实验结果都具有不同程度的影响力。结合银镜反应,本章内容具体阐述了影响化学实验结果的多因素实验设计研究方法,从多种变量共同作用的研究视角来审视和探讨化学实验成功发生的综合情况,为中学化学教师有的放矢地改进或创新中学化学实验提供参考。

·学习目标·

　　学习完本章后,你应当能够知道如下问题的答案:

　　1. 有哪些影响银镜反应实验成功的因素?

　　2. 水浴加热方法是教材中银镜反应实验操作的重要影响因素之一,常温下可否发生银镜反应?

　　3. 实验成功的"指标"是什么含义?

　　4. 影响实验成功的"因素"一般指的是什么?

　　5. 影响实验成功的因素的各个"水平"的含义是什么?

　　6. 单因素试验研究和多因素试验研究的科学方法是什么?

　　7. 什么是正交试验设计? 请选择确定一个中学化学实验问题,用正交试验设计方法,探讨其最佳的实验条件。

· 本章结构 ·

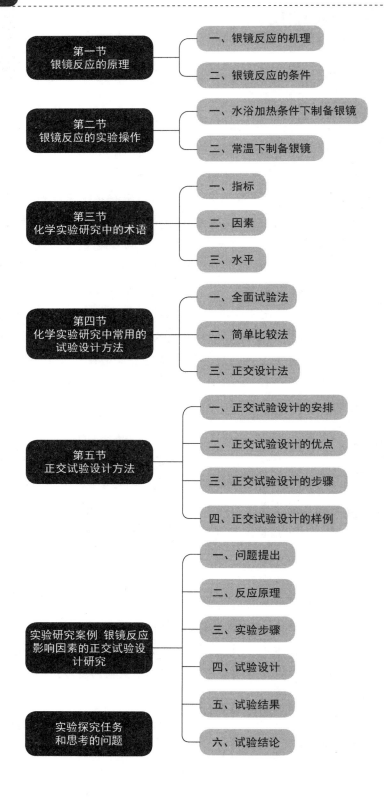

第一节　银镜反应的原理

银镜反应是如何发生的？使用了哪些反应物？反应条件该如何控制？

一、银镜反应的机理

银镜反应是高中化学的经典实验之一，在各个版本教材中都有呈现。银镜反应是表征有机官能团——"醛"的重要化学特性的具体实验，也是检验醛基官能团的特征实验。

银镜反应的基本原理是氧化还原反应，含有醛基官能团的物质作还原剂，银离子作氧化剂，醛基官能团把银离子还原成银单质，生成的银单质附着在试管壁上，形成光亮的银镜。

银镜反应的实验操作过程中，使用银氨溶液作为提供银离子的氧化剂，含有醛基官能团的物质作为还原剂，例如甲酸、乙醛、葡萄糖等含有醛基的物质都可以作还原剂。

1. 银氨溶液

硝酸银通足量氨气（或氨水）制银氨溶液，得到的是氢氧化银和硝酸铵：

$$AgNO_3 + NH_3 \cdot H_2O == AgOH\downarrow + NH_4NO_3$$

氢氧化银很快分解为氧化银，氧化银是棕褐色沉淀：

$$2AgOH == Ag_2O + H_2O$$

接下来，反应生成的络合物 $Ag(NH_3)_2OH$ 化学性质比较稳定，不与硝酸铵反应，只能与醛类和具有还原性的糖类反应：

$$Ag_2O + 4NH_3 \cdot H_2O == 2Ag(NH_3)_2OH + 3H_2O$$

银氨溶液是硝酸银的氨水溶液，通常又叫多伦试剂，是一种弱氧化剂。其化学式写作 $Ag(NH_3)_2OH \cdot xH_2O$。

银氨溶液可将醛氧化为羧酸，并产生金属银沉积于玻璃反应器皿壁上（银镜），常用于制作瓶胆和鉴别还原糖。用于鉴别醛，而酮则不反应。该试剂应现配现用，不宜保存，久置易生成易爆的雷爆银（主要成分为氮化银）。

2. 银镜反应

银镜反应的发生与银氨溶液的弱氧化性有关。硝酸银与氨水生成的银氨溶液中含有氢氧化二氨合银，这是一种弱氧化剂，它能把乙醛氧化成乙酸（即—CHO 被氧化成—COOH），乙酸又与生成的氨气反应生成乙酸铵，而银离子被还原成金属银。由于生成的金属银附着在容器内壁上，光亮如镜，故称为银镜反应。除此之外，某些含银化合物（如硝酸银）亦可被还原剂（如肼）还原，产生银镜。

实验室中常用银镜反应来鉴别化合物是否含有醛基，工业上则用这个反应来对玻璃涂银,制作镜子和保温瓶胆等。

一般实验完毕后,试管内的银氨溶液要及时处理,先加入少量盐酸,倒去混合液后,再用少量稀硝酸洗去银镜,并用水洗净。否则也可能会生成雷爆银。

3. 相关化学反应方程式

银镜反应常用的醛有:甲醛、乙醛、葡萄糖和苯甲醛等。甲醛、乙醛具有挥发性,而且甲醛、苯甲醛对人体有毒害作用,相比较而言,葡萄糖更适合用于银镜反应的教学实验。

乙醛与银氨溶液的化学反应方程式:

$$CH_3CHO + 2Ag(NH_3)_2OH \xrightarrow{\triangle} CH_3COONH_4 + 2Ag\downarrow + 3NH_3 + H_2O$$

(化合态银被还原,乙醛被氧化)

甲醛与银氨溶液的化学反应方程式:

$$HCHO + 4Ag(NH_3)_2OH \xrightarrow{\triangle} (NH_4)_2CO_3 + 4Ag\downarrow + 6NH_3 + 2H_2O$$

(甲醛,可看作有两个醛基,被氧化成碳酸铵$(NH_4)_2CO_3$)

(注:因为氨气极易溶于水,所以不标气体逸出符号"↑")

苯甲醛与银氨溶液的反应方程式:

$$C_6H_5CHO + 2Ag(NH_3)_2OH \xrightarrow{\triangle} C_6H_5COONH_4 + 2Ag\downarrow + 3NH_3 + H_2O$$

葡萄糖与银氨溶液的反应方程式:

$$CH_2OH—CHOH—CHOH—CHOH—CHOH—CHO + 2Ag(NH_3)_2OH \xrightarrow{水浴加热}$$
$$2Ag\downarrow + 3NH_3\uparrow + H_2O + CH_2OH—CHOH—CHOH—CHOH—CHOH—COONH_4$$

(体现出葡萄糖内部的结构以及断键情况)

二、银镜反应的条件

银镜反应实验效果的影响条件有哪些?溶液的酸碱性、溶液温度、含有醛基官能团的不同还原剂等都会影响银镜反应的效果。

1. 银镜反应中氢氧根离子的作用

酸碱性条件对银镜反应会有哪些影响?银镜反应中加入碱性物质,例如加入"氢氧根离子",它的作用是什么?

表面上看是由于官能团醛基在碱性溶液中还原能力比在酸性溶液中中还原能力更强。化学反应过程中,$[Ag(NH_3)_2]^+$里正一价的银离子发生还原反应转变成单质银,单质银沉积附着在试管玻璃器壁上形成了银镜现象。在碱性条件,氢氧根离子起到了催化作用,OH^-与醛中的羰基官能团发生了亲核加成反应:

$$CH_3-C\!\!=\!\!O + OH^- \xrightarrow{\triangle} CH_3-\overset{O^-}{\underset{H}{\overset{|}{C}}}-OH$$

加成后的中间产物是一个空间四面体结构的物质,由于该中间产物带负电荷,排斥电子能力增强[①],这样带着一个负电荷的氢离子和带一个正电荷的$[Ag(NH_3)_2]^+$相结合,其中$[Ag(NH_3)_2]^+$里的银离子被还原,得到一个电子转变成单质银,乙醛脱掉 H^+ 转变成乙酸,发生银镜反应。

$$CH_3-\overset{O^-}{\underset{H}{\overset{|}{C}}}-OH + 2[Ag(NH_3)_2]^+ \xrightarrow{\triangle} 2Ag\downarrow + CH_3COOH + 4NH_3 + H^+$$

之所以必须在碱性条件下是因为氢氧根离子参与了醛被氧化的反应。

2. 银镜反应中的氧化剂

银镜反应的实质是利用银离子作为氧化剂的氧化性,和乙醛作为还原剂的还原性发生的本质为氧化还原反应的过程。要想找到最合适的条件进行反应,就必须清楚反应机理,在检验醛基的过程中,对除醛外的另一反应物进行讨论,为什么用银氨溶液而不用硝酸银溶液,有一种假设认为,硝酸银中的硝酸根离子具有强氧化性,若反应物为硝酸银,会与银离子形成竞争,不容易生成银单质,会使反应现象不明显。实际情况需要用热力学对乙醛—硝酸银溶液体系以及乙醛—银氨溶液体系进行数据上的比较分析[②]。

（1）比较银离子和硝酸根离子氧化程度

乙醛——$0.1\ mol \cdot L^{-1}$ 的硝酸银溶液体系中,$0.1\ mol \cdot L^{-1}$ 的硝酸银溶液的 pH＝ 3—5,以 pH＝ 3 为基准进行热力学计算（$T＝298\ K$)。四个半反应标准电极电位经查找如表 8-1 所示。

表 8-1　半反应标准电极电位

半　反　应	标准电极电位
$CH_3COOH(aq) + 2H^+ + 2e^- \rightleftharpoons CH_3CHO(aq) + H_2O$	$E^\ominus = 0.03\ V$
$Ag^+ + e^- \rightleftharpoons Ag$	$E^\ominus = 0.7991\ V$
$Ag(NH_3)_2^+(aq) + e^- \rightleftharpoons Ag + 2NH_3(aq)$	$E^\ominus = 0.373\ V$
$NO_3^-(aq) + 4H^+(aq) + 3e^- \rightleftharpoons NO(g) + H_2O(l)$	$E^\ominus = 0.96\ V$

---

① 李先栓. 银氨溶液呈碱性的探究[J]. 化学教学,2011(01)：73—76.
② 吴文中. 银镜实验采用银氨溶液的主因探析[J]. 化学教学,2014(11)：94—96.

分别计算：

化学反应 1——银离子氧化乙醛的电极电势 $E_1 = 0.8875\,\text{V} > 0$

化学反应 2——硝酸根离子氧化乙醛的电极电势 $E_2 = 0.8708\,\text{V} > 0$

$E_1 = 0.8875\,\text{V}$　$E_2 = 0.8708\,\text{V}$，二者电极电势 E 均 > 0

因此，银离子和硝酸根离子都能氧化乙醛，利用能斯特方程求两个反应的平衡常数得：$K_1 = 10^{7.50}$，$K_2 = 10^{2.45}$

计算结果显示：银离子发生氧化反应要优于硝酸根离子的氧化。

（2）比较银氨离子和硝酸根离子氧化程度

使用 2% 的硝酸银溶液和 2% 的稀氨水配制的银氨溶液，经理论计算并实测其 pH 约为 10.8。

分别计算：

化学反应 3——银氨离子氧化乙醛的电极电势 $E_3 = 0.9231\,\text{V} > 0$

化学反应 4——硝酸根离子氧化乙醛的电极电势 $E_4 = 0.7168\,\text{V} > 0$

$E_3 = 0.9231\,\text{V}$　$E_4 = 0.7168\,\text{V}$，二者电极电势 E 均 > 0

因此，银氨离子和硝酸根离子都能氧化乙醛，利用能斯特方程求两个反应的平衡常数得：$K_3 = 10^{7.80}$，$K_4 = 10^{2.02}$。

计算结果显示，银氨离子氧化乙醛程度远大于硝酸根离子。

乙醛—银氨溶液体系中，银氨离子先反应；乙醛—硝酸银溶液体系中，银离子先反应。二者随着化学反应的进行的确会出现硝酸根离子对银镜反应的影响，所以用银氨溶液作为缓冲液，一则是为了不断提供氢氧根离子，OH^- 与醛中的羰基官能团发生了亲核加成，二则是为了削弱硝酸根离子的氧化性。

3. 银镜反应的温度

葡萄糖银镜反应过程中，选取硝酸银浓度、葡萄糖浓度、pH 值和水浴温度作为实验因素来设计多因素实验试验研究，试验研究结果表明，影响银镜品质的主要因素依次是：溶液 pH、水浴温度、葡萄糖溶液浓度以及硝酸银溶液浓度。在水浴温度为 50℃、pH = 10、$AgNO_3$ 溶液浓度为 2%、葡萄糖溶液浓度为 10% 时，制得银镜的效果最好[①]。

有关银镜反应的反应物的配方是 $0.3\,\text{mol} \cdot \text{L}^{-1}$ 的葡萄糖溶液、$2\,\text{mol} \cdot \text{L}^{-1}$ 的 $NH_3 \cdot H_2O$、$2.5\,\text{mol} \cdot \text{L}^{-1}$ 的 NaOH 溶液、$1\,\text{mol} \cdot \text{L}^{-1}$ 的 $AgNO_3$ 溶液。

在没有加入氢氧化钠溶液时，银镜反应实验的合适配比，一般采用 1% 的葡萄糖溶液已足够，硝酸银溶液和氨水可用 1%—2% 的浓度，反应时间约 2—3 min，如将温度升高到 80℃，用 6% 的葡萄糖溶液 5 滴，硝酸银溶液和氨水浓度仍为 1%—2%，则只需 20 秒即可获得优质银镜。

---

① 钟辉生. HNO_3^- 清洗银镜的理想试剂[J]. 化学教学，2015(10)：56—58.

表 8-2　不同葡萄糖浓度在室温和水浴加热条件下的银镜反应时间

| 温度 (℃) | 还原剂（葡萄糖） | | 硝酸银溶液 | | 氨水浓度 (%) | 时间（秒） | 银镜质量 |
	浓度（%）	用量（滴）	浓度（%）	用量（mL）			
20	1	5	2	1	2	120	很好
20	6	5	2	1	2	180	好
50	1	5	1	1	1	60	很好
50	6	5	2	1	2	100	很好
80	1	5	1	1	1	30	很好
80	6	5	2	1	2	20	很好
80	1	5	6	1	5	6	较好

　　分析认为,由于在碱性条件下,葡萄糖、果糖等通过中间体——烯二醇相互异构化,酸的浓度越大,异构程度越大,而烯二醇是一个还原性很强的化合物。所以,pH 值越大,还原趋势越大。但 pH 值也不能过大,防止生成氢氧化银沉淀,所以原配方 1 mol·L^{-1} 的 AgNO$_3$ 溶液改成 0.1 mol·L^{-1} 的 AgNO$_3$。

　　除此之外,根据"葡萄糖酸/葡萄糖"的氧化/还原的电极反应:

$$C_5H_{11}O_5-COOH+H_2O+2e^- \rightleftharpoons C_5H_{11}O_5-CHO+2OH^-$$

$$E_{葡萄糖酸/葡萄糖}=E^{\ominus}_{(葡萄糖酸/葡萄糖)}-0.059/2\lg[C_5H_{11}O_5-CHO][OH]^2/[C_5H_{11}O_5-COOH]$$

　　由公式中各物质浓度可以得出计算结果,氢氧根离子的浓度的平方位于分子位置,氢氧根离子的浓度大小对电极电位影响极大,因此提高反应体系的 pH 值,增加碱的浓度,可以降低葡萄糖的电极电位,增大葡萄糖的还原性。

　　教材上通常的银镜反应多采用水浴加热的方式为反应物混合溶液升温,制取银镜。通过提高反应混合溶液体系的 pH 值和降低体系温度的方法是否可以成功制取银镜呢?

表 8-3　常温和水浴加热发生银镜反应的条件

常温	水浴加热
0.3 mol·L^{-1} 的葡萄糖溶液 2.5 mL	0.3 mol·L^{-1} 的葡萄糖溶液 2.5 mL
2 mol·L^{-1} 的 NH$_3$·H$_2$O	2 mol·L^{-1} 的 NH$_3$·H$_2$O
0.1 mol·L^{-1} 的 AgNO$_3$ 溶液 5 mL	0.1 mol·L^{-1} 的 AgNO$_3$ 溶液 5 mL
2.5 mol·L^{-1} 的 NaOH 溶液 8—10 滴	—

实验结果显示,在常温下使用葡萄糖溶液还原银氨溶液即可制成银镜,只要使得"葡萄糖酸/葡萄糖"的氧化/还原的电极电势 E 的值大于零,因此适当提高 pH 值即可。

因此,可以据此来调节溶液的酸碱性环境,从而在常温下发生银镜反应。

第二节　银镜反应的实验操作

如何在实验室进行银镜反应实验的科学操作? 水浴加热和常温等实验条件,都可以得到光亮的银镜反应。只是水浴温度下不需要使用氢氧化钠溶液来调整反应溶液的酸碱度,而常温下,则需要使用氢氧化钠溶液来调高反应溶液的 pH。

一、水浴加热条件下制备银镜

1. 实验用品

(1) 实验药品

$0.3\,mol \cdot L^{-1}$ 的葡萄糖溶液,$2\,mol \cdot L^{-1}$ 的 $NH_3 \cdot H_2O$,$0.1\,mol \cdot L^{-1}$ 的 $AgNO_3$ 溶液。

(2) 实验仪器

试管,量筒,玻璃棒,试管架,温度计,石棉网,铁架台,棉线。

2. 实验步骤

(1) 取一支试管,在试管中加入 $5\,mL$ $0.1\,mol \cdot L^{-1}$ 的 $AgNO_3$ 溶液。

(2) 向装有硝酸银溶液的试管中滴加氨水,仔细观察试管中: 当出现沉淀时,继续滴加氨水,直至沉淀恰好溶解消失为止。

(3) 再向其中加入 $2.5\,mL$ 的 $0.3\,mol \cdot L^{-1}$ 葡萄糖溶液。

(4) 盛有反应液的试管置于 $80\,℃$ 的水浴中加热。1 分钟左右出现明显的银镜现象。

二、常温下制备银镜

1. 实验用品

(1) 实验药品

$0.3\,mol \cdot L^{-1}$ 的葡萄糖溶液,$2\,mol \cdot L^{-1}$ 的 $NH_3 \cdot H_2O$,$0.1\,mol \cdot L^{-1}$ 的 $AgNO_3$ 溶液,$2.5\,mol \cdot L^{-1}$ 的 $NaOH$ 溶液。

(2) 实验仪器

试管,量筒,玻璃棒,试管架。

2. 实验步骤

(1) 取一支试管 A,在试管中加入 $5\,mL$ $0.1\,mol \cdot L^{-1}$ 的 $AgNO_3$ 溶液。

（2）向装有硝酸银溶液的试管中滴加氨水,仔细观察试管：当出现沉淀时,继续滴加氨水,直至沉淀恰好溶解消失为止。

（3）在另一支试管 B,加入 2.5 mL 0.3 mol · L^{-1} 的葡萄糖溶液,随后滴加 8—10 滴 2.5 mol · L^{-1} 的 NaOH 溶液。振荡,混合均匀。

（4）将 A 和 B 两支试管溶液混合,常温下,10 秒内即有明显的银镜产生。

第三节　化学实验研究中的术语

实验影响因素的有效控制是一个实验能否顺利完成的关键,控制实验影响因素并探究出反应最佳的实验条件,则需要用科学的研究方式和方法。

实验影响因素的研究方式可以分为两种：单因素控制和多因素控制研究方式。单因素控制即在受单因素影响的实验中,只对一种实验影响因素进行控制并加以研究,多因素控制即在受多种因素影响的实验中对多种实验影响因素进行控制加以研究。

对于实验的一个反应条件进行控制,并不意味着其他反应条件的变化对实验不产生影响,事实上,一个化学实验往往包含着多种实验反应条件。任何一个反应条件的改变都会引起实验或小或大的变化。单因素实验中选择控制的一般是对实验的结果影响最大的那个反应条件,其他条件的影响对于此条件来说可以忽略不计。

在实验研究中常使用的专用词汇,即研究术语有指标、因素、水平等,其具体含义分别阐述如下。

一、指标

任何实验都是有目的的,用什么来衡量达到目标的程度呢?

一般把试验需要考核的项目称为试验指标。

试验中需要考查的效果的特性值简称为指标。指标与试验目的是相对应的。例如,试验目的是提高产率,则产率就是试验要考查的指标；如果试验目的是增大反应速率,则反应速率就成了试验要考查的指标。总之,试验目的多种多样,对应的指标也会各不相同。

1. 定性指标

指标一般分为定性指标和定量指标。如银镜反应,将银镜质量、出镜时间作为指标,银镜越光亮、越均匀越好,出镜时间越短越好,这就属于定性指标。

2. 定量指标

若将上述定性指标进行量化,以最光亮的银镜 100 分,根据银镜光亮程度由均匀光亮到斑驳漆黑则分数依次减少；也可以最短的出现银镜时间为 100 分,根据出现银镜时间由短至长则分数依次减少;还可以综合加权银镜质量指标(例如权重为80%)和出现银镜时间指标(例如权重为20%),将这两个指标分数相加即得总分数,这样每个实验都会得到一个分数,最后得到的这个分数就属于定量指标。正交试验设计法需要使用定量指标,便于结果分析。

二、因素

因素也称因子,是试验中考查对试验指标可能有影响的实验条件,它是试验当中要重点考查的内容。

因素除了可分为探究因素和非探究因素之外,又分为可控因素和不可控因素。在现有科学技术条件下能人为控制和调节的因素称为可控因素;反之为不可控因素。试验中,一般选择可控因素作为探究因素,但也并非每种可控因素都要作为探究因素,而是根据其对指标的影响程度来选择;不可控因素均作为非探究因素,试验时要尽量保持其一致,这样,在试验数据的处理过程中,就可以忽略不可控因素对试验造成的影响。

三、水平

试验中选定的因素所处的状态和条件称为水平,例如,碘—淀粉显色实验研究中,将碘水的浓度、淀粉溶液的温度及 pH 确定为 3 个因素,每个因素选择 3 个值进行探究,如溶液温度的 3 个值分别为 20℃、50℃、80℃,这 3 个值即为该因素的 3 个水平。

第四节   化学实验研究中常用的试验设计方法

为了成功实施化学实验,改进或明确化学实验的影响条件,是否有科学的方法或科学的规范进行化学实验研究? 全面试验法、简单比较法则是中学化学实验研究常用的方法,正交试验法则是更具科学性和高效性的实验研究方法。

一、全面试验法

全面试验法是指对考虑到的影响该实验效果的各种因素及每一因素中的各层水平进行组合,一次也不漏地全部做一遍试验。也就是说,将每个因素的不同水平组合均做一次试验。因此,全面试验法得到的信息最为全面和丰富,结论也比较精确。

为了便于试验安排,每个因素要根据以往的经验来选择一个试验范围,然后在试验范围内挑出几个有代表性的值来进行试验,这些值称作该因素的水平。

表 8 - 4　三因素五水平

水平 ＼ 因素	A（加热温度）	B（研磨时间）	C（反应物的质量比）
1	A1（500℃）	B1（2 分钟）	C1（1∶13）
2	A2（700℃）	B2（4 分钟）	C2（1∶11）
3	A3（900℃）	B3（6 分钟）	C3（1∶9）
4	A4（1200℃）	B4（8 分钟）	C4（1∶7）
5	A5（1500℃）	B5（10 分钟）	C5（1∶5）

当影响实验结果的因素的个数不多，每个因素的水平数也不多时，人们常用全面试验的方法。当影响实验结果的因素的个数较多，水平数较大时，全面试验要求较多的试验次数。例如，某个实验有五个影响其结果的因素，每个因素又分为 5 个水平，就要做 $5^5＝3125$ 次测试。对于一般中学化学教学实验研究，这样大的工作量在客观上既不允许，也没必要。因此，需要一种试验次数少，效果又与全面试验相近的试验设计方法。

二、简单比较法

对于多因素、多水平的试验，大可不必选用全面试验法，中学化学实验大多采用简单比较法进行有选择的试验。这种方法实验量少，结果的处理与分析也较方便。在研究其中一个因素的影响时，可先将其余因素固定在某一水平上（常选择中间水平固定），即采用变化一个因素固定其他因素的方法进行逐一测试。

现以一个 4 因素 3 水平的实验为例。

假设先测试 A 因素，则可固定其余三因素于 B_2，C_2，D_2 上（也可选其他组合固定，如 B_1，C_2，D_3 等），用固定组合分别和 A_1，A_2，A_3 测试 3 次。如果测试结果表明 A_3 水平的值最理想，则在以后的测试中均固定住 A_3，再暂固定 C_2 和 D_2，即固定 A_3，C_2，D_2，分别与 B_1，B_3，测试 2 次（B_2 已做过），从中选出 B 因素的最佳水平。以下照此法类推再做 C 和 D 因素的测试各 2 次，找出该两因素的最佳水平。这样，一个 4 因素 3 水平的实验，用简单比较法只需做 9（4×3－3）次试验。对于一个 5 因素 5 水平的实验，也只需做 21（5×5－4）次，就能找到最佳的组合或接近于最佳的组合。

用这种方法安排试验的优点是工作量不大，缺点是得到的信息不够全面、丰富，而且如不重复测试，也无法排除各种误差因素造成的影响，有时还会得到错误的结论。

三、正交设计法

1. 正交试验设计概述

正交试验设计（Orthogonal experimental design）是试验设计的诸多方法中既方便又有

效的一种方法。采用正交设计法很容易得出科学而合理的安排,而且通过对试验结果的简单计算和分析,就能确定各个因素对结果影响的大小,方便地找到最佳条件,得到试验误差的估计值。

正交试验设计是研究多因素多水平的一种设计方法,它是根据正交性从全面试验中挑选出部分有代表性的点进行试验,这些有代表性的点具备了"均匀分散,齐整可比"的特点,正交试验设计是分式析因设计的主要方法,是一种高效率、快速、经济的实验设计方法。日本著名的统计学家田口玄一,将正交试验选择的水平组合列成表格,称为正交表。

例如,作一个3因素3水平的实验,按全面实验要求,须进行 $3^3 = 27$ 种组合的实验,且尚未考虑每一组合的重复数。若按 $L_9(3^3)$ 正交表安排实验,只需作9次,按 $L_{18}(3^7)$ 正交表进行18次实验,显然大大减少了工作量。因而正交试验设计在很多领域的研究中已经得到广泛应用。

正交试验设计法是用一种规格化的表格(正交表)来安排多因素试验和分析试验结果的方法。正交表是由数学工作者根据"因素均衡分散"等原则设计出的。为适合各种试验情况,正交表的设计种类很多,实验研究者可根据自己的需要从各种版本的"数理统计书"中挑选。

2. 正交表的书写与读法

一张正交表,通常写作 $L_9(3^4)$,读作 L、9、3、4 表。这里符号"L"表示正交表;L 右下角的数字"9"表示此表有 9 行,总共要做 9 次试验;括号内右上角的指数"4"表示此表有 4 列,最多可安排四个因素;括号内数字的底数"3"表示每个因素可取三个水平。常用的二水平表有 $L_4(2^3)$、$L_8(2^7)$、$L_{16}(2^{15})$;四水平表有 $L_{16}(4^5)$;五水平表有 $L_{25}(5^6)$ 等。还有一批混合水平的表在实际中也十分有用,如 $L_8(4 \times 2^4)$、$L_{12}(2 \times 3^1)$ 等。例如 $L_8(4 \times 2^4)$ 表示要求做 8 次试验,允许最多安排 1 个 4 水平因素,4 个 2 水平因素。

3. 正交表的代号及其含义

正交表是数学工作者根据"因素均衡分散"等原则从大量试验中选择少数代表性的点构造而成的现成表格。为适应各种试验,正交表的种类很多。下表为一张正交表 $L_9(3^4)$,读作 L、9、3、4 表,符号和数字代表的意义分别为:

L——正交表

9——该表有 9 行,总共要做 9 次试验

4——该表有 4 列,最多可安排四个因素

3——每个因素可取三个水平

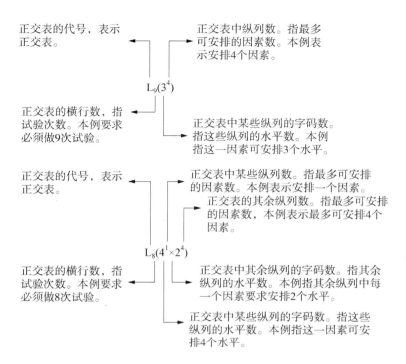

4. 正交表的形式

正交表基本上可分为两种形式,即同水平正交表和混合水平正交表。

（1）同水平正交表

同水平正交表是指各个因素的水平数都相等的正交表,如表 8-5 所示。

表 8-5　正交表 $L_4(2^3)$

试验(顺序)编号	1	2	3
1	1	1	1
2	2	1	2
3	1	2	2
4	2	2	1

从 $L_4(2^3)$ 看出,3 个因素中每个因素都取 2 个水平,它们的水平数目是相等的,凡是这种水平数目相等的正交表都叫同水平正交表。在用正交表安排试验时,对各个因素认识程度大致相当,应选用同水平正交表。

$L_9(3^4)$ 表示的是：最多可安排 4 个因素,每个因素取 3 个水平,共做 9 次试验的正交表。

表 8 - 6　正交 $L_9(3^4)$ 表

试验号　列号	A	B	C	D
1	1	1	1	1
2	1	2	2	2
3	1	3	3	3
4	2	2	2	3
5	2	3	3	1
6	2	1	1	2
7	3	1	3	2
8	3	2	1	3
9	3	3	2	1

上表中的列号表示各个因素(如果不同因素之间会产生相互影响,列号有时也代表某些因素间的交互作用),横行表示每次试验中各因素所取水平的组合。

(2) 混合水平正交表

混合水平正交表是指在正交表中某些因素的水平数目相等,而另一些因素的水平数目和它们不相等的正交表,如表 8 - 7 所示。

表 8 - 7　正交表 $L_8(4^1 \times 2^4)$

试验(顺序)编号	1	2	3	4	5
1	1	1	2	2	1
2	3	2	2	1	1
3	2	2	2	2	2
4	4	1	2	1	2
5	1	2	1	1	2
6	3	1	1	2	2
7	2	1	1	1	1
8	4	2	1	2	1

$L_8(4^1 \times 2^4)$ 表示的是:有一个因素可安排 4 个水平,其余纵列最多安排 4 个因素,每个因素取 2 个水平,共做 8 次试验的正交表。

第五节　正交试验设计方法

一、正交试验设计的安排

木炭还原氧化铜是一个受多因素影响的中学化学实验,研究者颇多。现以该实验为例,说明如何运用正交试验方法进行试验设计。首先,研究者要明确该实验的测量指标有哪些。指标尽可能是定量的,否则无法作进一步的计算分析。其次,要确定影响试验指标的主要因素有哪些,同时还要考虑各因素间是否存在交互作用。最后,要确定每个因素的水平数。基于以上分析后选择适宜的正交表,并以选定的正交表为依据进行试验安排。

1. 正交设计中的因素水平的确定

实施正交试验设计之前,需要确定所研究的因素及其水平各是什么,并需要在表8-8所示的因素水平表中填写清楚。

表8-8 因素水平设计表

因素水平	A 灯焰温度(℃)	B C：CuO（质量比）	C 反应物研细及混合程度	D 反应物的干燥程度
1	600	1：4	略搅拌	不除水分（湿）
2	1000	1：7	混合后研磨3分钟	两试剂都烘干（干）
3	1500	1：10	混合后研磨6分钟	烘干一试剂（半干）

根据上述因素水平的设计,试验安排如下表8-9所示的正交试验安排计划。

2. 正交设计中的试验安排

表8-9 试验安排计划表

试验(顺序)编号 因素	1 温度(℃)	2 质量比	3 研磨程度	4 干燥程度	指标记录
1	600	1：4	略搅拌	湿	
2	600	1：7	研磨3分钟	干	
3	600	1：10	研磨6分钟	半干	
4	1000	1：4	研磨3分钟	半干	
5	1000	1：7	研磨6分钟	湿	
6	1000	1：10	略搅拌	干	
7	1500	1：4	研磨6分钟	干	
8	1500	1：7	略搅拌	半干	
9	1500	1：10	研磨3分钟	湿	

正交试验设计法是统计学的重要分支。它是以概率论数理统计、专业知识和实践经验为基础,充分利用标准化的正交表安排试验方案,并对试验结果进行计算分析,最终达到减少试验次数,缩短试验周期,迅速找到优化方案的一种科学方法。正交试验设计法通常简称

为正交设计法或正交试验法,该方法的测试点的编排和设计均衡分散、整齐可比。

二、正交试验设计的优点

1. 测试点的编排设计均衡分散、整齐可比

正交设计法的最大优点是测试点的编排设计均衡分散、整齐可比。

选择 3 因素 3 水平的实验为例,通过图 8-1 来比较简单比较法和正交设计法在试点分布均衡性、分散性方面的差异。

图 8-1a 和图 8-1b 为简单比较法试点的分布,试验的几个试点仅仅分布在三条直线上,这是人为暂定假设点造成的。试点的分布不均,很不合理。

图 8-1c 是正交设计法试点的分布,图中 A1,A2,A3 都有机会和 B1,B2,B3 各相遇一次,并且还能与 C1,C2,C3 各相遇一次。立方体中共有 9 个平面,而每一平面都有 3 个试点,试点的总体分布是均衡的。

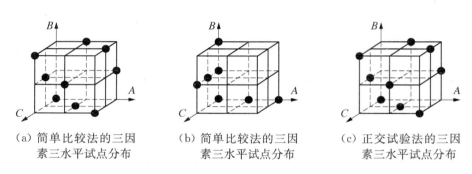

(a) 简单比较法的三因　　(b) 简单比较法的三因　　(c) 正交试验法的三因
　　素三水平试点分布　　　　素三水平试点分布　　　　素三水平试点分布

图 8-1　简单比较法和正交试验法的三因素三水平试点分布

2. 正交表格的设计规则及格式

正交表是一整套有规则的设计表格,如 $L_n(t)^c$,其中,L 为正交表的代号,n 为试验的次数,t 为水平数,c 为列数,也就是可能安排最多的因素个数。例如 $L_9(3^4)$,它表示需做 9 次实验,最多可观察 4 个因素,每个因素均为 3 水平。一个正交表中各列的水平数也可以不相等,称它为混合型正交表,如 $L_8(4^1 \times 2^4)$,此表的 5 列中,有 1 列为 4 水平,4 列为 2 水平。根据正交表的数据结构看出,正交表是一个 n 行 c 列的表,其中第 j 列,由数码 1,2,… Sj 组成。

正交表具有以下两项性质。

其一,每一列中,不同的数字出现的次数相等。例如在两水平正交表中,任何一列都有数码"1"与"2",且任何一列中它们出现的次数是相等的;如在三水平正交表中,任何一列都有"1""2""3",且在任一列的出现数均相等。

其二,任意两列中数字的排列方式齐全而且均衡。例如在两水平正交表中,任何两列(同一横行内)有序对子共有 4 种:(1,1)、(1,2)、(2,1)、(2,2)。每种对数出现次数相等。在三水平情况下,任何两列(同一横行内)有序对共有 9 种,(1,1)、(1,2)、(1,3)、(2,

1)、(2，2)、(2，3)、(3，1)、(3，2)、(3，3)，且每对出现数也均相等。

以上两点充分体现了正交表的两大优越性，即"均匀分散性，整齐可比"。通俗地说，每个因素的每个水平与另一个因素各水平各相遇一次，这就是正交性的两大优越性。

三、正交试验设计的步骤

正交试验设计的具体步骤有哪些？如何操作？

正交试验设计的具体操作环节有确定实验结果的衡量指标、确定实验的影响因素及其水平、选择正交表、安排试验、实施试验并记录实验指标、分析实验结果、确定最优实验方案、验证实验方案等。正交试验设计具体操作步骤阐述如下。

1. 确定指标、试验因素及水平

首先，要明确试验目的，确定考核指标，正交试验需要通过量化指标以提高可比性，所以，通常把定性指标通过评分定级等方法转化为定量指标。以便于试验后的计算分析。有时候，试验可选用多项指标，以便综合比较。

然后，根据指标确定影响试验的重要因素。如果对试验指标的变化规律了解不多，可以适当多选取一些因素，以便考察各因素对试验的影响。已知对实验影响很小的因素则应该省略，以减少工作量。

接着，确定每个因素取几个水平进行试验。所取水平不宜过多，但主要因素或者希望深入了解的因素可多取一些水平。另外还要确定因素间的交互作用，交互作用是指在有些试验中，某几个因素共同作用时所产生的额外影响。

2. 选择正交表

关于正交表前面已经介绍，通常根据试验的因素数和水平数来选择正交表。例如要做 4 因素、3 水平的试验，就选择 $L_9(3^4)$ 正交表。

3. 安排试验

（1）因素水平表

例如，影响某化合物产率的主要因素有三个，分别是 A—温度（80℃—90℃）、B—反应时间（90—150 min）、C—浓度（5%—7%），各种因素分别取三种水平。

表 8 - 10　因素水平表

因素	A（反应温度/℃）	B（反应时间/min）	C（浓度/%）
1	80	90	5
2	85	120	6
3	90	150	7

（2）选择正交表

此试验可以选用 $L_9(3^4)$ 正交表，把因素 A、B、C 放在正交表 $L_9(3^4)$ 的任意三列的表头上（如放在前三列），然后将每列下的 1、2、3 换成具体的水平，如表 8-11 所示。

表 8-11   试验安排表

因素水平 试验序号	A（反应温度/℃）	B（反应时间/min）	C（浓度/%）
1	80	90	5
2	80	120	6
3	80	150	7
4	85	90	6
5	85	120	7
6	85	150	5
7	90	90	7
8	90	120	5
9	90	150	6

按照上表则安排 9 次试验，如第一次试验的条件是温度为 80℃、反应时间为 90 分、浓度为 5%。

4. 正交试验设计的结果分析

试验做好之后，需对试验结果进行分析，以便找出最佳实验条件。结果分析主要有直观分析和方差分析两种方法。

（1）直观分析法

直观分析法是一种较简便的分析方法，所得结果也比较直观。表 8-11 试验中，试验结束后，将所测得的产率按照试验序号填入 $L_9(3^4)$ 正交表的最后一列，在表的下方列出由指标数据计算所得的计算结果。如表 8-12 所示。

正交试验设计的计算方法为：

把每列中所有对应于水平"1"的产率相加，就得到该列的 K_1 值：

第一列为 $45.5+33.0+32.5=111.0$

第二列为 $45.5+36.5+40.5=122.5$

第三列为 $45.5+14.5+33.0=93.0$

K_2、K_3 的计算与 K_1 类似。k_1、k_2、k_3 的计算则是由 K_1、K_2、K_3 分别除以水平数（本试验的水平数为 3）得到的。

k 表示跟各因素对应的几个水平的平均产率。极差 R 是每列中 k 值分布的最大间距，

即 $R = k_{\max} - k_{\min}$，极差标志着该因素对指标影响的大小，R 值越大，表明该因素对指标的影响也越大。

表 8 - 12 正交试验结果的直观分析

列号 试验号	A	B	C	产率
1	1	1	1	45.5
2	1	2	2	33.0
3	1	3	3	32.5
4	2	1	2	36.5
5	2	2	3	32.0
6	2	3	1	14.5
7	3	1	3	40.5
8	3	2	1	33.0
9	3	3	2	28.0
K_1	111.0	122.5	93.0	—
K_2	83.0	98.0	97.5	—
K_3	101.5	75.0	105.0	—
k_1	37.0	40.8	31.0	—
k_2	27.7	32.7	32.5	—
k_3	33.8	25.0	35.0	—
R	9.3	15.8	4.0	—

对于本试验产率越高越好。由上表可以看出，跟 B 因素对应的 R 值最大，表明 B 因素对产率的影响最大，A 因素次之，C 因素影响最小。在 A_1、B_1、C_3 条件下，即 $A=80$，$B=90$，$C=5$ 时，产率最高。

由于各因素的最佳点都在试验范围的边界，应该扩大试验范围，进一步寻找更有利的反应条件组合，直到最佳点不在试验范围边界上为止。最后找到的反应条件组合如果不在试验方案中，还应对它进行试验，将试验结果与试验方案中最好的一个试验作对比，求得验证。

（2）方差分析法

用直观法分析正交试验结果简单、直观，计算量不大。但是，直观法不能估计误差大小，不能区分数据中由因素变化引起的变差和由试验误差引起的变差，不知道分析的精度，也不能提供判断、考察各因素的作用是否显著的标准。若用方差分析就可以避免这些问题。

方差分析是分析试验数据的一种重要方法，在对多种实验因素进行比较时，把数据的总变异分解成各因素引起的变异、各因素间交互作用引起的变异和随机误差引起的变异等几个部分。哪种变异大(在总体变异中所占的比例大),则它的影响也就越大;如果某一部分比其他部分小到一定程度,即可认为它没有显著影响。

四、正交试验设计的样例

为了对木炭还原氧化铜实验条件进行优化,用正交试验方法展开实验研究。

木炭还原氧化铜的演示实验曾经是义务教育课程标准实验教科书《化学》九年级上册中的一个重要的疑难实验。说它重要是因为它是初中阶段典型的固相和固相之间的高温放热反应,说它疑难则是指该实验的成功率很低。分析其主要原因是炭和氧化铜两种反应物的晶体结构相当稳定,该化学变化具有很高的活化能,且固相间的化学反应只能在物质表面进行,从而更增加了该反应的困难程度,加之影响该实验的因素较多,如果实验条件控制不好,往往得不到预期的实验现象。

影响该实验的因素很多,如炭和氧化铜的质量配比、炭和氧化铜的物理形态和颗粒度大小、反应药品的干燥程度、反应混合物用量、反应温度、反应容器类型、反应混合物混合或研磨程度、药品填装方式、反应物堆积形态等。

实验原理方面,根据木炭还原氧化铜的化学反应方程式计算,理论上的炭与氧化铜完全反应时的质量之比为 $1:13$,若为了使氧化铜反应完全,通常需要炭的质量过量一些。另外木炭对水蒸气、空气有较好的吸附能力,且含有无机盐等杂质,使木炭不纯,以及反应中的损失等原因,也需要木炭的质量过量一些。

1. 确定实验指标、因素及其水平

采用正交试验法,首先选择设计因素水平表 $L_9(3^4)$ 以及正交试验表,探讨实验的优化条件。

结合理论分析和实验经验,筛选出四种主要影响木炭还原氧化铜实验的因素:

(1) 炭和氧化铜的配比。

(2) 反应物干燥时间。

(3) 反应混合物研磨时间。

(4) 试管缠绕铜丝的匝数,缠绕铜丝可以提高内部温度。

并将每个因素设计成三个不同水平。

表 8 - 13　因素水平表

水平＼因素	A 质量比反应物 ($m_C : m_{CuO}$)	B 120℃恒温 干燥时间(h)	C 混匀研磨时间 (min)	D 反应器 (15×150 mm 试管)
1	1:8	0	5	不缠铜丝
2	1:9	0.5	10	缠 40 匝铜丝
3	1:10	1	15	缠 80 匝铜丝

2. 正交试验设计安排

首先,选择确定因素水平表,据此设计试验安排,确定衡量实验结果的试验指标;其次,设计实验方案;再次,实施实验,记录实验结果;最后,对实验结果进行分析,确定其中最优化的实验方案。

选择 4 因素 3 水平正交试验 $L_9(3^4)$,并通过反应过程产生的二氧化碳体积作为衡量该反应进行程度的实验结果指标。

表 8 - 14　实验安排及实验结果

因素 实验号	A 质量比 ($m_c : m_{CuO}$)	B 120℃恒温 干燥时间(h)	C 混匀研磨 时间(min)	D 反应器	实验结果 Y_i 生成 CO_2 的体积(mL)	实验结果 Y_i 是否红热及达 到红热时间
1	1	1	1	1	190	1 分 27 秒
2	1	2	2	2	202	1 分 24 秒
3	1	3	3	3	205	1 分 34 秒
4	2	1	1	3	187	1 分 51 秒
5	2	2	2	1	193	1 分 23 秒
6	2	3	3	2	174	2 分 05 秒
7	3	1	1	2	194	1 分 48 秒
8	3	2	2	3	195	1 分 26 秒
9	3	3	3	1	203	1 分 07 秒

表 8 - 15　实验结果 CO_2 体积计算

因素 计算值	A ($m_c : m_{CuO}$)	B 120℃恒温 干燥时间(min)	C 混匀研磨时间 (min)	D 反应器型式
K_1	597	571	559	586
K_2	554	590	592	570
K_3	592	582	592	587
$k_1 = K_1/3$	199	190	186	195
$k_2 = K_2/3$	185	197	197	190
$k_3 = K_3/3$	197	197	197	196
R	14	7	11	6

3. 正交试验结果分析

(1) 直接比较 Y_i 值选出较好实验方案

由表 8-14 可知,这 9 个实验结果中以 3 号实验产生的二氧化碳量最高,所以较好方案为 3 号实验,其水平组合为 $A_1B_3C_3D_3$。

(2)计算选出较优水平组合

由表 8-15 中计算,得出各因素及其各水平的实验结果总和,即 K_1、K_2、K_3 同时求出了其指标平均值 k_1、k_2、k_3 及 k 的 R 值。比较 k 值,选出最好值 k。本实验中最大的 k 值即为最好值,各平均结果 k 的最好值对应的水平就是最好水平,把各因素的最好水平组合在一起,就是选出的较优水平组合。

因此,计算选出的较优水平组合为 $A_1B_2C_2D_3$。

4. 正交试验综合分析

(1)极差 R 值的大小判断实验因素的显著性顺序

根据表 8-15 中极差 R 值的大小可知,本实验的因素显著性顺序,即主次关系次序为 A、C、B、D。

(2)确定最优因素及其水平

R 值越大,因素的影响越显著,优水平组合为 $A_1B_2C_2D_3$。

分析表 8-15 中的数据可知,A 的极差最大,C 的极差其次,B 的极差再次,D 的极差最小。因而,因素 ABC 均取优水平,D 因素的 R 值最小,是相对比较弱的不显著因素,对该反应影响不大,可以允许随机取任何一个水平,根据使实验简捷、易操作的原则,可以取 1 水平。

经过综合分析,选出的较优实验方案为 $A_1B_2C_2D_1$ 组合。

5. 验证试验结果

(1)选出最优方案

用从 9 次实验结果中直接比较的方法,选出了较好实验条件 $A_1B_3C_3D_3$,根据计算比较选出的最优水平组合 $A_1B_2C_2D_3$,以及综合分析得出的较优新方案 $A_1B_2C_2D_1$,再次进行新的一批实验,从这三者中选出衡量实验结果的指标最好的方案。

(2)验证实验结果

表 8-16　验证实验结果

优水平组合	实 验 结 果	
	生成 CO_2 的体积(mL)	达到红热时间
$A_1B_3C_3D_3$	210	1 分 24 秒
$A_1B_2C_2D_3$	202	1 分 20 秒
$A_1B_2C_2D_1$	197	1 分 16 秒

从生成二氧化碳的体积看,验证实验得出的最优水平组合是 $A_1B_3C_3D_3$,为验证优化条件的稳定性,按照此条件 $A_1B_3C_3D_3$ 反复实验,成功率 100%。

实验研究案例　银镜反应影响因素的正交试验设计研究

一、问题提出

银镜反应是高中化学实验中学生非常感兴趣的检验醛类性质的实验,做好该实验,能够很好的激发学生学习化学的兴趣。但同时该实验又是一个疑难实验,影响结果的因素较多,如果操作不当,实验中很难得到光闪闪的银镜,只得到棕黑色沉淀或附着在试管壁上的黑色银镜,效果很不理想。不同教材选用的还原剂不同,但选择适合的反应条件均能达到良好的实验结果。乙醛、甲酸和葡萄糖是实验者选用较多的还原剂,通过设计正交表格,按照计划进行一系列实验操作来比较在相似的条件下,三种物质参与银镜反应效果的优劣,并得出银镜反应最优化的实验条件。

二、反应原理

$$AgNO_3 + NH_3 \cdot H_2O = NH_4NO_3 + AgOH$$

$$2AgOH = \underset{(棕褐色)}{Ag_2O} + H_2O$$

$$Ag_2O + 4NH_3 + H_2O = \underset{(无色溶液)}{2[Ag(NH_3)_2]OH}$$

生成银镜的化学反应方程式

$$R-\overset{\displaystyle O}{\underset{\displaystyle H}{C}} + 2[Ag(NH_3)_2]OH = RC\overset{\displaystyle O}{\underset{\displaystyle ONH_4}{}} + 2Ag\downarrow + 3NH_3 + H_2O$$

三、实验步骤

(1) 在洁净的试管里加入 2 mL 2% 的硝酸银溶液,再慢慢加入 2% 的氨水,边滴加边振荡试管,直到产生的沉淀恰好溶解为止,就得到银氨溶液。

(2) 在银氨溶液里滴加 1—2 滴 10% 的氢氧化钠溶液,摇匀,再加入 3—4 滴乙醛,轻轻摇匀,放到 60℃—70℃ 的水浴中加热。

(3) 观察溶液颜色的变化(乳白色—暗棕色—银白色)。2—3 分钟后,试管的内壁出现光亮的银镜,证明溶液里有醛基。

强调说明:

(1) 为了提高银氨溶液的浓度,加速醛的氧化,应加入少量的氢氧化钠溶液。

(2) 试管必须洁净。可先用浓硝酸洗,再用氢氧化钠溶液洗,最后用自来水、蒸馏水冲洗。

（3）银氨溶液必须现配现用。不要储存过夜，否则会析出黑色的叠氮化银（AgN₃）沉淀，它在振动或受热时容易分解而发生爆炸。

（4）实验完毕后，试管要及时洗刷干净。银镜可用少量稀硝酸加热洗去。

本实验按照以下方法操作：

先加入硝酸银溶液 2 mL，滴加氢氧化钠（0.5 mol·L⁻¹）调整 pH，再滴加氨水（0.5 mol·L⁻¹）至溶液变澄清，然后加入 10% 还原剂葡萄糖 1 mL（或 5% 乙醛 5 滴，或 10% 甲酸 5 滴），水浴加热。

四、试验设计

在实践过程和文献研究中，发现并确认水浴温度、银氨溶液的 pH、硝酸银溶液的浓度和不同的还原剂是影响银镜反应效果的主要因素，另外像试管的大小、试管的洁净程度也是影响效果的因素，但不作为主要因素考虑。因此选择以上四个条件为正交反应设计的四个因素，每个因素选择三个水平（分别为水平 1、水平 2、水平 3）。

（1）因素及其水平的确定

表 8 - 17　银镜反应实验的因素水平的设计

序号	A	B	C	D
因素	pH	水浴温度（℃）	硝酸银的浓度	还原剂
水平 1	8—9	50—60	1%	乙醛
水平 2	9—10	60—70	2%	甲酸
水平 3	11	70—80	4%	葡萄糖

如何评价实验效果的优劣也是正交试验设计要着重考虑的问题。正交试验设计的优势在于通过对评价指标的运算和分析，能得出符合实际和科学的最佳条件，因此需要量化指标。鉴于银镜反应结果的特殊性，选择出现银镜的时间和银镜质量为试验指标，出镜时间越短分数越高，银镜越均匀、光亮分数越高，出镜时间和银镜质量在总指标中的权重分别为 15% 和 85%，最高指标为 100。根据以上分析和因素水平表设计，选用正交表 $L_9(3^4)$ 进行试验安排。

（2）银镜反应试验安排表

表 8 - 18　银镜反应试验安排表

因素	A pH	B 温度（℃）	C 硝酸银	D 还原剂	指标
实验 1	水平 1(8—9)	水平 1(50—60)	水平 1(1%)	水平 1(乙醛)	
实验 2	水平 1	水平 2(60—70)	水平 2(2%)	水平 2(甲酸)	
实验 3	水平 1	水平 3(70—80)	水平 3(4%)	水平 3(葡萄糖)	

因素	A pH	B 温度(℃)	C 硝酸银	D 还原剂	指标
实验4	水平2(9—10)	水平1	水平2	水平3	
实验5	水平2	水平2	水平3	水平1	
实验6	水平2	水平3	水平1	水平2	
实验7	水平3(11)	水平1	水平3	水平2	
实验8	水平3	水平2	水平1	水平3	
实验9	水平3	水平3	水平2	水平1	

从表 8－18 中可以看出，经过正交设计只需要做 9 次实验，但是如果按照通常的习惯，像这样有四个因素，每一个因素均有三个水平的实验，研究者如果要进行完整的实验检验，试验的次数远远不止 9 次，高达 34 次。正交设计方法可以显著提高研究效率，这也恰是正交试验设计的优势之一。

根据上述 $L_9(3^4)$ 正交表的安排，将表中的水平数改成该列因素的具体水平就构成了试验方案，即把各因素的不同水平的具体数值带入 $L_9(3^4)$ 中。试验方案安排好后，依照安排严格地进行不同条件的 9 次试验操作，测定出镜时间并观察银镜质量，对每次试验效果进行打分后得到试验结果的指标分值，填入"指标"栏。

五、试验结果

表 8－19　银镜反应试验结果

因素	A pH	B 温度(℃)	C 硝酸银	D 还原剂	指标
实验1	8—9	50—60	1%	乙醛	86
实验2	8—9	60—70	2%	甲酸	68
实验3	8—9	70—80	4%	葡萄糖	98
实验4	9—10	50—60	2%	葡萄糖	100
实验5	9—10	60—70	4%	乙醛	82
实验6	9—10	70—80	1%	甲酸	66
实验7	11	50—60	4%	甲酸	70
实验8	11	60—70	1%	葡萄糖	92
实验9	11	70—80	2%	乙醛	88

从实验结果看，实验 4($A_2B_1C_2D_3$)的指标为 100，试验效果最好，实验 3($A_1B_3C_3D_3$)的指标为 98，效果次之。但是在没有进行组合操作的实验方案中，是否存在更加令人满意的效果，并不能从指标数值中直接得到。因此还应该通过计算对数值结果进一步分析，找到更好

的条件,估算出哪些因素比较重要,以及各因素好水平的数值。中学化学实验常用的分析方法是直观分析法(级差分析法),此方法原理简单、计算方便、结果直观,在一定程度上可以满足中学实验研究的要求。

计算过程如下:

A列的 K_1 为 A 列中与水平 1(pH＝8—9)相关的实验指标之和,即:

$$K_1 = 86 + 68 + 98 = 252$$

k_1 为 K_1 的平均数:

$$k_1 = K_1/3 = (86 + 68 + 98)/3 = 84$$

同理 B 列 K_1 为 B 列中与水平 1(温度:50—60℃)相关的实验指标之和:

$$K_1 = 86 + 100 + 70 = 256;$$

$$k_1 = K_1/3 = (86 + 100 + 70)/3 = 85.33$$

极差 R 为每一列的最大 k 值与最小 k 值之差,所以 A 列的 R 为:

$$R = k_{max} - k_{min} = 84.00 - 82.67 = 1.33$$

依此类推,可以算得全部 K、k 和 R 值。

表 8 - 20   银镜反应实验直观分析

因素	A pH	B 温度(℃)	C 硝酸银	D 还原剂	指标
实验 1	8—9	50—60	1%	乙醛	86
实验 2	8—9	60—70	2%	甲酸	68
实验 3	8—9	70—80	4%	葡萄糖	98
实验 4	9—10	50—60	2%	葡萄糖	100
实验 5	9—10	60—70	4%	乙醛	82
实验 6	9—10	70—80	1%	甲酸	66
实验 7	11	50—60	4%	甲酸	70
实验 8	11	60—70	1%	葡萄糖	92
实验 9	11	70—80	2%	乙醛	88
K_1	252	256	244	256	
K_2	248	242	256	204	
K_3	250	252	250	290	
k_1	84.00	85.33	81.33	85.33	
k_2	82.67	80.67	85.33	68.00	
k_3	83.33	84.00	83.33	96.67	
R	1.33	4.67	4.00	28.67	

六、试验结论

极差 R 值的大小反映了置于该列的因素对试验结果影响程度的大小。R 值大,对指标的影响大,为主要因素;R 值小,对指标的影响小,为次要因素。从表中计算结果可以发现,四个因素对试验效果影响的主次关系为:

主 ————————————————————→ 次
还原剂　水浴温度　硝酸银浓度　pH

还原剂种类的 R 值远远大于其他三个因素的 R 值,因此它是影响实验效果的主要因素,其次是水浴的温度及硝酸银溶液的浓度,溶液的 pH 影响实验效果的程度最小。从实验指标的数值看,按照实验 4 的反应条件进行的实验结果最好,出现银镜的时间最短,得到的银镜最为均匀光亮,即 $A_2B_1C_2D_3$。但是 A 列中与 pH 关联的指标 k_1 的值大于 k_2,所以选用 $A_1B_1C_2D_3$ 进行试验的效果应该更好。从另一方面考虑,pH 为影响结果的次要因素,并且 k_1 和 k_2 的值相差无几,因此选用 A1 或是 A2 对结果的影响可以忽略不计。

课堂演示银镜反应实验时,最好选用葡萄糖作为还原剂,无论从反应时间的长短和银镜的质量上看,使用葡萄糖作为还原剂进行的实验,其结果远远好于使用甲酸和乙醛。有甲酸参与的银镜反应,其实验指标的数值最小,说明效果较差,而且甲酸对身体有害,得到完美银镜的条件苛刻。醛类物质特别是甲醛和乙醛,基本都可以发生银镜反应,而且甲醛的效果不亚于葡萄糖,但是甲醛和乙醛都有毒性,放置时间长极易发生聚合而变质。葡萄糖稳定、易得、效果好。综合考虑,葡萄糖是银镜反应的首选还原剂。

另外,水浴温度、硝酸银溶液浓度以及溶液的 pH 对实验结果影响甚微,只需本着经济节约、简单便利的原则决定因素的水平数即可。硝酸银是比较贵重的药品,一方面选用浓度小的硝酸银溶液符合节约的原则,但浓度太小,会延长反应所需时间,不利于课堂教学,因其演示实验会占用较多时间;另一方面如果选用葡萄糖作为还原剂,浓度大促使单质银析出的速度过快,生成的银镜不够均匀,因此最好选用浓度约为 2% 的硝酸银溶液。

水浴的温度可以促使反应加速进行,理论上反应温度越高越有利,但试验结果并非如此,说明温度和还原剂之间存在交互作用。温度并非试验的决定因素,教师并不需刻意追求某一温度,本计划中选取的 50℃—80℃ 均可。但温度稍低,安全易控制,由葡萄糖作为还原剂的反应银镜生成速度大小适合,效果更好。

众所周知,银镜反应一定要在碱性条件下才可能发生,如果想加大碱性,可以加入氢氧化钠溶液。但需要注意的是,氢氧化钠溶液以低浓度为宜,滴加量也不宜太大。因为硝酸银溶液与氢氧化钠溶液发生化学反应,生成的氢氧化银沉淀会立即分解成较多量的氧化银沉淀,立刻加入氨水也有可能溶解不完全。事实上,当向硝酸银溶液中滴加氨水至沉淀溶解、溶液澄清时,溶液已呈弱碱性,即可进行银镜反应,是否增大 pH 已经不再重要,不建议再加入氢氧化钠来增强反应溶液的碱性。

实验探究任务和思考的问题

请设计多因素试验研究方案，并在实验室展开试验，探究"乙醇消去制取乙烯"的最佳实验条件。请按照如下环节呈现你的试验研究报告。

1. 请结合文献和实验经验分析确定"乙醇消去制取乙烯"实验的影响因素及其水平，以及定性或定量的实验成功的指标。

2. 选择合适的正交试验设计表，设计试验安排方案。

3. 在实验室按照试验安排方案展开实验，收集并记录定性和定量的实验指标。

4. 进行实验结果的分析。

5. 验证实验。

6. 得出结论。